U0619791

戴国辉讲台湾 与日本人的对话

戴国辉／著

九州出版社　中信出版集团

图书在版编目（CIP）数据

与日本人的对话 / 戴国辉著 . -- 北京：九州出版
社，2021.3

ISBN 978-7-5108-9995-9

Ⅰ．①与… Ⅱ．①戴… Ⅲ．①社会问题－日本－文集
Ⅳ．①D731.389

中国版本图书馆 CIP 数据核字（2021）第 011122 号

与日本人的对话

作　　者：戴国辉 著
出版发行：九州出版社　中信出版集团
出 版 人：张黎宏
责任编辑：王　宇
地　　址：北京市西城区阜外大街甲35号(100037)
发行电话：(010)68992190/3/5/6
网　　址：www.jiuzhoupress.com
电子邮箱：jiuzhou@jiuzhoupress.com
印　　刷：三河兴博印务有限公司
开　　本：880毫米 × 1230毫米　　32开
印　　张：16.5
字　　数：340千字
版　　次：2021年09月第1版
印　　次：2021年09月第1次印刷
书　　号：ISBN 978-7-5108-9995-9
定　　价：88.00元

目录 CONTENTS

给读者的话

林彩美

惋惜戴国辉(1931.4.15—2001.1.9)没能看到今天祖国欣欣向荣的景况。但是他留下的《戴国辉讲台湾》与《戴国辉全集》获得九州出版社的青睐,他们透过戴国辉的学生雷玉虹女士与我联系促成这桩好事。《戴国辉讲台湾》即将初次在祖国出版与读者见面,他应该含笑九泉。

戴国辉与大陆的接触始于1988年10月30日,他陪同所任教的立教大学校长参加与南开大学结成姊妹校的仪式。此后到2000年之间,他偶尔会到大陆参加学术研讨会、旅行与演讲等。然而所能直接接触的人毕竟不多,一般读者对他该是陌生的。

承蒙大师、挚友们惠赐大作盛情推荐戴国辉,让读者认识他。我要替他向诸位大师、挚友深深鞠躬,由衷感谢。我在此也要感谢九州出版社与雷女士玉成《戴国辉讲台湾》在祖国付梓,成全他的心愿(与其让一亿日本人读他的书,我揣测他更希望十四亿中国人读他的著述)。

戴国辉一生命运多舛,出生于被殖民的台湾,遭遇十五年日本对祖国的侵略战争,大多数台湾人不能声援更不能共赴国难,还被迫站在祖国的对立面配合寇仇间接打击祖国,甚至于年轻人被征召去对岸当军夫帮日本军搬运枪炮、做杂务或当翻译,真是不堪回首。

1945 年日本战败，台湾光复回归祖国。国民政府来台湾接收（被喻为"劫收"），官员的傲慢、公器私用，加上通货膨胀、物价飞腾等社会与经济问题，民怨四起，1947 年爆发"二二八事件"。1948 年发生"四六事件"，以师范学院为主体联合台湾大学所发起的以"救苦、救难、救饥荒、停止内战"诉求为主的学生运动。当时有自大陆来台就读的学生，以及本地不少的知识分子抱有社会主义倾向，引发当局的大规模逮捕行动。当局为防范台湾"赤化"，于 1949 年 5 月 20 日颁布台湾省"戒严令"。

"宁错杀一百，也不放过一人（匪谍）"的说法流窜，全岛屏息，噤若寒蝉。是时戴国辉就读建国中学。他避开是非之地台北，悄悄南下报考省立台中农学院农经系。刻意低调，不露头角，不生是非，只求平安度过大学四年与预备军官训练一年，目标是通过考试争取留学的机会。

1955 年他如愿负笈东瀛，代父探望战后不曾回台的二哥于东京。他想先报考东京大学农经系硕士班，在日本待两三年再转赴美国。逃离台湾的解放感，让他立马与志同道合的留学生组织读书会，联合东大中国同学会又办会刊《暖流》。此番举动不慎碰触到"台湾驻日大使馆"的禁忌，上了黑名单导致旅行证件被注销。此后，只能留在日本做研究。好在日本战败后尚有学术研究的自由，史料也充足，颇能任其涉猎并养成他收集书籍之嗜好。

他站稳自己的人生主轴，公正不阿，不偏不倚，以出生在台湾的客家人与中国人的立场写台湾史；追溯甘蔗糖业的发展写出两岸经济史；以知日而不是亲日的滞日华侨身份研究近现代中日关系史、两岸关系史以及台日关系史、华侨史；以带着原罪的汉人后裔，替台湾少数民族收集资料并研究编写英勇抗日的雾社蜂起事件；也因长期（四十一年）滞日，更有立场以中国人身份频频写时评给广大日本人民谆谆的诤言；倾三十年心血投入亲身经历的"二二八事件"史料的搜集与研究。戴国辉的史论、文笔铺叙引人入胜，长短论文仿如叙说一则则故事，把自身经历遭遇串连到海峡两岸及中日关系的故事之中。

最后也让戴国辉自己来说话：

我不是"台湾史的历史家"。

我是要把台湾史放在中国史（而且是亚洲史、世界史）之全历史过程中正当地定位，以此再构筑"中国史像"是我的目标。

作为住在日本的客家裔台湾人（更是中国人）学者，有明确的责任参加我自己以及自己家族所生存社会的改善。

随便任由激情做出强硬言行，与努力保持最高的学问水准并追求最高的知性，两者之间有所不同，我是明辨自知的。（摘自戴国辉写给林彩美的献辞〔自戴国辉遗物中寻获〕，载于《戴国辉全集1》，台北文讯杂志社2011.4.15出版，本书此后将《戴国辉全集》皆简称《全集》。）

一位才德兼备的史学家：戴国煇

许倬云

国煇和我之间有很多相同的兴趣，主要是我们都是关心社会史，尤其是长程的社会发展，不是短程的事件。我们相逢且比较常见的时候，大约在1985—1990年之间，我在台湾，他也在台湾，我们常在杨懋春先生位在桃园的工作室相逢。杨先生是台大农业推广系的教授，他在桃园有一个工作站。当时有一个小型讨论群，成员包括杨先生、邹文海、吴聪贤、唐美君、李亦园、国煇和我，常常见面，讨论共同关心的问题。

他是一个客家人，桃园本地的客家人。我呢，应该讲是"新客家"，1948年以后，把台湾当作新家。新、旧客家都有相同关心的问题，就是在这个新到的地方，我们怎么样理解过去，怎么安顿和定位自己？他经常记挂，如何将数以吨计的书籍，搬回台湾；我则正在烦恼，如何摆脱台湾官方人士对我的干扰，俾得安心工作。

他所关心的当然是台湾过去一百年的历史。这一百年来，台湾确实不幸，颠颠簸簸，从日本占领到1945年回归中国，然后中国内战，国家分裂，台湾变成两方对抗中的一方。这个时候，台湾找不到自己在历史上怎么定位，犹如一个孤儿：有一段时候，寄养在别人家里面，寄养的一段过程，总是留下许多的记忆，更留下许多伤痕。五十年了，台湾的伤痕够深的。

国辉关注的问题，一个是台湾少数民族在日据时代，遭逢了怎么样的情景。一般来讲，少数民族在日据时代，日化相当深，他们几乎都会说日本话，这是因为移居台湾的汉人，并没有尽力推广福建话、广东话。当日本统治以后，日本殖民当局却全力贯彻了日文教育。二战期间，许多少数民族青年被调到东南亚去作战。少数民族去南洋作战的人数，大概比台湾广东、福建两省来的后代，在比例上更多一些，虽然人数上不一定更多。

所以这一段历史，使得国辉相当关心，日本当局如何对待少数民族。他从日据时代官方记录发掘出，日本当局如何从小小临时事故，发展为全面镇压，竟出动正规军，使用现代武器，甚至飞机和大炮，发射毒气弹镇压少数民族。人类史上，宗主国对自己殖民的居民，以如此残暴的方式处理，实属罕见。

这个记忆在日本长期统治期间被蓄意掩盖，却致力于表扬少数民族军夫出征东南亚，或少数民族少女又是如何相送日本青年军人出征，视作非常浪漫的一段过程，谱为情歌，如"沙林之爱"等赞扬歌颂。国辉根据日本官方档案，揭发日本殖民当局在"雾社事件"中的残暴。他的作风，当然和许多亲日的"皇民"后代，在意见上有相当大的差距。"皇民"是日本在台湾培育的一批亲日分子。他们改用日式姓名，日常使用日语，自动同化于日本，这就是"皇民"。台湾最显赫的"皇民"是李登辉，所以"客家"戴国辉和"皇民"李登辉之间，在这个问题上，他们的意见非常不一样。

第二桩国辉费心研究的历史事件，就是我们知道1947年2月28日，发生那一段非常不幸的动乱，到今天还有许多人对此有不同的解释，陈述其历史上的意义。我仔细阅读过许雪姬和赖泽涵等人受委托撰写的一篇报告书，内容相当详实。可是，也有人还认为当时台湾人是反对中国人，不一定是反对当时的中国政府而已。也有人对于当时罹难人数（多少大陆人？多少台湾人？）持不同的说法。等到台湾当局开放，"二二八"不再是禁忌话题，这时候当局决定赔偿"二二八"受损害的遗族，由当时"副总统"吕秀莲女士主持发放赔偿费事宜。到现在为止，大概真正登记、取得补偿的人数，也就二千多人，这和上述许、赖报告的估计其实相当吻合。当时罹难者总数并没有三万多人，而且有一批受到冲击的大陆人，或已死亡，或已离开台湾，到今天还没有得到补偿。牵涉于"二二八事件"的人物，有从南洋回来的"军夫"，也有当时中国共产党在台湾的人物，例如谢雪红带领的游击队……国辉他为了寻找真相，凭着一己的努力和良心，不偏不倚，也做了相当详尽的研究。

我佩服国辉之处：这个人对自己身处之地的过去，认真执着，不折不挠之外，还必须不受别人偏见的影响，不媚时，不曲解，以史实和史料为主。国辉有一宏大的计划，要将台湾的长程和今日的过去，都纳入研究并有所记录。我的专业是古代文明，方法学是社会学，对台湾的过去和今日，也都有所接触，这两方面我们都有很多可以讨论的空间，有许多的机会可以互相交流，这使得我对他非常佩服。我认识的这个人——戴国辉，正是一位认真执着的学者。

在桃园相交的时段，我们发觉彼此研究途径颇有交集：我们都习惯于借重韦伯和雅斯贝尔斯的理论，思考自己钻研的问题；也都习惯于文化宏观与比较的研究。而且，我们也都重视文化传统对于个人取舍抉择的影响。我们在提到韦伯和雅斯贝尔斯理论时，由于我是通过英文译文学习，他则从日文译文研读，彼此之间的沟通，还颇费周章，交错交融，方能渐入佳境。我们逐渐感觉对于专题研究，对于彼此"所见略同"的愉快。

同在桃园交会时期的不同场合，我感觉，他对于自己的归属感颇为重视，承认文化归属，要比地域归属，更有认同功能。我自己，生于战乱流离，不遑定居，处处是家，视家如寄，旅途暂歇，"故乡"永远在梦中。有一次，我对他自称"新客"，称他为"老客"，并且戏称："也许，我们更适宜在全球化的大趋势下，做世界公民吧。"他静默片刻回答："我不能，我终究是客系中国人。"其实，我自己又何尝能够如此抛开"中国人认同"？

我前面讲过，他是客家人，我也是客家人；只是，我是新的客家，他是旧的客家。台湾的客家是从广东迁移过来的，他们大概在魏晋南北朝、"五胡乱华"的时候，开始"永嘉南移"的长征，整族长途跋涉，从中原迁移到福建和广东；他们几千年来，离乡背井，却一直严守着故乡的风俗习惯；他们的语言，依旧还是当年中古时期，以中原的口音为主体。这些永远是客居的离人，对于个人的过去，总有两个认知，两个自己，一个是"个人自己"、生物性的"个体自己"，我们是张三、李四；另外一个自己是其所来自的族群及其文化背景，这就是台湾人所说来自"中原的中国人"。纵然离开家乡到外边去，必须要自己挣扎求生存，但是不能背离自己文化传统。文化传统可贵的地方要继续保守，而且要发扬光大，文化传统中有不适宜的地方，要随时纠正、修改，处世为人的大原则，则必须恪守不离。

这个立身的认知，我和他一样。我于1948年离开中国大陆，今天我寄居在海外，我也真的是他乡作客的"客人"，这是二十世纪中国内战所造成的后果。我们彼此同意：一个人的认同感，不单自己是张三、李四，还有自身究竟是从哪里来的认同。不一定是我的籍贯，不一定是我的姓氏，不一定是我祖先的谱系，而是贵重、真实留下来的文化遗产。这份遗产，他和我所承受的有相当大的部分类似，就是中国经过不同时期的整合，终于归纳为儒家、道家、阴阳家，以这几家为主体的综合的思想，同时，不自觉地吸收了佛家的思想，也吸收了摩尼教、祆教，并受其影响，还吸收了后来基督教的影响，等等，各种的影响揉成了一个多元复杂的融合，一个复杂的有机体。

事实上，这一整合，乃是撷取世界上各个文化最为可贵之处，并融合在一个系统里面。这个系统，我认为是未来世界走向大同、走向全球化以后，取得的综合的人类文化，其内容就和中国几千年来，一步步整合的情形，可能是，也应当是兼容且接近的。我们既然已经在这一点工作上，在世界各国之中，在各个民族之中，这些中国的新客家、旧客家，已经走了两千多年，我们应当自许走出了现在的成绩。这些成绩，得来不易，我们应当在这个时机，反馈全世界。世界正在走向全球化，这全球化的趋向，不可任由一个国家独占霸权，坚持霸权，而永远将其作为某一家的特色，笼罩全世界。人类世界会有，也更可能有一串普世价值，但普世价值不是任何一家文化所能独占，这些普世价值应是结合与诠释各种情况下，寻找适应时代、适应地理情况、适应个人，所提出的解释。国辉和我，这两个"老客""新客"，在这方面，我们也有相当契合的地方。

国辉未终天年，不幸早归，我很想念这位朋友。我们年龄相当，只是我多活了二十年，使我对许多问题的想法，又和当年不太一样。他离开太早，有许多高见犹待发挥，即已离去，令人遗憾，我们也因此更加怀念这位优秀的学者。他在举世疯狂时让大家清醒，他在别人有偏见的时候，毅然廓清矫正偏见，不屈不挠，坚持守住自己的立场。一位历史学家能做到这一点，且得到令人钦服的佳绩，既是史学专业训练使然，更在其学者的风范。我向戴国煇先生，一位史才、史德兼备的历史学家致敬！

他不仅是一位历史学家

陈孔立

戴先生和我是同一世代，都是 20 世纪 30 年代初出生的。那时中国大陆和台湾都不采用公元纪年，我生于民国十九年（1930 年），他生于昭和六年（1931 年）。当我们成年时，两岸已经处于隔绝状态。戴先生长期生活在日本，早期都用日文发表论文，我无缘获知。直到改革开放以后，大约在 1984 年，我才知道他 1981 年用日文写的文章曾经引用我 1979 年在上海出版的书，但未见到原文。

到了 1986 年我这一辈的大陆学者才有机会出国，我在芝加哥台湾学者林孝信主持的士林书苑中，发现戴先生著的《台湾史研究》（1985 年台湾出版），这是他第一本用中文出版的著作，我如获至宝。在书中获知若林正丈是戴先生的"第一位学生"、"台湾近现代史研究会"的少壮派中心人物，而我们早已认识若林了，因为他 1983 年就来到我们台湾研究所做过三个月的访问研究。他曾经写道，1983 年 5 月"三日傍晚抵达厦门。第二天起，四日五日两天，见了所长陈碧笙，副所长朱天顺、陈在正，《厦门史话》作者陈孔立等台湾研究所的主要成员"。其实那时我还没有调到台湾研究所，只是做一些兼职研究。

在书中也看到戴先生 1983 年曾经与陈映真先生、李哲夫先生进行过对谈。不久，李哲夫先生（1987年）、陈映真先生（1990年）先后来厦门大学台湾研究所访问，我作为所长，接待他们。李哲夫先生曾经对我们所有如下评论："厦门大学的台湾研究所给人一个印象，他们的研究工作注重历史性的、考据式的研究，可是，台研所的新生代，他们虽然才加入研究所一两年，他们的工作成果已经足为厦大台研所改观，给予一个清新的面貌"；"我没有把握是否在台湾岛内的每个年轻人都像他们一样，对于台湾现阶段的民主潮流有那么多的关注"。陈映真先生则说："厦门大学台湾研究所对台湾的研究就比台湾对大陆的研究做得好。"

至于戴先生本人，一直到1995年在庐山举办的"台湾史学术研讨会"上，我才有缘和他见面。那时我们所是主办单位之一，其他三个主办单位都是北京的，会议主要由他们操办，接待工作由他们承担，我们很少有机会和戴先生交谈。但我的同事记得戴先生很幽默，他在会上发言超时了，不但不道歉，反而说："年纪大，学问太多，没办法。"

我早年研究台湾历史，1987年以后研究重点转移到台湾政治与两岸关系。后来，我读过他的著作《台湾总体相》《爱憎二·二八》《爱憎李登辉》等书，这次九州出版社准备出版戴先生的著作系列，让我读到许多以前没有读过的、从日文译成中文的论著，对他的研究才有了比较全面的了解。

读了戴先生的论著以后，可以看出他的每一项研究都有自己的动机和目的。例如，研究清代台湾历史，特别是洋务运动时期的台湾，就是要说明清代后期台湾有了相当的发展，而不是什么"不毛之地""荒芜之地"，不能把台湾的现代化归功于日本的殖民统治。研究日本殖民统治时期的历史，就是要揭露日本的侵略和掠夺，说明日本的殖民统治丝毫不是为了台湾人的利益。因此，台湾人没有任何理由感激日本人的殖民统治。日本殖民统治台湾留下的"遗产"也不是日本人心甘情愿地留下来给台湾岛民的。是因日本战败，日本人被逼迫无法带回日本去，不得不将"副产品"留下来。研究台湾战后史的目的在于追索台湾光复后，台湾人的身份认同问题。

至于"下功夫研究台湾史的原因"，他明确地指出有以下三个因素：一是因为"台独"分子以及"许多台湾知识分子"都是"媚日"的，这就可能会"自误误人"给台湾以及中日关系带来灾祸；二是因为"台独"分子认为日本给台湾带来了资本主义，促进了现代化，日本人一般听起来很顺耳，很可能就变成了甜言蜜语，这可要害人不浅，为害的范围很可能还要扩展到东南亚；三是因为大陆对台湾的认识不深入，也不可能全面。不论干部或老百姓都不能认识台湾的真面目，他说："我发现这种情况值得忧虑，认为我得好好研究台湾而把成果呈献给大陆同胞，最好能帮一帮他们开一开眼界才对。"

还应当看到，他研究"二二八""台湾人""台湾结与中国结""社会记忆""群体心态""台湾民族""台独"等等，归根结底是研究认同问题，为解决"认同危机"、反对"台独"找出一条正确的道路。他提出"睾丸理论"就是探讨两岸关系"在一个中国的大前提下，一致对外，对内可用和平手段来协商、沟通以及调适"的道路。他指出，统一是一个大前提，统一是一个过程，统一的过程需要摸索。

正如他自己所说的："我既爱我出生之地台湾，又深爱我祖先之原乡中国大陆，并关怀它的前途。我愿为我们及我们祖先的乡土海峡两岸之进步和福祉，奉献绵力，给它的人文、社会科学的园地扎实地、持续地添些砖，加些瓦。"

总而言之，戴先生热爱台湾、热爱中国、热爱中华民族，他毕生的研究都是站在中华民族的主体性立场，为解决两岸的"认同危机"、实现中华民族的大融合、大团结贡献自己的心力。

读过戴先生的论著之后，我认为他不仅是一位历史学家，他的研究涉及历史学、文学、经济学、政治学、社会学、心理学，即涉及人文社会科学的多个学科。他自己谦称"我没有搞过政治，但是作为一个社会科学研究者，并且对心理历史学抱着深厚兴趣的学人"，他也自负地表示，"在坚持学术的纯洁和尊严上，我固执这样几个原则：1.进行原理性，也就是根源性的探索；2.注重从逻辑层面进行探讨；3.力求从思想层面进行探讨。努力保持最高的学问水准并追求最高的知性。"

作为一位人文社会科学家，戴先生当之无愧。

读了戴先生的论著以后，我发现我和他有不少"同好"，他研究的许多课题，我也做过研究。早期我研究过"日籍浪人"（1979年），他称之为"台湾呆狗"；他研究"雾社事件"，我也写过"雾社深仇"（1980年）；他写过《台湾总体相》（1989年，实际上是一部台湾史），我主编过《台湾历史纲要》（1996年）。由于戴先生过早地逝世，他的研究成果基本上是20世纪的。他研究过的一些课题，在21世纪我继续进行研究，例如，有关群体心态、社会认同问题，我写了《台湾民意与群体认同》（2013年）、《两岸的文化认同》（2020年），在批判"台独"史观、"台湾民族论"、维护中华民族认同方面，我也写了系列论文。我希望能够追随戴先生，为中华民族的大融合贡献个人的微薄力量。

第一编

日本与亚洲

东南亚的虚像与实像

乔军　译

引言

今天承蒙邀请，非常感谢。这些天来一直在会馆里悉听众说，今天第一次当讲师，深感荣幸。

刚才穗积先生好像希望我谈一些日本人尚未触及的问题，以及被大家忽略的事情。坦率地讲，本人的研究虽然还很肤浅，但并不否认已经触及了一些日本人还未关注到的问题。

我这趟东南亚考察之旅，从一开始就不是可放手随意而行的。

台湾是我的故乡。在那里我还有不少知交，所以自信起码不会被人戴上汉奸、"日本帝国主义"走狗的帽子。但是到了东南亚，可就不敢这么说了，在第二次世界大战这场噩梦的余绪中，台湾人被打上了"背叛者"的烙印，受到排斥，据说至今仍不受欢迎。所以从临行前我就在想该怎样去接近那里的华侨社会。

在选择采访对象时，我首先将考察范围限定在民间，再进一步把我可以自由地用客家话进行交流的客家同乡锁定为第一类对象。其实说起来也是因为我知道客家人不怎么拘泥于籍贯。

由于是初次旅行，又限于时间上的关系，接触面有限，所以我将第二类对象锁定为记者、大学教师、同乡会干部等。

方法是首先通过熟人或者利用同为客家人的关系来建立起初步的信赖感，然后再以此为基础拓宽对象的范围。而且我特别注意在拜访华侨时不让日本同事同行。

现在回头看这趟旅行，可以肯定当时的这番苦心没有白费，且这么做也是理所当然的。不过最初我还真有些忐忑不安呢！

在台湾和香港的工作还算顺利，到了新加坡可就不一样了。当时恰逢日本首相佐藤荣作与美国总统尼克松（R. M. Nixon）发表联合公报（1969年11月21日），以《星洲日报》为首的新加坡各家华文报纸马上有所回应，对日论调相当严厉。但遗憾的是日本媒体几乎没有报道过这些言论。

本来由"血债"等问题而引发的马来半岛一带华侨的对日警戒情绪就已经极为高涨。在这种背景下，继海上自卫队的访问、对马六甲海峡的调查等一连串的举动后，日本又发表了佐藤尼克松联合公报。这就使得警惕日本进入东南亚、警惕"日本军国主义"复活等主旨的言论此起彼伏。后来才听说此前学生们曾在南洋大学办过"冲绳问题"论坛。

我不知道在此种状况下，当地民众是怎样看亚洲经济研究所的，所以免不了有些担心，刚开始行动时也十分谨慎，真可以说是

"静如处子"。

亚洲的国际感与日本

恕我直言，首先我要说的是日本的报纸做得还很不够。

比如就连日本的代表性报纸《朝日新闻》上，几乎都没有关于东南亚的报道。即使有，也只是在新加坡有人被杀，或者在哪里进行了选举、马尼拉的总统大选等简要报道，之后就摆出一副事不关己的姿态。要知道东南亚的报纸（这里指华侨报纸）在编辑上可是有卓越的国际意识。当然这样的编辑方针大概是和华侨的存在攸关，用句俗话说就是迫于生计，或者说是和他们的生存问题息息相关。但对于日本而言，和自己生存相关的只是欧美，并非亚洲。而我认为实际上现在和日本密切相关的却正是东南亚地区，相比之下，日本的报纸做得还很不够。比如新加坡的报纸，不管是《星洲日报》还是《南洋商报》的版面都设有国际专栏，除了中国、日本、马来西亚、新加坡，还有印度尼西亚专栏。顺便提一句，作为一名研究者，我认为在读报时只需大致留意一下副刊就应该可以评断该报的水平了。对了，这里的"副刊"是中国的说法，在日本应该称之为"文艺栏"吧。

好了，回到正题上来吧。其实在此之前我从未到过东南亚，研究所的同事们也大多说那里非常落后，简直无计可施。当然其中也有人执不同意见。仅从我读新加坡和吉隆坡的华侨报的感想来看，好像也没觉得那么落后。俗话说"百闻不如一见"，这次在当地不仅感受到了他们明快的国际感、熟知国际形势，而且也验证了实际上那里并不落后。

另外我还想谈谈报社记者。头一次和这么多记者交流，其中有日本记者、当地的主编、主笔群，还有几位年轻的中坚记者，但说句实在话，精通当地语言的日本记者真的很少。

碰巧有位熟识的日本记者 A 在新加坡。一问才得知他写的东西不一定都能见报。可见驻外记者的个人问题仅是其中一个原因，究其根底还是日本报界的报道态度问题。日本新闻界好像还没有意识到要从本质上去接近东南亚。

更明确地讲，这不只是报界的问题，而是需要深入地思考整个日本民族对亚洲的认识，归根究底是日本的亚洲观大问题。

只要日本人轻视亚洲、蔑视亚洲的意识还根深蒂固地存在着，那么一些贤士提出的诸如"外务省的驻外公馆里没有亚洲专家；优秀的人不会被派到发展中国家任职，去的人简直就是受命赴任；只是一时委身于此罢了；缺乏在当地稳扎稳打的干劲；中下级官僚的专业性和特殊性不受重视……恐怕因其不热心办事，有热衷于自己的爱好之嫌"等指摘久而久之就成了老调重弹，不管用了。

偏离主题、操之过急的结论

还是重新回到主题上来吧！接下来讲讲在新加坡的事情。一次在老友举行的接风宴上，大家相谈甚欢之时，有位新结识的年轻研究者注视着我说："戴先生，您应是不会很快下结论的吧？"他无非是想说日本的研究者及报社记者们只要进行一周左右或更短的旅行就可以马上大笔一挥，说什么"一处不漏"地游遍了"每个角落"，已经完全"了如指掌"了。也许他们嫌工资低想多写些东西赚点稿费，但也该顾及一下被写者的感受啊！日本经济正处在高速成长期，看起来就像"踩脚踏车"一样（译注：如不踩，脚踏车就会停止不前并倒下）。有趣的是出版界也是如此，那些撰稿人不也是在踩脚踏车吗？这些话虽是对日本人的讥讽，听起来也是对我的警告。幸好本人生来就懒，写东西也慢。虽然有时也不得不赶时间，但在旁人眼里还是缺乏紧迫感。所以我告诉他不用担心。

由此而想到的是，日本人非常重视自己的信息管道。当然这是好事，不过他们的信息管道通常有自限为单一的癖好。日本人一般比较内向，好像对开拓新管道表现得不怎么积极。另外受这种性格的影响，当他们听到对日本的批判时就会感到十分头疼，或者拒之千里，不客观地看待批评；要不然就像鹦鹉学舌似的，不好好地发表自己的主张，却学着对方的口吻大声叫嚣。最糟糕的是，有许多人从一开始就不愿意去接触、去面对与自己不同体质的批判者。

我曾读过几篇文风十分泼辣的社论，作者是新加坡一家颇具影响力的华文报纸主笔。因为文章中的对日批判极为尖锐，所以日本大使馆好像对他也颇感头疼。尤其让他们感到困惑的是，据说该报的发行量由于他的社论得到了许多知识分子的支持而增加。可是当我向前面提到过的 A 记者和大使馆的人问及有没有和此人接触过时，得到的却是一番闪烁其词的回答。

其实我本来就想拜访这位报社主笔，听了他们的话就更按捺不住，于是介绍人也不找了，干脆自己打电话和他联系。这位主笔很爽快地答应了我的要求。我们在一起谈了两个小时，在交换了看法之后，我还得到他的赠书。看来人家也并非老顽固。

经由这次短暂的经历，我发现虽然我们常常把华侨问题放在心里、挂在嘴边，但实际上却没有去好好研究、深入地接触，即使接触，也只限于和日本渊源颇深的人。之后这些人的发言好像马上就被一般化了。有些人不知道自己是在瞎子摸象，还一个劲儿地提什么"新见解"，他们没有好好地学过中文，当然也就不可能和华侨记者和真正在华侨社会有影响的人物进行深入交流，在社交场合上聊一聊就自以为领会了对方的真意而马上做出结论。急于得出结论的人是有问题，但我们也不能忽视，正是日本社会的大环境造成了这种局面。

另外，那些"economic animal"（经济动物）、"yellow yankee"（黄皮肤的美国佬）等涉及日本人形象问题的确也不容忽视。日本财经界上层也在关注此问题。但我觉得更严重的是他们对待问题"一窝蜂"的态度。我担心这关注只是昙花一现——好了伤疤忘了痛。

在面对该问题时，人们仿佛都把焦点集中在要改正这些阻碍日本经济对外国进行渗透的日本观或日本人观上。其实正是因为这样，问题才不可能得到根本解决。

在场的各位应该比我更清楚问题的根源并不在此吧！

缺乏沟通，一味言商

下面再向大家汇报一些更具体的事吧！

这是在曼谷时的事了。那时有位 26 岁的日本青年 K，在我认识的一位华侨经营的工厂里做短期技术指导。我想讲讲和他交谈后的感想。

K 是个善良的好青年。他从短期大学毕业后，三年了，一直努力地学习泰语，对那些臭名昭彰、专拉日本客的酒家深恶痛绝。他感叹当地的技术落后了 20 年，恐怕很难超过日本。正是因为他太认真了，所以没有察觉到自己在对当地绝望的背后有一种优越感。于是我问他是否正视过明治维新以来的日本技术发展史，是否知道挽着发髻的祖先曾被白人蔑视为野蛮人。听了这些话他变得有些垂头丧气，只是默默地看着我。我又问他对 "economic animal" 等说法是怎么看的。他深深地叹了口气，无可奈何地回答道："唉！没办法啊！我是一名公司职员，所以就只能为公司效力，也就是必须为了给公司创造高效益而工作。"

在日本企业进入外国时，被派到当地的多是推销员和技术人员。其中许多人都成了只会埋头苦干的员工。遗憾的是他们连日本的历史、日本的问题都不知道，就这么去到当地。诸位先生 "赶" 出来的杂文就成了他们了解当地情况的速成教材。不用说，正是这些人拿着在日本只有部长才能拿到的高薪、雇着女佣人、尽情享受着高尔夫球的乐趣。在这样的生活当中，他们要把当地的什么东西带回日本？又把日本或者日本人的什么东西带到当地？其实民族间的交流不应只局限在机械、技术、生意往来上。可实际上怎么样呢？好像没有跨出这个范围吧！在当地也常听到一些指责日本企业的声音——他们来了、卖了机械，可是几乎没想过要进行文化交流。听了这些话，的确，好像在日本举行的文化交流活动中受邀请的外国"文化人"多为欧美人，音乐、美术展览会差不多也是这样。我觉得考虑能不能从交流活动中取得经济效益不是唯一的原因，似乎日本的领导层认为发展中国家无文化可言，只有一些当地的风俗。像这样的偏见应该予以纠正，只要这样的错误认识一直存在下去，那么不管嘴上怎么喊亚洲为一体，为了亚洲人要如何都是空话，当然得不到信任。

东南亚的有识之士们正试图着在对抗欧美近代中发现恢复创造力的契机，想在否定自身不好的传统的与扬弃欧美近代的过程中找到今后的展望。因此如果带进和此历史潮流相矛盾之物的话，是得不到他们的信任的。

我可以毫不忌讳地说，即使在日企进驻的地方也出现了对日本的不信任和抵触情绪。在台湾，尤其是那些当地市场支配型的日本企业，当本地的民族资本已经蓄积了一定能量时，进驻台湾的日企，会感到强大的压力。

在槟城和台北两地甚至听到了这样的批评："日本企业太狡猾了。他们把整厂机械设备的价值估得过高，有的甚至缩短折旧期，把旧机械运进来。如果有赚头，他们就提出增加资本，进一步虎视眈眈地盯着经营的主导权。还有的在开始时给我们一个徒有其名的社长或高层的位子什么的，可却不让我们插手经营，趁机逐渐提高投资比率独吞利润。"还有的当地人说："技术援助徒有虚名，专利权使用费太高，就是去日本进行研修也学不到关键的东西，就是这样他们还老是说给了我们援助、指导什么的，让我们感恩戴德。"

日本难以赢得信任的真相

分析一下产生这些不满的原因，就会发现：第一，所谓的经济、技术援助这些包括延期付款等商业基础的企业进入，本来就属商业范畴。如果冠之以"援助"名目的话，就会招来误解。

明知道是虚构的，还强调说要援助，那么当然会发展到让合作的对方感到困惑不满的地步了，而且只要矛盾一加剧就会爆发。所以日企应该提高透明度，如果光明正大地表明是经商或者是企业在海外追求利润的话，那么也就没必要在合资经营时把机械设备的价值估算得那么高，另外也可以在征得对方的同意后再投入旧设备了——当然不透明才是窍门。

第二，如果是合资企业的话，就要考虑到在发展中国家和地区的合作伙伴多为商人资本或商业资本，而日方是产业资本，所以思维方式和办事方法不同。当然做生意是为了赚取利润，投资报酬率若太低是不行的，有时为了追求效益就无法慢慢地等待合作方成长起来，从而酿成将项目延期或暂时搁置起来的后果。增资也是如此。在发展中国家和地区的合作对象中，由于对方的资金周转能力较弱，而企业又急着折旧，所以就不得不采取增资的手段来提高日方的投资比率了。当然如果当地政府插手的话则另当别论。

第三，既然说是援助，那么收取技术指导费或顾问费就不合情理了吧！这里面虚虚实实的，才会发生问题。而且按常理来讲，要援助就应该传授最先进的技术，可事实并非如此，所以研修生们才会有意见。

不好意思，话又扯远了。下面我想谈谈当地年轻人对日本的看法。我在新加坡停留了九天，其中有一个星期左右吧，每天早餐时都能和大学二、三年级的学生聊一聊。

他们是这样看日本人的："日本民族是个优秀的民族，我们叹服日本人的能力。令人震惊的是败战时百废待兴的日本竟然在这么短的时间就发展起来了。"但也听到不少话里带刺的发言："为什么日本人不能自己堂堂正正地进入亚洲呢？他们为了维持经济的高速成长而进入亚洲是可以理解的，可怎么老躲在美国的庇护伞下呢？日本人的大和魂到哪儿去了？"真是耐人寻味啊！他们基本上都是反美的，所以对1969年11月21日的佐藤·尼克松联合公报表现得很敏感，存有戒心。谈了一会儿后，我试着问他们是怎么看血债问题的。他们冷静地回答了我的问题："那是过去的事情了，我们不会总往后看。倒不如说让我们更感兴趣的是今后该怎样和这些拥有无穷精力的日本人共处，还有该怎样才能够一起携手共进。我们所希望的是血债不再重现，而非动不动就揭旧伤疤。"

还有许多年轻的女孩说从月历上和日本电影里看到日本是个美丽的国家，所以想去看看。说实在的，我真想和她们说现在那些美好的自然景观正在不断地遭受破坏，也许以后只能在明信片、月历、照片上才能看到了。不过为了不让她们失望，我还是抑制住了这股冲动。

只是这些华人系青年在肯定日本人的同时，也多次强调，非常担心日本军国主义会以冲绳归属日本为契机而复活。

具体的时间忘记了，大概是在去年（1969）年底吧，在我第二次去香港时看到香港的亲右翼报纸——《星岛日报》的文艺专栏里登着题为《有关南京大屠杀记忆之札记》的文章。不过不管左翼还是右翼，都在佐藤·尼克松联合公报发表后表现出了警戒的姿态。在此顺便向诸位提一下。

亚洲落后吗？

最后我想对这次旅行做个小结。首先还是那句话——百闻不如一见。恐怕会馆的预算比较紧，但我还是建议诸位在工作之余出去走走。我这次也是第一回走出去，才发现原来自以为知道的东西，或是透过文献了解到的东西其实没有什么大不了的。如果只满足于这些东西的话，甚至会有认识错误的危险。

其中有一种危险的看法，就是认为东南亚非常落后。这次我去了马来西亚农民生活的水田地带，因为我不懂马来语，所以请朋友当翻译走访了当地的农民，听一听他们的想法。我觉得他们绝不像日本新闻界和舆论所说的那样落后。我总在想，究竟什么是落后呢？先插几句题外话吧！在新加坡大学、南洋大学、马来西亚大学里和本人从事同样职业的人，说得露骨点，他们的收入都比我高；再看看他们住的地方、周围的环境、开的车，算算他们享受的物质生活有多丰富，这样一比，到底是哪里更落后一些呢？

而且不仅仅是物质生活方面，比如新加坡的环保意识，还有各种文化活动等等，相比之下我们这些在东京生活的人还能说享有比他们更高的文化生活吗？很可疑呀！吾辈是不会为了听音乐会而掏出2000日元大钞，也不会去参观展览会什么的。从这个角度来看，日本的生活水平究竟高还是不高呢？所以好几次参加讨论会时，我都会提到这些问题。都说日本的生活水平高，实际上并非如此。只是日本的消费太高了，其实生活水平并不高。

当然我也承认当地的贫富差距很悬殊，但是那些传达东南亚很落后的人是不是也有些太自以为是了呢？由此可见，我们看亚洲看的只是一个虚像。现在，这些和实像相距甚远的虚像不正在大行其道吗？

带着商品目录的传教士

从现在日本的情况来看，一般来说能进入东南亚当地的只有亚洲经济研究所的一部分人，还有大使馆的人和商社的职员吧！我不由得想起了战前的欧美传教士，现在想想日本商社的推销员们不正是不拿《圣经》，而拿着商品目录深入到东南亚偏远地区的传教士吗？欧美的传教士基本上都会仔细调查当地的情况，进行研究。但是这些拿着商品目录的传教士们可没做调查研究啊！就算学习了、研究了也只是生意上的东西。关于大使馆有关人员的问题，相信日本诸位都非常清楚，我就不再说了。现在的亚洲经济研究所成立才十年，在265名职员中只有100名研究者，研究范围却几乎覆盖了世界上的发展中国家和地区，真是不容易。在大学里也有一些教师在关注亚洲，不过人数尚少。现在应该拿不到什么研究经费，也没有什么像样的讲座吧！所以才会出现急着要求提出结论的情况，培养出一些速成专家。不用说也出现了一些自封为专家的人，当然这也没有什么不可思议的。

恕我冒昧，目前在日本既能通晓自己所研究的国家历史、社会、风俗、习惯，又可以读透当地发行的报纸、杂志，进行分析研究、名副其实的研究者恐怕顶多每国也就一两名吧（中国领域除外）！在这样的氛围里，当然不能准确地把握住实像了。就是现在在会馆里的各位，恐怕也没有人能够自如地用当地语言和研修生或留学生进行对话吧！也许工作太忙、预算太少，没有好好学习外语的条件是没办法的事，但不能说现在的这种状况是正常的。退一步讲，就是会外语也不见得能解决所有问题。因此只有对当地怀着深厚的感情、广泛地关注各种问题、具有敏锐的问题意识才能发现问题所在。

另外日本的媒体也存在不少问题。一直以来只顾欧美，因为他们认为把中国、亚洲过于当回事的话可是会出现赤字亏损的。若把卖点定在旅行游记、台湾的夜生活、在东南亚嫖妓等走马看花内容文章的话，我看也快陷入与美国相差不远的状况了。

如果针对最近在曼谷发生的日本职员被杀案，和在新加坡发生的日本职员妻子被杀害等事件进行报道的话，充其量也就是个小道消息，只能暴露出一些单身赴任的问题。其实真相并非如此。那是当地人所背负生活的每天形象。在这些事件的背后，是日本职员不把那里的人当人看、有一种优越感，蔑视亚洲人。可是大多数人还没有意识到这些问题。

与这些问题相关联，我在思考当前日本面对的问题到底是什么，如果不更加积极地去探寻的话恐怕就来不及了，在我看来甚至有为时已晚之感。

我在新加坡时，曾指出当地的知识分子对虚像的形成也要负一定责任。

你们批评了日本的新闻记者，还有学者诸公急于求成，写的东西没有可信性。现在我想反过来问问外国专家们到底有没有对日本进行过研究呢？诸位看得懂日文，如果更深入地去了解日本和日本人，就应该能对日本人的谬论做出反应。这话我对在前文中提到过的刚刚认识的青年研究者和《南洋商报》的总编也说过。后来看到在《南洋商报》上刊登的题为《今后是否应该加强对日本研究》的社论，在略感吃惊之余还有一丝欣喜。

最后我要强调的是，他山之石可以攻玉，包括本人在内的亚洲经济研究所和从事有关亚洲工作的人们必须以美国在亚洲的失败教训为鉴。

年年扩大的经济"援助"规模，投入了大量的人力、物力进行所谓的"地域研究"，而这些几乎都未奏效，不仅如此，到最后还搞得美国不得不自行撤出。我相信通过综合地检讨他们的失败可以吸取许多经验教训，可是恕我孤陋寡闻，好像从来没听说过有这方面的学术论坛，真是可惜。

另外我还认为在吸取二次大战教训的同时，有必要将这些教训固定化、普遍化，进一步研究下去。

不好意思占用这么长的时间来阐述本人的意见。冒昧直言，敬请见谅。谢谢！

（本稿系根据 1970 年 2 月 28 日于亚洲文化会馆举行的东南亚考察旅行报告的录音整理而成。在编入本书《与日本人的对话》时略有改动。文中的穗积先生为亚洲学生文化协会理事长穗积五一）

本文原刊于《アジアの友》，东京：アジア学生文化協会，1970 年 5 月我在新加坡时，曾指出当地的知识分子对虚像的形成也要负一定的责任。

对谈

亚洲学生文化协会
田中宏
×
亚洲经济研究所调查
研究部主任调查研究员
戴国煇

真实的亚洲和日本

乔 军 译

对大国日本的两样脸

◎　田中宏（以下简称田中）：我想我能讲的，仅限于从一些知情者处听来的东西。那些生活在日本社会中来自亚洲各地的学子们对日本的印象，那些留学生们是怎样和日本人交往，有何紧张等。

目前虽然存在许多问题，但其中最深刻的还是日本人听不到留学生们对日本的感想和批评。留学生对日本人的不信任由来已久又深——在这里暂且将这一阴影的形成归结于历史上的种种瓜葛——具体说体现在哪里呢？其实最近我发现留学生和我搭话或发言时有两个明显的特点。

一种是对日本的赞美之辞。比如：听说日本曾受到两颗原子弹轰炸，几乎被夷为废墟，可却能在短时间内重建家园，创造了世界奇迹，其秘诀在哪里呢？或者提到非常佩服日本人的勤勉、顽强的精神等。大凡此时还会冒出新干线、36层高楼大厦的话题来。还有诸如此类的发言——留学生自身也饱受着殖民统治遗留下来的负面遗产之苦，所以想通过留学来探究日本的力量源自何处，对母国的问题进行思考。日本人听了这些话当然沾沾自喜了。

另一种意见则是从完全不同的角度，对日本做出严厉的批评。虽然形式各异，但它们有一

田中宏（田中宏提供）

个最大的共同点，即对于我们这些亚洲人来说，最关心的还是明治维新以后的日本。在日本人看来1945年可说是一个转折点，可是我们亚洲人却几乎没感受到这一变化。

在众多的批评中，有一个老生常谈的话题，就是崇尚欧美、蔑视亚洲。这是一种渗入骨髓的东西，是一种感觉。关于这一问题的批评非常顽强，以后可能会一直继续下去吧！也就是说，是否有认真地思考日本的百年史到底给亚洲带来了什么，有无好好地想想日本国家的未来以及每个人的生活方式的批评。

再具体一点，即1945年的变化对日本人影响很大，所以他们就会产生一种新生日本已形成的感觉。可是在我们亚洲人民看来，他们靠压榨亚洲民众的血汗来养肥自己的恶性循环本质并没有改变。

从二战之前的甲午战争、日俄战争到后来他们又插手的朝鲜战争、越战，特别是在最近的对外经济扩张中，这一本质愈发明显。日本就是这样遵循着同一模式发达起来的。而日本人所感到的变化或者只是源于他们极力想改善和欧美的关系而已。"英美鬼畜"变成日美新时代，这对日本人而言可说是个天大的变化呀！总之，敌人变友朋，是大变化吧。对于我们极端地说则是完全未改变。这个地方日本人到底在想什么？这是问题的核心。我们也可以看到关于这方面的评论。

留学生的思想和生活背景决定了他们拥有不同的世界观。对此我并没感到意外。可有时同一个留学生比方说 A，却有两副面孔。他们看到什么样的日本人就会摆出什么样的面孔，我觉得这恐怕是一种本能吧！

其实在和留学生的交往中，常会发现当开始只谈一些日常琐事时，他会用前一种态度，聊聊天，继续彼此的交往。不过一旦遇到什么事情，留学生的态度就会转变为后者。造成这一转变的是在我们的交往中所产生的某些特殊的关系——而往往是一些小事决定了这些转变。留学生找房子不容易，不管到哪家不动产中介公司，都会因是亚洲人而遭到白眼。这时我就会向对方保证："我是在亚洲学生文化协会工作的，以后出事都由我负责。"尽量帮他们顺利地找到房子。他们就会觉得这个日本人和别的日本人不一样，好像彼此之间的距离缩短了。此时他们的态度就会转变，露出第二张面孔。

接触到的日本人态度，以及对对方的直觉，会非常微妙地左右他们在这两种面孔中做出选择。越南的留学生曾对我说过，他们生活在殖民统治下，从某种意义上来说就是为了活下去，说得极端一点，如果感觉迟钝了的话就无法生存。也许这在日本人看来是无法想象的，但是走在西贡街头，如果不依靠已经超过知识范畴的直觉，马上判断出和自己擦身而过的越南人到底是属于南方民族解放战线还是政府军的话，早就性命不保了。在这样的紧张情势下艰难地生存，就是目前的状况。

所以留学生说不管接触到的日本人会不会外语、是否念过书、言及战争的责任也好或是没说也罢，在考虑这些过去的问题之前，他们会凭直觉本能地区分对方是敌还是友。他们就是这样筛选要和谁交往的吧！

从同桌的学友、平时在大学里遇到的教官、借宿处的阿姨，到在电车里偶尔和自己视线相交的普通市民……，他们从大多数日本人身上，应该已大致明白日本人的态度吧！遗憾的是他们感到许多日本人不适于对之敞开自己的心扉，能率直地对之阐述己见的日本人真是太少了。这样说可能有点刺耳：好像感到友谊存在，不过他们怕在说出真心话的那一瞬间，影响了友情，给彼此的关系泼上冷水。于是选择干脆保持沉默。

反过来看，日本人不明白为什么会有那么多来自亚洲各地的批判。心想不是也进行了援助吗？日本货又卖得不错，日本也做了不少事啊，他们应该会看在眼里吧？这样一来，在和亚洲关系的问题上，反而没有什么短兵相接之处了。所以我觉得亚洲与日本的问题，日本国内虽有亚洲留学生的存在，但也未必变鲜明，应该和日本自身体质有关吧！

以上是我的想法，作为当事人的戴先生您怎么看呢？

背离亚洲的亚洲理解

◎ **戴国煇（以下简称戴）**：开诚布公地说，虽然我不清楚二十多岁的年轻人是怎么想的，但日本人大概都认为自己是亚洲的一员吧。所以他们会觉得已经对亚洲很了解了。这里的虚像和实像之间不是也存在着很大的差异吗？

我在亚洲经济研究所工作，在那里接触的外国学者，还有日本的亚洲研究者身上，我感到自以为理解和实际的理解之间的乖离度仿佛并不清晰。田中先生您能看懂、听懂中文，还能用中文交流。但在实际工作中，比如田中先生任职的亚洲文化会馆，大概只用英语就行了吧！和印度、巴基斯坦一样，在一些曾受到过英国殖民统治的东南亚国家，英语普及程度以及知识分子们对英语的运用水平相当高。但在别的地方，目前的英语水平应该还很低吧！所以现在只用日语和英语交流，就会出现不易进展的局面。这也是个问题。

我们研究所已经成立十年了，以学习当地的语言、去进行实地考察、熟悉当地的环境进行研究为前提。但实际上对亚洲进行研究的日本学者的情况又如何呢？普遍看来，通过和亚洲人的直接对话来研究的比率可并不高呀！恕我直言，恐怕为了图方便，必要时把欧美人的东西照搬过来，把横的变成直的，改写成日文的还是大有人在吧！

由此而联想到的是，我们对亚洲的理解还远远不够。说要和亚洲友好，可却没好好研究过亚洲的社会结构、文化、宗教，只把重点集中在经济问题上，却没有多少关于经济结构或社会结构的研究。比如宗教研究吧，不过就是研究一下自古以来的宗教精神，此外就只剩下些人类学范畴的研究了，即所谓的"土俗"为对象。钱没用在刀口上啊！我有时觉得东南亚只有"土俗"、没有"文化"的想法好像总存在于日本知识分子的脑海里，但愿是我的误解。由此看来，现在是不是还不具备理解亚洲的前提条件呢？

说一个比较极端的体验吧！我是昭和三十年来到东京，三十一年进入东大研究所的。有次一位比我大两三岁，今年应该已经四十二三岁的人问了我一个很有趣的问题。他非常认真地对我说："戴先生，您筷子用得真好啊！"另一个问法就是"戴先生是中国人吗？"问我是不是中国人，主要是因为我来自台湾，在他看来台湾有高山族，以此类推，台湾人都是蛮人了。所以他就会惊讶像你这样的蛮人怎么也能来留学呢。

虽然他没有说出"蛮人"这个词，只问我"您是战后从大陆去台湾的吧？"其实在他心里多多少少觉得我也是个蛮人。现在这个日本人也该有四十二三岁了，当年他还不到 30。他当然上过大学，所知甚多。这件事证明尽管日本对台湾至少进行了 50 年的殖民统治，但对台湾的了解还远远不够。有这种状况。

所以在亚洲人眼里，口口声声喊着"亚洲、亚洲"的日本人的逻辑和原理都是欧式的。他们熟悉欧洲文学，痴迷于法国文学，在东京还有热闹非凡的法国节。他们以为了解亚洲，可实际上却对亚洲一无所知。在日本的大学里几乎没有和亚洲有关的讲座，这也从一定程度上反映了这个问题。

在这种状态下，他们不会了解到刚才田中先生所说的留学生问题。日本人常把"要作为亚洲的一员和亚洲人民和平共处""进行经济合作""援助"等话题挂在嘴边。发展中国家的政客们也向日本人要钱，说什么请发达国家之一的日本老大哥多加关照。他们搞些口惠交换，在和民众毫无关系的地方制造互相理解的假象。只凭这些是无法了解亚洲的。

从去年（1969）11月起，我用约五十天行走东南亚。在日本的报纸上除了杀人、选举以外，几乎找不到关于亚洲的报道，都是些关于欧美的。对中国大陆的报道是个例外，倒是时常见诸报端。不把实情公之于众可是个大问题啊！如果研究活动也像刚才所说的一样停滞不前的话，将会给今后带来大隐患。难道我们现在不应该重新思考、反省一下对亚洲的认识吗？现在妆点"门面"如此浓厚的氛围中，如果不遵循历史从根本上思考"经济动物""黄皮肤的美国佬"论，只从表面上敷衍的话，势必将引起许多问题。

另外补充一句，我觉得田中先生等人的工作非常有意义，或者是替日本国民肩负着日本历史欠债的部分。即使是这样，由于预算少，或者繁忙得人手不够，没有充裕的时间，所以连工作上所需进修的时间都没有。即便像亚洲文化会馆这样的地方都是如此，不能扎实地学习当地的语言。对不起，话里批评的成分占了不少，不过日本从明治维新以来，就仿佛一直强迫那些善良脆弱的人们头缠象征着武士道精神的布条，一个劲儿地埋头苦干。既然GNP高居世界第二，就应该多把钱用在该用的地方。据我了解，在接受外国留学生和研修生的机构中，亚洲文化会馆是最尽力、做得最好的。田中先生是那里的职员，不好意思，在您面前这么说好像有点奉承了（笑）。但我觉得连亚洲文化会馆都如果维持现状的话，问题仍会根深蒂固地存在。

作为压制者的反省才是出发点

◎　田中：再多谈一些吧！

亚洲人民一直在关注日本，这在思考日本历史时是至关重要的，如何对待这一问题很关键。我认为现在应该在立足明治以来历史的同时，必须作为在这时间点展望未来最重要的主轴。我的立场是，不但应该思考对亚洲该怎样是重要的，而且也需要同时思索以往日本的历史。因为真正可以拍着胸脯说"我们为亚洲做了贡献"的人毕竟不多。

话虽这么说，但到了该重新审视这个问题，思考什么最重要的时候，却抓不到头绪了。不过在亚洲的学生们看来，最重要的出发点是日本以前应该如何处理和亚洲的关系，今后又该怎么做。这正是战后日本应有的课题。

但事情却总被束之高阁，一旦涉及国际关系问题时，始终只是调整一下和欧美社会的关系罢了。

在亚洲人民看来，战前的日本也是如此。由于最后和美国的关系恶化，日本在"大东亚共荣圈"和"东亚解放"的口号下，结果在亚洲做了和欧美从前的所作所为一样的事。战后也没有对此进行过反省。日本又在重走老路了，对此事的批判未能在日本社会中建立，导致没有进行反省的此一缺陷，一直存在日本的体质中，这也成为日本被斥责军国主义复活的依据。目前，抱着"亚洲很落后，必须要亲自为他们做点什么"这样充满优越者的宽容，而想解决亚洲问题的人还是主流。

最近在各种和亚洲相关会议上，提高援助金额的大施舍，可以说达到了顶点，这在一般的日本国民层次也以为施舍些善款也得帮助亚洲。这只不过是出于一种向乞丐施舍的想法，他们完全不去评价对方所拥有最重要的部分。从战前就形成的这印象，今后也不会消失。

我觉得不可思议的是，以所谓进步人士为首的人们高度评价在越南战场上作战的越南人，却没想到通过以前日本在和美国打仗时的以少对多，来分析越南为何要如此誓死抵抗，引以比对自己。

如前所述，从落后这一角度来看，亚洲没有什么可值得评价。那里有对美国侵略者的反扑，或者是对这种反扑的正当性深信不疑的正义感而已。我以为可把它视为推动今后的历史进程中的重要价值观而重新去掌握，对此可发现相当的普遍性。

从当中我们必须去体会、感受，只有这样探究下去才会强烈地意识到总把亚洲视为弱者，认为施舍就能解决问题的做法是不对的。相反的，现在到了应该树立起一种向亚洲学习态度的时候了。通过和亚洲学生们的接触，我深深地体会到这点。

应该向亚洲学习什么

稍微说点题外话，前两天有机会和一些年轻人聊了聊。他们都是趁着日本总理府举办的"青年之船""和平部队"等活动去过亚洲各地的。有位参加过"青年之船"活动的女性感叹道："亚洲老百姓的眼睛都那么清澈！"还对我说："从在港口遇见的当地人脸上，我感到尽管他们的穿着和生活很简朴，但作为人是生气勃勃。他们是在生活中体味人生，不像我们成天挤着拥挤的电车，忙忙碌碌地工作。这给我带来了很大冲击。"

可能她以前曾觉得只要给亚洲一些援助就能让他们过得更好，但现在却在亚洲人民的身上发现了在自己周围看不到的丰富人性，感到自己在日本的生活反倒显得贫乏了吧。

这些战后出生、几乎对战争一无所知的青年们借此机会应该感悟到，虽然日本的经济成长率和国民生产总值的排名在世界上数一数二，但在那里生活的人们却显得那么渺小。如果反省一下这个社会究竟为何而存在，看看我们的生活，每人活得有没有人性，就会发现这个社会的价值观是错位的。在亚洲，还有另一个普遍的价值观存在，但我们却没有察觉到它正在从我们生活的社会里消失，这个傲慢正受亚洲的质疑。日本人很难意识到这个构图。

其实去过亚洲的人几乎很少体会到亚洲美好的一面，反而是仅仅满足了自己的优越感而已。仗着自国的实力，就以经济大国而自负，大摇大摆地来到亚洲。他们不会去改变最初我所提到的那种位置关系的接触，所以永远意识不到问题所在。

刚才戴先生说过日本人不了解真正的亚洲，那也是个例子。不过更有甚者，比如常常进行研究、讨论的精英和知识分子吧，把他们剖开看也不过是把欧洲的知识照搬来，或者把它当作衡量问题的尺度和道具而已。

包括在看越战问题上也是如此，顶多也就是套用美国鸽派的主张，他们不会自主地去寻找探讨问题的契机。就像刚才所说的，就算接触过亚洲人民，但因为并不是可令他们敞开心扉的对象，所以总是把握不住契机，从而造成恶性循环。

我想在这里具体介绍一下正在攻读政治学博士课程的一位韩国留学生的证言。在他看来，从他们所学的东西和日常生活中的体认，发现把反殖民地主义删掉是不可想象的。因为他们必须在这种环境中探究学问，多半注定要承受这样的宿命。

他认为他们和日本学者最大的不同，就在于即使没有得到最终结论，但根据前人留下的分析方法、资料，或者著作来研究归纳问题时，是否从反殖民地主义的视角出发。日本人根本没有考虑这个问题，只要研究结束就算完成了一项任务，把它往学会一交，就可以获得受认可的市民权了。

但对于像他这样的留学生来说，定稿后必须要再重新审视一遍自己的研究有没有遵从反殖民地主义的至高原则。如果最后发现关于此问题的焦点模糊不清，或者有微小的分析错误，那么就必须舍弃，从头再来。

他发现这些差异正是最大的问题所在，从某种意义上来说，他开始从根本上质疑自己留学日本的价值何在。

很少看到日本的学者、学生和亚洲学生一起阅览、研究、辩论，或者在上专题讨论课时积极地去听取亚洲学生的问题意识和看法。也许有些日本大学认为那学生没有好好学习却只知道讲大话，只有这种程度的对应。他们领悟不到在脉动的，更根源的探究学问的方法与锲而不舍的追究法，对此没有恍然大悟的感觉。

目前传授知识的方法仍是在讲台上教授仅仅把亚洲视为客体的欧美体质的知识而已。学生们只要听了著名教授的课程，就觉得学到了高深的学问，感到心满意足。在这些年轻人中，还没有出现用新的问题意识来攻破旧体系的萌芽。

在亚洲留学生看来，它们仿佛也根深蒂固地存在于具体的研究过程中和知识领域里，并顽固地支撑、构筑了当今的日本社会体质。虽然不受亚洲欢迎，但百年来它却从未消失。

即使打出了亚洲革命、粉碎亚洲安保等口号，也迟迟不见对问题进行反思的迹象。总表现出一种用自设的标准去应付来自亚洲的批评的傲慢劲头。这种傲慢也同样深深地渗入那些希望和亚洲建立连带关系，或者想进行超越国界连带运动人们的思想中。具体地将此思想切断而深入研究的工作还做得远远不够。

我一直感到很奇怪，为什么我在工作中遇到的这些来自留学生的批评，没有被一般的日本学生所察觉呢？当然也许留学生们应该更坦率一些，不过对他们来说，在日本这个社会中生活会受到许多束缚，入国管理行政之类的问题就不用说了，他们不得不在这个束缚很严格的社会中生存。

因此他们的批评可以说是最后的警告，证明亚洲和日本的关系又到了只剩下敌对关系的关头。

就此意义上来看，亚洲留学生们的这些发言对日本社会来说应该非常重要，相当有分量的。我在工作中常会感到这一点。让我觉得焦急不安的是，在大学这个社会圈子里生活的留学生们的所见所感，为什么没能在大学里传播开，没能成为一个刺激而扩散出去呢？

不过也有例外。今年（1970）4月，一位越南留学生取得了日本的在留资格。声援他的一些日本人认为只取得在留资格并不能解决所有问题，他们正和留学生站在一起继续努力着。以后日本人在面对《入国管理法》时，可能还会遇到同样的问题。其中首先面对的就是日本人如何看待针对亚洲人的《入国管理法》。现在到了应该思考映像在亚洲人视线中的日本人、日本的存在，并将其作为重要判断基准的时候了。

这并不等于以论天下国家的形式来看待日本军国主义复活等问题。如果不能意识到身边的问题就找不到解决问题的线头。所以与其对军国主义的复活进行分析、批判，倒不如关注身边发生的事情。比如朝鲜人高中生遭到暴行等事，有必要追究其缘由，到底因何而表面化，由此去挖掘更深层的东西。比如刚才戴先生说的曼谷日本职员被杀事件，是不是也应该冷静地思考一下到底为什么会发生这种事呢？

随着日本公司大规模地进入东南亚，许多日本人目前在当地生活。他们和亚洲人民交往的情况，与那些在日本军队入侵前后进去的商社，还有以占尽投资的先机为荣的人有何不同？给人的感觉可是非常相似啊!

对这些问题如果不详细加以掌握的话,我率直的感想是,不管他们如何叫嚣亚洲革命的口号,倘若仍然存有暂且相信日本说法的想法,那就几乎掌握不到,他们其实很怕上当。

日本民族的黑暗面与虚荣

◎ **戴:**您刚才所说的那位去过亚洲,觉得当地人的眼睛很清澈的女性有多大啊?

◎ **田中:**二十岁左右吧!

◎ **戴:**和她一样的人最近多不多?

◎ **田中:**我觉得还很少。

◎ **戴:**我来说些相关的事!令我感到非常遗憾的是,有些先进学者在研究亚洲时会批评"台湾很脏",还说印度人简直无药可救。另外,说得更具体些,当企业进入马来西亚时,雇佣的既有被称为华侨的中国系员工,也有当地的马来人。在泰国也一样,泰国人和中国系人在一起工作。结果中国系人往往被认为工作效率高,汉族也就被视为优秀的民族,频频在学术会议上被拿来当例子。

我很反对这种做法。各位,汉族非常优秀的这种认识究竟是最近才有的,还是以前就存呢?据我所知,起码在甲午战争后中国人被叫作"清国奴",一直到二战结束时,除了一部分比较客观地进行研究的人以外,"清国奴砭石无效"的说法还很普遍。从什么时候开始觉得汉族优秀了?

所以我认为民族没有优劣之分，由于受到所处的社会、历史条件的限制，在某个时期会显现出某些特点，只要有一个能发挥能力的环境，那么他们也会像大家所说的优秀的汉族一样出色的工作。不过就连有些思想先进学者也不理解这一点，只会在口头上表示理解而已（非常失敬）。转头就说"台湾很脏"。并不是因为我是台湾人就想为台湾辩解。但是，请说这些话的人先想想算不上干净的日本浅草以后，再说"很脏"这个词吧！日本人常说中国人爱面子，其实我觉得日本也是个重面子的民族。从某种意义上来说，比中国人有过之而无不及！

学生时代，我们组团一起去北海道旅行，有个以色列留学生说想看看爱奴族。直到现在我也不清楚为什么他想看爱奴族。当时同行的日本人曾回答他："不行。"这个日本人是我的学姐，思想很进步。她说爱奴族不能作为观光的对象给游客看。这次旅行是日本学生组织的，那时我曾问她："你到底有没有问过以色列留学生为什么要去看爱奴族呢？""也许他作为犹太人生活在以色列这个新的国度里，所以比较重视少数民族问题。你马上就以一句爱奴族不是观光的对象来拒绝他，未免太过分了吧！"但是她却没有回答我的问题。

在那之后，我们去了北海道大学的爱奴研究室，那儿的教授是位白发苍苍的老者，非常热爱爱奴族，但后来听说去世了。我记不住他的名字了，不过他给我看了许多他的收藏品，还非常自豪地对我说，自己把一生都献给了爱奴族，为了研究爱奴族尽心尽力。

接着我们又参加了座谈会，这位教授在谈话的时候很明显地没有把爱奴族列到日本人里面。所以我就问他："老师，您在讲话时没有同时使用爱奴和虾摩[1]这两个词，那不就等于关于爱奴族非日本人的发言不是错误吗？如果为了把爱奴从日本人中区别出来，应该使用和人或虾摩，这样的话我还能认同。如果日本民族里不包括爱奴族的话，我对您这么努力地研究您所热爱的爱奴族，还真有点担心了。"结果他很伤脑筋似地不知如何回答。

回到正题上来吧！我认为应该让留学生们看到一个真实的日本。去看看银座、霞关大楼、新干线，同时也要去看看鹿儿岛、岩手县的山间农村。

日本接受留学生的政策总偏重自然科学，这是我的看法。研究社会科学的人，比如朝鲜半岛的韩国、中国的香港，以及一些华侨，还有就是我们这些从台湾来的人，大概会学社会科学。这是自费留学生、东南亚留学生难以通过语言这一关等有种种问题。另外日本的奖学金，比如日本扶轮社（Rotary Japan）奖学金就不包括社会科学。人文科学也是如此。由此而联想到的是，日本经济团体联合会和商工会议所从两三个月前开始对"经济动物""黄皮肤美国佬"论有所反应，不过在留学生眼里这只是个表象罢了。日本的领导层让外国的技术人员过来，只教给他们一些自然科学，然后好像就急着要向那个国家出口整厂设备和技术。

在东南亚，有人直截了当地说，他们并不是为了指导我们，

1　虾摩（シャモ，shamo）为爱奴语"シサム"之讹音，意指爱奴人以外的和（日本）人。

而仅仅把我们当作搬运机械的一个工具而已，用日本的技术把我们束缚住，好推销他们的机械设备。我对此不能完全苟同，却没法回答他，因为这种情况也不是没有。这也是我在这次旅行中所碰到的事情。

说说我的拙见吧（笑），我认为在向日本学习的时候，必须要全面地学习。田中先生，虽然我觉得您应该不会这样，但还想说一句，就是只让人们看到表面的日本这种胸襟狭小的做法是不行的。只有把背面也秀出来才能表现出让人们去了解一个全方位的日本态度，或者用历史的尺度来综合地衡量日本在明治维新以后的动向，尝试从日本人的视角来定位日本和亚洲的关系，我想在这个过程中会出现对话的契机。衷心希望通过这些能让人们真正地理解日本。

但现在他们急着培训出那么多"机械搬运工"，然后就以此为由打着援助的旗号，好乘机搞延期付款。在当地也听到过这样的不满的声音："说什么援助，却卖得很贵！"

日本的领导层最担心的是招来的留学生反而在回国后反对日本，或者将来会成为反日派。我却深深地感到其实正是他们自己播下了不安的种子。比如留学生在大学学习自然科学，据说老师们总是进行快速教学。这样可以按时结束教程，留学生们能顺利地完成学业回国，老师们也就松了口气。但我认为这不是大学教育本应有的面貌，他们的理念能否达成也令人怀疑。从某种意义上来说，应该也让留学生认识公害问题。要告诉他们事实——"这项技术是这样的，但它也有局限性，在日本就曾发生过这样的问题，所以请大家在了解这些情况的基础上，再把我们的技术带回去……"我觉得教留学生需要这样的教学态度。连自己周围的公害问题都搞不清的老师，最后只会成为反面教师，但是他们又一个劲儿地充当"正面教师"进行教学，所以才会产生落差。现在看来，日本文部省还没有制定长期展望的接纳留学生政策的打算。而且我认为，如果不回到日本和亚洲关系的原点上来分析问题的话，那就永远都像临时贴块膏药似的治标不治本。这可是个大问题。当然留学生输出方的体制也有问题，比如台湾吧，因为担心日本的大学抗争，不愿送留学生到文科院校学习，所以现在还处于停滞状态。在被人问及此事时，我的回答是这种做法是不对的，如果真要向日本学习的话，只有同时学习社会科学，才会有用。日本的技术和日本的社会经济发展不无关联，不将它们有机地结合起来，到头来就残缺不全，不是很吃亏吗？

对经济进入应有所质疑

我想具体讲讲此行中的一些事情。我访问新加坡某大学时，首先被问到的问题就是："戴先生，您这次回去后应该不会马上着手写稿吧？日本的教授们可厉害了，来这儿看两三天，回去后不出半个月就把附着照片的文章登在某某报纸上，还堂而皇之地写道去了新加坡各处，而且立刻做结论。您是不会这么做的吧！您虽然在日本做研究，但应是和日本人不一样吧。"我告诉他，我动笔较慢，也没有什么知名度，所以应该没人来找我。我在日本生活了十四五年了，但因为对日本的新闻界有些看法，所以没有什么稿约，请放心。有的学者太过热衷于赚稿费了吧！那些和他们约稿的编辑和杂志社是不是也有问题呢？仅凭两三天的旅行不可能得出结论，但他们竟然堂而皇之地写出来了。这样一来，那些东西就被大众认同，写稿的人也会被人们称为专家，渐渐地连他本人也这样想了。说来说去，还是因为没有一个可以让人深入地研究、学习的社会氛围。大家都随波逐流，争先献上稿费，所以研究者们浸在这个大染缸里都变质了……说得有点过分了吧（笑）！

再比如，现在不是谁都能去中国大陆的。只有一部分比较特殊的人才能去，所以他们就拥有一定的优越条件。但他们不好好想，去那里应该带回些什么。其实从那里带回一些新发现或者资料，才正是别人不具备的有利条件。可以去别人无法去的地方就是一种优越性，我觉得这是一个问题，但这仿佛正成为一条不变的老套。反过来，批判"国府"的人不会去台湾，也入不了境。这样一来左翼对"国府"进行的批判，进行的逆言反倒显得有道理了。以其当地人民的生活状况，人们倾听假知识分子和"迷惘的一代"的怀旧情趣言论，和农民、一般民众毫无关系的发言，由此被制造出一个台湾的虚像。好像没人觉得这有什么不可思议的，但我对此很介意。

田中先生刚才谈到军国主义复活的问题。此行到新加坡时，正好《日美共同声明》出炉。这次旅行的课题是"华侨社会的调查研究"，说是华侨社会，其实不外乎是和富裕的同乡会会长、理事长等人吃吃饭，还有和记者、中文报纸的评论员、总编，以及和中国系的年轻研究者、大学生见见面，结果被他们连连追问这次的

《共同声明》是不是证明军国主义又复活了？哪里是我去调查，简直就是被人家调查了！我一说日本人并不这么想，反倒惹他们生气。他们一再强调没有复活、不认为复活、还有因为不希望复活所以没有复活之间是有区别的，回顾一下九一八事变等历史事件，不都是在当局一再否认后发生的吗？他们说我被日本弄得昏聩，把问题看得太简单了哩！我还被人家揶揄："日本的稿费和薪水很高吧！"（笑）真是为难啊！

在那前后，比如香港的《星岛日报》这家偏向右倾主义和国民党的报纸，在《共同声明》发表后大篇幅地刊载了南京大屠杀回忆录。我对此感到很惊讶。另外，在旅途中我习惯地看了看一般的书店和旧书店，恰好发现了这本《八年抗战大画史》（香港，海风出版社，1969 年 9 月）。从编辑内容来看应该是和孙科（孙文之子）相关的香港出版社，比较右翼。这本书不管是在新加坡，还是在马来半岛和香港，好像都卖得不错呢！那是因为在"侨胞报国"一栏里，有颇具代表性的著名人士陈嘉庚和胡文虎，以及从吉隆坡回国的军人照片。从我在旅途中读到的中文报纸中挑出一些关于日本的社论看看，其标题也都是《不容忽视的日本军事潜力》（刊登在去年 12 月 19 日的新加坡《南洋商报》）、《加强日本问题的研究》（《南洋商报》，12 月 23 日）、《佐藤首相的欺民政策》（《南洋商报》，12 月 24 日），令人惊讶的是，这些报纸竟都不属于左翼。另一个较有影响力的中文报纸《星洲日报》也于 12 月 21 日刊登了署名为林刚的论文《尼克松·佐藤美日首脑会谈结果面面观》，同家报纸在第二天又刊登了题为《美日会谈后的日本动向》的文章。姑且不论这些议论"左"倾还是右倾和正确与否，但都可以看出东南亚的中国人（也包括华侨）非常关注日本今后的动向。而且值得我们注意的是，这些言论都是在周恩来讲话之前就发表的。遗憾的是这些论调几乎都没被介绍到日本来。

有一位明治时代出生的日本老人K，看过鄙人的剪报簿，听了鄙人的话，可以说是个保守派吧，他曾提醒我，该注意的不是"经济动物"等问题那么单纯。顺便打个岔，在比较了解亚洲的日本人里，仿佛还是明治时代出生的人比较多吧！大正和昭和十年以前出生的最差！我觉得战后出生的一代正在非常努力地去了解……啊！我的话说得有点过头了吧！

刚才说过只有一部分专家才会关注这些论调。不过这些专家们到底有没有读过那些文章呢？有关的报道并没有出现在日本的报纸上，就是有也仅限于前面提到过的在曼谷、新加坡等地发生的商社职员妻子被杀的事件等。曼谷的事件是在我出发之前发生的，所以启程前，日本的友人曾拜托我如果去曼谷的话，一定要借助华侨的各种关系做一下调查，尽可能地搜集一些资料，听听他们对日本人的看法。他应该算是一位可褒扬的爱国者、民族主义者吧！我却由此想了很多。其实在东南亚，像那样的杀人事件不是什么新鲜事。就像近代国家形成以前，社会问题的矛盾结节就体现在卖春现象上。在这个感觉已经麻痹了的社会里，死一个平民算不了什么。也许在印度，就是一两个人横尸街头，路人不会有什么反应吧！过去的中国大陆也是如此。

在日本，如果在游行的时候死了个人，可是轰动一时的大事了。不过吵来吵去，到头来也就没动静了。每天都有人自杀，结果都成了报纸的补白材料，也没听说研究出什么对策。在亚洲死个人已经变得很平常。但在日本，如果听到谁因那样的原委被杀了，就会觉得噗的一下，仿佛自己的良心被什么东西刺了一下似的。说句不好听的，这也是日本人肤浅的地方，所以和亚洲人之间还是有偏差的。

为什么要讲这些呢？比如在新加坡发生的那件事吧，单身赴任成了焦点，但问题还远远不止这些。卖春妇的存在本身就是社会矛盾的结节，只是这次偶然碰上日本人的妻子成了受害者。当然另一方面，这和当地的社会结构、社会经济等问题也有关系。还有一个我们必须要考虑的问题，即从发达国家日本前来的商社职员在当地大肆挥霍。钞票是没有感情的。每天面对着各种社会矛盾生存的人们对日本人有一种憧憬，抱着一种近似于幻想的期待，希望自己能被当作人来对待。日本人和中国人拥有一种用白人间的纯金钱交易解决不了的东西，所以才会动之以情吧！但事实上一旦涉及各种问题，这些期待就常常会化为泡影。就像刚才的事，用冷静的逻辑来看的话，不就是个风尘女子吗？所以根本就没什么人权可言。遗憾的是现在蔑视亚洲人的风潮在日本人中存在，一旦有点什么事，马上就会像蛇般扬起脖子。这不只是那个商社职员一个人的事，而是关系到全体日本人的问题。我认为这是存在于日本和亚洲之间诸多问题中的一个。不追究到这种程度，人们是不会明白的。为什么会走到这一步呢？本来如果只是单纯的卖春妇问题的话，应该用钱就能解决了，可这其中却有金钱解决不了的问题。也许有些东西被隐瞒了，最后弄得不明不白的。难道整个事件里没有隐藏一些更复杂的问题吗？我很怀疑让妻子陪着一起去外地工作，是否就能解决问题。

有个日本人被杀害了。有的研究者对此感到非常痛心，我很尊敬他们。可我认为，如果在评论里写为了让日本人不再对亚洲人做坏事，不再被人叫作"经济动物"，日本人应该加强修养，好好学习，然后再到亚洲去的话就不会出问题了，还有把那些事件看作偶然发生的个人事件，偷梁换柱成此种逻辑是危险的。这样的话，1970 年之后，日本和亚洲的关系会出现更深刻的问题。经济投资活动将会衍生出许多问题，而非一个单身赴任问题。

25 年后的民族告发

◎ 田中：刚才戴先生说，在最近的香港报纸上又出现了关于南京大屠杀的文章，可日本人却想尽快化解过去的怨恨，而且他们很快就联想到对方旧事重提是不是为了索取赔偿。所以他们总觉得用金钱就能解决问题，采取更婉转的方式就是加强援助，这样就可以把过去的问题一笔勾销了。因此大部分日本人会觉得，这些人怎么总是对过去的问题刨根究底呢？

说到这儿，我想起了一次令我难忘的经历。五年前，有一位马来西亚留学生蔡君在日本搞政治活动。马来西亚政府要求日本政府取消他的签证并将他遣返回国。结果日本取消了他的奖学金并打算送他回国。不仅如此，他所在的千叶大学也开除了他的学籍，情况非常严峻。有些留学生和我联系寻求帮助。我那时到处奔走，再加上千叶大学的日本学生的努力，总算让他复学了。这件事以后，我发现了适才我和您讲过的留学生的另一个面孔。蔡君的一位马来西亚留学生朋友说我为了蔡君的事受累了，特地在寄宿处里做了家乡的饭菜款待我。饭后他正了正神色，告诉我其实今天他想诚心诚意地向我讨教讨教，然后从壁橱里一股脑儿地翻出了在新加坡发生的大肆杀戮抗日华侨的记录和报道。

刚开始，他对我说："自己在日本学生中也有比较亲密的朋友，而且也是思想很进步的人，其实有时很想敞开心扉，但又怕被对方误解自己说这些话是为了报仇雪耻，所以直到现在也没有向日本人说过深藏在心底的话。不过，这次您和我们站在一起为了蔡君的事奔走，也可能和您有什么缘分吧，我觉得您不会误会我，应该能理解我，所以今天才特意请您一叙。"他一下子从壁橱里拿出了许多资料，里边有关于昭和十八年二月发生的大肆杀戮抗日华侨事件的记录，还有民间人士自发组织的慰灵执行委员会制作的牺牲者名单，以及收录了当时幸存者手记的新闻报道等。

在强调了千万不要对他的话产生任何误解以后，他说希望我能意识到，目前他们对问题的思考方式和日本人的思考方式有很大不同。那时留学生们最关注的就是正好在一年前，天皇出席了由日本政府举办的战后首次国家级别的战争牺牲者慰灵祭奠，这给留学生们带来很大冲击。当朝鲜总督伊藤博文出现在日本的千元纸币上时，也在留学生之间激起层层波澜。他们敏感地觉察到了五年前在日本社会的深层出现的这些变化。曾有位留学生给我看过一则报道，上面附有一张在日本敢死队战死的十六岁左右的英俊少年照片，旁边的文章中还写着他的父母说，儿子是为了国家献出了年轻的生命，将之视为美谈。看得出来，这使留学生深受震撼。他还曾颇具讽刺意味地对我说，日本仿佛也要流行复古怀旧之风了吧！对马来西亚的学生来说，首次公布的新加坡杀戮事件的牺牲者名单，和刚巧在同一时间占据了日本报纸大幅版面的受勋战死者名簿重迭起来，在他们的东京生活里留下了投影。留学生们认为战争中的某些事件，使折射在作为当事人的日本人和马来人之间的形势发生了很大的偏差，并希望人们能够理解这一点。这位留学生一再强调不要误会他的话，他的意思不是要痛斥日本人："你们做了那么多伤天害理的事"，而是希望人们反思一下为了不让历史重演，现在的自己应该保持一种怎样的心态。日军的进驻对新加坡人来说，恐怕就像鬼来了一样吧！人们很容易就联想到挥着日本刀乱杀无辜的日军形象。因此战后出生的留学生们会从那些饱尝了战祸幸存下来的长辈们那里，听到一些一旦去了日本就说不准能否活着回来之类的忠告。

也许留学生们认为战后日本制定了和平宪法，和以前不一样了，所以来到日本。但是现实却让他们回国后不能痛痛快快地告诉长辈们，日本已经变成了一个很好的国家。很少有日本人能洞察到留学生们就是以这种感觉生活在日本社会中的。蔡君事件是战后留学生史上的一个重要事件。正因为我参与了这个大事件，所以留学生们才终于肯向我敞开心扉吧！看来一些意识上的偏差还是存在啊！

即使如此，简单补偿就了事，还有认为到现在还啰嗦地算什么老账的想法还是很多。我觉得仍然有许多人把留学生们说的话当成是在给迅速成长的日本经济泼冷水，觉得他们是以此为借口敲诈钱财的卑鄙小人。我认为在这种思想层面上反映出的，是低于意识形态之前的东西，又领悟到了那些感觉层面的偏差被人们遗忘的深刻性。

实际上说到这个问题，还有后话。我把从留学生那里拿来的一部分数据交给了《中国》杂志的编辑部，请他们在该杂志的今年三月号里撰文介绍。后来我给那位回到新加坡的留学生寄去了一本。最近我收到了那边寄来的书籍，像是评论性杂志。杂志的封面是万国博览会新加坡展馆的女服务员照片，但上边打出的标题却是审问日军战犯的纪录。翻到内页，就会看到上面印着几张照片，其中有一张是七个被新加坡的战争法庭判了刑的旧日军坐在简易的木席上接受审讯，另外还有围观群众和在法庭上出示物证的幸存者照片。它们竟然和万国博览会新加坡展馆前的女服务员的照片放在一起。在日本这种编辑方式简直不可想象。可能我寄的杂志是报道过新加坡血债问题的《中国》，所以他认为我仍在意这个问题，就给我寄了这本杂志吧！我也觉得有些意外。在杂志上还特地注明这些是在新加坡都没发表过的珍贵照片。那还是 1970 年 3 月的阶段，在当地发行了这样的刊物。不过，其焦点不是放在痛斥日本过去做过何等坏事，而是要借助回忆来思考到底应该把当今的日本放在什么位置的现实问题。我认为这才是最关键的。

怀疑的根源

　　我记得好像是去年春天吧，留学生们表示非常希望能和一位研究经济合作问题的著名经济评论家进行一次座谈，于是我就把他们的想法告诉了这位评论家，请他到我这儿来举行了一个简单的座谈会。那天他的讲话是围绕着日本和平宪法展开的，他说虽然拥有自卫队，但战后的日本发生了彻底的改变，所以过去的军事侵略和殖民地统治不可能卷土重来。但目前日本政府采取的经济合作方式却十分不尽人意，尽管到处贷款，却没还原到国民经济上来，就像新加坡总理李光耀说的那样，他们是在把钱扔进阴沟里。这位评论家表示必须尽量把经济合作的重心放到技术合作上，他极力主张应该改变当前的政策，好像这才是问题的症结所在。

　　在场的留学生听了这些后，说："我提的问题可能比较失礼，但希望您能回答。"他的问题是现在许多日本企业到我们国家来做生意、办工厂、建合资公司，如果有一天这些日本企业的活动被认为对当地的国民经济构成威胁，将被强行接管的话，日本可以坚决保证不派自卫队吗？那位评论家无言以对。我想人家在百忙之中抽空过来挺不容易，就在座谈会后请他到别的房间，和他寒暄了一下："可能有些问题让您感到意外吧！不过我倒也想请您听听这些意见。"他激动地对我说："我常在东南亚调查经济合作方面的问题，不过在今天听到他的发言之前，我还真没意识到对日本的经济合作以及企业投资有这样的看法。难道他们对日本的怀疑就这么深吗？"我回答他："希望您能理解今天这位学生的话绝不是一部分人的特殊看法，从思想意识的层面看它是带有普遍性的。我在工作的现场感到对日本的不信任非常强烈。"他不无惊讶地说："我在那边看到不少一心想为当地做些事的人，可我绝没料到他们的看法是这样的。"

大概又过了半年吧，去年秋天，自卫舰队在东南亚沿海巡弋。令留学生感到困惑的是，在日本社会里常有许多议论，却没有听到把自卫舰队在那边巡弋的事提升到一定高度的评论。生活在东京的留学生根本听不到日本人对这件事有什么反应。日益升温的马六甲海峡生命线论无忌惮被谈论、以加强海军军力为主的四次防〔译注：第四次防卫整备计划〕可谓人人皆知，却几乎没有日本人谈及在这种形势下，自卫舰队所采取的此次行动的沉重意义，这是非常危险的。如果有人说军国主义复活的话，可谓铁证如山。我想比起境外活动本身来，日本人对境外活动表现出的反应麻木才更是导致留学生和当地人不相信日本的根源。

◎ **戴：**和田中先生的话有点关联，我刚才讲了在新加坡曾被问到许多问题，而且听说针对自卫队访问这件事，新加坡各界也做出了反应。这一系列的活动都是等我到了当地才知道的。我没读东南亚的报纸，而我也才开始做华侨研究。在当地发生了围绕马六甲海峡和冲绳回归等问题的活动后，《日美共同声明》出炉了。当地人会在这一系列的变化中感到许多困惑。所以像我这样完全不了解背景就一头栽进去，就会被紧紧追问，不知所措了。

由此可见，就像您所说的，日本的反应相当迟钝啊！不管怎样，当地人关注的问题和在日本被谈论的问题好像还不太一样。有一次在谈到《日美共同声明》时，有人颇具讽刺意味地对我说："戴先生，对不起，我的话听起来像是冲着您说的，日本人把大和魂都丢了吧！""他们要来东南亚就来吧，为什么偏和美国凑在一起来呢？难道在他们的大和魂里连堂堂正正地说出为什么来亚洲、来亚洲做什么的勇气都没有吗？"我还真不好回答他的问题，就要了个滑头对他说："在日本还真没有研究过日本，这次回去后要好好学习学习。"蒙混过去了。这成了我这次旅行中的一个苦涩的回忆。

民族问题和知识分子

新加坡的血债等一系列问题让我感触颇多啊！在人类最近的历史中，仅仅这50年就发生了许多事——奥斯威辛、南京、新加坡等。当时美国的舆论也对这一系列问题进行过强烈的谴责吧！我对事实不太了解。后来就发生了美军在越南美莱村屠杀平民的美莱事件。由此我想起了一位叫高见顺的作家，以前我很欣赏他。大家还记得吗？在东京丸之内有一个于20世纪30年代（昭和）初新建成的松竹电影院，那里曾上映过一部反映法西斯战争的纪录片《通往十三级台阶之路》。这部电影造成的回响很大，高见顺在《世界》上发表了他为该片写的影评。他写道："简直太残忍了，日本人是绝对不会这么做的。"从那以后，我再也没有读过他的作品，对自己不利就拿民族问题顶替。我还记得关于他的一件事。曾替他切除喉头癌的中山博士是位很有名的医生，受到给台湾病人出具死亡证明事件的牵连，辞去了大学的工作。那时高见先生还在世，他在病床上接受某周刊的采访时说:"三国人!干的无耻之事……"他的这一论调以对话的形式刊登在该杂志上。也许在年轻人看来高见顺只是一个普通人,可就是这样一个有见识、还曾经偏向左翼的作家却不能把这些事件作为自身问题的一部分来剖析,还故意用民族的不同问题顶替。

在一部分左翼人士的言论里,所有日本人都被说得很坏,说是生来就带有侵略性。我认为这完全是谬论。但我只想说明一下,在某些情势下,兽性会出现在任何民族身上。美莱事件就能证明这一点,九三〇事件、五一三事件以及这次发生在柬埔寨的屠杀越南人的事件都是如此。文明人、顺从的民族等都是荒谬的说法,在怎样的情势下人们会作恶,在怎样的民族行动中,兽性会爆发才是问题的焦点吧!

新加坡人没有忘记血债,只是不愿再想起,因他们已经厌倦了噩梦,为了不让同样的事件重演他们会继续努力。除了个别的奸商,有良心的人们都在强调问题不在于到底该赔偿多少钱。

民族、肤色,也就是人种问题太复杂了!在日本没有什么有力的少数民族,所以日本人好像不太了解民族问题。旅美的日裔第二代为了表现自己的忠诚,曾在二战的最前线冲杀,日本人几乎在感情上没有什么抵触就接受了这个事实。正因为日本人有这种倾向,所以在华侨问题上,他们也只是简单地重复同化、文化的融合、本地化等理念。如果问他们对在日朝鲜人和中国人加入日本国籍怎么看的话,他们就回答不上来了。

◎ 田中:刚才戴先生提到了高见顺先生,我也想谈一个人。那就是家永三郎先生。我在工作中很快就对一些问题产生了疑问，大概是六七年前吧，家永先生负责编写由筑摩书房出版的《现代日本思想体系》中的《福泽谕吉》一卷。我对福泽谕吉的兴趣主要是来自《脱亚论》。另一方面，战后当民主主义崭露头角时，人们就说日本也有民主主义，福泽谕吉是个很了不起的人。这些都留在了我孩童时代的记忆中，所以多多少少觉得他是不可侵犯的日本民主主义的化身。以后的日本在很大程度上都受到了《脱亚论》之风的影响。这是我在做亚洲留学生工作中感到的。所以我对家永先生从福泽谕吉的大量著作中，挑选出一部分编辑成书的事很感兴趣，该书才面世，就买来一睹为快。

但是书里却没有《脱亚论》。在有关福泽的文章中，像《应马上向中国、朝鲜两国宣战》这样的标题倒不少，让我感到些许困惑。在日本赢了甲午战争时，福泽曾和庆应大学的学生们一起在东京三田举行提灯庆祝游行，这件事不能不引起我的极大关注。

我当时觉得像家永先生这样的专家，在编写福泽的著作时竟然没有把《脱亚论》放进去是个大问题。

实际上《现代日本思想体系》中还有一卷叫"亚洲主义"，是由竹内好先生编写的，《脱亚论》被收录在其中。也许家永先生是因为《脱亚论》已被编进该丛书的《亚洲主义》，所以才割爱的吧！

不过我认为出现在福泽思想体系中的《脱亚论》给当今社会造成的影响很大。而且它的篇幅应不满两页！

从那以后我非常在意家永先生，也仔细地阅读了岩波书店出版的日本史丛书《太平洋战争》，书中关于南京大屠杀、在新加坡发生的虐杀华侨事件等资料都细心搜集了。但这本书里还写到当时的日本帝国主义者的对手是拥有强大物力、以民主主义国家自居的美国，他们迫于无奈被卷入了这场根本不可能打赢的战争。我看到这段文字突然闪过一个念头，要是现在对越南人说相同的话，他们会怎么想？由此我感到在这一点上，日本的知识分子是不是有问题呢？也许话说重了，但在我看来这是个非常严重的问题。

与亚洲相关的哲学是什么

讲几句枯燥的话题，我最近开始质疑为什么把二战中，日本参加过的战事统称为太平洋战争。我觉得只要说起太平洋战争就会让人联想到珍珠港，应该是两国隔着太平洋的交战吧！战败后就把那边的文化、意识形态等移植进来，所以才能将战后构筑起来。至少家永先生记述的是十五年战争，没有把袭击珍珠港作为起点。所以我感到隐含在这里面的思想意识——战争史观的姿态有些问题。亚洲人的牺牲被作为史实记录下来，但从历史观的角度上来看却没有亚洲存在的空间。难道不应该在这上面多下下功夫追踪吗？总觉得现在批评"大东亚战争"时用"太平洋战争"这种表现方式仿佛是打拳出错了招数似的。

刚才讲了不少和亚洲相牵扯的事情，其实我认为还有一个问题。那就是人们好像有种过敏症，只要和亚洲牵涉过深就担心会将其与侵略亚洲联系起来，战后这一过敏症更是频频出现在人们的意识中。比如听说现在精通朝鲜语的人几乎都在自卫队工作或者当警察，是不是受此影响才出现了一些武断的想法，认为学习亚洲语言就等于要成为去亚洲投资时的先锋部队呢？在有些人的意识里深入亚洲就像掉进大染缸似的。对日本的未来进行思考的人们好像有一旦和亚洲有什么瓜葛就会沾来满身泥的意识，所以直到现在那部分还是一片空白。

现实中的日本社会的经济结构就像马六甲海峡生命线论所象征的那样，脱离了亚洲就无法生存的实际状态。但是应该建立怎样的哲学去接触亚洲呢？这个问题一直被人们忽视，事实上那些知识分子好像生活在另一个空间，这不正预示着将来和亚洲之间的关系会愈来愈糟吗？他们回避对亚洲加以评论，只是一味地打着国际主义之类的旗号夸夸其谈。

把关心亚洲、去亚洲的都当成是新殖民主义者而一竿子打死。而追求本来的亚洲相关的哲学等这些具体的实践已经被他们放弃了。

我们和亚洲以往的交流被打上了负面印记，为了树立正面的哲学，也许将面临一些问题，必须要思考该从过去和亚洲的交流史中继承什么，摒弃什么。但是现在给人的感觉却是不该回避的课题全被回避了。

这些倾向让日本安于现状，到头来就长期让"黄皮肤的美国佬"的体质温存，想成为亚洲的压制者。而且他们已不能挥下当头一棒砸了讨论问题，而从脚下崩解的方式掌握问题。现在的亚洲根本不可能蜂拥而起闹革命，他们在被微妙的民族问题所困扰的同时，正努力地摆脱来自欧美的压制和束缚。日本正在这个时候走进去。我认为解决日本和亚洲之间的问题，必须要反思历史，并树立起将这一问题植入到整个日本体质中去的大方向。这样驱动世界史的亚洲就会成为日本人意识中的主轴了吧。

由此看来，日本所谓的亚洲主义，不正需要做好投身于泥泞中跋涉的准备，在剖析正面因素的同时，亦探索日本自内部拒绝历史上的纠葛方式而与亚洲之间的交流哲学的姿态才必要吗？如果无视这些的话，即使对亚洲问题进行讨论，也不会产生日本的立足点。

这里面最难的是日本右翼的问题。还有掺杂着诸多繁杂问题的亚洲主义，因为其中有些好像和亚洲非常相通的东西，所以必须要充分地探讨它的两面性。另一方面，也存在像过去的大亚洲主义那样将整体的意识形态统一起来的危险。而且隐藏在其根底的是生命线论这一迷魂汤。以自己只是拥有一亿人口的小岛为令色巧言，来煽动众人不走出去做点什么，万一马六甲海峡的油船被打翻了的话大家就活不下去的论调。如果对此煽动应声附和的话，不就等于重蹈覆辙吗？所以我觉得这是最难的问题。

戴先生对此有何感想？这实在令人头疼。弄来弄去好像又要搞与过去一样的事了吗？

成为众矢之的的可能性

◎ **戴**：这个问题先放一边，田中先生，刚才从新加坡寄过来的是什么杂志啊？

◎ **田中**：《国际时报》。

◎　**戴：**我想起来了，刚才不是说起一本画集吗？现在我仿佛明白了为什么马来半岛的中国系人都会订阅它之另一个因素。所以对于日本是不是有什么复杂的东西令我们无法踏入？

因为商人有两面性，他们可能常常在口头上说日本的好话。有人因此就说他们亲日，特别对台湾以此形式掌握的日本人很多，这里面是不是也有问题呢？

◎　**田中：**我到羽田机场为留学生送行时，曾听他们说过好几次这样的话："在日本留学期间深受各位关照，但只要日本接近亚洲的方法没有改变，我回国后无法都站在日本这边。说不定什么时候会把弓箭对向日本。到那时，不管对在日本关照过我的人们如何感恩戴德，我也会毫不犹豫地张弓射箭。请您理解这一点。"

正好在战前，清朝派来许多留学生，结果他们回国后却不得不在抗日战争的最前线战斗。这就是最为典型，颇有象征性的例子。对我们这些负责留学生事务的人来说，这是个沉痛的教训。我觉得现在几乎以同样的形式进行着。

留学生们回去后找工作也不容易，但因为在留学时学会了日语，所以很受日本企业的欢迎，只要一说是从日本回去的就会被录用。他们为了就业也就答应去上班了。

具留学生经验者作为中坚干部，处于在当地的劳动者和从日本来的干部中间。因此他们夹在同胞和日本上司之间，遇到冲突时常常为该站在哪一边而感到迷惘。他们之中有人偶尔来东京出差，有时间的话就会到我这里来。有的对我说："日本人以什么用意到我们那里去呢？尽管因为自己在日本受到过关照所以工作时会尽力，但那也是有限度的啊！一点都不顾及人家的自尊，不考虑我们和当地人是同一民族，只把我们当作干活的工具，多半像对走狗一样。"

"只要这种状况一直持续下去，迟早有一天会拔枪相向的。我们在漫长的殖民地统治下懂得了民族的尊严，深知背叛自己民族的分量，几乎每个人都刻骨铭心地感到这一点，所以绝对不会和日本站在一起。为什么总是这样呢？请您在工作时一定要向相关人士说。这已经太过分了！"

当我听到新加坡和曼谷的事件时，就感到导火线要被点燃了。就像戴先生说的，到头来这件事的讨论中心，却是应该花点钱让单身赴任的人带妻子同行，这中间的偏差太大了！

我没去过亚洲，但是在亚洲应该有许多日本的报道机构，他们为什么没有报道这些事实呢？我在日本都从留学生那里强烈地感觉到了，但为什么日本人没有从来自亚洲的新闻里或者从那么多去过亚洲的人那里了解到这些问题呢？

◎ **戴：**我在吉隆坡和报社的评论员一起吃饭时，他问我日本应该是在进入 20 世纪 70 年代后会大批地过来的吧！他们到了马来半岛后会与中国大陆的动向相碰撞，那时他们究竟从美国在越南所经历的失败教训中，曾学到了什么没有？

我告诉他，日本老一代的自由主义者，比如松元重治先生（在座的报社总编是知道松元先生的）就极力主张美国要吸取日本在中国的教训，不反省是不行的，后来被扣上共产主义者的帽子。因此在我看来"恐怕日本人已经学到了不少了吧！"此话一出，在座的年轻记者就笑了，说我想得太天真了。结果弄得我很窘。其实我是想相信各位日本人的良知，觉得事情应该还不至于到太坏的地步。在座的年轻人对我说，戴先生您是否担心另当别论，我们正想把他们拖进来打一顿呢！这真是给我当头一棒，有几分钟都不知道该说些什么。之后我请那个年轻人多给日本年轻人一点信任，但他又提起了最近来这边进行技术合作的日本年轻人相当自负。这令我愈加担心了。比如在吉隆坡和槟城，日本人被叫作"味之素"。在吉隆坡有味之素的合资公司，味之素的广告也频繁地出现在电视里。我在日本住了十四五年，所以背着肩包挂着相机就会听到他们叫我"味之素、味之素"。开始时我不明白，后来一想原来他们把我当成日本人了。因为我会说北京话、闽南话和客家话，所以他们就问我："你是日本人怎么还会这么多语言呀！"我就和他们解释："我不是日本人，是住在东京的中国人，在那里做研究。"然后又问他们："味之素是什么意思啊？"我没有时间看电视，所以不太清楚这些事。听当地人说，味之素进入当地后取代了原来的仁丹。另外，日本外务省帮助各国的大学设置日本研究讲座，可却仅限于日本文学等科目，净做些和现状无关的事。当地学生感兴趣的是日本战后复兴的具体过程、经济的发展情况、明治维新等和现代史相关的东西，当然也包括那些不光彩的内容。

对于日本人"民族"是什么

我又反问刚才说要把日本人拽进来打一顿的年轻人："你怎么

把问题想得这么复杂呢？""那你说说，我回到东京后应该向日本的年轻人讲些什么？"他的回答是我们承认日本是个优秀的、有强大能量的民族。但是这种能量是相当危险的，至少只要回顾一下他们和我们交往的历史，就会发现这种能量没给我们带来任何好处，而且也没有造福于日本人民。使遭到那么惨重的战灾的日本马上得到复兴的能量是巨大的。现在日本的学生运动也搞得轰轰烈烈。佐藤首相从羽田机场出发去美国时发生的事被当地报纸大篇幅报道。日本的能量的确很厉害啊！但是日本是个实行严格统治的国家，如果政府加强统治而再次把日本导向危险的方向不是就糟糕了吗？这个年轻人说他们担心的正是这个。他的表现方式很微妙，所以调解方法也相当复杂吧。

其实我总是把国家、人类、民族这三个词汇放到一起来思考的。我感到现在有一种氛围，即包括社会主义者和马克思主义者都嫌这些属于政治学范畴的国家论，和社会科学里的民族问题（战后民族问题被扔到了一边）好像是低层次的问题，所以在尽量回避它们。

我不擅长讨论很难的问题，刚才提到的夏威夷日系美国人的问题就是一个例子。没有人去揭露它对 20 世纪文明来说是件多么野蛮的事，这个问题延续至今。这种野蛮性就反映在越战中的黑人问题上，以及日系人和中国系人为了取得美国的公民权被迫冲杀在最前线的问题上。你可以说战争的性质不同，但是只靠这个来解释是行不通的，也应该考虑到人类的偏见等问题。还有一例就是去年在马来西亚吉隆坡发生的五一三事件。此外还有华侨与马来人的问题，以及九三〇事件等华侨问题。虽然它们和柬埔寨的越南人问题不太一样，但其中都有一个偏见问题。就算我找了个借口吧，不好意思。我觉得不可以避开人类的原罪问题。一旦社会矛盾爆发，就会把责任转嫁给最方便转嫁的对方身上。

这才是典型的野蛮吧！同化也是一样，比如常听说日系人就应该被美国白人同化之类的话，我倒想反过来问问美国人会不会被同化成印地安人呢？再比如去非洲的法国人是绝不会提起要与非洲人同化的。这真是奇妙啊，所谓的"文明人"正在大肆宣扬由他们虚构出来的同化论呢！

我怀疑现阶段也就是 20 世纪 70 年代以后，不同的民族强行地对他们的文化进行同化是否有意义。所以我认为应该不要畏惧去讨论如何处理展望未来所遇到的民族问题，大家要勇于揭开丑陋事物的面纱。

我只想问问那些主张华侨应该和当地人同化的学者们，难道去巴西的日本人就要和当地人同化，去非洲的话就要和黑人同化了吗？你们怎么不这么说啊？我想说的是，不将这些提出问题时隐藏的虚伪性合并来讨论是不行的。

但现状却并非如此啊！当然华侨里也有在当地进行榨取的阶层。但是人们在那里创造新的世界史，正是将各个民族的文化中的好传统和能量全部发挥出来，从而和世界史接轨。在这里既没有超过它的问题，也没有低于它的问题。

我总觉得各位社会科学家们好像避开民族问题，根本不敢碰它。

◎　田中：在日本，几乎没人关心民族为何物。似乎以过去的天皇制等处理掉了吧！

◎ **戴：**恕我再进一言，提出华侨要和当地人同化的先生们，到底有没有做好在现在的日本法律制度下，无条件地接受中国人、朝鲜人的同化的心理准备呢？这样看来所说的同化恐怕不是无条件的吧！他还没有在脑子里搞清楚这些矛盾吧！将自己高高挂起来议论人家，简直虚伪至极！

因此在我看来，日系美国人在欧洲战场上浴血奋战，换来的却是日本的一部分知识分子，比如现在有一个叫井上的上院议员吧，为这件事拍手。简直太野蛮了。本来应该先想想所宣誓效忠的美国是怎么回事，但他们却不管这些，只会一味地献上溢美之词。

那么，我倒要问问这些人，你们认为当在日本社会里生活的朝鲜人或中国人希望成为一个真正的日本人，和其他日本人一样平等地在日本宪法的保护下生活时，他们的愿望真能实现吗？比如最近发生了公寓诈骗案。两件大案子都和朝鲜人有关，他们的名字被登在报纸上，其中有一个人已经加入日本国籍。在报道中写着他叫武藤某某，出生在朝鲜某地，最近一个月加入日本国籍。说句实在话，如果归化论或者同化论被认同的话，那么写出这种文章的报社记者简直太卑劣了。本来已经没有关系了，还故意拿原国籍做文章。我觉得其中有问题。

当然也许在归化的人中，比起真正想成为日本人，或者想作为日本民族的一员融入日本社会的人来，纯粹为了工作和生活上的方便而归化的人更多。我不了解实际情况，是凭感觉而论。从这件事中可以看出对亚洲的蔑视还很难被消除。

◎ 田中：这个问题牵涉到该如何对待在日外国人，特别是以朝鲜人为中心的亚洲人问题。完全的区别造成了明确的歧视，这也就成了日本社会中的民族主义保护伞。建设起来的不是互相尊重的关系而是相互排斥的体系，结果在接触外界时就会出现同样的动机。

这样看来，对日本而言，民族到底意味着什么的问题被忽视太久了。人们从排斥中找到了正当性，由于对峙而失去了重新审视自我的机会。

我能从留学生们的表情中感觉到这些。比如我曾看到从伊斯兰教圈来的学生早上在房间内铺上小地毯，面向着祖国的方向诵读《可兰经》。我就想，当我们到了外国会以什么认识到自己是日本人呢？这里涉及宗教问题，如果要议论话就长了。刚才的留学生可能透过这些重新认识了自我。我们日本人到国外时，会透过什么形式才能意识到自己民族的认同将是我们今后的课题。

本文原刊于《构造》第 9 卷第 9 号，东京：经济构造社，1970 年 9 月 1 日，页 142—169。

我的"华侨"小试论

雷玉虹　译

前言

  我是于 1969 年前后开始研究"华侨"问题的。今后如果思考东南亚的各种问题时，"华侨"问题会成为一个非常大的柱子，但所谓的华侨研究却是件极困难的工作，这是因为华侨社会是个很封闭的社会，而且华侨移居的历史至今还在持续，而他们所使用的语言并不止于作为中国标准语的北京话。除了北京话以外，如果未能将各个"华侨"出生地的方言、俚语都掌握的话，就无法进行微观的研究。

  我原本是从台湾到东京来留学的，因为我所学的专业是农业经济学，因此我个人在思考华南的稻作社会、中国的近现代史的时候，即开始对"从这儿出去的东南亚华侨意味着什么？他们是如何与中国革命发生关系？"之类的问题感兴趣。特别是因为我出身于客家，与新加坡的李光耀总理、以资本家闻名于世的胡文虎同一出身。此外，因为我生长在台湾，八成以上的闽南人使用的福建南部的语言——闽南语（日本有人称为"台湾语"，新加坡一带称"厦门语"）也多少懂一点。新加坡过去的大财团陈嘉庚出身闽南，到曼谷去会发现这里的"华侨"，主要出生地为广东潮州。潮州虽隶属广东省，但他们说的却是与闽南语相近的潮州话；而在香港的人们说的却是广州话。

大致分类一下，或许我们可把东南亚"华侨"所讲的语言，分为刚才我所提到的三种：客家话、闽南话与广州话。当然，也有出身于福建省北部的福州、福清等地，也有出身于海南岛的。因为我本人会讲北京话、客家话以及闽南话，故从语言方面的条件而言，我恐怕比其他外国研究者稍占一点优势。

到实地进行调查时，如果使用"华侨"一词，会遭到各式各样的抵抗，老一辈人比较能够接受，但55岁以下左右的人，就得用"华人"一词。此外也有"华裔"一词，特别是在泰国的人们比较多使用该词。之所以出现这些不同的称呼，实际上是反映了迁移的历史过程。这和从中国来到东南亚的中国人，在当地的政治、社会、经济形势等压迫下，为了生存下去的同时，如何去自我定位这一问题，并非毫无关系。

这一点暂且不谈。照理来说，我现在来谈东南亚"华侨"问题这么大的题目，还显得有些冒昧。因为我也只不过在1969年末至1970年初这段时间，被亚洲经济研究所派遣到东南亚，经香港、新加坡、马来半岛到曼谷，并与一些报社干部、大学研究者、几位华人实业界领袖见面、会谈而已。现在我把在当地的一些体验，及今后我对华侨问题将如何思考这一点，当作我的"华侨"小试论，向大家报告。

对日本人而言的华侨

首先让我们来思考一下，对日本人而言，华侨问题是一个什么样的问题呢？我们从日本近代史的角度来看，从御朱印船贸易时期，即开始与华侨有所接触。此后日本发生产业革命，自第一次世界大战以后，日本急速发展的过程中，开始进入被作为商品市场的南洋，在这里与华侨有了进一步的接触。因此，我想从某种意义上来说，可以认为华侨与日本从一开始就在经济上有所接触。

第二次接触是在公元 1911 年，与中国辛亥革命有所关联，和辛亥革命的支持者、后援者的华侨，发生了政治上的接触。在这个连续线上，还发生了满洲事变、卢沟桥事变。与此同时，中国内部也发生了抗日运动，以及抵制日货的运动。在这里，抗日势力之一的华侨，开始和日本人直接接触，但其中大多数仍是间接的接触。

然而，到了太平洋战争时期，如同著名的马来半岛抗日武装游击队，日本人与华侨开始了直接的接触。新加坡发生的血债问题至今尚未了结。此时如何把华侨纳入"大东亚共荣圈"之内变成了一个课题。于是，日本当局开始提出华侨问题。

到了第二次世界大战之后，日本在高度经济成长的同时，打入亚洲市场的策略，也开始由商品出口转换成资本出口这种步骤来进行。这带来了与"华侨"关系的一个新开端。在这种情况下，出现了与以往的接触中不同的新的东西。其一是作为日本经济拓展至东南亚市场中介者的"华侨"，或合资经营伙伴的"华侨"，或者说是日本商品经办者的"华侨"。另一点是最近我们从对"华侨"资本的国际移动的关心中，可以看到出现了如何将"华侨"资本纳入诸发达国家的国际金融体系内的问题。

然而，尽管"华侨"的形成拥有一定的历史经纬，但华侨现今在东南亚正处于一种非常特殊的历史地位。我想将这一点当作问题提出来。东南亚诸国的各种政治问题，大体上正处于作为由上而下的近代化，或者说自下而上现代化的社会主义革命中间的阶段，不时出现新的问题。"华侨"对这种状况如何对应，或者说在居住国社会是如何主动地去对应，变成了一个问题。同时，包括在日本经济进入东南亚市场的过程中，在某种意义上，世界一体化的过程中，作为历史创造者之一的"华侨"，是否能真正承担起主动书写历史的主人翁角色，或者说成功地扮演这一角色，也是我要思考的问题。

"华侨"社会

在"华侨"社会里，首先引人注意的是"帮"的组织。华侨移民至东南亚已有相当悠久的历史，但现阶段所讨论的"华侨"，大部分是 19 世纪后迁出去人们的子孙。如果从这个时代的角度来思考的话，特别是在马来半岛，很明显的是由于英国殖民统治，引起劳动力缺乏为发端的。1833 年，随着英国废止黑奴条例的实施，黑人奴隶的替代劳动者亦即现在"华侨"的祖父，或者是曾祖父们来到了东南亚。当时的清朝最初曾禁止这种移出行为（即海禁令），然而这一切被《北京条约》强行打破了。因此，现在"华侨"的形成，完全是属于世界史的问题，可以说是鸦片战争以后的中国形势，和黑人奴隶的解放，形成了正反两面的情况，进而产生了现在的"华侨"。华侨的前辈们到遥远的美国、新西兰、澳大利亚等地，担任铺设铁道工人、矿工等劳动者。另一方面，以鸦片战争为开端，中国华南一带因英国资本主义的进入，而面临着农村经济的解体，出现了不得不外出流浪求生的农民们。当时，华人人口占马来西亚人口的 35.1%，更占新加坡人口的近 75%，这数据正好向我们说明对于当时的英国殖民地统治者而言，华侨正是他们统治马来半岛的好佣人。

当时的中国还不是一个近代国家，内部尚未形成统一的市场，也没有所谓的"国语"。从这里开始踏上流浪之途的华侨们，当然是以村落级，或者是县级地缘关系为基础，彼此相连接在一起。他们当中有能力者被推举为头头，将劳工们聚集，一起赴锡矿山开矿、到橡胶园造园、前往修筑铁道等。这种类似地缘性的同业公会般的组织，就变成了现在的"帮"。

帮大致可分为两大类，以地缘为基础所形成的为"乡帮"，以职业别为基础所形成的同业公会组织则为"业帮"。乡帮中包括潮州、客家、海南、广府、广西、福建、福州、福清、兴化、三江、北帮等，其中如广府帮内又分为四邑（广东的新会、新宁、恩平、开平等四县），底下还有一些更细的分类。这种联系又会随着形成时期的历史背景，或者移住地各种条件的变化而发生改变。因此，这种分布是不均匀的。例如在曼谷最大的帮是潮州帮，其次是客家帮。然而在新加坡最大的帮是福建帮，这里的"福建"仅指福建南部，即泉州、漳州两地，福建北部并未包括在内。这些人与台湾的福佬系完全是同一故乡，用的也是同样的语言。而如果以为李光耀总理是客家人，所以客家人在新加坡的势力就强大，那就错了。他的政治基础主要是潮州与闽南系的一部分，以及大埔的客家人。而在马来西亚的吉隆坡，明显的是广府帮较占优势。

位在马来西亚较北的怡保，则完全是客家人的城市，锡矿山基本上已被客家人所占满。在不同国家或不同地方，各帮之间有一定的优势顺位，而职业项目也因乡帮的不同而产生分化。在新加坡，由于橡胶业是掌握在福建帮手里，去到客家人的地方是没有橡胶的，但开药铺的则都是客家人。大埔出身的人在怡保，主要是开当铺及从事金融业。由此来看，业帮在很大程度上有乡帮的影子。

在日本的华侨中，因过去殖民地统治的关系，有不少是来自于台湾。如果我们进一步追溯其出生地的话，来自宁波、广东、山东的比较多，而在韩国的华侨则是来自于山东一带，或来自中国的东北一带的比较多。三江（长江三角洲）的出身者中，即以辛亥革命、中日战争、国共内战，或中国大陆政权成立为契机，经由香港出去的人占多数。

在这些帮当中，现在最有影响力的是广府与福建（仅限闽南）。刚才曾提到过客家的问题，所谓的"客家"之中，既有广东的客家，也有广西的客家，还有福建的客家。例如胡文虎是福建永定出身的客家，李光耀则是广东省大埔出身的客家，稍微不同。如此看来，他们的组织中最基本的东西，大概就是自然村，或者是语言上、生活习惯上的共通性。在这基础上，为了对付当地的各种情况，有时范围会再增加至行政区域县级、省级。当然，帮的势力在膨胀、扩充的过程中，有时也反映出一个帮的领导者的个人性格。

辛亥革命以后，中国人的同乡意识中，与其说已经走出了自然村的层次，倒不如说在某种意义上，已经可看出以省级单位来思考问题的倾向。然而在华侨的场合，并不是以省为单位，而是以较低的层次来思考问题。新加坡所发生的胡文虎与陈嘉庚的严重对立，正好说明了这一点。关于这点，我日后打算写专文来讨论。简之，胡文虎从缅甸仰光来新加坡推销万金油，并且取得了相当大的成功，可是此时的新加坡已经是福建帮（陈嘉庚出身于福建）的天下，出现一山不容二虎的局面。刚开始胡文虎与陈嘉庚的关系很好，但结果两者还是不能共存。胡文虎是福建出身的客家，似有可能将福建人统一起来，实际上还是做不到。于是胡文虎想到在客属公会内不使用地名，使用客家语言的人，不就能聚集在一起。由此例子可明显看出，受到帮的领导人态度的影响，帮也同时地出现了不同变化。

然而，如果再到吉隆坡去的话，情况又变得不一样了。在这里，福建与广东出身的客家虽同为客家人，却又有相互对立的一面。吉隆坡的客家人中，以广东出身的客家势力较为强大，更不用说其中的一部分还加入了广东同乡会。

因此，我们在思考帮的问题时，必须避免不分青红皂白地说，帮就是什么样的情况。如果说知道曼谷情况的人，便认为新加坡也是如此，这话就完全错了。即使是同样在马来半岛，槟城、吉隆坡与怡保也是不一样的。

成为清朝弃民并被迫出外讨生活的华侨祖先们，出于自卫目的，而组成了类似行业公会的"帮"这种组织，并以帮为基础进行发展。帮与帮之间曾发生过武力斗争（即械斗），这也是历史事实。在这期间，华侨社会内部的阶级、阶层的分化倾向也日益增强，"帮派"组织由此产生脱胎换骨的变化。

受到辛亥革命的影响（或者也可说是孙文主义的影响），华侨对于年轻一代推行中文教育，变得非常盛行。特别在新加坡，由于有陈嘉庚这样进步又有影响力的领导者存在，这里的北京话教育非常有进展。在此背景下，三十岁左右的年轻一代，早已扬弃了地缘性行业公会的桎梏，开始尝试着以新的形式发展，各地都有帮及同乡会的会馆。但在我所看到的范围内，真正实行近代化经营、生机蓬勃的仅有曼谷的会馆。有的人会提出诸如"曼谷被认为是华侨在地化最为彻底的地方，为什么同乡会馆的经营会比较活跃"的问题。曼谷的会馆中，有的是正在兴建中，建筑物也相当漂亮，医院的经营及财政状况，都比我所看到其他地方的同乡会还要好。然而，到了马来半岛以后，情形就不一样了。不仅是被当地狭隘的民族主义者，指责为不肯同化的地方，同乡会的日常活动也陷于极守旧的形式中。年轻一代不愿留在帮内。过去只限于帮内通婚，而现在的年轻人则跳出此局限，与帮外的人士通婚，彼此相互交流的语言也变成了北京话。

　　老一辈人绞尽脑汁，希望能继续维持同乡会，他们开始通过设置撞球台、购买电吉他组织乐团、举办各种舞会等措施，来吸引年轻人加入。过去同乡会是负责寄钱回中国大陆的地方，同时也给新来的人介绍工作，给没有人为其举行葬礼的人们举行葬礼之处。然而，年轻一辈中出现了超越这种相互扶助式的同业公会，出走到新地方的倾向。

　　另一方面，也出现向新加坡的中华总商会等旧组织挑战的人物。年轻人认为由帮会构成中华总商会，以及阶级制度的建立是没有意义的，应该建立更有助于发掘人才的机制。从地缘性的同业公会关系中脱胎换骨，渐渐地出现了一些新的动向，背景之一是语言，其次则是"华侨"资本的存在型态。正如我接着要说的，"华侨"资本是以商人资本或者商业资本的型态而存在的，为了对应统一市场的形成，以及马来半岛出现的新动向，我认为"华侨"的商业资本已到不能继续维持旧型态的阶段。

　　可是，"华侨"们都非常注重教育，东京也来了很多留学生，最近也有去美国、加拿大、伦敦等地。由于东南亚当地政治情势不安定的缘故，他们之中有很多人似乎都不回出生地。但另一方面，他们也把在外国所接收到的东西带回"华侨"社会，在"华侨"社会向近代化蜕变的过程中，起了起死回生的作用。

"华侨"资本与资本家

虽然很难去掌握"华侨"资本的实际状况，但透过与当地的新闻记者、实业家等会面、讨论后，试就以下几点来发表我的看法：第一，从资本的流通方面来说，所谓的"华侨"资本，也可以说是类似一种游资。首先从当地集中到香港，再分为几部分流动，有的留在香港、有的自香港转进发达国家、有的进入中国大陆、台湾，甚至是新加坡。近年来还出现从当地直行新加坡的情形，这一点与1967年的香港暴动不无关系。此外，据说加拿大、意大利发表承认中国的声明后，台湾的资本也出现流向新加坡的动向。

今后的问题是，曾经一度转出的资本出现回流的现象也是不无可能的。例如从印度尼西亚转出的资本，经过新加坡再转回印度尼西亚去。"华侨"在考虑如何有效地利用各国的外资导入法，因此先把钱送到外国去，再由自己的合作伙伴以引进外资的形式，把自己的钱带进来，接受特别的优惠措施。这种形式仍不断地出现，在台湾也可以看到同样的例子。

不管怎么说，一般都认为"华侨"还保留着对自己的母国——中国的忠诚心，所以"华侨"的资本不容易落地生根，只有短期性的活动，尚停留于商业资本的阶段。然而事实是否如此，我对此持有疑问。总之，我认为能否落地生根，应取决于当地的体制对于"华侨"资本是否长期采取真正接纳的态度。

现在，香港成为"华侨"资本的再投资及积累中心，虽然1967年夏天发生过暴动，但最近形势似已趋稳定。有人认为，因为像英国人这样识时务又敏感的民族，都对建设中的香港海底隧道，继续投入大量资金，使得"华侨"资本也再次安心地继续在香港扎下根来。其次是新加坡，自1969年的五一三暴动之后，便以香港式的经济发展为目标，并由此开始思考如何使"华侨"资本落地生根的问题？例如制定根据投资额多寡，相应地给予市民权等措施，以此作为引进外资法的一部分已被公布即可看出。另一个例子是在曼谷，当地的"华侨"虽然在法律上都已经归化，但仍保持着中国人的思考方式，因此还是出现了选择来自台湾或槟城的"华侨"，作为事业上的合作伙伴，建立菠萝及谷氨酸钠（译注：味精）工厂。

然而，一般所谓的"华侨"资本，常被看作是商业资本。我想因为是商业资本或者是商人资本，所以当地人眼中便产生出高利贷、缺德商人的形象。事实上这点也与历史背景有所关系，虽然说是"华侨"资本，但实际上还是以村落层次的小买卖占压倒性多数。

在这里常常被当成问题提出来的是，"华侨"资本是否能够向产业资本转化的问题？资本应该是以商人型态、产业型态，以及金融型态为顺序来思考的，如果条件具备的话，这种转化也不无可能。我们看陈嘉庚，或者是马来半岛大财团的企业经营，可以发现它与日本明治、大正时代的资本家并没有多大的差异。他们现在所经营的报社，例如新加坡的《南洋商报》《星洲日报》，也不比日本的报社差到哪里去。

因此，问题在于"华侨"是否拥有企业家精神的主体条件，以及商人或商业资本是否被赋予转向产业资本的客观条件与契机。在当地的政治、社会形势尚未给他们的资本带来长期安定感的情况下，他们除了不得不将资本当作短期资金来进行流通以外，别无他法。过去他们之所以当作商业资本而拼命赚取差额利润，是因为处于欧洲殖民统治下世界史的状况之中；另一点，则是当时民族规模的教育水平之落差，或者说是文化发展的程度，使得商人资本或者是商业资本的活动空间变大。这一点我们也不应该忘记。而现在由于新的民族主义及与其相对应的统一市场形成，或者说在试图进行农地改革等的过程中，出现了排除商人资本、商业资本的历史条件。

从主体方面来说，也出现了一些新的情况。如果去读"华侨"的报纸便可以知道，他们对世界的情况非常清楚。他们并不是以武力为后盾进入殖民地，而是作为本国的弃民去流浪，在这过程中，他们由劳动者变成商人，再由商人变成资产阶级。对于他们而言，能保护自己的就只有金钱，以及让孩子接受教育。然而在外国接受教育的孩子们，如果回到居住地就职，通常会受到歧视，特别是在马来半岛，连受教权都受到限制。不幸的是，在马来西亚中年轻的马来系"狭隘的民族主义者"们认为，马国已经独立十几年了，经济上却还受着"华侨"压迫。他们认为华人教育水平也很高，如果经济上也被他们压制住了，那我们会变成什么呢？从这一点出发，于是他们与华人反目为仇，这也成为1969年的五一三事件的导火线之一。

如果今后在客观的条件充分形成，主体上也拥有企业家精神的情况下，最后剩下的就是当地接纳体制的问题和政治、社会的动向，是否能够使他们真正安心、真正落地生根的问题了。

展望——"代罪羔羊"的未来

我认为可以把到目前为止的"华侨"，比喻为"代罪羔羊"。这是因为"华侨"本来完全是作为白人对东南亚实行殖民统治的附属品，所以才被利用与接纳的，但最后结果却是要背负及处理殖民统治所留下来的污物。"华侨"只不过是代罪羔羊而已，那么今后"华侨"是消极地、心甘情愿地让自己作为代罪羔羊存在下去？还是积极地参与融入当地社会之中，作为改写历史主体的一部分，以确立自己的主体性呢？"华侨"是否能在当地融和、同化呢？这样做是否行得通呢？

在20世纪后半的新世界史条件之下，"华侨"为什么非得在当地同化不可呢？对此我表示疑问。这并非因为我是中国人，拥有中华思想之缘故。例如现在的美国，被剥夺自己的语言，剩下的只有黑色皮肤的黑人们，正在一边说着英语，一边对白人社会发起挑战。日裔的二代、三代们，也开始写他们在美国的受难史。他们并非是以对非洲国家的忠诚心，或者是对日本的天皇、和平宪法有忠诚心的基础上，而起来造反的，众所皆知的是，他们如此做是要进行自我确认。徒有形式的同化、仅流于表面的融合是不能解决问题的，这是不会说英语以外语言的黑人、日裔年轻一代，对白人社会的现状发动挑战时，给予我们的一点启示。"华侨"问题本质上也是同样的问题，我认为这也是作为世界上少数族群问题中，一个具有共通性的部分。

并非"华侨"中的所有人都是幸运者，幸运的只是其中少数高资产阶级而已。远在明朝时，他们中曾有一万三千余人在菲律宾惨遭西班牙殖民者的屠杀，而未受到明朝的任何支援；1965年印度尼西亚发生的九三〇事件中，他们被当成了牺牲品；1969年马来西亚的五一三事件中，他们也被迫付出了生命的代价。

当我思考到这些问题的时候，就会想到作为世界共同体构成分子的各个民族、或是拥有传统与文化的人们，平等地去参与策划改写世界史的进程中，是否就是意味着形式上的同化或者融合是没有必要的呢？我们在高度理想的基础上，将"华侨"的传统文化、他们所希望享受的语言、教育的平等权利赋予他们，由此使他们能参与当地的社会建设。这种做法应是能让他们发挥能量的方法，但知易行难，至少因为当地存在着这种毫无意义安慰性的同化论、融合论，实际上会使民族对立陷于一种恶性循环的状态之中。

最后，我希望大家今后与"华侨"共事时，不是制造出新的代罪羔羊，而是从此一步也好、两步也好地共同向前迈进，为了创造出一个新的东南亚，而把"华侨"当作合作伙伴来对待。如果仅仅是把所谓的"华侨"当作附属品，利用"华侨"只是为了能在当地顺利赚钱，今后恐怕还会重现更大的悲剧。也许会有一些曲折，但我认为在现代化的激烈胎动中，这种做法慢慢会变得难以被接受，这样说似乎有点不够学术，但我有着这样的预感，谢谢大家的静听！

（本稿系根据 1971 年 1 月 22 日举行"经济发展协会、国际资本移动调查会"的演讲记录整理而成。）

本文原刊于《アナリスト》（*Analyst*），1971 年 2 ／ 3 月号，东京：经济发展协会，页 22—35。原题为：《東南アジアの華僑経済 ——私の華僑小試論》。

忧虑新亚洲主义的抬头

林彩美　译

有关亚洲的议论甚嚣尘上。一直以来除了突发事件的发生或顶多是选举的报道之外，不会腾出版面的日本大报，现在却开始常设分社勤奋起来。

对亚洲关心、议论沸扬是好事。对此事本身来说诚然是好事，我想日本人和日本人以外的亚洲人也不会反对。

但是，一直以来，亚洲的民众在面临亚洲紧迫时高声疾呼都未被理睬，日本人的各位在这时候突然提着"快！亚洲很重要，必须更理解亚洲，亚洲落后、亚洲贫穷，无论如何要想办法解救！"的高格调华丽辞藻，企图再回归亚洲，亚洲人其实是感到很困惑的吧。

到 20 世纪 50 年代前半，由反省八一五败战立场的日本人有识之士所做对战前的中日同文同种论、亚洲一体论的否定论比较踊跃。

这些否定论在经济白皮书中，高声嘹亮地宣布那著名的"早已不是战后"宣言的 1956 年以降，透过朝鲜战争特需的过热与伴随的调整期，与日本人从败战冲击恢复过程相对称的情形，逐渐变为模糊。

取而代之，街谈巷议的"日本已堂堂地恢复了，没有必要再畏畏缩缩"的声音虽是徐徐而来，但已愈来愈大声了。

是否被高度成长热昏了头，或是因受败战冲击、伤口过深的反作用之故吧，上述基于反省的否定论，未及渗透到民众的层次，作为思想生根之前，已被时代的潮流给淡化扩散。

在此间，亚洲一体论的否定论稍微改变旨趣，而中日同文同种否定论被一部分有识之士执拗地倡导，让人们感到稍稍有扎了根的样子。

比起亚洲一体论重新换上新装复苏，这又是基于何种理由呢？

中日两民族的因缘，比日本和其他东南亚诸国过于深且长，对于中日间压倒性频繁的文化、文物交流历史来说，应该是不能理解的事吧。

又同文同种论与亚洲一体论在某种意义上，是出自日本国民规模的精神土壤——"依赖的结构"的一个表现的话，是不能做出只有后者复苏、前者被克服的简单结论。

毋宁是同文同种论还潜在地深深留在民众感情的深层，但因新中国的出现，使他们领导层的政治思想之志向不容许其复苏，或许应如此看也说不定。

如果此逻辑能够被容纳的话，东南亚诸国，不管其外表的大小，只要是实质的自立国家，而领导层与民众为一体没有分裂，那么从逻辑上便可类推。只是日本心情主义流露的亚洲一体论之复苏，其实是能够阻止的——之所以如此说，理所当然我是站在否定亚洲一体论的立场。

一部分日本人的有识之士，亦即新亚洲主义者或新亚洲一体论者，或许会有"亚洲包含日本在内在地政学上，或稻作农耕文化、皮肤的颜色、宗教（佛教）、美术、建筑、音乐、语言等等，真是可找出多种的共同项啊。而且我们已站在八一五败战的反省的立场，说过去以日本为中心、一厢情愿的亚洲命运共同体论，亦即大东亚共荣圈思想是不行的。我们的主张正是不以亚洲为上下的统治、被统治关系，是以互惠、平等的横向关系来掌握，思考从倡导'强者的逻辑'转移到'共存的逻辑'的亚洲连带论，亚洲一体论为什么连这个都要拒绝呢……"如上的反应也说不定。

很冒昧，先生们所举出的共同项我可承认其存在，但只有这一点共同项又怎样。处于此核能时代、人造卫星、巨型喷射客机飞来飞去的 20 世纪 70 年代后半，有必要因这些共同项就把亚洲关闭在狭窄的空间吗？

所指出的共同项只是那些的话，欧洲之中也俯拾即是。就算是欧洲，要看到今日 EC（欧洲共同体）构想的初步实现，不知需要流掉多少鲜血、时间的经过和历史的教训，先生们也不是不知道吧。

而 EC 的构想也只是富人俱乐部主导之下所形成的东西，这是我们所知道的。

而且先生们所倡导的新亚洲一体论，如果是基于互惠、平等的横向关系的话，那更是奇怪。因为把互惠、平等的横向关系作为成立一体论条件的话，也就不必特别强调一体论之故。

在此为了慎重起见，必须讲清楚的是，儒教道德所说的兄弟关系绝不是真正的横向关系。日本善意的人们总是倡导亚洲的连带与一体时，往往有以儒家的兄弟关系为比拟的陋习。请为硬被塞入当"弟辈"的人着想，虚拟的兄弟关系所带来的会是什么应可明白，我想这是应留意之处。

我们也知道日本的先生们在高度成长经济政策到了顶点时，开始主张从"高度成长、出口主导型经济"转为"安定成长、福祉国家型经济"来改善体质，没有光是以嘴巴来提倡就能从右移到左那么简单。改善经济结构的体质不容易，也就是说，弱肉强食的逻辑不管你喜不喜欢，还会坚韧地生存下去。也就是尽管先生们如何地用善意主张把亚洲观从"强者的逻辑"转为"共存的逻辑"，或者从"上下的关系，亦即统治者与被统治者的关系"转为"横向关系，亦即互惠、平等的关系"，先生们所期待的结果无论如何也无法产生，理念仅止于理念，顶多是把画出的大饼推销给亚洲的民众之外无他，我们可以指出这是十分易预见的。先生们难道忘记明治维新后，日本有识之士之中也有主张和各位差不多（善意的亚洲连带论、亚洲共同体论）且付诸实践的不少志士吧。

而那些志士们以自己的"脱亚、追欧"为基调的"内安外竞、富国强兵"（福泽谕吉）之策上了轨道，在完成欧美型近代国家的建国与产业革命的过程，被卷进无法制止的国内大势之漩涡中，善意的连带在不知不觉之间成为多管闲事的本质上变化，自己也从志士变身为浪人，史实已把这些往事告诉我们。

如有心的日本人所指出，战后日本的复兴到今日走亚洲再回归之路，不，疾驰的轨迹是民族自信回复与确立的根据，从战前的武力更换为经济之外，与战前没有什么不一样的"脱亚、追欧"之路，毋庸置疑是铁的事实吧。

日本的大势也不是八一五败战就立刻把亚洲人当作同伙，以对等、同格的邻人相对待（请想起对中国与越战所采取的态度），对亚洲诸国承认以自分同格的"他分"，沿着此延长线企图再回归今日的亚洲做努力。我认为当然不是。

从 20 世纪 50 年代开始的战后日本对亚洲的牵连是，因朝鲜战争特需，达成经济复兴的日本，以赔偿为名让商品进入亚洲，到继朝鲜战争后随越战而来的特需，以及一般日本民众的勤勉与奔腾的创意等各种因素，而以急速增长的生产力，将一部分销路求之于亚洲，透过经济援助再扩张在亚洲的市场占有率。

到了 20 世纪 60 年代后半，不只以往的商品进入，为了缓和伴随日本国内劳动市场的结构变化的瓶颈，劳动力指向型的投资也开始引人注目。

近来是为了打开对美国出口的停滞不前而看中了亚洲，作为世界性资源确保竞争的一环的资源开发投资，可以用"动如脱兔"来形容其快速向亚洲诸国进行才是实际状况。

再回归亚洲的真正理由，正是为了持续日本自身高度成长的经济循环，无论如何都需要亚洲才提倡回归，除此以外无他，这是万人共认的吧。

如上述以日本为中心的自以为是的牵连，所到达的终极是反抗。能预见将在亚洲孤立的日本人有识之士当然并非不存在。有心的人们之声音在大势所趋的漩涡翻腾中，与战前同样无力而听不到这类声音，我认为这样看较为公正。

让我们发展中国家的人心稍微缓和的是，与战前不同的是日本的政界、财经界的领导层，对伴随日本人进入亚洲的各种所作所为而来的非难责备之声与抵抗举动，姑且采取倾听的态度。

对于这样的看法，年轻的日本人激进主义者恐怕会说："等一下，毫无道理，真是好肤浅的判断，他们姑且采取倾听的态度表示理解，只是做个样子与手势而已。如果不相信的话，让我呈示其证据的一端"而如此反驳吧。

我们的确处处可取得证据。

下面所举的例子是某大企业在新职员研修会上，某董事的讲话，可看成是最平均的一个典型吧。

某董事说：

最近在东南亚，日本的风评非常不好。特别被媒体大做宣传。我社也在东南亚有合办企业，因日本人过于点头哈腰没有自信，所以给对方种种奚落、嘲笑的余地。我们更要挺胸摆起毅然的态度，那种事便立即解决。在那边白人不那么被看不起，我们要更挺起胸膛走路。过去打过仗所以怎样，抱持着这样的心情反而是使事态恶化的原因……"（《思想の科学》，1972 年 12 月号，再录田中宏论文）

我们有居留日本经验的发展中国家人士，在日常领会到日本人充满善意，而且是大好人。这位董事可见也不例外是位好人，且是位大好人。

他居然在东南亚人研究生们同席的研修会上，磊然地以真不知如何形容的毅然态度做了训话。上述的研究生听了此番话不只惊讶无言以对，传闻最后终于辞去了同社的研究生身份。

我在前面指出八一五战败的反省已淡化且云消雾散，绝不是言过其实。

我并没有指只有日本人忘记初衷之意。

有鉴于一直以来的人类史，不问个人、民族、国家，强大而且集中财富与权力者，经常是高傲不可一世，很难对自己的内部装上内省的检验机制或自动控制装置，我们是知道的。

况且大多的场合，那财富与力量与其说是自动的选择善与道德的"王道"走，毋宁是往"霸权"之路狂奔、堕落下去，这是我们共有的历史教训，必须在此想起。美国人也忘记了，独立建国的理念与民族自决主义的主唱者之一的威尔逊（T. W. Wilson）是他们的总统，再者是未对日本的"大东亚战争"汲取教训在越战蒙受巨大失败，现在（1973 年）还在柬埔寨进退维谷是近例。中国的情形可举出无数的例子，由古老的长沙汉墓古坟等可看到已创造那绚烂的文化，但是却不能将之继承发展，终究在近代受西欧列强进而招徕日本帝国主义的侵略，因腐败堕落而沦为牺牲品。这也显示拥有傲慢领导层的中国人所循悲剧的轨迹吧。

正如好了伤疤忘了痛的妙喻，以及经济动物、黄皮肤的美国人、好色动物的谴责叫嚣声犹不绝于耳之际，A文部大臣不识好歹做了"我们何幸未生为朝鲜人、南洋土人……"的失言，在国会引起非议。我们不能以轻率、粗糙简单的一句话就放过。

从经济动物的责难而引发泰国的拒买日货，更有新加坡建筑材料商公会、船业同业会等六个商业团体（加盟500社）发表对日本商社责难的正式声明（1973年3月25日）等，日本人善意的学者与关系者从"日本人要谦虚"的修身论出发，而洋溢着"不要只掠夺，也要给当地（请留意，不是指当地国家，先生们彻底地养成使用当地这语词的习性。日本的先生们是否反应迟钝或忽略语词的重要性，常常无忌惮地、无意识地讲出惹恼我们感情的表现。我没有丝毫吹毛求疵之意，但语言是意识的反映。如果先生们把我们当作人对待，真的把我们想做是亚洲的伙伴，不管何时都意识到对等同格，那么绝不会轻易地用'当地'一词表现，而文部大臣也不会有南洋土人的失言）的人回馈利益，雇用当地人，融入当地"的修正论。

的确，有修身论与修正论比没有来得好是不必说的。

但一方面，有关越战在世界史的教训，各大报腾出大篇幅让诸位先生来议论，使版面好不热闹；另一方面，也有一成不变的只写在三强（国）、五强（国）的政治力学逻辑框架内，来谈论亚洲新情势的先生们，令人感到悲哀。如果说是在民主主义日本的言论自由表现那也就算了，但是连善意的先生们也在无意识中，仿佛东南亚没有住人的样子，主张东南亚是"日中竞争的舞台""日中对决的场地"或"东南亚是被动的地域，所以由日本自动给一些影响是必要的"等，真是不敢领教。易于图式化，再是染上太多欧美的思考模式之故，马上就喜欢那样去掌握，作为中国人的一分子，我认为中国不会那样掌握东南亚，也希望不会那样做。

东南亚各国也居住着与各位一样有血有肉的真正的人，他们也同样在营生，比起你们稍微朴素些。所以或许不引人注目，但他们也依自己的方式参与、书写每日的世界史。

东南亚是住在当地者自己的舞台，并不是诸大国竞争的舞台或对决的场地。他们会强硬地拒绝被那般摆布吧。这暂且放在一边，不可变成那样才是先生们应提倡的吧。

对于一个民族而言，什么是最好的社会制度问题，是住在该地民族所决定的事情。东南亚是被动的地域所以应由日本人给予影响或"日本人能为东南亚做些什么"的多管闲事，对不起，实在是受够了，不敢再领教。"日本人在东南亚不可以做什么"的问话才是更要紧的。很遗憾，性急而善意、喜欢推销的诸位的构思，很多时候与此相反。

将大臣、学者、新闻记者所抱亚洲观暂搁一边，姑且在嘴巴上说对亚洲有共感，说为了亚洲、为了落后的各国而干劲十足赴任的大多数年轻社员、研究者、外交官，面对当地国的贫困与混乱，一度会受到挫折，不，在挫折以前，也就是说与严峻的当地国的现实相面对，马上皱眉苦起脸来才是一般情形吧。

他们忘记自己祖先受欧美列强的压迫，在深信不疑的基督教价值与文明绝对优越性的白人基督教徒的轻蔑之下，曾经苦恼、争斗而终于建立今日的历史。现在却在背后骂"发展中国家的一伙都是不行的家伙，效率差，连最低限度的纪律守时都做不到"。

在此我有请年轻善意的日本友人们回想起来的记述。

与现在相隔不是很久的江户时代末期（1859 年 6 月—1864 年 12 月）驻在日本的英国第一任驻日公使卢瑟福·奥尔考克（Sir Rutherford Alcock）写道："在此日本不是像现代的、希望坐快车的奢侈之人所住的国家，而明显的是时间不被评价为贵重的东西。所以不管是旅行、交易，或任何工作的处理，总之是令人无可忍耐的慢吞吞。"年轻朋友们的曾祖父或祖父的世代也曾如你们向东南亚人发同样的牢骚，在不久之前也被所谓发达国家的欧美人提出。

你们现在所拥有的高效率与合理性也并非超历史、原初就拥有的，这些正是你们的祖父母、父母、兄姐等，把亚洲当垫脚石而造就起来的工业文明之结果而已。

我想你们万万不会因读了奥尔考克的一文而苦恼吧，连那著名的大思想家黑格尔（G. W. F. Hegel）也说过："黑人是无理性的存在，与猴子相同。"人的认识局限本来就是这样。对各位的期待是请稍微反省，在数落东南亚之前，稍稍重温自己的近代史再说，只是这样而已。

很难有效地学习历史教训这事，从东南亚一部分指导者身上也可看到。

日本的诸位以连带为名伸出多管闲事的手，当然是很麻烦，而我们发展中国家的领导者、权力者之中也有，往往是以保持政权为唯一的政治目的的政治情况下，只为了一意保持自己政权，与以日本相反的方式诉诸"依赖的结构"。"兄长""日本是我们的兄长，请援助我吧"，经常有主动去延揽那只多管闲事的手的体质，这是我们不会忘记的。

对于这些人，我们只有敬呈被日本强迫接受那恶名昭彰的"二十一条要求"的袁世凯（顺便提一下，他是为了对抗革命派的孙文一伙，向日本当局寻求援助，以图权力基础扩大与强化的清末民初中国亲日派巨头）愤慨激昂而谈的"日本应以平等的友邦对待中国，但为何如猪、狗或奴隶般对待中国人"的名句之外无他吧。不必赘言，日本在强迫中国人接受"二十一条要求"之前，日本当局伊始，众多"支那浪人"（清末民初在中国大陆四处流浪的日本人）与有识之士抱持对中国的共鸣，曾用尽所有修辞努力雄辩过。

"依赖的结构"扭曲了日本与中国的关系已经明白了。

我认为要创造出应有的日本与亚洲善邻友好关系之前提条件，首先要把支撑"依赖的结构"亚洲情念的精神土壤，相互挖除崩解。

所幸，日本人友人之中，也有些人终于领悟，日本人在海外的所作所为惹起的诸般问题根源，存在于日本人自身的内部，也就是说与日本社会制度的状态相关联。

我们与日本人如要构筑真正的连带，只有加深相互的理解，切断各自体质中依赖的情念，然后不问国之大小、民族的多寡，以对等、同格交往，把各自民族所拥有的文化价值互相容许始有可能。

我们也要对那把自己内部的问题束之高阁，马上武断地说"为了亚洲"，急切地跳出来的善意年轻友人说："请等一下。我们的问题让我们自己想办法来解决，请留在贵国加油吧。"我要这样拜托你们。

　　由于长久苦斗的历史经验，我们知道追求人的复权的争斗是要付一定的代价，不然是不能办到的。

　　从越战的教训可看到，追求人的尊严的确立，被压抑、被压迫民族的斗争与运动，是长久的、持续不可逆的斗争，也是运动。请你们也承认，然后稍微带些从容去看亚洲的民众。

　　本文原收录于戴国煇等编，《讨论日本之中的亚洲·序》，东京：平凡社，1973 年 8 月 3 日，页 6—18。本文系据《日本人与亚洲》（东京：新人物往来社，1973 年 10 月，页 245—246）录入

时间
1972 年 12 月 22 日

对谈
文艺评论家
尾崎秀树
×
亚洲经济研究所调查
研究部主任调查研究员
戴国辉

日本殖民地政策与台湾

林彩美　译

台湾的民族与语言

◎　**戴国辉（以下简称戴）**：日本人对台湾，不只是在政治、经济等方面有许多误解而已。例如台湾居民的组成，大致可分别从 1945 年 8 月 15 日以前已经住在台湾，以及 8 月 15 日以后从大陆新迁入者来思考。8 月 15 日以前已住在台湾的人，若以语言为分类，则以汉族为主流，也就是从所谓的闽南来的人，他们使用厦门话。依昭和三年台湾总督府的《台湾在籍汉民族乡贯别调查》（这是唯一的统计），闽南出身者约占 86.5％，其他是客家。所谓客家，福建省和广东省都有客家人，但主要以广东省为主，该省中梅县客家人最多，在昭和三年的统计中，大约有 13.5％的客家人。但是当时包括尾崎先生的父亲[1]在内的很多人，都误以为客家就是广东出身者，称他们为广东族。

◎ **尾崎秀树（以下简称尾崎）**：这样的误解很平常吗？

◎ **戴**：长久以来一直这样。近年出版的几本有关台湾的书也把客家写成广东人或户籍中的广东族等，这是明治三十年代以来，台湾总督府当局的错误，但一直被沿袭下来。其实广东人与客家人不同，在区域上，确实当时从大陆广东省来台者多数是客家，但在语言上，广东话和客家话全然不同。

再者，日本进入台湾时，强调清兵军纪败坏、盗贼化的这一面，事实并非如此。当时逃得快的人，常是握有权力或接近权力者的人，一般的士兵多半逃得慢，他们对于要怎么逃走，是要伤脑筋的。因此，日军进入台北城前，一般士兵当然会为了自我保护而拿取金银等物品。所以士兵能坐上船逃走当然很好，没坐上船的人，就拿了那些钱在台湾各地逃亡。他们在台湾语言不通，常常不是出身客家或是闽南。他们并不是盗匪，相反地，在吴浊流先生的自传《黎明前的台湾——来自殖民地的告发》（东京：社会思想社）里，有对他们的宝贵的纪录。清兵拥有财物之类，进入村子反而被劫掠，之后定居下来。他们后来情况怎样，其实并不太清楚。其中有所谓河南兵，是从河南省被带来的军人。此外，现在的分类里有所谓闽南及客家，事实上还有潮州出身者。潮州人并不是客家人，虽

---

1 尾崎秀真，1874—1949，字白水，号古村，日本岐阜县人。曾任《台湾日日新报》汉文版主笔、私立台北中学校长。

然在中国大陆的行政划分上，两者都同属广东省，但是所使用的语言，潮州和闽南地区较接近。以曼谷的"华侨"为例，当地潮州人具有压倒性的优势，但他们和厦门来的人有对抗的关系。上述这些事若不先讲明白，可能会搞不清楚。

还有一点就是，所谓的"原住民"，日语曾经称为"高砂族"，战后"国府"和中共政府则都用高山族。这些人在人类学上的分类约可分为九族，现在约有二十万人，但他们之间语言并不相通。他们的出身，或是漂流到台湾的时期、路径等，例如是经由菲律宾或海南岛等，可能都非常多元，各有不同。之后逐渐在群居的过程中有了自己的语言或社会组织，但是使用图画文字，还没有真正的文字。后来日本引进了日语，不知是幸或不幸，日语就成为他们唯一的共通语。住在平地的"原住民"后来汉化，也和汉族语言相通，不过这些汉化的"原住民"，在清朝、日本时期都被通称为"熟番"或"平埔番"，他们和曾被称为"生番"的高山族言语不通，因此非常奇妙地，日语也成为双方的共通语。

战后国民党早就普及"国语"（中国的标准语），借以取代日语。日本的研究者有人认为国民党的北京话普及运动可说是剥夺了台湾人的语言。但事实上，台湾汉族所说的语言也属于中国方言，香港、广东、福建等地也在使用。方言和今天中国所谓普通话的关系，和台湾汉族的语言与台湾的北京话——台湾称为"国语"的关系，其实并无不同。但是，日本的研究者武断而误解国民党的语言政策是所谓剥夺语言的政策，以此逻辑来整理的话，那么现在中华人民共和国也在普及普通话，可能也会被说成剥夺海南岛黎族的语言或广东人的语言。由于完全不了解这些事，NHK 在关于中国语的问题上曾说，台湾话不是中国话。如果照这么说，则鹿儿岛腔、秋田腔也完全被江户腔侵略了。爱奴的问题则是另一个层次的问题，我认为爱奴与虾摩问题，恐怕应该和汉族对高山族语言的问题一起类推思考吧。

台湾统治与日语

◎ **尾崎：**关于现在的高山族，日本统治台湾时，当时台湾存在着少数民族，对统治者而言，这是很有利的条件。之所以如此说，是因为从中国本土迁到台湾的汉民族所使用的语言，日本人对之强迫使用日本语，在日本统治的 50 年间，强制使用单一民族语言会有相当大的抵抗，汉族人对此相当反感。然而对于汉族来说，有一个意识内歧视的存在，对于殖民统治政策，从日方来说比较能获得以漂亮事置换的结果。

如果漠视这一部分，问题的确就会有所缺落。近卫师团等日本占领军进到台湾时，以武力进行台湾割让的阶段，从日本来的人，是借着北京官话，以笔谈为主，对方又是使用北京官话的人。但是现实上在使用的话因为无法直接口译，所以一直以双重口译来进行对话。因此日本方面的执政者，就有要用什么语言来作为中介的想法。

◎ **戴：**恐怕语言政策是在进行过程中，逐渐明了而成形的吧。

◎ **尾崎：**进入中国的传教士们都使用当地的语言从事教化运动，

而日本不采这种方策，却直接强要对方把日语作为国语使用。日方认为可用此法的原因之一是北京官话不能直接通用；因为在台湾使用的语言有好几种，因此反而给日本人以日语为指向合理化的一个方便。这是伊泽修二主张强制使用日语作为国语的一个根据，我有这样一种感觉。

◎ **戴：**另外一点是大家都是同属汉字文化圈的问题。

◎ **尾崎：**由于这一点而使伊泽的想法有一种错觉，因为是那样的错觉，所以对琉球、对朝鲜都用同样的方式在推展。

◎ **戴：**汉字文化圈以及与同属蒙古人种第一次行使殖民地政策，出现了这种文化的历史脉络的意义。这与欧洲殖民地主义者进到现场时，其意义非常不同。所以伊泽修二或后藤新平，两人其实都一样，在心理层面上似乎有什么特殊的东西。

◎ **尾崎：**这些事乍看起来，作为欺骗大众的方法，是非常有效的手段，一面巧妙地利用这种方法，当时其实连实际上是在利用此一做法的自觉都没有。

◎ **戴：**对啊，在这个意义上，说到孔子或孟子等时，日本所讲的也是孔子或孟子一样，有这种非常容易犯错误的基础。有趣的是，伊泽修二要赴台之前，和在离职回去的阶段，有着很惊人的事实。也就是他对台湾本地资本家的认识，虽然之前仅把他们看成是野蛮人、土人，但这时却已发现并确认其中有许多富豪、汉诗人，所以伊泽修二想法改变了。

◎ **尾崎：**也就是日本人同一时间发展了两种想法：所谓领导阶层以精英身份赴台所发现的台湾，以及以新的殖民地被开化的野蛮人想法。

◎ **戴**：是的，特别是在日本的军队里，有若不把台湾人视为野蛮人，则无法进行压制状态。

◎ **尾崎**：为了合理化武力镇压，把台湾看成像是野蛮或未开化之类的想法，似乎是必要的吧。

◎ **戴**：这种逻辑在今天世界史上也有例子，像美国在越南也很流行这种说法。

殖民统治下台湾的教育实况

◎ **尾崎**：戴先生是否可以谈您的成长？

◎ **戴**：我出身客家，但在我孩童时期，小学教育大致有三种：高山族读蕃童教育所，汉族读公学校，此外小学校以在台日本人子弟为中心，另外有一部分买办资本家，以及日本人协力者或有力者的子弟，大概一班有五六人，和日本人一起共学。所以这时候的教科书，从一开始就是有差别的。我们也可以在武谷先生的《辩证法的诸问题·续编》[2] 一书读到这个看法，他当时回台湾的家，对于台湾的国语国字问题提出关于日本帝国主义的文化政策的批判，而于昭和十一年于《科学评论》中发表该论文。我认为当时能够写到这个程度实在很伟大，总之从小学校、儿童时期的教育就在教科书上

2　武谷三男著，《弁証法の諸問題（続）》（东京：世界评论社，1950 年，1966 年劲草书房有复刻本），该书收有一篇《台湾における国語国字问题》。

有所不同，结果在中学入学考时，当然就从小学的教科书出题，从一开始就很有技巧地操弄不利之条件。我因为出生在农村，没有上过幼儿园，入学以前连一句日语都不会说。因为出身地主家庭，家里总是希望我最后会走上律师或医师的路，因此不能不读公立中学，或是来日本读高等学校或读台北高校、以台北医专为目标，还有就是帝国大学或私立大学的路。

我来说说个人的经验。公学校一年级才开始学日文的"あいうえお"，到六年级时，为了要考中学入学考，我的哥哥们差不多都到日本了，他们建议我的父母，如果我六年级之后没能考上学校，就晚一年先进东京的中学，这是因为台湾人在日本受教育并不会受到差别待遇。台湾毕竟是殖民地，因此台湾人成绩再好，也会受到限制，所以多数台湾人不得不到日本求学，这不是学力的问题。但是因为当时是战争期间，台湾和日本之间的航路很危险，结果我还是留在台湾，读了新竹中学校。我现在还记得当时的情景，初中一年级时读"国语"，被指名朗读，虽然可以应付考试，可是我的日语却非常差。诸位不能以现在我的日语程度来了解，那会很难以理解。不过，和前社会党委员长佐佐木[3]比，我想我的日语可能比他好一点（笑）。我们在ダ行及ラ行上是分不清的，日本人不会发音没关系，但台湾已经成为日本的殖民地，因此不可以不会——这是很过分的事。

3　佐佐木更三（1900—1985），日本宫城县人，1965—1967年任日本社会党委员长。

高野老师是经由检定获得教师资格的，每次我回想起来，都还历历在目。他说："那个清国奴。"真令我吃惊。他还说："这清国奴是哪里出身的呢？"对于这个震撼，当时乍听之下还不很明白什么是"清国奴"。但是渐渐读了一些东西，看到"支那兵""清国奴蒋介石"等用词，在一些奇怪的漫画中有几个地方出现，但并没有什么实际的感受。我因出生在农村，和日本人的接触不是那么多，但是被说成是"清国奴"，就有点令人畏缩了。我甚至被说："明年一定无法从你的公学校录取。"这是很过分的话。我出身客家，不会说日语，是因为在学校以外没有讲日语的机会。在公学校，讲台湾话要被罚钱或罚扫厕所的，不过孩子们之间不太会告密。公学校的校长是日本人，教头则是台湾人，有几位日本老师，还有几位台湾籍的老师。因此，从孩提时代开始，我就对语言问题很敏感了。

　　大致上客家人较晚到台湾。说到他们的分布，台湾的形状像番薯一样，客家人大约都是住在山岳及平原之间的山脚，形成带状分布。当然，闽南来的开垦农民先占住平原地方，客家人就夹在其间与高山族开始相互争斗。于是我们去到都市区域、在这里说的是闽南语，也就是所谓的厦门话，现在常说是台湾话，严格说来，这种说法并不正确。

　　战后我离开新竹中学校，进了尾崎先生出身的台北一中，也就是建国中学。该校的第二任校长，是陈文彬老师。我不喜欢战后来到新竹中学校的辛志平校长，再加上台北也比较是中心地区。另外，我出生的故乡是在台北和新竹之间，和台北的关系很深，不过因为学区的关系，过去只能在新竹受教育。于是战后不久，在二二八事件稍前，我转入了尾崎先生出身的台北一中。

◎ **尾崎：**这所学校的成立，是后藤新平殖民地政策的一环。

◎ **戴：**是啊，以英国伊顿中学为模型而设立，是英国风、设备好的学校，台湾人仅象征性地一班只有两三人。台湾人和功课较不佳的日本人，读的是台北二中（后来的成功中学）。尾崎先生从台北一中毕业时，已经有第四中学了吧？

◎ **尾崎：**是的，已有四所。

◎ **戴：**因为台北一中的学区人口增加，所以设了第四中学。四中设立当时，因为"皇民化"运动推行得更起劲，台湾人比较能入学。这在战后成为问题，因为二中的学生认为他们应该成为一中的，但相关人士与教育当局一直无法协调好。由于所谓一中、二中，有差别意味，因此改为建国中学、成功中学，三中则成为和平中学，而四中就消失了。

◎ **尾崎：**以前有台南一中吧。

◎ **戴：**台南一中也是日本人的学校，只有台中一中特别一些，台中一中是台湾人的学校。战后台南一中与二中倒过来，原来的二中改为一中了，这是很有趣的问题。台中一中为什么会以台湾人为中心，是因为在台中附近抗日的文化运动很频繁。当时日本人对台湾子弟的教育有差别待遇，他们用台湾人的税金，让日本人的子弟可以在比东京附近小学校设备更好的环境中受教育。台北一中是很不得了的学校，校舍是红砖建的，有钢琴及将近十座网球场，也雇用了外籍教师。虽然台湾抗日运动的本地资产阶级、民族资产阶级考虑要自行设立台中中学，但总督府不许可。可是日本在朝鲜半岛，却承认部分朝鲜人的自主性，常是在朝鲜先走一步，之后在台湾才会有所动作，京城帝国大学和台北帝国大学的设立就是如此。朝鲜半岛是全国都被日本殖民地化，与此相对，台湾是以中国的一部分被切割出来而成为殖民地，两者之间有这种决定性的差异存在。因此台湾并没有国家规模的、国民统一意志之类的近代的东西，如果有这种共同的意识来抵抗，将会很不一样。不过所谓台湾的抵抗，则是可以逃往大陆，当然台湾岛也因此有了非直线式的抵抗。之后不久，总督府就对台中中学的设立有了妥协的方案，结果是台中一中成立了，台湾人有了以自己为中心的一中。其后设立了台中二中，但住在台中附近的日本人对二中这名字也感到讨厌，都到台南或台北就读，或是回到日本国内读书，所以二中这样的名字，还真是有微妙的意识在内吧。

我读公学校时，报纸上的汉文栏已被废止，这是因为强制"国语运动"，以此作为"皇民化"运动的一环。总督府也设"国语常用家庭"，如果全家都说日语，就可以增加配给猪肉的量，不是黑砂糖，而是白砂糖的量也会多一点，有许多这种形式的奖励措施，同时也有改姓名运动。战后我上了初中二年级，开始学习北京官话。大家都知道，毛泽东、蒋介石等都是说方言的，却听不懂他们在说什么，因此感到中文很难。日本许多人，特别是年轻人，没有看过现场，没有临场感，就不能了解。在日本国内，只有像是爱奴、冲绳有点不同，只是不同的部分几乎被忽略，或许是因为并没有很强的他者意识产生；也或许有一种几乎是单一民族的意识，所以在理解中国时，这也会成为一种致命伤。在世界史方面，如思考到英国，爱尔兰和苏格兰完全不同，这是一般日本人不能了解的事。即使稍微了解，也无法和日本国内的问题有所连结。日本人看来像是由单一语言所统一的，不知这毋宁非常稀有的存在。我对于国民党来到台湾，想评价他们做得很好的，反倒是普及北京官话。目前全中国标准语、北京话最普及的地方，大概是台湾，就好像是在北海道的日本标准语一样。不过，在我的世代里，真正能用北京话思考、书写、阅读及说，其能力超越使用日语而能取回对自己语言的掌握能力者，大概只有 20% 到 30% 而已吧。我大概算是比较幸运的人，可是像王育德、邱永汉等以及我的哥哥的世代等，情况就很惨。

"皇民化"运动

◎　**尾崎：**这正是我处于相反立场的地方。现在的北海道虽然是讲日语，但是在殖民地有从许多地方来的人，不能把方言就那样带进来，为了成为共通的语言，而让语言变得平板的。北海道大概算是日本最早的殖民地，在当地所使用的语言，腔调就全部被改掉变成为平板的型式；台湾和朝鲜也一样，因此说"箸""桥""端"（译注：在日文发音均为"はし"，但腔调不同）时全部没有分别，同时也会产生和日文不同的文脉，例如"如何？"（どうか）的句子，会成为"什么什么有，没有呢"（何々ある、ないか）。

◎　**戴：**好像是"台湾日本语"。

◎ **尾崎**：是啊，刚开始时，会觉得这是一种不雅的、带着轻视感的说话方式，后来渐觉得是因为风土感觉、环境而产生的不同讲话方式，所以反而变成是更正确的语言。还有发音，像是人力车，就说成是"りんりきしゃ"。

我们虽然已提到蕃童教育所，但是直接接触的机会其实很少，而教员到蕃童教育所就任，则会有被放逐到偏远地方的感觉。

◎ **戴**：大致都是以警察为主，由警察兼任教师。

◎ **尾崎**：果然还是用日本军刀来实行威吓教育。都会区里则有公学校及小学校，公学校在农村地区也很多。我们进小学没有特别感想（认为理所当然），小学校的台湾人，一班大约有两三人，其中有一些人是日语常用家庭的精英子弟。可是到中学时，班上大部分台湾人都来自公学校，头脑很好，他们都是这种人，戴先生也是其中的一个例子吧？（笑）

◎ **戴**：头脑怎样不知道，但可以确定是经历过风雪的。

◎ **尾崎**：从公学校来的同学，我到中学时才第一次接触，才知道彼此之间俨然有非常大的差别。去他们家玩时，日语是讲不通的，他们家里还是使用母语，结果我只能和上学的孩子沟通。在那里才知道大家语言不一样，终于了解那种落差。

战争发展到卢沟桥事变之后，就开始急速推进"皇民化"运动。首先是强制使用日语，最后则是实施征兵制。日本人否定了村人欢乐的祭典，教导人民日本的祭典，之后又破坏寺庙，取而代之的是建立怪异的护国神社，陆续要人民拜鸟居等。

◎ **戴**：我在公学校六年级时，被选出来抬神轿（笑），有种很不协调的感觉呢。总之当时另有日本人抬的神轿，但是全部的孩子都要去抬的话，神轿会不够，所以要选拔。选拔的标准都是以财富或成绩较好的方式，这种情况下通常是有钱人成绩才会好。不过，穿着日式的夹脚袜走在小石子路上感觉很痛，现在想起来，实在是很奇怪的事情（笑）。

◎ 尾崎：如果读溥仪的自传，可知在 1940 年时，日本有纪元 2600 年庆典，他因此被要求参拜三种神器。而他不接受，为什么一定要去参拜不可？溥仪总是清朝以来的王统吧，去参拜那些东西，是反帝王学的。可是周围的人拼命拜托他，他只能眼泪滂沱地流，自传中很愤怒地写着这段始末。也就是说，这种事在当时已日常化了。台湾或朝鲜则是处于日本殖民地的状态，所以这是对殖民地人民强迫的事，殖民地人要那样把头低下来。日本把说日语说成是教育，而其他的教育只是附属品罢了。对于台湾子弟而言，总之是被当成日本进行殖民地掠夺之实的转包工，作为下属机关及下属官僚，只要培植出这个部分就好了。为什么要培植出伟大的人让其发现诸多矛盾而抵抗呢？所以，要强制其变成顺从的狗。这样的教育体系，特别是以日语国语教育为名的教育体系，是日本统治期间一贯不变的。

我因为在台北之故，被要求去芝山岩参拜。抗日武装运动在台北城外烽起时，六名日本人老师在那里被杀了。对日本来说，他们是作为殖民地教育的尖兵而牺牲的一群。

◎ 戴：因此这也成为一种靖国神社的待遇。

◎ 尾崎：所以我们就跟着去，他们也会要求台湾子弟去参拜，说神社是代表教育的基本精神，以让其创造道德。

日本人对台湾的理解

◎　**戴：** 很不可思议的是，日本的研究者在写芝山岩事件时，对于当时日本当局对台湾人担任的保良局局长处以连坐处分，这一部分连较进步的研究者都没有提及。伊泽修二后来虽然了解事件的内情，但已来不及了，日本当局把"牺牲者"看待成"英雄"，并作为殖民地教育的借鉴，而开始加以活用。到今天为止，多数日本人对于日本的殖民政策都很称赞，真令人伤脑筋。另一方面，公式主义者认为对殖民地全是实行剥夺，如果没有从具体的事例上去掌握的话，其论述就缺乏说服力。

　　举例来说，寄生型地主对于农民的反抗通常很害怕，想仰赖的只有清朝的贪官污吏。取而代之的日本统治者，在刚开始情形很混乱，后来对于像包括我们家在内的地主，都给予佃租的保证，作为暴力的权力装置发挥其功能。因此和当时中国大陆的混乱相比，台湾的殖民统治也不坏。要说其中出现问题的，比如像是台湾人在东京通过高等文官考试，却没有几个人当到课长，因此具有政治意识觉醒的台湾人，起来发动抗日运动。这个浪潮到什么时候崩解呢？就是九一八事变，与三一六事件的同时，共产党也全被击溃了。不只是如此，若是更立体综合地思考，九一八事变后，日本大陆扩张政策或是随之而来的南进政策，包括朝鲜人及台湾人都成为狗腿子要员的人力资源，相形之下变得非常重要，因此本来一直抱有不满的台湾人，对于能当上小岛长官的感觉很好，还有很多人去满洲，或加入汪精卫伪政权等的权力机关，因此情况开始有了变化。

我读初中一年级时，中日双方已开始战争，我家年轻的佃农被动员为军夫，参加广东的登陆作战。广东进去一点就是客家村，像是我们的故乡一样，语言可以沟通。军夫去看了现场，得到勋八等[4]后返乡。父老们聚集起来，为他洗尘并想听听大陆原乡的情况，我装成睡着了的样子。这些父老认为我接受军国主义教育，因此担心我会怎么反应。我很想听，非常好奇，虽然没有什么民族意识，不过已淡淡地感觉到自己并不是日本人，却还未真正明白事实。但当时那位去当军夫的佃农说日本绝对会战败，比如大陆的农民已降伏，并说"大人！大人！"地求饶，但日本兵强奸百姓，之后再以枪剑刺死等日本人的劣行。我听到后受不了，跳出来骂混蛋，日本军是皇军，才不会做这种事，不会战败（笑）。父老们的脸色变得铁青，他们说，要是你在外面讲这些，并对警察说的话，我们都会挨打入狱、判处死刑的。直到今天，我对这些记忆还都非常鲜明。

战后的二二八事件和这些并非没有关系，当时是有军队战争经验的人动了起来，因此情况变得复杂。总之是这样的，大致在我初中二年级时，台湾人能够进入日本陆军幼年学校，也可进入海兵和陆军士官学校。

4　日本勋章的等级，勋八等为最末阶。

◎ **尾崎：** 这已经是战争最后阶段的事了。

◎ **戴：** 对啊，我刚好被《朝日新闻》表扬为健康优良儿童，他们鼓励孩子要志愿当陆军、少年航空兵或少年战车兵等，也常有从军队写来的信。我差一点因为《朝日新闻》丢了一条命，是那样的时期。

我的堂表兄弟被派去海南岛，当地共产党的游击活动很兴盛。不过，我这亲戚不好的地方是他彻底地接受日本军国主义教育，成为做许多坏事的尖兵。到战争结束时，这位台湾亲戚进了收容所。但他的处境和日军的待遇有别，因为台湾是中国的一部分。大家能了解吗？被自己人出卖的怨恨反而是更深的，台湾人被彻底地痛责。后来国民政府公布了关于台湾人的战犯处理问题特令，因为台湾人在战争时期，相当程度来说，是不得不跟着日本人做坏事，所以对这些战犯除了特别坏的不计前非。为什么会这样？台湾在甲午战争时，被中国割让给日本，因此台湾人是不得已的，是因为日本胜了才变成这样，并不是台湾人自己的意愿。可是在台湾却出现了"被祖国出卖"的说法，因此得以"免罪"而获特赦，所以我的亲戚也回家了。特别是从海南岛回来的一群人，像我的亲戚就很不高兴。都忘了那是由于他们自己做的坏事，但是对于受到的对待，却完全记得，这是人类世界古今中外皆然的常态。

在东京工作的台湾人，战后在东京做了很多坏事。战时少年工被带到日本，但战后情况改变了，谁都没有余裕照顾他们，自此走入无法无天的局面。这些都是有名的故事，他们大概都是和我属于同一个世代的台湾人。这些台湾人回乡了。认为中国是大国、战胜国，所以回来台湾都想造飞机、要为国家建设。但是来台湾的国民党却不会开飞机，有许多贪官污吏把铝合金拿去当锅、鼎的原料。回来台湾的台湾人却找不到工作，通货膨胀很严重。由于这些非常复杂的情形，引起了暴动事件。当然共产党也在活动，知识分子也感到不满。不过今天思量当时台湾人不会讲中国的标准话，虽然不会，但他们却想取得天下，这是很奇怪的事。如果与朝鲜相比，他们的条件一样，都是全国成为殖民地，战后也全部被解放了。然台湾的不幸，就是被分离出去成为殖民地。况且大陆内部还有国共斗争，以及汪伪政权和伪满洲国的余党，有许多的分歧存在。这时候发生严重的通货膨胀，但是有许多人从台湾运出砂糖、米到上海去抛售，做了这些恶事。因此出现了怨恨，到现在为止还有很多人，特别是台湾的中产阶级，尤其是白领阶级的台湾人，都深刻地记得这些，而在思想上成为一部分"独立运动"的基础。因此在日本许多人就会演绎地以为台湾岛内截然分成外省人、本省人，这两种像油与水一样绝对合不起来的言论。

日本人思考台湾问题时，大部分都是与能讲日语的台湾人见面，听他们发牢骚，并没有去想到能讲日语的台湾人是哪一种人，就把他们当成是台湾人的代表。那些日本人不曾深入农村，只是听了来做生意就回去的台湾人的话，日本人说"哎呀，田中去访问中国了，很抱歉啦"，或是说"不能不对台湾人尽情理"等，都是一些冠冕堂皇的话。台湾的历史上、日本近代史上，台湾的殖民统治到底有什么意义；在台湾内部，语言使用的群体分布状况如何；其中的阶级及阶层问题等，日本人都不去把握，只是以自我的、对日本人方便的方法去掌握。特别是读到最近一连串田中访问中国之后，日本人所写的台湾访问记，虽不能说全部都没有切中要害，但实际上只是皮相而已。所谓民族问题，有马克思主义者、有民族主义和国际主义等形式的定义，我以为民族问题是很深、很久远的问题，并不是国家或是政治型态等同性质的问题，不是那么简单地就可以产生或被消灭。其例证如印地安人现在也成为议题了，印地安人被杀死那么多，现在也开始抱怨，主张复权，由此可见事实上应不是这么简单。同样地，日本人很简单地挥舞着"台湾民族论"，因为日本一般平民有文字信仰，但是对于写东西的人却不去追究责任，轻易地就遗忘，对作者来说或许是值得感谢的，但是这一点对研究台湾时，如此不用心就很伤脑筋了。在殖民地时期，并没有台湾民族的用语或概念。吾人经常被侮辱为"支那人"或"清国奴"，和中国大陆的"支那人"被同一看待。然而"台湾民族论"却突然提出台湾人不是中国人，这是"台独派"政治挂帅的主张，对这种说法，不但不表示怀疑还随之共舞，实在是伤脑筋的事。

日本近代史与台湾

◎　**戴**：就这个意义上，在尾崎先生面前这样讲好像是拍马屁似的，《旧殖民地文学研究》（劲草书房），好像不太畅销，让我觉得很寂寞，真遗憾，此书其实应该被阅读，就像吴浊流先生的书也应该被阅读，但并不畅销一样。

◎　**尾崎**：特别是日本殖民地的问题，是日本近代化中产生的畸形产物。因此若不研究殖民地问题，日本近代史的成立就无法想象。

◎ **戴：** 东京大学出版会出版了《日本资本主义的发达》一书，但是其中并没有把殖民地放进去；如果不把台湾等殖民地放进去，日本资本主义的发达到底变成什么样的研究呢？

◎ **尾崎：** 幸好在研究朝鲜方面，研究者自己学习朝鲜文，因此把许多朝鲜的问题纳入他们自己本身内部去了解，这方面的研究最近非常兴盛。因此做日本的近代史，也可以从进入朝鲜近代史、朝鲜现代史的本源去反省，总之，这种情形已开始出现了。

关于台湾，过去也不是没有日本人注意到语言问题，例如共产党开始活动时，一部分日本知识分子，像是台北高等学校等的人，就很努力地在学台湾的语言，但这种传统后来被日本的总督借着权力全部切断了。日本的总督最害怕的是日本的激进势力和台湾问题的活动结合，因此，日本的左翼运动只放在日本内部，台湾的"独立运动"、民族解放运动只想在此中处理，于是和朝鲜的关系也都被切断，全部是被分割的。所以，在日本所谓解放运动史中，台湾和朝鲜的问题都只是间接地进来而已，这是日本统治政策巧妙的部分。其传统现在依然如此，对应该提批判的势力一方，也有其影子。

◎ **戴：** 日本人关于台湾的看法，几乎不是放在历史的脉络，以自己的问题去掌握，我们在这里也有一部分的责任。我们想提供更多实证的研究给日本以作为刺激，可是战后日本人对朝鲜人的认识之所以会加深，应不是从日本人主体出发，而是受到在日本的朝鲜人在思想的研究的诸多影响。受到此种冲击，一部分的日本人因此埋首研究，我认为是出于这种方式。真是殖民地问题未终了啊！例如日本去台湾的商社的人，可以侃侃而谈战后台湾的经济，当成是自己的功绩，这是非常不可思议的事。其实只是台湾对日贸易入超，赤字大约有四五亿美元，此外台日合办事业偿还期限极短，利润也大，他们对此避而不谈却说把台湾拉拔成今天这样。也因为如此，台湾人之中，特别是商社或台日合办事业对象者也跟着尝到好处，接受了日本人的说法。这些老乡会说田中岂有此理、日本人岂有此理，因为他们认为这些人抛弃了台湾。他们会这么想，是理所当然的。国民党高层也是说尼克松岂有此理。不过一般台湾小老百姓是怎么想的，关于这一点却没有人谈到。如果不正视这一点，就不能明白其内情，事实上是会重蹈对中国认识错误般的覆辙。

NHK 对于中文问题的讨论，一点都不了解中文在台湾的位置。我想，这些中文老师所说的到底是什么呢？但是如果让这些拼命说着一个中国论的老师们来讨论中文问题，不是很悲哀的事吗？我想他们还是不懂的。

◎　尾崎：在台湾使用的语言，和中国使用的语言，因为许多动态的活动都断绝了，所以显现的方式相当不同，我想就是从这一面提出的看法。

◎　戴：如果是这样我当然同意，另外一点是普通话的表现在台湾也有。因为若不是北京人或北方人，大致会有很多样的发音方式，所以会尽可能努力去讲标准话，但是总不会是标准发音。在这种情况下，如果使用"国语"这种说法，就有点不好意思的了。由于并不是标准语，因此说是普通话。这并不是中国共产党的专门用语。我们想关注的，是为什么中国共产党或中华人民共和国不使用"国语"的表现方式，这当然是出于对地方文化及少数民族的政策问题。中国共产党的领导人明白，中国是复合民族，不可以抹杀地方文化的特殊性，因此使用"普通话"之说，用比较和缓的方式来维持连带关系，而不用"国语"这样的形式从上而下规范，这是我们的理解。

◎　尾崎：以日本人的做法来说，希望达到规格化。

◎　戴：是的。中国人是边做边使之成形，但日本人是先造了形式再塞东西进去，如果不这么做就不放心。

◎　尾崎：是从上而下的近代化的想法。

◎　戴：不是哪一种较好的价值判断的问题。

◎　尾崎：其结果是幸或不幸，皆是日本完成现代国家的原因所在吧。

◎　戴：是啊，所以很不容易承认有例外的情形，因为没有前例可循而不许可，这种形式一般很常见。特别出头的都不能容许，而事实上显现出头角的部分，才是重要，有这一面吧。

◎　尾崎：仍只是学到德国方法论展开的坏的一面，因此没有办法具有弹性多元的思考方法。

◎　戴：僭越地说，我们作为非日本人的亚洲一员来看，日本所谓的近代，是在很快乐、很幸运地、从拼拼凑凑中急就章的、正好赶上的。这种急就章的方式，事实上对于此后日本史的展开，可能会有相当重的负荷。是不是这样呢？您认为如何？

◎ **尾崎：**因此在幕末时期，胜海舟的想法也不能被理解，而到西乡隆盛等人，则毫无抵抗就被接受了（笑）。

本文原刊于《中国语》第 157 号，东京：大修馆书店，1973 年 2 月，

页 25—35。

从原点台湾看近代日本与亚洲

刘俊南　译

从金泽会议谈起

我实际上是昨夜刚刚从金泽回来。6月6至9日（1974年）在金泽举办了"亚洲与日本民众的交流"——我是作为观察员参加了亚洲文化交流金泽会议（具体详见鹤见良行编《来自亚洲的直言》，讲谈社现代新书）。

今天研讨会的主办团体也是为了实现与亚洲的交流与连带，因此，我的报告也要从金泽会议开始。

金泽会议的主办团体是松元重治先生主持的国际文化会馆，实际的执行者是鹤见良行先生。

参加金泽会议的有来自 ASEAN（东盟）五国的知识分子、新闻人、大学老师、建筑家等，日本方面也大致是相同的领域者出席。包括金泽会议，小田实先生等人当下所举办的亚洲人会议或人口会议等，实际上有好几个会议正在进行这种交流。这些会议在举办这事本身，反映了日本与东南亚的关系处于非同寻常的状态，即反映着正处于紧密化与排斥的增幅。

在这种不寻常关系的展开下，东南亚、日本双方都有很多年轻人、有心人，从新的视角与姿态出发，尝试就日本与东南亚的关系重新提出问题，我认为这是非常好的倾向。

在金泽会议上，也听到了反映这种新方向与历史胎动的发言，特别是来自东南亚方面的出席者，满腔热情，气魄非凡。

此前我也时常有机会便参加这类的会议。对照往常的经验，这次会议使我感受到了一些新的东西而回到东京。

以下就几个不同之处做一报告。

无论怎么说，这次会议几乎没有一点观光的气氛，这是必须传达的。

正如刚才所述，来自东南亚方面出席者的热气与魄力非常感人。这种热气与魄力可以由下列事实予以证明。

他们都是准备从八一五以来的各国领导人手中接权柄的新一代，依我观察他们明确具有这样的自觉，并对应着现在的情势。其次，他们对于各国的现状，或者说将决定未来方向的各种"力量"中——认识到特别是外来"力量"中的日本"力量"占有很大比重，且发挥作用，因此引发出极高的热气。其中特别就日本之"力量"与他们所在各国目前政治经济统治层之间呈现胶着状态，发挥作用的情况实际上进行冷静的分析，坦率地说，使我感到吃惊。

他们对日本人参加者的下列发言也让我吃惊。

"各位的自虐性自我批判已经够了。对于我们而言更重要的课题是：今后我们能够做些什么，还应该做些什么，彼此应就此进行讨论。已经提出的档案作为参考资料读读就足够了，同样的报告在会议上再一次做口头宣读没有必要吧。"

对于会议的形式化、或者说是喜庆化，从一开始就有自我检讨的态度使人感到一股清爽的气息。

另外，他们还积极展示了这样的姿态："不是日本的进入体制不好。我们作为接受方也有问题，这一点我们也需要进行自我批判。我们的认知或有不足的地方，希望日本诸位朋友给予批判。"根据我并不丰富的经验来说，这样伴随自我批判的问题提出，以及非常积极的自我把握及自我反省的尝试，如此毫不掩饰提出的例子，以前还没有见过。以往的情形，多数都是说日本人不好、这里那里不好之类的发言，实际上这次是一次充满新鲜、刺激气氛的会议。

还有一个值得注目的是，东南亚方面的与会者虽然几乎都是欧美留学的经验者，但是他们指出了为了与民众交流，仅仅使用英语作为媒介是不够充分的。这种会议往往都会陷入欧美留学经验者"同窗会"的氛围之中，但他们不是这样的。另外，过去在发展中国家的精英中，存在着并不是将英语作为对话手段，而是作为一种价值，特别不好的是有不少人认为，这是优越的语言，在以往的这种状况下，他们这次提出有主体性的意见，我感到十分可贵。他们明确地接受越战的影响，而且对于西欧型、日本型发展模式对于本国的适用性大都不抱幻想，这使我的感受很深刻。

这可说完全是新情况的急速展开，并非言过其实。

特别是在会议的最后，有认为这次会议是非常宝贵的会议，可是日本人方面的发言仍旧是分析性的、解释性的，这一类的发言使人感到遗憾，是应该留意的。

可能是由于相互所处的状况不同，并与自己在自身国家的定位不同，更加注重实践性探讨的东南亚方面的态度，与注重分析性、解释性发言的日本方面，我可理解两者产生了"落差"，如果说成果的话，就是相互得以确立主体性，在今后也必须能对等同格地进一步深化对话。这一点得到了印证。

原点台湾的意义

今天，我选择的题目是《从原点台湾看近代日本与亚洲》，这不是因为我出生于台湾而选择的。首先，我希望能澄清这一点。

正如大家所知的，而且我也这样认为，近代日本与海外发生关系的最初之地就是台湾。

我们仅就史实来说。近代日本最初的海外派兵就是前往台湾。

另外，最初的殖民地也是台湾。这两者的意义无论怎样强调都不过分。可以这么说，近代日本就是从台湾走向朝鲜，从朝鲜走向"满洲"，再从"满洲"进一步深入走向中国内部，从侵略中国深入到侵略东南亚，以此不断展开，直到迎来八一五这个日子。

因此，就近代日本与亚洲的关系进行正确定位之前，必须从近代日本与台湾的关系进行正确定位开始。可以说，不探明对外侵略的原型，就不能汲取历史的教训，并使之成为自己的养分。但非常遗憾的是，日本人不具有这样的观念视角却是十分普遍的现象。

我十年来一直在主张这样的观点，但很难被大家接受。

连中国近现代史的专家都不能理解，所以传给年轻的你们更是没有可能吧。

近代日本第一次的海外出兵，即"台湾出兵"，是在 1874 年（明治七年）。这个事件与琉球的处分与征韩论有着密切的关系，据我的管见，有关上述关系有机的相互关联认真进行定位的研究似乎还没有出现。

另外，日本资本主义的发展，如果去除台湾的殖民地统治就难以说明，可是，在日本资本主义发达史的研究中，台湾部分还没有受到正当的对待。

在调查研究方面，殖民地调查研究的原型几乎就在台湾。可以认为，是先在台湾进行"旧惯调查"等，然后将其适用于朝鲜、"满洲"，由此展开"中国旧惯调查"等，迄今的研究几乎没有就此关联予以阐明的。即使仅取国势调查（译注：人口普查）一项，台湾也是先于日本国内予以实施的。然而，就连这些史实也几乎无人知晓，不就是现状吗？

甲午战争研究也是如此。本来，台湾应该是甲午战争最后的舞台。基于对这一史实之充分认识的研究，终于在最近出版的岩波新书《甲午战争》（藤村道生著）中才被提出来。研究之落后真是令人扼腕长叹。

请原谅好像我在自我宣传，自从发表关于中日关系史相关论文以来，即对忽视台湾问题之缺陷大声呼吁，几乎把嗓子喊破，终于到了最近才有了反应，尽管很少但事实就是如此。

就连历史学家也接受在法的形式终结的框架的守旧。因此，殖民地统治在法的意义上落幕时，人们也会产生错觉，似乎"殖民地问题"也同时结束了。

因此，日本帝国的第一个殖民地、殖民地统治的实验场——台湾的研究，似乎也随着殖民体制的终结而令人感到其研究也可以结束了，谁也不想去从事这方面的研究。

从日本资本主义发展史研究忽略台湾开始，大致上日本近代史、中国近代史研究等都会忽略台湾，或只是写上两三行字含糊带过，这是迄今为止的做法。

其结果不知何时起，台湾发生过激烈的抗日游击队、抗日运动等全部被遗忘，连"进步的"学者也堕落成这样一个信奉神话的群体，相信日本在朝鲜做过坏事，但在台湾是实施了善政。

我本来是农学士，专攻农业经济，但也有不少野心，希望能从事全中国的农业问题研究。但是，从 20 世纪 60 年代反对安保运动前后开始，我担心这种情况会成了严重的问题，如果就这样忽略台湾的话，日本有朝一日还会走回原来的老路上去，结果连检验日本的对中国关系及对亚洲关系的学问上的牵制功能也将荡然无存。虽然我是一个门外汉，但由于对此情况很担忧，于是就针对有关台湾的历史研究之重要性发表意见、书写论文。

我所谓的"原点台湾"之意义，实际上是与这样的问题意识相关联的一个表现。我认为这不仅是单纯的历史现象问题，而且是作为日本人思想史的问题，也就是说是作为一般大众的感觉的问题，这种对台湾的缺落，现在产生了各种问题，今后也可能将继续产生问题，我有这样的认识。

如果说这是什么问题，例如我现在工作的亚洲经济研究所，是 20 世纪 60 年代初期设立的。其后就面临着如何具体研究东南亚的问题，这主要不是年轻人，也不是日本的革新政党，而是日本体制方作为自己资本主义发展的一环，将如何纳入东南亚的问题发生。因此，我感到非常吃惊的是，有关台湾殖民地统治"做得很好"的逻辑，已经成为考虑东南亚开发模式的基础部分之一。历史的现实是，台湾 1949 年在中华人民共和国成立之时，国民党政权入主台湾。其后展开了包括农地改革在内的所谓"向大陆反攻"的基地即要塞建设。这里当然有美国的支撑加入其中。其后大约到 20 世纪 50 年代，国民党当局迎来了非常艰苦的时期，就自己的"力量"进行了重组。进入 20 世纪 60 年代后，特别是从 1964、1965 年开始，跟随了日本高度成长政策，采用高度经济成长政策直至今日。在"GNP 万岁"的气氛下，台湾被视为实现了紧随日本之后在亚洲达到高度成长。这在亚洲中被定位为非社会主义发展的模型是当然的结果。当时，也包括日本善意的先生们，都将台湾曾有过的殖民地统治关系忘得精光，形成了一种看法：台湾是追随日本，现在实现了高度成长，或者说农业、贸易都做得很好，这是因为日本殖民地统治做得好的缘故。

这样一来，就很简单地将台湾作为一种模型，考虑东南亚的经济发展。我将这种情况定义为：仿西欧型的插手东南亚开始。首先，有关殖民地统治关系的问题，正如刚才我谈到的那样，先是遗漏，仅抓出术语部分，将其强加于东南亚之上。直接套用日本型、西欧型，差异太大，因此，作为非常方便的存在，提出台湾模型。因而，就出现了将台湾农业发展或其他等作为模式带入了东南亚的情形。我担心这是非常危险的想法，日本人这种"傲慢"，不久将会受到报复，而且，日本与亚洲的关系也将回到原来不好的状况。

因此，我努力地与日本人展开对话，即使知道会受人家讨厌，也一直坚持至今，而且书写成文。其成果的一部分编辑为《与日本人的对话》(社会思想社)、《日本人与亚洲》(新人物往来社)两册书(后汇集为《台湾与台湾人》，由研文出版)。因为怕我个人的力量单薄，因而另外将有心的台湾作家吴浊流先生的作品《黎明前的台湾》《泥泞》(均为社会思想社)、《亚细亚的孤儿》(新人物往来社)向世人送上，希望为弥补这种缺漏做出一点努力。可惜事与愿违，吴先生的书虽然是很宝贵的著作，却卖得不太好。

这先暂且不谈，即使是左翼的大师们或者马克思主义者，也与一般人没有什么不同，正如刚才所说，大致都在无意识之中持有"殖民地统治结束，殖民地问题就结束了"的意识。我是 1955 年（昭和三十年）来到日本的。那时还是尚未进入高度成长期的岩户景气[1]之前夜。大致上在 1958 年以后，我在研究所硕士毕业、进入博士课程时开始，日本进入了经济高度成长期。我由于研究而有关系的大学因为范围非常窄，也许不能提出作为一般论的看法，但在

---

1 指1958至1961年日本战后经济高度发展稍前，受高率设备投资引导的好景气。

这个过程中，我与日本的印度研究者、中国研究者等谈话时，这些人都很推崇矢内原忠雄先生。他们说矢内原忠雄的《日本帝国主义下之台湾》是水平很高的研究。在与这些学者进行对话时他们会说："我们的确是做了很坏的事，但矢内原先生留下了了不起的工作。"我真是不知如何是好。对于他们而言，这是一种免罪符，虽然不太清楚他们是否意识到了，但确实有予以利用的情况。但是，从我们的立场来说矢内原忠雄的存在，他们并不想听，只先验地强调《日本帝国主义下之台湾》是一部名著。这个神话将一直为人奉持。

不好意思又要自我宣传，但我对于矢内原忠雄先生还没有写过正式的批判性论文，只是指出其中有问题。我觉得还是日本人自己来做更好吧，实际上我还没有指出日本的内部问题，但是我们自己内部特别是从事"独立运动"的人，都将《日本帝国主义下之台湾》圣经化。而所谓圣经化只不过是奴隶的发想而已（参照《某副教授之死与再出发的苦恼》，收录于《台湾与台湾人》）（参见《全集》1）。神格化无论如何都是不好的。就当时情况下，即矢内原以什么方式与台湾发生关联的情况进行调查，于是，就出现下列的事情。矢内原写作该书的过程中，一方面对台湾总督府权力保持了一定的距离；但另一方面，实际上也同台湾内部的抗日地主、资产阶级中的右派联手进行调查研究，结果此书成为支持右派的书籍，有这样的经过。可能这与矢内原先生的主观意图无关，当时的台湾内部从抗日左派到包括台湾共产党的左翼都被封杀的情况下，实际上这本书是这样写成的，同时也被利用了，这是史实。

在几乎不了解这种背景的情况下被美化是很可怕的。即使现在，我就历史状况的进程更客观地努力予以把握时，实际上这个问题，简言之，存在着"殖民地统治结束，殖民地问题就结束了"的认识上陷阱，与现在的日韩问题也相关联存在，与台日问题也有关联，进而又投影在日本与东南亚的问题上。就是在这个意义上，我有了"原点台湾"的发想。因此，殖民地统治虽然结束了，但殖民地问题尚未结束。我并不是要立即提出古典的命题，上层结构与下层结构之关系的问题，实际上，我的本意是要指出这种认识之"肤浅"问题，至今仍留下了影响。

一般日本人与东南亚发生关系时，我认为大致可以分为两种类型。一是所谓亚洲主义者。当然，有关亚洲主义有各种评价，还没有分析清楚。究竟是否进行了认真的评价及定位也非常可疑。当然，亚洲主义有负面也有正面。因此，根据情况仅强调负面因素，出现其反动时又再胡乱强调正面。实际上其正反两面，在互补的同时发挥着功能，这就是历史的实际状况吧。本来是这样却看情况任意利用，因此后来做出既不是这样又不是那样的分析、解释时，不知何时民众也被时代潮流卷入，拼命挣扎，这是一般的情况。其相互的联动，或称有机关联一向未被阐明，因此，我觉得结果是无力或观念论上的对应。这样的情况至今仍作为问题残留下来了。例如，考虑东南亚的问题，但近代日本自身存在的问题仍尚未认真进行定位，因此东南亚的问题变得难以理解。

谈到现在东南亚的情况，总而言之殖民地统治遗制最终将以什么形式予以克服，或者是予以手段化的问题与如何超越内部的前近代性的剧烈纠葛吧。换言之，在建国的过程中，如何克服殖民地遗制课题的定位，掌握就成为最重要的课题之一。对此，一方面日本想延用战前浪人的接触方式，或亚洲主义的接触方式。这种亚洲主义如果讲得粗略一点就是，由于日本是亚洲唯一的独立国家，亚洲是一体，因为是伙伴、因为很可怜，遂有了作为老板或兄长帮助他们、照顾他们的发想。另外就是对西洋的反抗，因此，亚洲所有都是"善"的，因为都是先验的"善"，便沉湎其中，大致就是这样。

再者，又读了各种书籍，大致上所说的日本近代，包括大藏省官僚在内的精英，几乎都是面向欧洲的。我认为这是当然的。要之，当时的主流要建设近代日本时，是考虑对于自己的、近代的日本发展有利的部分，非常急促地引进，为此做出了极大的努力。因此都是面向欧洲的。这样一来，可以说所谓日本近代，几乎没能培养出正视东南亚或日本以外的亚洲地区，以及对那里具有正常关心的"真正"知识分子。

最近，新的国际情况主要是从贸易关系来说，美国的市场堵塞，如何将作为商品市场、资源供给地的东南亚拉进，否则是走不下去的。在这个时候，迄今为止全无关心的——可能是非常僭越的说法，连"西欧迷"的人们，也开始要为亚洲做点什么。他们在许多场合提示"日本型、西欧型发展模型"，更甚的是强迫其接受。对此开始表达拒绝反应的，就是这二三年来的反日言论及反日暴动。

所以，有两种接近方式。一个是亚洲主义的接近，还有一个是西欧迷的接近。被夹在中间的，是不关心的，或是革新派的人，我认为在革新政党中，真正了解东南亚的人，其实并没有那么多。

在一般情况下，他们跟不上情况的变化，这是迄今为止的实态。

对于日本而言的"台湾问题"已经结束了——这种看法在视野上不会宽广。在日本的韩国研究得以这样兴盛，与其说出自日本人从内部的关心，不如说是在日韩国人诸君非常努力，一直奋斗，其冲击与刺激直到今天。与其说日本人方面主体性的接触，不如说外面的激励终于使内发部分开始发芽了。虽然是极僭越的说法，但我还是这样觉得，有关台湾的研究坦率地说，直至二三年前，仍然是完全接近零的状态。

相较之下，中国研究者较多，大家可以在阅读日本与中国有关的一些书而有所发现。大多将台湾漏掉了。嘴上说的是一个中国、台湾是中国的一部分。那么，为什么台湾是中国的一部分，对此一向不能充分了解。例如，南京屠杀问题出来了。这个南京问题也是终于在两三年前渐渐浮出台面。可是，在南京之前，恐怕已经就在台湾有过屠杀了。台湾在 1895、1896 年及以后，特别是最近可以说，非常典型的就是在 1930 年即"九一八事变"之前的雾社蜂起事件，也出现了同质的问题。实际上，这些一连串的问题，并非只有日本帝国主义才存在的特殊问题。例如，在新加坡的屠杀华侨问题终于厘清了。我并非有意去挖日本人的旧伤。因为如果不正确定位这个关系，就完全不会理解为什么新加坡的反日言论这样激烈。

而且不仅是新加坡。马来半岛的正中心有一个以产锡闻名的地方叫作怡保，那里也发生了类似的事件。实际上，我以前给岩波书店《思想》写的雾社关系的论文（具体请参照《台湾雾社蜂起事件研究与资料》，社会思想社）（参见《全集1·雾社蜂起与中国革命》）中，提到越战中的美莱村事件，作为人类来说这绝非偶然。一般的人在美莱村受到了的冲击，但是如果沿着美国通向美莱村的道路来看，就会延伸到美国对土著美国人的屠杀，以及其后在菲律宾的屠杀等。因此，这并不是日本人特有的问题，实际上，是我们作为"文明人"，要谈自己背负的历史本身所反映的问题。因此，如果我们看看今天日本内部的问题，为什么爱奴族现在只有7万人左右？冲绳的问题变成什么样了？人们会关注这些问题。

几乎所有的日本人都不知道台湾史。因此，我最初在中国法制史的大师仁井田升先生的追悼论文集《日本法与亚洲》（劲草书房），第一次发表论文，就清末台湾与日本的殖民地的对接过程及其机制，特别是下层结构（译注：经济基础）——以寄生地主制为中心进行了分析（参见《全集6·晚清期台湾的社会经济》）。

我在这篇论文所要达到的目的是，并非如一般流传的那样，不是后藤新平神通广大因而才有了其后台湾的殖民地发展。确实，后藤是一个有才干的人，但台湾的生产力阶段资本主义的萌芽若不是已十二分苞含在内部，即使有几个后藤新平也是不行的，有数据可供立证。

后藤新平的神格化、孙悟空化、猿飞佐助（译注：日本故事书里的忍者）化，我要主张从社会科学角度来看是毫无意义的。清末台湾是"木"，绝不是"竹"。后藤等殖民地官僚将这棵木接上了日本资本主义的"木"，为其后的台湾做好准备。

我在这篇论文之后，进而将我第一本评论集《与日本人的对话》中，有关台湾铁路并不是日本人进入后建成的史实予以提示。然而，我收到了来自读者的明信片。说这个姓戴的作者不像话，是在撒谎。我感到很惊讶。日本的参谋本部1895年1月出版了《台湾志》这本书。书中明确说了台湾是一个宝岛，介绍了台湾的物产如何丰富，台湾的贸易经淡水、香港与欧美市场相连，台湾的砂糖生产、红茶的出口状况、樟脑在世界市场上的占有率几乎垄断等，实际上是将认真调查的结果编辑了这本书。但可惜这位读者却全然不知。忘却虽然是一种美德，但也是很麻烦的事情。再深入谈一点的话，当时以英国为中心的毛织产业急速发展，作为其防虫剂的樟脑需求非常高，樟脑也可以成为火药的原料。生产樟脑之地，当时是台湾与日本。台湾基本上占据了整个世界市场，日本只出产一些。当时就是这样的关系。日本的明治政府，对信息非常清楚。台湾有什么路，实际上已经绘成了很精致的地图，也了解到铁路已经铺设，并且还了解到煤矿的挖掘情况，以及台湾为了采掘煤矿还引进了美国人的技师等事。台湾与大陆之间的海底电缆，在日本人进入台湾前就已经有了。因此，当时日本的近卫师团向东京打电报时，实际上是从台湾经福州，进而再经上海向日本打的电报。军部暂且不提，就说民间团体，例如肥后俱乐部于1895年6月出版了《台湾岛实业一斑》，介绍了台湾的贸易情况并提出"台湾岛已可先着手进行的事业有制茶、制糖及樟脑制造业等"的明确建议，这样的建议，无疑是在已了解台湾产业情况的基础上提出的，一定不是胡乱猜想提出的建议。

　　一般的读者好像怀疑是我撒谎，这究竟意味着什么？我想提出这个问题。坦率地讲，在一般日本人的意识深处，至今仍然存在着一种很强的意识，今天台湾是依靠了日本人的关照，才有了现在的发展。所谓殖民地统治，并不是一个可以做好事的体制。当然，说起殖民地的遗产，一定是有正负两面。而正面的东西并不是照原样即可进化发展，同时这些正面的东西并不是殖民者好意地为被殖民者留下来的。但是，可能是日本人中老好人较多，好了伤疤就忘了疼，有一种幻觉，觉得留下了非常大的殖民地遗产，这些都是正面的东西。关于遗产是正负两面之物的认识，在日本人中比较少。

那么，台湾的 1964、1965 年以后的高度成长，就全部被作为日本殖民地遗产的单纯进化结果给予了解释。我并不是说殖民地没有遗产。台湾经济战后的发展是以日本殖民地遗产为基础的解释可以被接受，是正确的，但只能成为部分理由，仅仅如此而已。即使存在这样的遗产，如果不能将其手段化，就这么原样放置也是不能成为正面的东西发挥其功能。要言之，对于支持国民党或共产党与否和这个问题没有直接关系。当然，我自身是台湾人，因此，凡是日本人做的事就统统否定，我并不是以这般狭隘的心胸来看待、思考事物的人。而是从社会科学、逻辑的思考来将其视为问题。

但是有意思的是，另一方面在印度尼西亚的荷兰人，在中南半岛的法国人，在马来半岛的英国帝国主义，都做了很残酷的事，日本人常这样说。然而，任何殖民地统治都必然存在遗产。对于其遗产需要进行正面、负面的定位。同时，这些正面遗产在从殖民地统治夺取自由之时，被殖民者们经过与之对决之后是否具有以自己的手段将其转化的主体性能力，或在当时情况下，从殖民地统治政权接受令牌的各个国家的政权、领导者层或民众的力量，是如何相互作用，是否使上述能力得以发挥，这些都决定其发展方向。没有这样的分析视角，只是存在很多殖民地遗产即日本遗产，因此现在发展得好是由此而来，是不能这样说明的。没有注意到这一点的先生相当多。这是很令人遗憾的。

我认为，从客观的侧面来看，日本的台湾统治过程中，如果没有建立极严密的户籍制度并将其保持利用，今天台湾的"国府"当局就不能实现如此的治安维持。

但是，本来建立户籍制度的日本人，目的是为了对于殖民地台湾的强力统治。将其作为研究应如何定位，研究的社会还原应以什么形式向民众传达，民众如何接受这些并升华为自己的意识，这些才是问题所在。但目前连这些最低的前提条件还未具备，这是实际情况。

逻辑、伦理、情绪的难解难分带来的弊病

任何国家的人们对于否定自己父执辈所做的诸多事情，在感情上一定有不忍之处，全面否定则需要非常大的勇气。

我对大家的希望是，对于你们的父执辈在亚洲各国所做的诸多事情，并不是完全否定那样冒昧的想法，而是在情绪性地投入及以伦理反复斟酌之前，严格地在逻辑上首先将之定位。

特别是要准备与亚洲进行交流、合作时，应就逻辑、伦理、情绪进行明确区分，尝试接近的方法是否妥当，确实是很难的事

情。但出生于亚洲风土之中的我们，一直持有不能区别三者关系的这种陋习，这种情况实在是很多，令人为难。

对于接触的对象要拥有"爱情"是对的，但是，陷入溺爱或一经挫折就转爱为恨，这种例子并不少，这就只能让人感到遗憾了。

例如，因为感谢蒋介石的"以德报怨"，就绝对拥护台湾，以往一直非常喜欢中国，但由于中国发生了"文革"那样的事情，因此就转为非常讨厌，听过一些研究者或作家有过上述的发言，使我很吃惊。

拥护或是喜欢，或是讨厌，当然是个人的自由，但中国的历史会与他们的感情好恶无关地向前发展，不断添加新的内容。我再说一个实例吧。泰国反日暴动时，一个到当地发展的企业干部说到自己的苦恼："我不抽烟也不喝酒，连酒馆都没有去过，我觉得自己没有做过坏事，为什么那么讨厌日本人呢？"对于他的真心诚意，我们不能冷笑置之。但是，应该指出，他的表达确实是一种不同层次理解方式的表现。

另外，很多人都认为泰国是亲日的，泰国人很老实，反日暴动发生前，这些是日本人的一般见解或常识。

一直在说泰国的学生不行、没有活力的人，由于泰国他侬（Thanom Kittikachorn）政权倒台而发生了180度的转弯，现在那同一个人又在说泰国的学生革命等。泰国的学生们才被他说得目瞪口呆了。

实情并非那么单纯，大家都已经很了解了。目下的形势并非革命，绝不是可以革命为名的，不知会在某时军部反击而全面陷入浑沌之中。

对于台湾也是这样，前往观光，受到各种亲切的招待。日语也能通，谁都不会提及殖民地时代日本人所做的坏事。有日本人对我说："真的很令人放心。台湾真是个好地方。真的是亲日的，真好。"历史之底流淌的绝不是这样柔情乐观的东西。虽然不好说出口，但我在心里只能说："是吗，你真是个老好人，很幸运、幸福呀。"

另外，东南亚发生反日暴动等时，立刻就会出现针对派往当地职员必须谦虚之类的修身论，必须了解亚洲人的心，理解亚洲的民族主义等等的议论。

与其以企业等对进入当地的形式与东南亚各国民众相处的结构进行逻辑性的分析，不如一下就从伦理面去说教，这也是问题所在。

说到亚洲人的心，马来西亚总理拉萨（Tun Abdul Razak）、新加坡总理李光耀的心，当然也是亚洲人之心的一部分，亚洲人民族主义的不同之处也多种多样。

更遗憾的是，东南亚的民族问题仅仅将"华侨"作为问题被意识。东南亚的建国过程中的民族问题或地域主义对立问题是更为复杂且多样、这是要面对的实际状况。

将这些不清不楚地置放着，而以"道学家"的伦理观予以对应，也难以接近这些问题，不了解这些是不行的。

伦理说教的人当然是心里很舒服的。但事实是，全靠这种伦理的接近，是不太有效的。

尝试与东南亚的交流、连带时，最低限度的必要前提是不需要暧昧的伦理口号。更重要的是对于东南亚民众所指向的历史方向表示理解，对于他们所要体现的时代精神即使不能表示共有的态度，至少应保持共感的姿态，我认为是必要的。

两三项建议

昨晚，从金泽回来后，东南亚的某先生来电话，说已经到了东京，希望见见面。这位先生是国际交流基金会邀请来日的，因此，我问了有关待遇、飞机票和日补贴等。他以前来过日本，当时有非常多的不满。但这次来，他说待遇很好而感到吃惊。日本物价涨跌很厉害，但是受到了非常优厚的待遇。说起为什么吃惊，他说，戴先生在东京可能不清楚，我教的学生讽刺说，我们开始反对日本，因此日本就给我们钱等。

当然，这位教授也不是那么希望得到日本的钱，他最为担忧的是，与日本不要再一次发生战争，或再次变成不幸的关系，应该如何防止这种情况发生，怎样做才能使东南亚方面真正理解日本，日本的人们也能理解亚洲。这是一位很努力、有善意的先生。但是，这样的人以前没有被重视，甚至还有敬而远之的情况。

正如前面所说的那样，新的情况已经出现了。

在政界、财经界现在都在努力倾听东南亚的声音，但是听了之后怎么办，当然我是不清楚。我想说的是，你们在考虑民间交流是好事，但是你们的政府以及财经界怎么想，眼前希望尝试做些什么，你们都有些敬而远之是无济于事的，我只是指出你们应该去明白情况，应该去厘清问题。

例如，前几天"中教审"提出了"关于教育、学术、文化的国际交流"的答复报告与附件"为了教育、学术、文化的国际交流振兴的具体措施"，从《朝日新闻》的版面来看，没有介绍内容，只刊登了很短的社论与委员同时也是导演的浅利庆太所写《上了文部官僚的当》的论文。这是不当的，如果说《朝日》不把一般读者当作一回事，可能也不是过分之言。如何想"中教审"可以另当别论，在今日的情况下，中教审不得不将这样的题目作为问题提出，其背景与意义应如何思考，另外，文部省的咨询机构"中教审"是如何把握国际交流的，这也是必须予以理解的。

这问题可以先暂搁一旁。因为大家都是年轻人，处于只要打一点工就可以挣出旅费的现在，请大家一定要亲身到东南亚去看看。因为百闻不如一见！日本国护照目前只是规定不能去朝鲜半岛的北部，但如果想去，只要对方不予拒绝就可以去的话，我希望大家能够试一试。

我还有一个愿望，就是请大家一定掌握亚洲的一两种语言，作为交流、对话的手段。一旦年龄大了，就记不住了，现在还来得及。正如我开头时所说的，只靠英语已经不能与民众进行对话、交流了。

现今比较而言，东南亚懂英语的只是新加坡、马来半岛、菲律宾等。可是，不知何时英语就成了唯一的媒介。但是，我非常感动的是，东南亚方面还在学习日语，要理解日本。坦率地说，即使在日本的研究者中，也有很多的人是阅读英文文献，对东南亚进行了解的，由于这种关联，最好的对应就是在日本举办会议，用日语作为工作语言。在东南亚举办时则以当地最为共通的语言作为工作语言。当然，东南亚各国有的连国语都还没有充分形成。所谓国语是好还是坏且另当别论，总之是有当地国家的共通语言尚未普及的不利条件，应该朝着这个方向前进。

我也用各种方式写东西，并与编辑诸兄谈话，但在日本全是些关于经济、政治的出版物，东南亚的文学等几乎上不了商业出版的基准。这是没有办法的事情。日本是资本主义体制，当然全以盈亏为考虑。但重要的是透过英语能够理解外国，这已经发展到很高的程度了。今后的问题是为了更深入地进行对话与交流，必须掌握东南亚或非洲即第三世界国家的语言。我的提案是：先熟悉一种，追求对话的可能性。

第三是不要太过于观念性，尽可能抓住历史的脉络，然后尽量走出去，希望经常以日本之中的亚洲之接点考虑问题。我进行各种讨论而了解到，问题并不是全在外部，而是在内部，这就是结论。包括这些，今后大家的接近，到外面去观察现实，透过各位留学生加深理解，最终联系内部问题与外部对象的问题予以把握，这是我的希望。

第四个提案是不容易做到的，恐怕包括我自己也是，人很难自外于偏见。我有一个朋友，偶然到台湾去，虽然没有对我说，但给别的朋友写了信。其中说台湾非常脏。我很吃惊。并不是因为我是台湾人，说台湾脏我就生气，可能与东南亚各国比，研究者认为台湾脏那就完了。当然，作为一般的例子都会比台湾更脏。问题是如何看待这种脏。无论再怎样"进步的"知识分子，面对亚洲时，总是会有一种难以去除的优越感，实际上这是问题所在。现实中台湾对汉字、日语都可以沟通，而且在系统上，只要去看医生就会明白，几乎与日本是一样的。连对此都存有不习惯、别扭的感受，其他就更不用说了。愈是自认为进步的人，其实愈让人担忧。

我也在口头上说要承认"他分"的世界，这是一种理念吧。我希望一步步地尽可能接近这个目标。因此，对于东南亚的人也是人这件事，头脑里虽然明白，但要在实际行动上不矛盾地表现出来是很难的。然而，认同他们与我们一样是人，与我们不同的只是，他们拥有特有文化、传统，要从这个坚定的认识开始，进行交流。

金泽的会议有一些非常有意思的事情。有两三个国家代表对于录音机表示很在意。途中，就会说拿了这个磁带的人一定要将其带到饭店，交给谁保管等。我是明白的。后来听说了各种说法，说这个磁带要是被复制，会被哪里的情报机关拿走，对这种可能性表示担忧。还有我们的发言，有人说印刷时绝对不要把名字放进去等。这还是知名的媒体人、知识分子来参加的会议，他们将东南亚的情况是多么严峻等无意中告诉给我们。可是，日本人的感觉就全然不同了。只有这样经常确认彼此的差异，相互交往，没有其他办法。不能说对方沉默就是没有问题意识。总之不要贸然做出判断。

也就是说不能以自己的感觉去判断对方。因为差异很大。在日本，大家可以到各处的书店购买《资本论》、左翼文献等，在监狱里也可以送进去左翼文献等。可是，在东南亚，ASEAN 五个国家中没有一个国家可以公开带入左翼文献。研究者也不能阅读。据说只有特殊情报机关的人员才可以阅读。这是经常会忘记的，须要注意。

说了各种批判的意见及夸口大话等，希望为了新对话的可能性，相互不断追求并相互包涵，请大家谅解。

谢谢大家！

1974 年 6 月 11 日于早稻田大学

本文原刊于《道》第 4 卷第 9 号，东京：世代群评社，1974 年 9 月，
页 45—58。

思索亚洲与日本——现在该谈什么

林彩美　译

引言

我相当幸运地就学于战后的混乱期到 1960 年安保斗争前后，东京大学的黄金期。

当时可以不拘于科系或专门，旁听各种领域的课程，是个自由奔放的探究学问场所。与同样背景或想法的人讨论很难产生新的东西，能和具不同想法、背景、民族以及传统文化的人们相遇，才有新的想法，学问才有以种种型态诞生的可能性。

研究历史，并不只是寻查现象或事态就可以。"现在"不是独立于历史之中，而是过去、现在、未来继续之中的一点而已，掌握社会现象时，必须原理的、逻辑的，并且在思想的次元去议论。

a. 纵的历史脉络

b. 横的历史共时性（各时代的各地域、国家民族间的有机关联

与其比较分析）

而且必须综合地把握 a 与 b。亦即为了正确地把握现在，必须对过去有充分的了解，正确地知道世界的动向。能正确把握现在，便连结到可预见未来。研究历史却不能预见未来的人只是历史匠，而不是历史家。

研究社会科学或人文科学而拘泥于一时的现象，好比是只看冰山一角，未看沉在水面下的部分就要判断冰山的全体样貌，这是很危险的。

根据以上的想法，留学生应注意的是，首先因离开自己的国家到他国留学，开始一定很不习惯，生活也因为心理上的困顿而没有余裕去思考其他事物，因此对留学国不抱好感而很怀念母国，这是一般的情况。这与新婚的男人怀念"妈妈味道的菜"很相似，但千万不可以对妻子强求此。然而生活一阵子之后，慢慢能够把留学国相对化之后，逐渐地也能够将自己的国家相对化。

还有，因为忙于研究自己专门的领域，只遁入专门领域也不可以。特别是第三世界在发展的过程中，最容易犯的错误是被科学技术为万能的幻想所笼络。其实需从文化人类学、历史学、经济学等各种角度进行观察，而做出综合的洞察。

此 20 世纪最后的十年是剧烈变动期。有苏联、东欧等以种种型态出现在表面的部分，也有菲律宾问题等尚未表面化的种种问题与动向。

对于剧变的认识与定位

现在，我们迎接了 20 世纪最后的十年，已进入剧变期。不仅发生极大的社会变动，我们身边的周遭环境也开始逐渐起了变化。将此变化分成小状况、中状况以及大状况来思考吧。

1 小状况（日本的内部，身边）

日本有着物质上的富有与经济上的繁荣，而没有战争的危机与征兵制的烦恼。在经济安定、无饥饿、无失业的保守状况之下，冰山沉在水面下的部分不容易被看到。

比如立教大学举办包含女学生在内，将学生送去菲律宾穷困农村从事奉献活动的团体旅行。在日本过着富裕生活的学生，从菲律宾体验贫穷的生活后，就会寻回人性的本质。

日本的年轻人，在物质经济上很享受，看似无忧无愁，但心里似乎经常抱持着不安。

2 中状况（日本的社会、家庭、国际化）

日本的社会和家庭现状，我想相对而言是好的。在日本还未有大的解体。中产阶层雄厚，村落也保持完整。美国以往得以中产阶级为核心者的相互信赖感已丧失，不相信他人的心态已变得深刻。与之相比，日本相当安定。

然而，现在日本的农村却有找不到媳妇的问题，因此就去菲律宾，把菲律宾小姐用钱带过来。这些问题超越国界，产生出围绕国际化的虚构与神话。在迎接菲律宾、韩国的新娘之时，如能承认对方的人格那也很好，但在日本古老体质的村落社会之中，被以野蛮人对待因而自杀的传闻也有。

　　相较于农村新娘的问题，对于1989年以后自中国大陆来的留学生或就学生（译注：伪装为学生的未熟练劳动者）也是值得关心的事吧。

　　日本自几年前日语学校开始急速增加，涌进来大量的外国人。这是要解除中小企业的人手不足之故，我曾经指摘这是把劳动者伪装成就学生加以接纳，等不必要时就将之驱逐出去的方便制度。

　　在西德、英国等地所抱持的问题正是这种事例。在经济成长期人手不足时，从非洲或过去的殖民地把人们移入，那些人后来定居下来，但是当经济恶化时就发生失业问题，出现英国病[1]等情况，从而招致社会不安。

　　日本的法务省以"日本是单一民族所以能维持安定"的考虑之下限制劳动者流入，相反地以留学生与高等技术者就认为没问题而接纳，而那一部分却发展成就学生问题与剥削亚洲年轻人的日语学校问题。

　　与其说是劳动省与法务省联合的问题，更暗示了日本今后的

1　英国在1966至1976年间，因经济发展停滞，而有"英国病"之戏称，此一现象迫使英国产业进行结构性的调整。

问题。

日本有关物质性的移动可说几乎百分百自由化（从第三世界进口资源加工之后，对全世界出口商品）。而现在人的移动却开始问题化了。

日本的官僚对日本与世界的关系如何保持下去有相当的研究，但是，以世界规模而完全掌握的人并不多见。

现在恐怕是政治家要有政治哲学，一般学者要有历史哲学，经营者要有经营哲学最迫切的时期，但哲学书却卖不出去，哲学的思考与接近最被大众所忽略也是现在的状况。

在大家都被金钱与外观所拨弄的社会风潮下，日本不能只因有了钱就自我陶醉，有钱也要受周遭的人祝福才有意义。

我在昭和三十年来日时，连东大的老师们都说贸易总额达到 60 亿美元就很好，但现在连台湾都已超过 1000 亿美元。

日本的领导者们在苦思经济大国日本为了生存要如何继续与世界往来，亦即被迫转换外交政策，但是这次韩国总统卢泰愚要访日时，却又发生天皇的谈话问题。

戈尔巴乔夫与卢泰愚举行了在四五年前无法想象的首脑会谈。这意味着什么？正是说明世界在往和解的方向转动，日本不能以过去的形式敷衍了事。在日美关系更加发展之中加入韩国的问题，而与韩国之间的问题，也同时是今后与东亚、东北亚、苏联的关联之下，与我们每日的生活相连动，进而产生影响。

总之，若不维持经济的大循环，日本的生产力将过大而难以负荷。所以要减低生产量，让循环变成正循环而安定下来是很不容易的。一般而言，生产经常做自我增值，有无限膨胀的倾向之故，所以演变成相当严重的状态。

在此状况之中，将来的日本国民如何去评价则另当别论，中曾根内阁作为战后 40 年的总决算而断然实行国铁的民营化等措施。此战后 40 年总结的成果，虽有其正面，其负面也会跟随而来。对其评价也应大大地做出社会学的尝试。

此总结的"成果"如何波及，今后将变成怎样，亦即以日本为中心，物资、金钱、人口的国际的流动性，今后以什么样的形式展开，特别是围绕人的移动问题，包含人权问题、民族或人种的偏见等问题。

关于人的问题是最为困难的，从而国际化不如口说那么容易，将是最为难以解决的课题。

以往在日本所说的国际化，只是美国式的想法，是美国式的生活方式之追求，亦即"美国化"而已。仅仅是这样就可以吗？这应是今后会一直被提问的。

现在大众媒体在喧嚷，"呀！东欧不得了""社会主义要崩溃了""共产主义再过不久就要不行了"之类的论调很多，但我个人其实不这么认为。也没有要与共产主义共鸣或为之辩护之意。

基本上，资本主义产生于西欧基督教文明，而对资本主义提出反命题的马克思主义正是出自同一个母胎，我以为它们只是同卵双生的双胞胎兄弟而已。

马克思主义在列宁与其弟子们的手下实行了 70 年，毛泽东做了 40 年，并在现在的状况之下迎接了新的转换期。

3 大状况（1987 年 10 月黑色星期一，美国所主导的和平 ［Pax Americana］之崩溃）

在此我要指出的其实是有关围绕此大状况（社会主义国家的激荡等）的几个特征。

第一，来谈谈可说是其预兆的 1987 年 10 月的黑色星期一。

这可说意味着资本主义方进入大调整期。

我常劝学经济学的人买股票，如果持有千股就可从中学习。日本的股票是"保持平稳"所以不会急遽下跌，与纽约市场或韩国市场的股票不同，具体的背景之中有什么呢？

1945 年 8 月 15 日，迎接第二次世界大战的终战。自那以来，有朝鲜战争、越南战争、中东战争等种种地域性战争，但终于未酿成第三次世界大战，毋宁是幸运的。亦即此 40 年之间以美、日、西德为中心的自由主义社会所制造出的总生产力变得庞大，这有必要做确认。

同时请诸位思考的是自产业革命以来约经过了 250 年。此 250 年对于人类史来说到底是什么，这恐怕可比拟过去几万年以来的惊人科学技术与生产力的展开。然而，它使生产力变得庞大，但是销路却渐渐变得狭小，结果的一部分就出现日、美间的贸易摩擦，日、美的结构摩擦也是相同的道理。

回顾 1970 年尼克松总统时代基辛格被派遣到北京，开始秘密外交，大多数的日本学者和评论家都仅以国际政治关系上的动向去掌握而已。要之，美国无法单独对抗苏联，所以要利用中国这张牌与之对抗，大部分的情况可以这种形式说明。

然而，那只是把握了某一面而已，最重要的事是，我以为美国在经济上失去了过去作为世界宪兵的行动实力，这关联到美元危机的问题，因此，不仅是表面上的政治问题，而是日美两国如何使用广大的中国市场，亦即能否将之作为日美两国生产力的宣泄口，这样综合地掌握应比较妥当。此后，又有邓小平的复职而打出改革与开放路线。

我们要研究社会科学的时候，以形式逻辑，只看事物的一面是不妥当的，政治与经济是一体的两面，将之切开，是看不清楚全貌的。

这样想的话，世界体系的调整即是从资本主义方来说，是以后美国为中心的和平秩序，要之，可说以美国为中心的和平秩序解体，已开始摸索此后的新秩序。

第三世界也进入新的阶段。美国介入越战是一种对于民族解放运动加上社会革命的外部干涉，大家皆批判美国的帝国主义。

朝鲜战争的结果也依旧以 38 度线保持双方平衡而终了，此后韩国的经济发展又另当别论，但在越南，美国已完全被排除了。

相对于此，苏联又何其愚蠢在阿富汗做了同样的事情。

包含对阿富汗的侵攻，越南侵攻柬埔寨是革命的输出。然而革命只能自己搞，输出也只是一时，就是成功也不能持久，何况革命之后还有治国的难题等待着。

这件事很多人没注意到，或是轻视它，总之为一时的成功而飘飘然是职业革命家所多见的。作为反省的型态来说，似乎可以思考戈尔巴乔夫的"改革"（perestroika）当然是更复杂吧。一言以蔽之，新的问题是什么，是美苏相互都不能打仗了。

所以第三次大战不能打了，在此对回避核战有了共识。以往以互相拥有核武，而以核武的抑止力来保持和平，今后要停止此愚蠢的竞争。苏联若把花费在军事上的预算转用于民生，在财政经济面我想就会有所改善。

世界体系的大调整与亚洲

我的友人去了意大利后回来说，意大利也因切尔诺贝利核能电厂事故（1986年）的影响，买蔬菜要选择产地。这种公害的问题，已经不限于一国了。

日本、中国、韩国都有可能发生，如果是如此大家要怎么办，除了坐下来谈之外没有别的法子了。为了生存下去，只有讨论协商，摸索出共生的构图之外无他。

接着是人口暴增。这个问题也不单只是个别国家的问题，因为这些问题的发生，而终于有"地球为一体""我们每个人都是地球村的一员"的认识。

我想这些问题是使一连串的新的认识变成可能，造成缓和时局的外在要因。

因外在条件形成所以美苏的新关系有了急速的展开。而从内部支撑的是，苏联在这70年之间，虽有曲折但还是培育了知识阶层，虽有斯大林的肃清，但在另一面也产生沙卡洛夫存在的事实，是有必要确认的。而且，沙卡洛夫也不止一个。

沙卡洛夫曾经被处流刑，但戈尔巴乔夫赞扬他为"不畏惧权力，是我们兼备知性的伟大代表者"，苏联起了非常大的改变。

支撑沙卡洛夫的苏联的知性也支撑戈尔巴乔夫的改革，并在持续推进。只是戈尔巴乔夫今后是否能平稳安泰还不知道。不过总生产力非常快速地在展开，以世界规模在促成信息化社会。

像中国那样信息不大流通的地方，改革与开放如此进展的话，以各种形式对此"自由、平等、人权"的普遍价值觉醒的政治意识，首先会渗透到学生与知识分子之间。

只是在中国人口 11 亿（1990 年时）之中有 8 成留在农村，8 成人之中有 2 亿 5000 万人不识字（中国政府权威数据）。相反地这也意味着中国要从泥淖中爬出来的困难。

在此状况之中，美、苏以为不能互信，但因抱持着共通的核公害问题、人口问题等，在以"地球为一体"的想法之下，确立相互信赖之紧急课题浮上台面。猜疑心变淡、信赖感增进将是个好征兆。但遗憾的是，围绕亚洲、第三世界的问题在去除冷战、霸权、独裁、饥饿的课题之后依然残留着，并未解决。

在此状况之下，欧洲为了要在 1992 年建立 EC（欧洲共同体，European Community）而在努力。

另一方面，我们的亚洲环太平洋圈构想，是否能伴随其内容顺利展开呢？

亚洲共同之家有可能吗

首先在 20 世纪 70 年代末期，故大平前首相在当外相时，已经提出包括日本与亚洲新兴工业化经济体（Asia NIEs）和东南亚国家联盟（ASEAN）的环太平洋圈构想。

接着我要追求的是，东北亚共同体的展开是否有其可能。亦即朝鲜半岛能和平统一，日本、海峡两岸暨香港、澳门的问题亦设法和平地解决，而以东北亚一带作为火车头，把亚洲其他地方拖拉上来的构想不知是否可行。

第三是从资本主义与共产主义的两个体制中，如何找出以人类自立与共生为目标的新体制。这个并不是阶级史观而毋宁是基于文明史观，相互认同其独自的存在，我想继续追问，摸索自立与共生的构图是否有可能。

这样一来，以文明史观思考亚洲的时候，儒教文明的说法或许是可能性之一。

只是，联想到以"中国"与"中华"的中文表现并不妥当，也不充分。但是客观地来看，以黄河文明为基础的儒教文明，还是不要想成只是中国文明比较好。黄河文明对朝鲜半岛、中南半岛特别是越南的影响，以及对日本列岛文明的影响等总括起来掌握，应该就能看得更清楚吧。

毕竟中国大陆是可匹敌欧洲全土的广大之地，以往将此以一个"国家"来把握，不能不说是将其"矮小化"了。

而现在，相反地要回归本位的运动正重新启动着。

所以卢泰愚总统要去访问中国，此事与以往金日成向中国要求援助是不同形式，可说相反地是从韩国方将球"投回去"的运动，应可以这样掌握。台湾与中国大陆的关系是否也可以此动向、以此类型来进行？

又日本对中国的关系是，自遣唐使以来持续到江户末期关系的"回报"，如能提升到应有的层次就很好，不知是否可想作是描绘从周边向"黄河文明"将球"投回去"运动的新构图。

还有印度文明的影响，不是指印度民族主义，而是印度教或佛教。还有伊斯兰教也可一并考虑。

以伊斯兰教来说，不知能否从亚洲这个形式，或围绕应有的国家关系之理论框架为基础来挑战，尝试摸索，一边寻找出共通项目，以新型态超越国家框架的形式，大家来思考生存作战。这始终存在于我的基本想法中。

为什么会这么想，总之应是终于发觉近代工业文明存在着局限之故。

对近代工业文明的局限与危机的认识

资本主义等是正在迎接近代工业文明的局限。在约 250 年之间极为快速地发展科学技术的同时，也狠狠地破坏了自然，然而此破坏还持续着。

人与人之间关系的崩解，能源、资源大量自私地浪费，这是对我们后代子孙共通的罪业。

美国将自己的石油资源存留下来，转而向中东购买石油；日本为了保护自己的国有林而去砍伐婆罗洲的树，目前短期间还可行。但亚洲的木材在东京变成卫生纸、卫生筷自此消失无踪，这只是自然破坏的一例。50 年之后这破坏的结果也会波及日本，对此我们必须有所察觉。

能源、资源的枯竭已不是一国的问题。企业体只在追求己身企业的利益为优先，只为维持企业的存续而行动。

我们应对亚洲全体、世界全体、地球全体的共同命运多加思考，不这么做不行。

人口的暴增也是同样的道理。"穷人多子"是古今中外的通例。

我在某处做了有关演讲，或许有很多从中国大陆来的学生不能赞成我的说法。中国的问题是什么？8 亿人在农村，才刚刚达到粮食够吃的程度之下，能够谈什么自由、人权，"到底自由、人权一公斤值多少？"，这样被反问的状态必然还持续着。

日本在 1945 年 8 月 15 日以前有自由、人权吗？当然没有！明治维新以后，以资本主义的生产方式拼命进行富国强兵仅限于一部分人，只有这些人拥有自由和人权而已。史实是在二次大战终结前，日本女性连投考东京帝国大学的资格与投票权都没有。

美国有自由女神，但自由女神对于美国土著即所谓的印地安人，以及非洲裔美国人的黑人来说，是想对之吐痰的"混蛋"一般的存在，是一种虚构。对于印地安人来说，那是掠夺了自己土地的家伙们作为"图腾"的装饰品，是"与咱们无关"的东西，这是历史的事实。

遗憾的是，北京的学生们举出"自由女神"作为象征。我同情他们，但是同情之前，应了解明白此事件背后的结构。例如，人口的暴增问题，在中国为何增加了那么多的人口，主要是因为贫穷。因贫穷所以生很多小孩，培养其成为劳动力，可获得更多分配，作为年老后的保险因而寄托于"多子多福"。若是生活富裕就不必生那么多孩子。

然而现在实行"一胎化政策"。我认为这是纸上谈兵，农民很难去听从吧。理念与生活感觉的落差很大，虽然想使它能由正面循环上轨道，但只能空着急，一般老百姓不容易跟上来。近代化是要付出代价与时间，不是举出自由女神，自由、平等与人权就自然从天上掉下来的。

这20世纪的最后十年，我们到底有没有明天呢？

在此我想提出的问题是，以往总是以一国为中心的世界史在看事物，但今后只拘泥于一国去看事物是行不通的。

从第三世界、亚洲来的各位，当然还拘泥于民族主义吧。那是长久以来被殖民地统治之故，期望恢复自己民族的尊严，存留着要拥有自己国家的渴望。

然而，世界性规模的快速变化，特别是亚洲的活力，已不是以过去的世界史看事物就足以应付，而是要以将地球·人类共同体这共通的课题一起编入的规模来思考事物，大概将来的五年、十年会明确地浮上台面。

作为亚洲的问题我常在思考"近代化"。近代化有各种概念，在此姑且只以工业化作为问题来谈。虽然有着种种陷阱与局限，但从农业到工业可说是一个顺序。

亚洲的情况，可以设想有三个类型的近代化过程事例：

第一是日本所表现的"正好搭上便车的近代化"。因明治维新而企图脱亚入欧型的近代化，而从亚洲文明圈转移到西欧文明圈。在第二次世界大战挫折后，从和平宪法之中，达成今日规模的经济发展。第二是印度的殖民地化。印度的结局是屈服于欧洲近代而沦为殖民地。在此情况中，甘地（Mohandas K. Gandhi）与尼赫鲁（Jawaharlal Nehru）等发起独立运动等种种抵抗运动，但现在犹处于纷乱状态。第三是中国的半殖民地化。中国因为太大，其中有着各种理由使单一帝国无法吞并中国的全部，所以连殖民地都当不了。在半殖民地状态下，内发性的以近代化为目的相继搞革命。

拥有这些类型的亚洲各国和地区，其战后的状况又可分成下面三大类别：

第一个是走资本主义之路，几乎是自然成长移行至近代化的形式。这在亚洲几乎是不被允许，也没来得及。但是，走了这种近代化程序的国家日本虽导入资本主义的生产模式，但应有的市民社会的成熟却很不容易。从而除了极少数的人之外，在市民社会中是没有自由与平等的。第二个是走社会主义之路的近代化（中国或朝鲜、越南所走的路），这是有平等但没有自由。第三个是军事独裁，这以印度尼西亚为首有各种类型。台湾地区、韩国在某种意义也属于此，在此连自由、平等都没有。有开发独裁成功，终于开始走民主化程序的例子，以及如菲律宾的独裁虽垮台，但军事的黑影仍缠绕着不离开。印度尼西亚可说还处在军事的开发独裁之下。

围绕以上三个过程的选择，亚洲·第三世界是这样痛苦过来的。终于现在借由外在条件的变化，亚洲、日本、美国以种种形式一起摸索今后如何走下去的国际环境，而开始进行整备。利用这个机会，我们今天聚集于此。请各位日本人与留学生，从现在一起合作思考如何建立新亚洲的未来形象。让我们为此目标相辅相成共勉之。

　　近代化是需要付出代价与时间，谁来付代价是个问题。今后最理想的方式是，作为地球村的一员各自付出，近代化的果实也让作为地球村的成员共同分享的结构是最好的，我描绘着这样的梦。

　　美国的情况是，黑人与美国印地安人为此付出代价。而日本近代化由台湾、朝鲜半岛与伪满洲各为之付出了一部分。同时在日本内部，未解放部落、爱奴族、琉球的人们以及东北贫穷的农民也付出代价。

　　"光是高举自由女神，自由、平等、人权以及近代化是不会像梦一般从天上降下来的。"我将这句话作为今天最后的结语。

本文原收录于《アジア 21 フォーラム' 90 報告書：日本・アジア・世界　過去・現在・未来を共に語る》（非卖品），东京：财团法人アジア 21 世紀奨学財団，1991 年 12 月 20 日，页 5—11。系演讲记录文，演讲日期为 1990 年 6 月 16 日。原题《アジアと日本——今、何を語るべきか》。

第二编

日本与中国台湾

日本统治与台湾知识人

——某副教授之死与再出发的苦恼

林彩美　译

某副教授之死与"山涧的世代"

听到某副教授过世的传闻已有相当长一段时间了。我懒惰也未加确认，就这样过去了，直到最近有熟人的父亲来日本，才得以证实他已因哮喘及并发症而过世。用"某"称呼并没有特别的理由，只因为这不仅止于他个人的问题，想将其作为一个共同的问题进行论述而已。

逛旧书店有时会有意想不到的收获。其一是那不善于言辞，不是看黑板、地板，就是看讲桌，绝不正视学生的脸上课的某副教授，意外地竟然留下许多优秀的研究成果。论文形式虽然是共同具名发表，但从其性质看，他是担任共同研究的核心，这一点大致上是不会错的。

曾留下杰出且十分有趣的研究成果的他，不知为何光复后应聘为大学副教授，还曾兼任图书馆馆长，但之后却没有留下什么称得上成果的东西。在我所知的范围内，或许应该说，几乎没有做出什么来。

他因有哮喘的宿疾，体弱多病也是事实；但这不能当作不做研究的主要原因。问题相当复杂，除了个人的主体条件之外，如果不把他所处的客观条件也加进来综合考虑，是不能理解的。如一般所说的台湾社会贫穷所以不重视学问，或是由于政治的贫困所衍生的问题等诸多理由，在此就不再举出。

我想就主体的条件，而且是特别限定在拥有被殖民统治经验的知识分子相关问题上论述。

因非常笼统的区分而不免有些在意，在台湾被殖民地化的过程中，受大日本帝国的"近代技术"与军国主义的威势侵蚀最严重的世代，姑且以 1915 年（武装抗日运动最后的大规模起义，西来庵事件发生当年）当时未满 15 岁者（1964 年现在 64 岁）为上限、1945 年光复当时满 15 岁者（1964 年现在 34 岁）为下限，作为一个世代来看（在目前没有充裕的时间展开详细的世代论，所以对个人的特殊案例或由于出身阶级，以及因阶层而生的个人差异姑且舍弃）。

属于此世代的人中，越靠近上限的，对过去的传统与历史就愈清楚，对自己的语言（包含思考方式）也愈精通。因此对所属传统与历史的恢复就比较容易，对歌仔戏"噪杂"的伴奏也不以为苦。反之，越接近下限者遭受殖民统治的伤痕还不深，因此可以认为，他们也居于比较容易从被迫与自己的历史与传统的断绝中恢复的条件之下。

　　而处于这一世代两极之外的中间分子，问题最多，我把这一世代称之为"山涧的世代"。1964 年现在 30 岁后半至 50 岁后半的人属于此世代。

　　属于"山涧的世代"上半部分的先辈，以日本方式讲就是体验过大正民主主义的人。此体验也使他们的近代被害者意识＝资产阶级的权利被自觉或自己自觉。但那也只是瞬间之存在，随即以昭和恐慌为转机而被切断。自九一八以来，以急速展开的日本帝国主义对中国的侵攻为契机，"山涧的世代"消极或积极地转身或被迫转身为其协助者（不管本人是否愿意），分别被编入最初是伪满洲国，然后是冀东政府，以及后来的汪精卫伪政权之内。进入太平洋战争之后，也被动员成为侵略南洋的"人的资源"附属品的一部分。台湾人"支那浪人"、军属、志愿兵、宪兵队的翻译、军用物资的筹办商人，再稍微下面的世代则以海军工员送到日本内地，充当军需产业的劳动者。这些加害者阶层——尽管在相当大层面是带着"负面"的东西——却从在台湾受到的侮辱、歧视中部分地得到解放，如今在中国大陆、南洋成为日本帝国的二等臣民，狐假虎威，对当地人加以歧视与侮辱。只有少数对历史具有特别洞察力的人，跑去重庆、延安，或在其指挥下从事抗日运动。

　　现在仅凭记忆将其著名者列举出来，也有下面这些人。

　　与伪满洲国有关系者，有谢介石与彭华英。谢介石与张勋之子在明治大学时代有深交，谢经历甚多而当上伪满洲国"外交部长"及"驻日大使"。彭华英先是活跃于启发会、新民会、《台湾青年》

杂志以及在台湾民众党等组织从事抗日运动，后来就任伪满洲电信电话公司的社长秘书，并且曾任职于汪精卫伪政权北京方面要职。

在汪精卫伪政权中知名者有成为该政权军中将、台南出身的黄甚兴（渭南），与逃出重庆、曾是汪伪政权的导演影佐（祯昭）大佐在陆士（译注：陆军士官学校）的同窗、在李士群死后担任新成立的政治部（原称调查统计部）第一代部长的黄自强（奇敏）等。

文化人之中对日本当局最为合作的，是 20 世纪 20 年代积极地从北京向台湾注入五四新文化运动精神的才子张我军。他不但留在日本占领下的北京大学任文学院教授，还以华北代表的身份出席第一届与第二届大东亚文学者大会。

同样是作为文学院教授留任的张的友人洪炎秋（1964 年为台湾大学教授、《国语日报》社长），则是受命于"国府"当局担任"北京大学农学院留平（北平）财产保管委员"，亦即当"国府"的监督而留任。再也不会有比两个朋友在历史上的个人选择会出现如此大的差距，这一点是能留给我们自戒的事例吧。我对两者大部分的论著都有同感，故感受更深。

从台中一中进入（东亚）同文书院，后来又任同一学院教授的彭盛木（阿木），可说是遭遇了远甚于张氏的历史悲剧。彭也是极为学究之人，除在《支那研究》杂志上发表《关于客家研究》等诸多好论文之外，据我所知还著有一本《支那经济记事解说》。据台湾文艺社社长吴浊流说，他在汪精卫伪政权成立后当过该政权财政部参事，同时兼任周佛海的翻译。另一方面据说又送情报给重庆（少将待遇），后来因事情曝光而投狱，遭日本军毒杀（参照吴浊流著《无花果》[1]，《中国》1969 年 6 月号，页 58—59）。出身客家的悲剧主角还有一人，名叫陈觉生，东（京帝国）大（学）出身，据说曾是北宁路局长宋哲元的对日联络者，居于当时能以电话直接与杉山陆相通话的地位。虽然因此受到杉山陆相进行对华特工活动的依赖，但他已经接受龚德柏的介绍，与有名的"国际问题研究所"主任王芃生联络上，在为重庆工作。据说后来也是因为曝光而被谋杀（参照龚德柏，《龚德柏回忆录》上册，页 134—135）。

国际问题研究所是抗日战争期间，直辖重庆曾家岩的军事委员会的对日情报搜集、调查、研究机构，仅因该所为对日工作机构，所以台湾人云集于此。比较有名的人物有秘书长谢南光（春木），还有两广特派员李万居。林啸鲲、连震东、许显耀等据说也是其成员。

虽然和国际问题研究所是否有直接关系还未查出来，但在同一时期重庆有《战时日本》杂志发行。总编辑是后来在二二八事件中"横死"的宋斐如（文端，教育处副处长）；除此之外，在 16 名编辑委员中，据我所知确实为台湾人者有李万居、李纯青、谢南光、谢东闵 4 人。

在重庆这边的文化人暂且不说，有官职的有丘念台、在日内瓦协助国际联盟的顾维钧（按：顾氏并非台湾人）、在关于"满洲问题"的控诉上大显身手的游弥坚、"外交部"的黄朝琴等。作为军人知名者的有曾为第三十五集团军副总司令、陆军中将而后病死

---

1 《無花果》后来收入《夜明け前の台湾》，由社会思想社出版。

的新竹出身者邹洪。邹与陈诚是保定军官学校第八期的同学，在北伐战争中为共同斗争的关系。他也是跳进辛亥革命、北伐与祖国革命之熔炉，在中国革命的达成之中追求台湾解放的诸多台湾青年之一。

去延安的台湾青年中，以埃德加·斯诺（Edgar Snow）在《中共杂记》里以"某台湾人"介绍的蔡乾（孝乾）最著名（未来社版，页 170—171）。

人名的列举就止于此。前辈们思想和行动的分类，以及详细的分析也留待别的机会，让我们重新回到先前的话题吧。

如果说以"先知先觉"、自己跃上大陆舞台的还算好，"不知不觉"地留在台湾的一群的故事就更辛酸了。至今还不能忘怀日本帝国主义的荣光并以此自负的堂兄，所属的海南岛派遣军军属所干的一连串暴行事实，将同人种者以"蕃刀"极尽砍杀而受表扬的高砂义勇队等，是被害者之同时，也是无意识的加害者，应是最为悲剧的主角吧。高砂族的"勇士"至今还被催眠着，最恶毒的是那些实行催眠的元凶，以及与他们站在同一阵营且至今犹奏挽歌的人，他们直到现在还毫无反省，真是令人悲哀（请仔细地阅读《全读物》1963 年 8 月号所载《高砂义勇军始末记》）。

有良知的个人虽然与侵略者或殖民主义者站在同一阵营，但拥有善意者还是占多数的，对这一点我不吝予以认同。但是个人的微小善意到底是无力的（请看《人间的条件》中的梶〔译注：作者五味纯平据亲身战争体验所写成的巨篇战争文学，梶是主角，以一己之力抗争巨大的侵华机构〕）。被侵略者、被殖民统治者那稀稀落落的个人良心，小小的抵抗在大狂暴的历史罪恶行径之漩涡中是同样的无力，这也是我们所熟知的。我们那胆小慎重、有良心的某副教授，正是前记"山涧的世代"所属人物之一。

台湾知识分子的悲剧

他的确是殖民地出身的精英之一，但作为"不够格者"——殖民地主义者经常将除了可作为例外的招牌、有利用价值的某一小部分之外的大多数被统治者精英，以无资格者或不够格者这个好像很有道理的虚伪理由将之排除——从大学的教室里被赶出去。他好不容易在统治机构的末端街役场（镇公所）得到生产助理之职，担任台湾总督府经济动员体制的小配角。他虽被排除，也只能甘为总督府统治的使徒。

光复的一大转机，给这些曾经不够格的精英带来很大的希望。不幸的是，我们的前辈为夺回失去的权利和被排除的职位而忙碌，至今未曾拥有过将光复的意义、伴随光复而来的自我定位放在当时的政治诸状况下，从多方面进行反省的主体性想法。想把日本殖民地统治的果实（那是殖民主义者不得不放下的东西，而且其泉源到底只能求之于台湾的勤劳大众，那也是他们血汗的结晶）据为己有而激烈地活动，幻想着只要取到那果实或搭上便车，那么台湾的"近代化"就可达成了。直到现在，信奉这种似是而非的近代化路线的"好人"还是络绎不绝。这些人物不只在台湾，也可见于亚洲各地，从此来看，是否可说是被殖民统治地知识分子的一般通性呢？甚感遗憾。

要自觉到在50年这绝不算短的苦痛日子里，被殖民统治的过程中自己的灵魂已被催眠，要自己唤醒自己的灵魂，作为创造历史的一个主体，应该有必要责问自己的心灵深处，如何作为知识分子去参与策划光复后自己的文化、社会，以及因战争而疲乏的故乡山河之新建设。

随着第二次世界大战终结而来的价值大转换，依各国面临的不同情势，不免有微妙的差异，而且这种差异在程度上还很大。围绕着台湾的价值大转换也在不知不觉中呈现出极其复杂的情况。围绕着我们的价值体系，可大致区分为殖民者的统治价值和带有其痕迹的被统治者的价值，以及在大陆重庆、延安、东北三省（旧满洲）、旅大（旧关东州）、蒙古、南京等不同价值分裂、错综复杂的状态出现在我们的眼前。虽然还只能说是一些很模糊的东西，但已经在那些因战争"结束"而放下心来、极其疲惫地喘气的人们脑际里萦回着。

在当时居统治地位的价值者，不必赘言是重庆（潜在力当然也存在其他的地方）方面。在终战、接收、内战持续发生的过程中，这些分裂的价值急速地往单纯化的方向移动。与我们台湾出身者有关系的部分，也以拿手的马马虎虎，像一窝蜂地奔向"惨胜"之蜜的饥饿秃鹰般，在激烈的抗争下各自忙于抢夺食饵。曾经抵抗过台湾总督府的民族资产阶级也不甘落后，寄身于"大公企业"等，为追求接收的残渣而忙于角逐。对我们而言，"殖民统治到底是什么"这样的问题没有一个"傻瓜"会去问。怕抓汉奸而发抖的买办们，也在弄清楚台湾人是被"割让"的弃民之特殊情况，不会受到追究之后，终于松了一口气。在"皇民化"运动中曾经带头挥旗的御用绅士，在御用文学中神魂颠倒的一伙，也都是只求不要有人去碰触其旧伤口。他们想忘却那噩梦般的日子，什么学问或思想，见他的鬼去吧。曾因在台湾寺庙的"升天"过程中——在战争末期作为"皇民化"运动的一环，台湾总督府曾企图废止台湾人的寺与庙，称之为升天——协助过总督府或郡守，很快地躲到东部藏起来当和尚的曾某，或窜逃到乡下之后再到中部中学当教师而藏身的黄某，或许可以说算是不错的了。

在台湾的价值移行过程中，既然是回归祖国，当然就不可能自外于中国大陆的漩涡之中。但是由于长期遭受殖民统治和以台湾海峡为分界的大陆与台湾地理上的非连续性，使得被日本帝国强制与中国大陆的切断政策更加产生相乘的效果。因此在过去的局面里，与所谓中国的国民国家形成的"近代"志向，不得不出现相当程度的断绝。在现在的局面里，价值转换之前的价值移行（或是回归）过程变得更加复杂。过去是外力强加的分裂，现在甚至已有自己搭上去的情形存在。

这个分裂至少在现象上没有体现出阶级的两极分化，而是像在"村子"里发生村里人与外来人的对立一般表现出来，呈现出一种颇令人费解的样子。台湾出身的精英中大多数在光复当初，曾经以为我们自己所拥有被殖民地统治的价值体系，是与大陆其他各省的价值体系同质的东西。不，对于两者是不同性质的这种自觉，我们的前辈从一开始就没有具备知觉的从容与主体性，这才是真实的情形。

重庆派及其周边的人与其说是从"惨胜"之中重建国家，还不如说是为确保自己的地盘与"日产"（日本人所遗留的财产）而忙碌。在另一种意义上，本地台湾人的上层阶级所具有的价值标准，应该是与自己的价值标准同质的，当初他们对这一点曾有所期待。后来则是透过由上而来、由外而来的强要。据说时间虽然比较短，但与台湾同样曾被殖民地化、有着被重庆派骂为"亡国奴"痛苦经验的东北三省出身者，程度上虽然有些差异，但与台湾省出身者在相当的层面上拥有共同的感受。

原因虽多，但可以被认为是主因之一的，是中国全体未在同一时期被同一国家殖民地化，因此以"八一五"为转机再出发的出发在线，不能以同一步调与同一感觉来进行的这一点是我要指出的。未尝过殖民地统治苦头，也可说仅经历过半殖民地体验的人，不必被丑诋为"亡国奴"的官员，抱着解放者的优越感，并且为追寻"惨胜"之蜜而出现时，当然不可能有充裕的关怀、同情等多愁善感的时间。他们昂首挺胸带着几分逞强，但毫不客气地将自己肯定的前近代统治价值，原封不动地、赤裸裸地自上覆盖下来，强加于人。

从相反角度可来验证这一点的是朝鲜人的例子。意识形态的分裂暂且不说，他们是站在同一出发在线，以共同的感觉体验到再出发的痛苦——换句话说是朝鲜人的知识分子体验过为了再出发而进行的与殖民者价值的对决——以全部领土、整个国家同时被殖民地化的不幸作为代价。这种大众性的表现从"广泛地拒绝使用日语"，还有在日朝鲜人研究者多数是从事历史的研究，以及许多作家站在抵抗文学的连续在线，继续写出优秀的作品，这些都可看出。

相较于朝鲜人，我们这一边、我们可怜的山涧世代前辈到底又做了些什么呢？写些大致与对决无关的投机文学，一旦遇到挫折便毫不羞愧地以自称犹太人来逃避。就是经济学方面也是如此，以我们自己的立场出发，阐述伴随殖民地化的台湾经济变迁过程的论文几乎没有。目前有的只是与外国人联名留下，诸如儿玉总督和后藤新平是怎样的好搭档，又是如何在热情和科学的驱使之下，把台湾如何地近代化，台湾被开发、被近代化万万岁之类的献媚之作而已。在原始积累阶段的抗日游击队上万之牺牲者，或围绕着土地的收夺兼并之本地资本家、地主阶层，以及农民与台湾总督府、日本资本主义之间的关联，好像一点都不成为问题似的。结果是把矢内原忠雄的《日本帝国主义下之台湾》奉为圣经，放弃自己作为研究者的特权——以自己的头脑思考、创造的智慧创作者的特权，不知旧帝大出身的过去荣光仅仅只是虚像而对其紧追不舍，引以为豪。

对矢内原博士的为人禀性，我没有在背后指责的意思。反倒是在那疯狂的时节他的顽强抗争是难能可贵的，我对他抱持敬畏之念。如果说矢内原氏的研究与一般的殖民政策讲座担任者或殖民主义者所做的殖民地研究是同构型的东西，当然我没有这样的想法。然而不管如何，以不谈"价值"的术语来处理，矢内原氏是和加害者、统治民族属于同一阵营的帝国大学教授这点，是不能否定的。

既有上述的局限、又承认学问局限的话,《日本帝国主义下之台湾》已纯粹地、客观地把历史的所有局限都扬弃的研究成果,这应是很难认同的。将其圣经化一事是对矢内原氏的侮辱,是最能显示我们自愿当奴隶之证据。自欠缺对决态度的奴隶想法而来的,当然是坐享其成的想法。即对于那不忌惮地向大谷律子说"过去,日本时代;今天,大陆时代;未来,说不定是美国时代"(大谷律子,《台湾记》,请参照《亚洲社会研究会会报》第13号)的奴隶根性全暴露的老丑之态,也没有什么可悲哀的了。

　　我在这里无意断言诸位前辈完全没有对决的态度,也许曾经尝试过。可看作因围绕台湾的变化过于急遽,而错过对决的时机。但是不能一直用"或许这样……"的漂亮话就完事的。光复已过19年,从现在开始也不迟。为了行使我们主宰自己命运的这种当然的义务与权力,比山涧的世代稍晚的我们,来给自己赋予质询日本殖民地化的意义之任务吧。

　　把忘却当美德的人,可能会以"现在还在……"将我们的提案整理掉;或者逃避现实,以喜好回忆而付诸一笑也未可知。这两者都不对。我对揭疮疤毫无兴趣。何况殖民统治的历史罪恶不是在统治国的"人",归根究底是在殖民地统治体制的制度上。再者,殖民主义的牺牲者不只是被殖民者,与殖民者在同一阵营的大部分人也被迫牺牲,这才是真实的,为了慎重起见,特别在此提起这点(参照安藤彦太郎,《检证日本的"原罪"》,《图书新闻》,1964年1月1日号)。

　　我的意图只是要我们承认自身因被殖民所受的伤痕,要以自己的意志、站在自己的立场上整理这些东西，把可继承的遗产手段化，以此为"杠杆"尝试着做再出发的思考而已。

建议——日本"原罪"的检证

我们的副教授痛苦极了。并非是在讲义的内容上，而是在其表现的手段上受挫。本来应该是最能够得到台湾人学生同情，他们却反而将其看成最无能且分数最苛的顽固者而和其相背离。他在对我们的论文进行理论上的指导之前，就已被中文难倒，过分拘泥于字面的修改。不要说是北京话，就连他自己的母语闽南话也不能完全地运用自如。

由于日本的所谓"近代"教育，的确降低了我们的文盲率。然而我们却付出了远远超过于此"恩惠"的代价：被强制着过这种具有二元性的语言生活。这与某国的精英基于自己的意志学习外国语，以学得的外国语作为手段来使用，在意义上是完全不同的。从外面把日语强加给我们，将我们的母语从所有社会生活中排除，以培育"皇民"为目的而创出"国语家庭"的努力，像是语言也有优劣似的，我们的语言受到了殖民者蔑视。我们汉民族出身的台湾人，幸亏有汉文化作为抵抗的手段，还可在殖民地的状况下利用最低的机会"二元性"将其在家庭生活中勉强保持。但是既不会写也不会读，根本没有文字的高山族，连这个最底限的机会也无法确保，他们的口传文化在统治末期已大体上面临溃灭状态。

殖民者企图以语言政策把我们从自己的历史与文化断绝。我们少数的前辈培养自己的语言，努力地将之与自己的过去连结起来。随着中日战争的爆发，"国语家庭"的创出与特别配给制度的实施——在台湾推行"皇民化"运动的过程中，将家庭内老幼都使用"国语"（日语）的家庭指定为"国语家庭"，用特别配给肉、砂糖等作为物质上的激励，在政府所有的窗口都使用日语的政策，迫使我们的汉文作家退步。不止于此，还侵蚀我们的语言，最终连我们的思考也被诱导陷入殖民者的圈套之中。从日本人亦即殖民者蔑视我们"母语"的状况开始，到现在终于从我们自身之中创造出积极接纳这种蔑视的买办阶级与阶层。日语已不单单是手段，而变成我们价值的一部分，变成自己颓废的媒介。

一般人能够掌握学问或语言的机会，一生之中并没有几次，特别是语言的学习更是如此。光复当初，我们山涧世代的前辈差不多都已过了适合学习语言的年龄。会话还马马虎虎可应付过去，如果到了读或写文章，更需要以自己的语言进行深入思考的时候，就会陷入非常艰难凄惨的状态，这是不难想象的，实际状况也正是如此。

在台湾的语言问题——特别是随之而来的思考方式——如前所述，与中国的近代化意向有部分的断绝。又在近代的统一国家成立以前——当然标准语也未制定，其普及也没能来得及当成课题排上日程——已被日本分割占据，台湾海峡自然的不连续性，加上人为的强权隔离政策等的结果，使得回归祖国的同时，台湾便客观地被强加上语言生活的三元性了。

属于山涧世代的前辈，在当时与现在都是社会中坚以上的年龄集团（是否位居社会中坚则是另外的问题）。本来真正尝试着承担自己命运的话，应该努力学习自己母国语的。但是价值转移的胶着与语言学习的困难，令某副教授只能凝视黑板，妨碍他去正视学生的面孔，有自信地讲课。悲剧非仅他一人。20世纪50年代由于国民党当局的征兵而被召集起来的台湾出身的新兵，送别时常唱："代天征讨不义……"（译注：日本军歌）。又选举运动时播放《军舰进行曲》（译注：日本海军军歌），日本军歌在酒家的泛滥，其他很多日本"俗文化"的痕迹，使有良知的人感到心痛。

部分能克服语言三元性的前辈我也不是不知道，但是完全能够战胜则恐怕还是要等下一代吧。

我早就有这种想法：殖民地统治的最大罪恶不是经济基础的破坏或物质的掠夺，而在于人性的破坏。语言上的三重生活，被剥夺了母语，自堕于奴隶的思考等，殖民地统治的罪恶之深，人们应该深深地知晓。

我想，如果只作为传达意志手段的语言机能成为问题，那还是单纯的。问题的复杂性在于透过语言的悲剧含有价值的部分，变成如前述所谓价值转移的胶着状态的一个原因。就是现在这个时候，依然存在着把使用日语看成遗毒与不这样认为的人们之间的隔阂（参照《消除遗毒》，《征信新闻报》，1964年1月16日），实在应该感到悲哀。将其当作遗毒而加以指摘很容易，但要让那些不以为然的人理解是很难的。这也是悲剧。这个悲剧的所在，确实还是在于不能共同站在再出发痛苦的起点在线，因有不许追究被殖民地化意义的各种内情，在欠缺对决态度的情况下就搭了便车，经历了挫折、逃避的生存方式。问题在于：那些东西直到现在还被以山涧世代为首的诸多知识分子所持有。我是这样认为的，不知如何？

我想起那与殖民地体验的伤痕不合道理地交战，未能战胜，也没能找到再出发的意义，就在自我厌恶之中而过去的某副教授心中的苦恼时，感到心痛的，难道就只有我一人吗？

有个说法是，偏见比无知离真理更远。我们因为只是被不同层次问题的现象面所迷惑，从而具有看不见事物本质的危险，在现阶段不但不会少，还可能重蹈前辈所犯下的历史选择错误的覆辙，其危险性将很大。不一定只有声音大的才是正确的。战争中，日本推出贴补拼凑的军国调理论，迷惑了所有人，冒牌货在表面上占多数的时候，真货就被所有人视为卖国奴而被关在狱中的案例，可当作我们的历史教训。

台湾有很多与某副教授同样小心翼翼、有良心的人，不仅有且似乎还被扩大再生产。这真是令人感到挂心的情况。

最近刚来日本的后辈问道："如果台湾不被日本人占领，会有今日的台湾（暗喻近代化的台湾）吗？"这个提问本身应没有太大的含意，可是相当多的台湾人拥有这样的疑问，就值得关注了。严格地说是什么都不知道，有今日台湾的假定与没有今日台湾的假定可同样成立，也可以有比今日台湾更好的假定。但是以提问之意来看，显然从一开始就没有预定接纳第三个假定是很明白的。有这种想法的留学生占大多数，所以常常有日本学生会发出"为什么只有台湾学生肯定日本的殖民地统治"这样的疑惑。前面留学生的提问之基底，是在于中国的落后是"中国人"，即恶的根源是在"人"，我们台湾人与外省人（指第二次世界大战后从大陆移住到台湾的人）是不同的说法。我认为这正是民族的自信因殖民地教育、"皇民化"教育而丧失所引起的。

对于自己的灵魂被催眠而不自觉的朋友，我为此感到着急也不是一两次了。

要查明我们落后的原因，有上溯到鸦片战争、太平天国的必要，应该从科学上去分析我们为什么抓不住近代化的契机，并且开始着手进行。

幸或不幸就像刚刚讲过的，不得已被迫与中国走向近代化的意向断绝的台湾，不但灵魂被催眠，被他民族掌握主导权，而且在变成走向近代化的承担者＝在对日本资本主义的从属化过程中，受到排斥，只能被当作附属品对待。但事实上，当地的资产阶级也有分到某种程度的利益。以这部分分到的利益，显得比在战乱中受尽苦难的我们的原乡广东、福建，在某种程度上保持着更为进步的物质社会生活。此现象造成的幻影使"残渣"不为人察觉为"残渣"，随着时间的经过与光复之初挫折感的累积，起了淡化被统治历史过程中所受屈辱感的作用。人们被眼前留下的结果所眩惑，故而美化了日本统治时代的回忆。

我们从结果中捡出一些来看，的确，日本施行的近代教育——虽是加上许多的歧视与限制——降低了"文盲率"。此外，在日本资本主义的绝对要求下所进行的产业开发，其结果是以近代糖业为首的诸工厂存留下来，近代的卫生管理与设施的扩充令疟疾猖獗的程度减轻等也可被确认。

可是我们知道，其财源的大部分是从我们的腰包掏出去的。

所以我们不能只从结果面来看，将促成此结果的行为过程正当化。何况由殖民地统治所推行的"近代化"企图不值得美化，这是连有良知的日本人朋友也承认的。

此外，上记"成果"如果没有日本帝国的崩溃，就没有留给我们的可能性，这是参照世界史上所有史实皆没有的，对这一点我们绝不能忘记。

再一次回顾日本帝国为何要开发台湾吧。日本帝国的意图不是为了施行慈善事业，这是显而易见的事实。台湾本地的资本家从所有具甜头的事业中被驱逐，连设立只有台湾人的股份公司都被禁止。农民的土地主要为效劳日本资本主义而被收用，再用其血汗去敷设铁路与道路。

用我们的税金所建立的台北帝大、台北高等学校、台北一中，除了少数有特权的台湾人以外，完全只教育日本人精英。"近代教育"除了让我们的精英不成材之外，只培育出医生（为了保持殖民地宝贵的劳动者与农民的健康）与律师（作为维持殖民地秩序的润滑油）。这可说是在任何殖民地皆相同的现象。

因近代教育之故，我们自身的传统被断绝，从唤醒自我灵魂的文学与艺术中被排除。歌仔戏或客家的"采茶"——一种以采茶歌、山歌为中心的农村戏——殖民者不仅不尊重且采取蔑视的政策。在教育政策上，台北高等学校、台北帝大对台湾人的入学限制自不待言，公立中学的入学在第一关的筛选也非常巧妙地被操弄。换言之，殖民者透过农村国民学校或农业学校，在台湾人之中培养农业开发与振兴糖业的下级技术人员。

近代的医院设备与公众卫生设施的扩充，是为确保日本国内资本投资的安全，以及保障榨取的对象能健康如拉车之马般地劳动为最高目的。

如果觉得我这样说太过分，想想如果农民与劳动者大半因疟疾而倒下不能工作时，殖民者向谁榨取？又可榨取些什么来呢？中上流阶层的台湾人受到前述的教育及卫生设施的恩惠是事实，但也只是"顺便"而已，并没有其他更高的意涵。

无论如何都要说日本人是以善意将台湾"近代化"的话，那么，因为日本国现在比战前更富裕了，请问，有没有日本人愿意前去受贫困与疾苦折磨的非洲大陆，人数只要有当时去台湾的人的一半就行了。

殖民地统治的动机是精神上的这块招牌，早已被社会科学拆下。至今仍有坚持抱着"帮我们开发""帮我们近代化"这种天真想法的我们（台湾人），到底是悲剧还是喜剧呢？

在甲午战争中被打败、被殖民地化的我们之所以落后，的确是由于制度上、军事上、技术上的劣势。被殖民地化是有其相应的理由，却不以清朝官僚制度的腐败，以及因其腐败而啃蚀大众，渐渐地使我们的前辈不成材这点来看，而以好像中国人是先天劣等般把问题偷换掉，这是不对的。

有许多不经过殖民制度而进步的史例，即不等别人来开发，以自力建成出色国家的"落后"国家之例。

在被殖民地化的同时，我们也正处于走向近代化的阵痛期，在恶战苦斗当中，只要翻开近代史就可以明了这一点。洋务运动是其中一部分，刘铭传在台湾的新政——虽未成功——也是其中之一。

不管怎样，积极追究50年的日本统治一事，对我们来说到底有什么意义，然后以自己的立场正确地给予定位。要把殖民地遗产从正反两面把握，正面的遗产也非作为价值原封不动地继承下来，而应经过一次客观化、对象化的手续，彻底把它变成自己的手段来活用才好。

不待言，近代化的主导权由谁掌握？由谁挑这个担？由此而来的近代化历史意义就不同。我们的诸前辈未能认识到这些，对自己的定位也不做，天真地以为脱去奴隶的衣裳便可重新成为主人，从而跌了一大跤。

在所有的成功都以美金换算的今日之台湾，从那里跳出来急急忙忙地依样画葫芦，选择与其从根源的问题去接近，不如抄近路来得迅速利落，为追求值钱的东西而废寝忘食的我的友人们，自负不属于此范畴的各位兄姐，现在正是与殖民地伤痕对决的时刻，在新的历史——绝不是作为与中国史、世界史切断的内向狭窄地限制在一岛史上的台湾历史——的展望之中，作为台湾的知识分子应以何种方法参与策划我们的文化与社会，作为创造历史的主力分子生活下去，应该由自己思考、决定来行动吧！

虽已过了19年，绝不可避开为了前进而不可或缺的步骤。要把再出发的苦痛真正地变成自己的东西，从现在开始应该也不迟。我坚信要忍受此苦痛，才是把我们从褊狭与偏见之中救出的唯一道路。

《日本帝国主义下之台湾》可说是基本的文献之一，但绝不是圣经，台湾既不是为了台湾人而被近代化，也不是为了台湾人而被开发；是日本因败战的结果，不得不把产生殖民地利润的乳房留给台湾，对于我们台湾人而言，那只是意味着得到其残渣而已。

我们台湾人何其有幸，未经过流血的凄惨就实现了殖民者的逃散。看！阿尔及利亚的悲剧！我愿意相信他们之中绝没有对法国的近代化喊万万岁、赞美法国的笨蛋吧。

本稿受艾柏特·梅米（Albert Memmi）著《殖民地》（三一书房）、尾崎秀树著《近代文学的伤痕》（普通社，后为劲草书房）莫大启发，特附记于此。

本文原刊于《暖流》第 5 号，东京：东大中国同学会，1964 年 2 月，页 32—40，原题《某助教授の死と再出発の苦しみ》。

本文系作者据前文大幅度增润而成

注意陷阱"台湾" ——吴浊流所告发的

谢明如　译

中日间邦交再度恢复。以此为契机，中日两民族间的关系亦开启新页。但此页是由谁取得主导权来描绘、补白，乃是一大问题。街头巷间间充斥着熊猫热潮，凡是与赚钱有关或想扯上关系者都蠢蠢欲动。

一直期望中日两民族间真正的友好亲善，自身亦跳入此一运动之漩涡中并流汗付出的日本友人、有心的朋友，我认为应非常清楚所谓中国热潮陷阱的危险性。

不过，此一陷阱还容易提醒大家注意。因为日本长期有"经济动物""黄种美国佬"等"别称"，对于泰国抵制日货运动之冲击记忆犹新。

然而，更危险的陷阱不是别的，而是日本人对台湾莫名其妙的"一厢情愿"。正因为日本人未意识到此事，让我非常担心。

日本人思考中国的情况，可略分为下列三种类型：

第一，职业新中国派，大致被称为左翼派者。不知为何，这些人思考中国时，一般未纳入台湾。甚至有一面致力于高唱一个中国论，一面表示仿如台湾的庶民（我刻意不说"人民"吧）不是中国人，这种"了不起的"议员先生们，令人困扰。中国人民与之为敌的只有以蒋介石父子为首的一小撮腐败的国民党官僚阶层。尼克松访中、田中（角荣）访中后的现在，提高了台湾和平解放的可能性。正是在"爱国不分先后"的命题下，我认为日本友人应该要知道，就是那一小撮腐败的"国府"官僚，只要有为中国统一奉献余生的念头，中国人民也有不问其罪的宽容之心，何况对大多数在日帝、美帝以及蒋氏法西斯政权恶政下挣扎过来的庶民们，还会说什么呢？

第二种类型是不加思索地全盘接受岸（信介）、贺屋（兴宣）等老人的戏言，想向蒋介石"报"恩的右翼。再没有比"以德报怨"更漂亮的语言吧！本来只有中国人民有对日帝抱有极高的怨念，蒋家、"国府"的亲日派都没有。应尽仁义的对象不是别的，正是包含台湾人民在内的全中国人民，而不应是"国府"高层，依偎在"侠义"之名的封建思维遗绪向来未曾消失。利用此遗绪乘日圆贷款之便，赚取政治资金，介绍开设合资企业而赚饱荷包，多么漂亮的手法啊！

第三种是旧殖民地关系者与一般善意的庶民们。他们至今仍抱有"日本在朝鲜为恶、在中国也做坏事，但在台湾则进行开发、推行近代化，台湾人至今仍怀念我们。如二二八事件所示，台湾人与外省人（战后新从大陆移入者）不合，可能的话，应协助台湾独立"的感觉，这是事实。

然而，并非只有一般庶民抱持这种情感，若是诚实的人，都会承认第一二种类型者也潜在地有这种想法吧！

恕我直言，此一陷阱不用说，正是老好人、健忘、喜欢简化事物的（日本人）习性使然。

对于矫正以上错误的台湾认识非常具有参考价值的，是吴浊流的二册选集。

众所周知，吴氏于 1900 年生于台湾新竹，乃是日帝侵略台湾以来，有骨气地坚强存活过来者。其经由日本的师范教育成为公学校（只有台湾人子弟就读的小学校）教员，在日本人的横暴、歧视中战斗，其后为抗议此一横暴与歧视而辞职，前往汪精卫伪政权下的南京、上海。日本人所高揭的大义名分从在台湾的"台湾人也是陛下的赤子"（当然全是谎言），到上海、南京转变为"大东亚共荣圈"，尽管如此，吴氏对于日本人的横暴、骄傲，以及日人对培养为走狗的台湾人、汪伪政权关者等同样歧视之作感到惊愕，对于历史悠远而不变的祖国山河之温暖，则恰如其为诗人般独自沉浸其中。

吴氏感知日帝必败而迅速返回台湾，迎接终战，却以新闻记者的身份，目睹回归祖国与二二八事件（1947 年 2 月 28 日为抗议国民政府之恶政而爆发的暴动事件）的欢喜和悲哀。

吴氏的作品《黎明前的台湾》与《泥泞》都写实地描绘发生在作者身边的种种事件。

若概分此两大著作，第一册的中心《无花果》，乃系作者透过其 70 年生涯以描绘台湾近现代史的自传式作品；第二册的《泥泞》，可说是台湾农民文学之著作，同样收录在第二册的《陈大人》，可理解为描绘殖民地体制制造出来的买办、警察等人生样态之作品。

又，作为第一册书名的《黎明前的台湾》与收录在第二册的《波茨坦科长》，可说是一面积极地批判回归祖国后在台湾的汉奸等人之诸相，以及苦恼的台湾知识分子之行动样态；一面在历史的脉络及民族的恒久性中，尝试彻底地把握人性。

毋庸赘言，吴氏这些作品并未出现社会主义、共产主义，而我们亦无法在文中找出告发之字眼。

然而，我们却在他恬淡的口吻中得知殖民地体制如何伤害人，以及歧视榨取的结构如何败坏人性。

又，我们对于吴氏的作品中止于二二八事件，有某种不足之感，此可认为并非作者无力，而是因台湾严厉的政治状况之故。

总之，吴氏一系列的作品是矫正日本人错误的台湾认知所不可或缺之纪录、数据和文献，我相信任何人只要一读，都将认同此言。

容易被"台湾独立运动者"乍似有理的聊赖——"勿忘曾为同胞的台湾人""台湾人与外省人无法兼容，台湾人不是中国人，故台湾应该独立"等所迷惑的邻人诸贤，请务必和我一起倾听这位现仍住在台湾、今年已72岁，仍为了培育中国文学之一部分的乡土文学——台湾文学而投注他不算丰裕的私财、主导《台湾文艺》（季刊）的现役老作家发自心底的声音。

如此，将可了解所谓"中日邦交树立后所残留之问题，如何对1500万台湾人尽情理"之逻辑是如何地多管闲事，以及身为日本人是多余无谓的"过虑"。

台湾问题系有朝一日可由中国人以其自身之民族智慧和平解决之问题。我们不期待日本人的"情理"，而强烈主张台湾人终究是中华民族不可或缺的一构成部分，台湾岛及其周边诸岛屿是中国的神圣领土。

本文原刊于《日本と中国》第 12 号，1972 年 12 月 9 日，页 1。

以笔名陈来明发表

思考日本与亚洲

李毓昭　译

◎　前言：从 6 月 23 日戴国煇先生演讲结束后，我们就考虑以某种方式来整理其演讲内容，好不容易才做出这本小册子。

我们试图以之前"被认为不知道也没关系的东西"——例如台湾和亚洲——为出发点，更进一步发展我们的问题意识。可是，对于包括我们在内参加演讲的一百多人来说，演讲内容可能太过于专门，很多地方难以理解。我们自己准备不足也是一个原因，所以这次在制作这本小册子时，我们不只是重新记录演讲内容，也参考戴先生之前的著作，将我们对什么东西该如何感觉、如何掌握，以及应该再向大家提出什么问题为主以此意图整理出来。

请再一次与我们共同来思考"日本与亚洲"这个主题吧。

（以下系戴国煇的演讲记录）

殖民地体验

　　还有一件到目前为止我还没有在论文和著作中提到的事情想要告诉大家。这是一件真人实事。我是在 1931 年出生的，读初中时有许多出身不同的同学，当时日本人占了三分之二，我们台湾人只有三分之一可以入学。总之，殖民地统治就是这种情况。同学里面有个客家人 W 和闽南人 H，这两人非常优秀，在战后都来到日本。可是这两人都不会说客家话或闽南语。我们台湾人都顺利升级，从初中一年级升到二年级，这时发生了什么情况呢？台湾人变得自成一个圈子。由于日本人占压倒性多数，我们升级后就经常挨揍。才听到一声"清国奴"，拳头就下来了。挨揍时觉得莫名其妙，不知道原因。原来是当时有留级的制度，留级生多半是从日本九州岛来的警察儿子。警察儿子是被勉强安排进来的，因为各方面的成绩不理想，内心扭曲爱打架，所以留级了。我并不知道有留级的人，当时是有中学重考生的。我们挨揍的另一个原因是在名字后面加"君"的称呼方式。各位也知道，当时的上级生会毫不留情地殴打下级生，我用"君"称呼对方，对方就说："你再给我说一次！"我就再叫他"O 君"，"再说一次！""O 君"。啪地一声，我就挨揍了。"清国奴讲那什么话，要叫'桑'。给我小心一点！"后来听说他应该上三年级，却留级了。不叫他"桑"是不行的。我们慢慢就被当成"清国奴"，而遭到排挤。

　　另外还有一件事，就是我可以用现在的日语程度在大学糊弄学生，这个程度却是经过一番曲折才达到的。老实说，我是进入公学校才开始学日语。上中学之前，因为周围的环境，我根本不可能学会日语。那时在上相当于现在的国语课时，我被叫起来朗读。我会念，但是发音根本就是水平以下的日语。结果"清国奴"的骂声就来了，真的很惨。我本来以为自己很优秀，虽然不至于觉得自己日语很行，但还是没想到这样就受到辱骂，而且是"清国奴"。这是以前的日本人侮辱殖民地中国人时最大的蔑称。我整张脸都白了。因为这个经验，我开始全面追求台湾的身份认同。眼前有敌人。既然有敌人，就会有朋友。可是上述的 W 和 H 却没有。也许他们以为只要日本的殖民统治体制持续下去，只要保持出类拔萃，就能进入医学院，成为地位高的医生。没想到局势大变（讲者注：殖民地统治结束）。后来就糟糕了。他们只会说日语。我会说客家话，闽南人都会说闽南语，总之可以和民众站在一起。可是这两人虽然在殖民地时代很优秀，却不懂世事，讲话总是不清不楚。战争结束后，他们比别人早学会北京话。后来发生了二二八事件（讲者注：1947 年 2 月 28 日全岛因为反抗国民党政府的失政而发生暴动。详情请参见吴浊流写的《无花果》[收录于社会思想社的《黎明前的台湾》]），随后"白色恐怖"开始。他们因为优秀，而试图追求一定的地位，但老师们不是突然消失，就是遭到枪杀。他们在这种情况下，逐渐陷于精神分裂。我因为转学的关系，到了高中就和他们分开了。可是分开后，还是一直听到他们的消息。有一天，我们在东京碰到面，彼此保持一定的距离，在东京留学了几年。在这段时间，他们曾因为混乱的身份认同，而发生了许多事，不过最后其中一人在全共斗〔译注："全学共斗会议"的简称，由学生组成的斗争组织，是 1968、1969 年日本大学斗争的主体〕最激烈的时候毕业，现在是精神科医师；另一人则在东京自杀未遂，前往美国后，又因为自杀未遂而回到台湾，现在靠着打荷尔蒙度其余生。

剥夺语言之后

对于这件事，我觉得可以用以下的方式分析。这四五年来，我阅读了弗兰兹·法农（Frantz Fanon）的一连串著作，也看了埃里克森（E. H. Erikson）的书，仔细思考后发现，以前单纯以为的"精神病"是有共通点的。H 和 W 始终在为自己究竟是什么人、可以拥有什么、归属于哪里等问题感到痛苦，才会变成那样。我去年在华盛顿特区见到 H 时，他还在迷惘。我当时还未确立自己的方法，所以没有跟他提起。如果他去探讨埃里克森的身份认同论述，要是能以殖民地统治与知识分子的问题去分析，不就能够在自己所能处理的阶段，摆脱"疾病"，得到真正的解放吗？反过来说，就不像一般的说法，殖民地统治最严重的事不是财富的掠夺，而是语言的剥夺，使人彻底变得软弱无力。我希望大家确认的就是这种摧毁某民族身份认同——群体认同——的罪恶。日本人在战后曾受到盟军总司令部（GHQ）的短暂统治，有一部分国粹政党宣称日本人当时受到的就是殖民地统治，可是我要告诉大家，这个世界上没有一个殖民地统治会供应粮食和牛奶给人民。当然，美国当局是别有居心的，但是用殖民地统治的概念来说明这个居心就太没有说服力了。

除此之外，也没有一种殖民地统治会不去剥夺其语言。就这一点来说，日本人真的非常幸运，才会没有亚洲国家共通的受殖民统治经验，也因为如此，无法深入了解亚洲。这一点很可惜。可是明明没有受过殖民地统治，却硬要说有，想要借此与亚洲人有所共鸣，未免太奇怪了。各位至少要知道，日本有殖民地统治者的经验，而最早的殖民地统治经验是在台湾。台湾也是日本最早向海外出兵的地方。日本还把长达 50 年的殖民地统治经验用在朝鲜、伪满洲，甚至东南亚的统治上。日本或者是为了继续膨胀发展，才会在最后遭到广岛和长崎的原子弹轰炸——这方面其实应该连同加害者体验扩大范围，以理解殖民地统治体验的态度去研究，就能够在某种程度共有与亚洲共通的体验。有了共通的体验，才能够了解亚洲此后的时代精神，或亚洲民众真正想要前往的方向，或者确立切入的观点。我深深期待各位能够如此努力。

唯有如此，日本人才会在亚洲成为受到祝福的民族，而借着各位目前所得到的经济成长，达到不会被讥为"经济动物"的真正富裕的经济成长。随着社会经济结构的重组，包含对日本近代做法的检讨，日本人一定会得到更新更美好的发展。不然的话，永远都会被称为"丑恶的日本人"或"经济动物"，而且总是觉得不对劲，不知道是要往亚洲寻求身份认同，还是迎向欧洲或美国，而在最后不知道如何重新审视自己，这时最极端的说法就是上述的 H 和 W 所陷入的混乱状态。我担心混乱的身份认同是所有日本人共通的毛病，譬如以我刚才说的（英国病？）之类的形式出现。我在这里所持的根据就是埃里克森一连串有关身份认同的著作在日本都没有再版。埃里克森这些著作和亚历克斯·哈雷（Alex Haley）的著作《根》，不仅是在日韩国人最需要阅读的书，对于想要真正了解在日韩国人和亚洲的日本人来说，也是帮助匪浅。

（1979 年 6 月 23 日戴国煇先生于天理大学演讲的纪录。又为便于了解，也参考了戴先生的著作，做了若干修正，所以不完全只是演讲记录。）

本文节录自《日本とアジア——6・23 戴国煇氏講演会を終えて》，奈良：天理大学中国学科政経ゼミ，1979 年 11 月，页 1、页 7—11。由天理大学中国学科政经ゼミ记录整理。原副题《戴国煇先生演讲的总结（6 月 23 日）》。系戴国煇于天理大学之演讲文，1979 年 6 月 23 日。

我的发言——台湾研究的态度

林彩美　译

第 24 届联合国大会开幕了。随着也一如往常，连新闻版面的短讯栏都几乎不被当一回事的"国府"台湾所谓"中国代表权"问题，稍微浮上报纸版面的多事之秋。

秋天的各大报，只以"应景"的形式，把与中国民众（包括住在台湾 1300 万人〔译注：此为 1968 年的统计数字〕的全中国人）没有多少关系的、国际仪式象征之一的"票数"提供在版面的一角。

已十分清楚这个票数本来对于民众不具有本质性的任何意义，但围绕"票数"煞有介事地分析或评论，还是熙熙攘攘于秋天的新闻版面。

多恐怖的老套守旧啊，应该就此打住才是。敬请中国研究关系者从上述煞有介事的分析或评论的老套回归正业吧。这是我的小小建议。

对于我们来说，从中国现代史全面且本质的接近，作为一地域的台湾，和1911年以来以一个政治势力而存在的国民党及其行使政治权力所体现的"国府"，在中国研究上是不可或缺的。

此前提如能被接纳的话，与其细致地追踪围绕"国府"台湾的国际诸关系动向，更重要的毋宁是掌握台湾内部的政治、社会、经济的正确实际情况。

居住台湾的1300万中国人如何营生，拟以什么样的形式参与世界史，不要只看其表相，应把观察的射程伸长到深层。

台湾的农民和劳工，以什么样的型态逐渐被卷入或参与高度经济成长之中，因而逐渐引起台湾内部社会与经济变动，其实际状态如何。又与此相对应的国民党十全大会的举办，领导阶层在中央、地方政治的世代交替，蒋经国就任副"行政院长"与"经合会"（"行政院国际经济合作发展委员会"是"国府"经济政策的制定方案与执行最高机关）"主任委员"所具意义等，从学问上加以探讨，应是以往对"国府"台湾草率的认识到真正的、丰硕的理解之第一步所不可或缺的。

特别是将蒋就任上述职位，视为他自1949年末以来在台湾所进行政治尝试在成熟阶段的具体体现，便有极深的含意。

蒋今后的尝试是否是继"江西新政"（在赣南就任行政专员期间＝1939年至1940年代初期，于江西省所进行的以往国民党所未曾见的划时代尝试）、"上海打老虎"（蒋就任东南区经济特派员期间，1948年，于上海精明强悍地取缔伴随金元券发行的金融投机）的第三次挑战值得关注。

仅止于"夜生活的欢乐""北投温泉""对日感情良好"等等的旅游情趣，或"廉价优质的劳动力""没有强力的劳动工会"等经济动物性的方式接近台湾，是不能理解真正的台湾的。

　　又以经济合作为名的日本企业的进入，对今后中日两民族带来怎么样的历史结果，也成为无法充分预料之事。"首先请注视台湾的实际状况吧"，这是我的发言。

　　　　本文原刊于《エコノミスト》第 47 卷 45 号，东京：每日新闻社，1969 年 10 月 14 日，页 51。

台湾问题的本质是什么？

——关于"台湾现状"座谈会之我见

蒋智扬　译

美国企图造成"两个中国"之阴谋，随着肯尼迪上台，似乎已经加快速度。中国社会主义建设愈有进展，"反攻大陆"之不可能就愈明显。此时，美国即使舍弃"反攻大陆"要角蒋介石，亦必须至少重新抓稳台湾。因而所想出的办法就是"两个中国"，亦即给予台湾形式上之"独立"，而实质上使其从属于美国。

另一方面，在台湾内部有意识形态上、经济上的基础，可供"两个中国"谬论之利用。此似乎言之成理的"台湾人之台湾政权"口号，极具蛊惑之危险性，对日本知识分子亦无例外。故欲借本志之一隅，分析"台湾独立派"意识形态上、经济上之基础，试图在理论上抓出台湾问题的本质。

"台湾独立"之论据

主张"台湾独立"的人，大抵都采以下两个论据：第一，"台湾之地位未定"；第二，"台湾居民不是中国人，而是另外的民族"。

第一论据已经被反驳过，此处不赘述。（详细内容请参阅《反对美国占领台湾与制造"二个中国"之阴谋》，1958 年，北京外文社）。

第二论据可分为含义多少有不同之以下二点：

其一为"台湾民族论"。"台湾独立统一战线执行委员长"简文介曾说："与郑成功一起来台的我们祖先，其所产生的民族是与支那人根本不同的。"（《产经新闻》，1960 年 3 月 4 日）

其二为邱永汉等人所主张，即台湾人虽然系出汉民族，但因经半世纪之日本殖民地统治而成为另外的民族。他们认为尤其台湾人之生活方式或风俗习惯是问题的所在。

"台湾民族论"是极端牵强胡扯之谬论，由以下事实亦可得知：即台湾人之 98% 为汉民族，其大多数操闽南语（福建南部之语言）与客家语，乃自福建、广东省移居者之子孙。

经半世纪之殖民地统治而成为另外的民族之说，其为附会之议论自不待言。东南亚之华侨离开祖国几百年，亦未丧失作为中国人之意识。受着美国殖民地统治的冲绳人，渴望回归日本。不过据传在冲绳人之中，也有与美国独占资本结合之上层阶级，对回归日本运动采消极之态度。其实在此就有解开问题之钥。

殖民地本地资产阶级之双重性格

"台湾独立派"所要建立的牵强理论，有其意识形态上之基础。

接受殖民地统治之民族，其中的资产阶级同时具有买办性格与民族主义性格。

殖民地之本地资产阶级，只要没有利害冲突，就有可能与殖民地主义独占资本相结合。观看两者之间如同天秤的起落，本地资产阶级也随之成为傀儡而买办化。因留学或与殖民地主义者之接触，会将已买办化之本地资产阶级与其家属的风俗习惯、生活方式加以改变，帮助其加强买办性格，并规定其行动方式。正如大宅壮一所述，此现象在菲律宾与印度上层阶级亦可见到。

不过相反地，事实上也有少数本地资产阶级出身的知识分子，将留学加以反利用，使自己之命运与大众之命运相结合，投入解放运动而行动。

台湾本地资产阶级之买办性格

台湾本地资产阶级也没有例外。曾被称为台湾十大富豪之一的叶廷珪（前台南市长），由幼儿园一直到大学都是庆应校友。朱朝阳（现合作金库干部）由一中、一高而自东大毕业，曾改为日本姓氏，官至战前大藏省局长。

本地资产阶级之上层经买办化而与殖民地主义者结合，借此以提高自己之地位。不过在此过程中，受到殖民地主义者之差别、藐视等，并非没有矛盾感，试举战前台湾文化协会运动，以了解此现象。在此运动中较有名的，就是右派主张在日本帝国主义体制范围内设立台湾议会，以对抗与国际共产主义运动结合之左派。

此运动因日本的战时体制而被打压下去。战后，包含右派在内的人，对日本之反感强烈觉醒。"台湾人在战争结束时，对日本人抱有强烈的反感。"（《世界》，昭和三十五年十一月号，倾听台湾现状座谈会中，陈先生之发言）战争刚结束时，"独立派"人士亦视陈仪之军队为解放军，认为以往被日本人所占职位台湾人也可分一杯羹。"战争结束时，听到国民政府军要来的消息，不由得感到自己毕竟是中国人。接着抱持期望、盛大地欢迎他们。当时台湾人的欢迎非常热烈。"（上述座谈会中，张先生之发言）

不过，"以为随着日本的战败而可轻易实现的梦想，现在却被推得远至天边。陈超平以为可当工商处长或财政处长，结果这些肥缺全由外省人包办"（邱永汉，《浊水溪》，页137）。

他们的期望被蒋介石打破后，乃以二二八革命（对国民党之独裁政治与经济破产抱持不满的台湾省民，于1947年2月28日，因台北市警察不当弹压市民，起而爆发打倒国民党之革命〔译注：反国民党者事后将二二八事件定位为革命〕，波及全岛。最后被血腥镇压）为转机，（邱永汉等人）经由香港而逃亡至东京。现在竟然说出"他们是与中国人不同且独立的民族"。甚至把日本人蔑称为狗的他们还对日本人说："在15年前还是同胞的日本人士，请你们了解我们的心情。"（《朝日新闻》，1960年12月14日号，旁点系引用者所加）15年前，执行三光政策与命令南京大屠杀的军国主义者亦包含在内，日本人是他们"独立派"的同胞，而被害的同为汉民族之大陆系中国人却不是同胞，他们就是采如此之论调。有位东大生（日本人）对笔者说读此觉得恶心想吐，令我不禁脸红。

另外左派亦以二二八革命为契机转入地下，或如建中校长陈文彬（前法政大学教授）经由香港去了北京而站在人民的一边。此事对于我们理解关于本地资产阶级之双重性格，当能给予很好的启发。

以上大概描述历史上本地资产阶级之双重性格。但为了要暴露他们思考上之买办性格，我们必须再稍忍耐来听其谬论。

大宅壮一去年（1960 年）到台湾时，碰到一些本岛人，对于日本人视为禁忌的"支那""支那人""清国奴"等语词，竟然随便被使用，他感到很惊讶（《产经新闻》，7 月 21 日）。不过这种台湾人的心情，与在东京"台湾独立派"的心情正好吻合。总之，大宅壮一在《产经新闻》所写的，"独立派"认为"对我们而言，也不过是将当然之事，替我们写出而已"（"台湾独立派"之杂志《台湾青年》第 4 号，章漫龟，《外省人如此论"台湾人与外省人"》）。

与大宅壮一对谈的本岛人，其思考之所以会与"独立派"之思考极为相似，是因为他们的出身阶级相同。能与大宅壮一对谈的本岛人，不难想象是相当会讲日语的台湾人（在殖民地能够将统治阶级之语言说得很好，须受过相当教育。能接受这样教育的，是以前地主阶级以上的人）。

查一下"台湾独立派"主要指导者之出身背景，廖文毅是大地主出身，从同志社中学、金陵大学毕业后，于昭和初年留学美国。

已故之其兄廖文奎为香港大学教授。邱永汉自日本人小学、台北高校、东大毕业。《台湾青年》杂志主笔兼指导者王育德也是台北高校、东大出身。

本地资产阶级之"台湾独立论"与外国独占资本的志向一致

买办化之本地资产阶级，其代表者之发言，不仅在他们以建立经济基础为目的之经济面，在意识形态面也与外国独占资本集团的志向一致。

例如瞧不起日本人，并将民族骨气化为纸墨而卖起杂文的名人邱永汉，就说："假如让台湾人在日本与中共选择其中之一的话，可能台湾人都会选日本。"（《中央公论》，1957 年 7 月号）这与日本统治集团的志向完全一致。而在前述座谈会中，山下正雄也说："日本人最近去台湾，受到外省人以及台湾人双方的厚礼款待而高兴，归来后就说台湾人都非常亲日。以往日本的统治是成功的。甚至也有人说，台湾还是必须成为日本人的。"战后去台湾，受到台湾人、外省人款待的日本人，大部分都属统治集团或其徒众。

此事连同简文介"目前对于台湾，美国之利害与我们之利害互为一致的时机已经来临"之言论，意味着台湾本地资产阶级之内部，有美国想要利用的意识形态、经济上之基础。"台湾独立派"勾结美国，甘做"两个中国"之演员，其意识形态之基础亦在此。

"台湾独立论"为何如今被凸显出来了？

我们刚才已经看到台湾本地资产阶级内部，在意识形态与经济上，有被帝国主义者利用的基础。尤其蒋介石集团之腐败与压制，不仅激化全民之反感与矛盾，也激化统治阶级内部之蒋集团与本地资产阶级的矛盾。

此结果更加强本地资产阶级的买办化。试看他们的经济基础，在前封建大地主阶层，有因土地改革而取得股权，以独占四大类公司（水泥、农林、工矿、制纸）经营权，以及并吞中小股东而成长者，也有本地产业资本与美国独占资本结合而成长的唐荣铁工厂、大同制钢公司等产业资本家。更有当官的民选县市长或省议员，并与蒋介石集团的官僚资本或美国国际协力局（全球规模之特务机构）[1]结合而成长者，如吴三连（一桥大学毕业，前台北市长，现台南纺织公司董事长）之本地资本。

此现象美国帝国主义者当然不会放过。要赶走蒋介石，扶植其他傀儡，意图占领台湾的美国，当然可能将此傀儡角色由本地资产阶级来担任。

自去年秋天连续发生之一连串事件——雷震事件、反对党创立运动、《公论报》（本地资产阶级之唯一大报）之弹压与并吞阴谋、依"国家总动员法"第十六条、第十八条对唐荣铁工厂（台湾最大

1　国际合作总署（ICA，International Cooperation Administration），美国国防部之一机构，现改称国际开发署（AID，Agency for International Development）。

铁工厂，本地资本）所发动经营权占据等，就是美国统治集团与蒋集团矛盾激化的呈现。

这些也可说是蒋集团害怕本地资本与美国独占资本结合之趋强，而采取的挣扎吧！

如此，与金马论争并列，美国之偷天换日政策——李承晚、孟德雷斯之失势，南越吴廷琰政权之颠覆阴谋（参照《朝日新闻》，去年12月10日，"世界之鼓动"栏），正使台湾动荡不安，并因而凸显出"台湾独立运动"。廖文毅一派之买办型本地资产阶级，为了与美国帝国主义结合而赶走蒋介石，以确立自己的掌控权，乃奸巧利用民众对蒋介石之不满，鼓吹"台湾独立"。

台湾问题的本质

由以上分析，亦可知道台湾问题的本质，并非如"台湾独立派"所言大陆系中国人对台湾系中国人之矛盾。原来之帝国主义（美国独占资本）及封建主义的残存，与人民之间所存在基本矛盾，未被民众正确认识，仅以蒋介石集团之矛盾呈现在表面，此与台湾特殊诸条件纠结，而使人民对全统治阶级（包含蒋集团、本地资产阶级）之矛盾与阶级斗争，错认为如同外省人全体对本省人全体之矛盾。（台湾之特殊条件有如下五个：第一，具有近代性格之劳动者，其绝对数很少；第二，外省出身之劳动者几乎没有。外省人都是蒋集团的爪牙——警官、军队、税吏；第三，由于资产阶级土地改革，把农民阉割；第四，与中国大陆之交通阻断及思想钳制；第五，买办本地资产阶级与蒋介石集团之利害冲突及其对立。）此等情形被帝国主义者与买办本地资产阶级所利用，而蛊惑有良心的人们。

笔者对于台湾人与外省人之感情对立，并非如国民党完全否定其不睦之处（《政治评论》，去年8月10日号）。但也不像"台湾独立派"那样，夸大台湾人与外省人之隔阂，并对台湾人内部之隔阂——闽客之抗争、平地人对山地人之矛盾——采取掩饰欺瞒的态度（前引《台湾青年》第4号）。

台湾人与外省人、多数族群与少数族群之间，确实有矛盾。不过祖国只有一个，因而这在劳动民众之内部，不应视为敌对的矛盾。与不弄湿手便无法拾起水底石头一样，如果不将美国帝国主义者赶出台湾，并将法西斯体制打破的话，仅是统治者集团之替换（蒋介石→廖文毅），并无法扬弃殖民地体制及资本主义体制固有之矛盾。

我们借由与祖国的人民携手遂行社会主义革命，才能将我们自己从腐败、保守、贫困、不安之中解放，并克服扬弃台湾人与外省人之隔阂、闽客之隔阂、少数民族（山地人）对汉民族（平地人）之矛盾。

（敬称一切从略）

本文原刊于《世界》第183号，东京：岩波书店，1961年3月，页195—198。以笔名陈来明发表。

对谈

经济评论家
杉冈硕夫
×
亚洲经济研究所调查
研究部主任调查研究员
戴国辉

台湾经济与日本投资

林彩美　译

被忽略的台湾状况

◎　**本志（经济评论）**：近年来，台湾经济快速成长，日本资金大举投入台湾市场，已经引发不小的效应。我们并不熟悉台湾的现况，感觉台湾原本迟缓的经济，似乎有急起直追的态势。杉冈先生刚从台湾考察返国，请问台湾经济目前发展到什么阶段？其发展动力为何？可否请您从这里谈起。

◎　**杉冈硕夫（以下简称杉冈）**：这次我旅行的目的，是亲自看看最近日本资金投入台湾市场的状况，自二月初约花了十天工夫，以日本投资企业为中心做了考察（译注：当时台日关系不寻常）。话说回来，我觉得我们日本知识阶级，对于台湾的实际状况一直是太过于无知吧。特别是左派的知识分子特别关心中共的中国本土的问题，被那里的政治、经济、社会的变动吸引了。因为大陆与台湾的关系不正常，作为左派的知识分子，对中国的了解越深，便认定中国大陆最终会以解放的方式处理台湾问题，所以觉得无须关注台湾的现况。或者是在意识形态上认为不要靠近国民党统治的地方，作为左派比较安全而姑息。抑或是日本的保守势力已经长期耕耘台湾的政治与经济，也获得了傲人的成绩，不过，在实际面仍发生了不少问题，但我们却毫无所悉。那些实际状况不直接去看还是不能理解的。

去台湾之前，请教了戴先生，又读完了这次亚洲经济研究所出版的《台湾经济综合研究》这本很出色的书，大致上以为已知道，但观察台湾社会的外貌，感觉与日本的社会没有多少差异，给人强烈的近代化印象，而没有传统的落后社会的感觉。在二战结束后如此短暂的期间内，台湾怎么可能在工业化与近代化上获致这番成就？于是我在当地参观时，开始好奇台湾工业化的原动力是什么。这一点不知戴先生怎么想。

被忽略的割让日本前的发展阶段

◎　**戴国煇（以下简称戴）：**在哥伦比亚大学有位叫詹姆斯·中村（James I. Nakamura）的学者。他兼任哥伦比亚大学的东亚研究所与经济学部的教授，研究日本农业发展史（最近〔1969 年〕有他的著作《日本的经济发展与农业》，东洋经济新报社出版），前些日子曾造访我们的研究所。目前他在做明治期的日本与日本统治下的朝鲜与台湾的农业发展比较研究，前来与我交换意见。那时候，我所提出的问题是，日本的情况是，例如要理解明治维新，或是要以日本的近代化作为问题时，会回溯到幕藩体制；然而关于台湾研究却只着眼于殖民统治，特别是后藤新平、儿玉源太郎的时期。但是明白地说，如要研究台湾，如果不以日本殖民统治50年，战后24年，加上清末20年，总之如不扩大至前后约莫一百年的期间来思考，就无法掌握全貌。我这样讲，他非常高兴说，与我相会受益良多。

关于后藤新平的台湾施政，我首先要指出一直以来过于神格化而造出了神话历史。因为殖民统治第九年，台湾的财政便独立了，以往就一般地将此全归功于后藤新平政策的结果。从经济理论上看的时候，我认为有颇多疑问。

如同在日本要理解明治维新，就必须回溯到幕藩体制，我的想法是要理解台湾的现状，应回溯到清末重新检讨。我没有排斥这种神话的意思，只是一直以来的研究缺漏严重，因此扭曲了对台湾的认识，结果不知如何研究现在的台湾，或者得到极度混乱的研究结果。我经常就此思考，该厘清研究方法。把殖民统治时期的经济发展仅以后藤等的政策面来看，我想是不恰当也不充分。殖民地统治的前史以及当时台湾社会经济的实际状态正确的定位，必须同时并行，不然就无法以科学方法研究台湾经济。

其实日本的参谋本部在日本占领台湾之前将其所做的台湾调查报告编纂或以《台湾志》于明治二十八年（1895）1月出版，此书编得很好，也就是说要理解清末时期，亦即殖民地统治的前史，是非常好的数据。而利用这本书做研究的，据我管见还未有其他人。请问各位，台湾铺设铁路是什么时候？是日本人铺设的吗？恐怕一般日本人的各位会这样认为，但其实不然。

日本最初的铁路，新桥至横滨是 1872 年（明治五年）开通，台湾是 1891 年（明治二十四年）开始营业，没有相差多久。李鸿章为了极力避免割让台湾，把台湾说成化外之地、瘴疠之地，故意说出使日本当局厌恶的话。不知何时，也被台湾总督府当局或在台湾拥有权益的日本人巧为利用做宣传，以抬高自己统治台湾的功绩。请诸位想想，如果台湾是那样的化外之地、瘴疠之地的话，已经病入膏肓的清朝，会在孤岛台湾投资铺设铁路吗？如此依常识即可辨明真相的谬误，不应当积非至今。中国研究者从事洋务运动研究，却欠缺了这块台湾历史，导致的研究结果严重纰缪。如杉冈先生所说，"正统派"中国研究者视台湾为禁忌，实在很不好。所以就是有研究洋务运动的研究者，也完全未将台湾的洋务运动纳入其视角之内。如台湾煤炭的采掘，从中国全体来说也是最早的，连美国的佩里（M. C. Perry）在那黑船（译注：指日本锁国时代来航的外国大型船舰，这里指佩里领航的美国舰船）回航时绕道台湾，调查基隆港水深，亦向华盛顿当局献策应占领台湾作为停泊良港。

当时的台湾，砂糖是当然已成为国际性商品，樟脑更独占世界市场。日本是第二位。还有茶，其中也有后藤新平把乌龙茶推销美国之说普遍流传着，其实不然。台湾茶在日本入台之前已进入欧洲市场。这些史实全记载在《台湾志》。想我话拉得太长，关于糖业资本也有有趣的史实。明治三十年代初的日本资本主义犹处于实力微薄，称不上资本过剩状态。以台湾制糖株式会社为例观之，创业当初 100 万元资金不容易凑集，还请宫内省认购 1000 股等，其困难可知。大股东有陈中和等台湾代表性民族资本阶级的参与。后藤固然独具慧眼，委托竹越三叉请出当时台湾北部最大民族资产阶级林本源家出资（传说香港上海银行有其储金 200 万—300 万元），当时竹越赴对岸福建拜访游说林家当家主林维源的过程，都在书中（竹越与三郎，《读画楼随笔》，页 95—99）留下了记录。

我想这些意味着，当时台湾已存在相当有力的资产阶级，台湾的经济，特别是贸易已处于大规模阶段。

矢内原先生的书也提到刘铭传实施的资本主义土地调查事业，显示在日本人入台前，虽是不完整但已有施行近代性土地调查的事实。这具有何种意义，我想有必要从社会、经济史学的观点重新检讨。做近代性土地调查，与铁路投资同样，台湾的生产力的发展阶段如不是到达相当水平是不可能做也不会做吧。特别是那腐败、末期政权的清朝，在某种意义上做了比中国本土更积极的投资。如果是化外之地、瘴疠之地是绝对不会做，这是只要有经济学的初步常识即可判断的事。

在被说成"三年小反，五年大反"屡屡发生反叛，使官府疲于镇压的台湾，铺设铁路，采掘石油、煤炭都早于中国本土，我们应该思索这个意义，重新以科学方法检讨。一直以来的"化外之地""瘴疠之地""三年小反，五年大反""分类械斗"等的一般说法，在某层意义上是统治者为自己的方便的说法，如不从这里着手研究的话，是不能理解台湾的经济发展，或者做合理的说明。

台湾的民族资产阶级，不会从天降下。支撑民族资产阶级的生产力是有多大，想到这里，地主制便当然成为阻碍。

特别有趣的是，听说朝鲜的情况是，土地并非明确的私有制。这项法律漏洞导致人民的土地被强制征收，日本以几万町步（译注：在此为面积单位，一町步为9918平方米；町亦可以是距离的单位，一町为约109米）的规模以"东拓"等形式确立殖民地日本人大地主制。而台湾的情形是，连制糖公司都不能如其他欧美诸国那般，在殖民地广辟大型种植园。不能做的原因是，当时要建立大种植园只有两个做法，杀掉那里的地主掠夺其土地，或购买其土地。然而以那时候日本资本主义的力量来说，无法大量屠杀。甲午战争时，胜败与否都不清楚，所以当然不能杀。连统治初期出现的廉价或以强权为背景的强制土地收买，都引起强烈的武装抗日运动，所以后来与其强制土地掠夺，不如转换政策以强制契约栽培形式确保甘蔗原料。再把时序往前推移，以明治二十年代末期的日本资本主义力量，连凑集制糖公司的资本都很辛苦来看，即使能够掠夺土地，但应该无法循正当管道收购。而且人口已超过300万，从人口密度与土地的相对关系去思考，地价相当高，所以即使想收购土地也无法做到。

　　如以上所谈，在土地私有制已确立的前提之下，成为支撑此地主制的台湾农业生产力的发展阶段。前面所说民族资产阶级的存在，正是此地主制发展的一个表现。

　　有这种型态的生产力阶段之故，所以疲态已露的清政权要在台湾进行洋务运动，亦即进行投资。日本学者一直以来刻意不肯承认台湾经济的实力，或是不放入视角去思考，所以不能掌握台湾经济的发展。依我所看，台湾生产力的发展阶段，本来在日本人入台之前的时期就已非常高。所幸台湾因是边疆的一孤岛，是新开拓的地域而与对岸农村的经济破产有所区隔，反而因从对岸流入的流亡农民的劳动力促进了开拓。当然，有砂糖、樟脑、茶叶等有利的特产品也可一并考虑。

殖民地之下台湾农业的商业特性

很不好意思都我一个人在讲话。我平素以为日本对台湾的殖民地统治与支配仅以以往图式化、公式化的观点是不充分的，对被统治民族内部的经济状态，社会结构的研究非常落后之故，所以不能充分了解在台湾的殖民地经济发展。台湾的地主阶层在某种意义是受到日本帝国主义的驻外机构台湾总督府的庇护，分享高率佃租的一面，研究者不可以看漏。受庇护的同时也被蔑视，处于这种具体的状况下，心情上认为自己的祖国是中国，作为中华思想对中国文化的憧憬与"地大物博"的伟大中国观，却又与对日本人夷狄观，小国野蛮人观复杂地纠缠在一起。虽有精神上倒向中国的人，但在现实的经济活动却被卷入日本的殖民地开发政策之中。我想有个恰好的例子，是林本源制糖株式会社的创业。连对日本的侵入台湾感到愤怒而顽强拒绝归台的林本源当家主林维源，最后还是不得不配合日本的殖民地开发政策。

由上可知，日本的台湾统治仅从经济面来说，民族间的紧张关系、摩擦，在初期土地掠夺过程可看到武力抗争，但大致因岛内部经济的发展阶段相当高之故，才有并非以竹接木，而是木与木接枝的可能，连接到经济规模的扩大，可以这样理解。当然经济规模的扩大是为谁而做，是另外的问题。

◎　杉冈：这些事情在日本几乎未被谈论过。

◎　戴：不只日本这样，就是台湾内部的学者也未察觉。

◎　杉冈：总之，连矢内原先生都认为，台湾殖民地政策的成功，是因日本的殖民地政策非常好之故，属于例外成功的事例。

◎　戴：读矢内原先生的那本书前面部分，大致对清末台湾之事有好评。但遗憾的是之后对清末的研究未更深化，好像一般也未注意，一直以来仅做表象的议论，这是目前的实际情况。

◎　杉冈：因那些地方不清楚，所以未能从历史面向的评价台湾农业所具有的生产力。从而也难以理解在战后的混乱之中有了如此程度的工业化秘密。

◎　戴：东畑精一老师在其著名的《日本农业的展开过程》一书中，把台湾与日本、朝鲜相比较，谈及台湾农民对商品经济非常敏感（昭和十五年〔1930〕修订第五刷，页93—96）。在当时可说是对商机的嗅觉很敏锐。在一般的殖民地主义者认为台湾农民愚钝的时期，东畑老师却说台湾农民比日本农民更敏锐。理由是商品经济。台湾的情形是不管是米或砂糖都是商品。清末以来，稻米就有剩余，能从台湾向对岸出口，砂糖也经由香港出口欧美市场。甘蔗本来就是台湾的特产，也是基本作物。所以稻米和甘蔗是良性竞争关系。从日本人入台之前，台湾农民的精神状态是极度被卷入商品经济的。我还是觉得东畑老师的见解是卓见，眼力极高。我还未去过东南亚，听说那里的农民很难照日本所要的方式生产农产品。台湾的情形是如果香蕉进口自由化就快速地扩展香蕉园；芦笋市场开展就赶快种芦笋，会很敏感地做对应。我想这个对应力是清末以来被卷入商品经济锻炼出来的结果。所以是被那种生产力所支撑，或是有配合生产经济的农民，否则就不会如此反应敏捷。

◎　**杉冈**：这些是之前也请教了戴先生，承教了我们想都想不到的事情，非常宝贵也非常感谢。如您所说，的确支撑战后台湾的工业化是农业的生产力。但是工业化达到某阶段，必定由工业领军。那么台湾的战后工业化，在数字上远远超过我们所预测的，依戴先生的逻辑该如何思考呢？

◎　**戴**：在这之前，关于农业有必须再加以说明的部分。比如常被提到的，平均每一人米的消费量来说，朝鲜是日本内地的一半，台湾与日本内地差不多（参照山边健太郎《日本帝国主义与殖民地》[岩波，《讲座日本史》现代 2]，页 224）。这个如何解读我想应有种种意见。我至少要指出台湾虽是殖民地，其平均却与日本相同，这是非常不得了的事。这个意义一般很少被觉察。

于是便可思考稻米生产力伸展的原因是什么。台湾是处女地一事，请各位先放在你们的印象中。台湾的具体开发是自南部而及于北部，然后到东部。正式开始大概在鸦片战争前后。这是为什么呢？因为砂糖是国际商品。甲午战争后第一个进入台湾的日本人资本家是制糖业先驱者静冈人铃木藤三郎。日本在甲午战争后向产业革命突进。那时砂糖的消费量增大，因进口砂糖而致大量资金外流。以现在的说法就是外汇的流出。因此就想到要在台湾的砂糖打如意算盘。以往一般的理解来说是，以为台湾民众被压榨，我说不然，日本消费者其实也蒙受大亏。因为当时印度尼西亚、古巴等砂糖的成本比台湾低，所以特别设保护关税从台湾进口。因此对于日本的消费者是亏大了。我的想法是，围绕台湾砂糖的问题，赚钱的是糖业资本家，但一般消费者是吃了亏，台湾农民当然是被压榨了。当时日本业界中也有取消保护关税、台湾糖业受到过保护的声音，也有批评糖业资本的高利润。这样一来为了提高国际竞争力，在甘蔗的栽培下了很大功夫，制糖公司也拼命督促农民。

甘蔗与稻米在台湾是竞争作物，所以日本在米骚动之后米不够，就从台湾进口米，日本的稻米丰收便禁止进口。因此对台湾的农民来说，有到底要选择哪一种来耕作的问题。甘蔗的生产力提升，稻米也随之提升的机制，在前面所谈的理由就可做到。我认为，这部分与朝鲜不同。如此相链接起来的情形之下，生产力便提升。

战后台湾工业化三个支柱与其推手

◎ **戴：**台湾工业化的问题，首先须思考美援。有趣的是，战后当时只有台湾制糖会社非常快速地完成战灾复兴。美国的援助机构、台湾的政策担当者都注意到了，是注意到战后砂糖市场的有利性吧。在农地改革时，制糖公司的所有地被排除在外，也很明白。美国人农地改革顾问雷正琪（W. L. Ladejinsky）主张解放制糖公司的所有农地，但遭"国府"当局的抗拒，终于未能解放。非常有趣。

总之，从土地改革的理念来说，有农民从制糖公司以佃耕型态耕种的部分，作为农地改革的对象是当然的。然而砂糖是当时国民党非常重要的财源。大概一年有 1 亿美元的出口。而利用此 1 亿美元向日本进口肥料、工业制品，或进行台湾电力的修复工事、机械的更新等。美援也被编入使用一事自不待言。

因为美国与"国府"的想法一致，以过去的经验来说，若不施行农地改革，会重蹈大陆之覆辙，还有，不完全改善农业生产、社会不安之根就会留在那里，因此肥料工厂也以美援建设。

举凡政治不安，基本在于人民能不能吃饱，接着是衣料的供给。有关衣料，台湾有一段很有趣的经过。战后美国为了防止中国大陆的赤化，送了纺织机械给"国府"。但在机械到达上海之前，上海已经沦陷。当然那机械便被转送到台湾。同时在上海的纺织机械也被带到台湾。这些机械加上美国的 CCC（农产品信用公司，Commodity Credit Corperation，隶属美国农业部）的剩余棉花。因此棉织物产业，特别是 20 世纪 50 年代中期至末期扮演了台湾工业化的领导角色。作为经济政策的负责人想的是，安定民情首先是给饭吃，解除衣料的不足，那么暂时就可以维持。剩下的是农地改革的问题。我以为大概以这三个为支柱，而国民党当局当初也做了这样的措施，并以此状态进入工业化。但我忘记讲一件事，韩国的情形是进口剩余小麦之故，韩国的农业生产结构被破坏，那么台湾又是如何呢？

◎ **杉冈：**援助物资与在地农产物的竞争问题吧。

◎ **戴：**这也是我的论点，我想应该这样思考。台湾的情形是1949 到 1950 年之间，人口急速地增加（从中国大陆流入约 140 万人）。突然增加这么多，本来是很可能被迫扩大稻米种植面积，减少砂糖生产的。然而凑巧有剩余小麦得以无偿进口，发挥了功能。因进口剩余小麦而免于减少砂糖生产。另一个是，因为是绝对的权力，所以把剩余小麦磨成粉制成中国北方的主食馒头，当作米饭之外的主食给军人吃。然后把剩余的米约十万吨出口日本。而米如有短缺就进口泰国米，有点不合口味也请军人将就将就。如此东拼西凑妥善安排。

而这在朝鲜的情况是，本来就不够。台湾的情形是不管怎样都要将之变成高价值的生产物出口。以米为例，特别是日本爱好日本米（译注：台湾蓬莱米属于日本米品种）。与国际价格不同，价钱高。

那么大约是砂糖 40 万吨、稻米 10 万吨，这种规模的台日贸易机制。这就变成进口台湾工业化所需要的机械，或其他东西对外支付外汇的来源吧。

◎ **杉冈：** 实际上是有那种条件而工业化才会成功，但我们只单纯地看表面的统计而说做得很顺利。然后我们还有如下的疑问，就是统治台湾的是国民党，依我们的感觉，国民党是没有统治大陆的能力而被赶出来，印象中是非常腐败的权力。事实上移到台湾的当初是以解放军之姿态来的，但违背了台湾人民期待，听说也干了不少坏事。那相同的政党在此后，特别是工业化之际，展开相当巧妙的经济政策，这应该如何看才好呢？

◎ **戴：** 在此恕我重提一次，一直以来，一般的日本人只从政策面思考台湾经济，也就是说不愿承认台湾经济的实力而引起的一种误解，像杉冈先生所说的形式在感觉上被理解。另一个问题是以"国府"来说台湾是所剩唯一的基地，他们也为了保持统治而施行的复兴政策，不得不用美援与其他种种手段尝试，这是不能看漏的。据此两点我想来思考经济政策的展开。一个是美援的利用法，1951 到 1965 年的 14 年间，年平均约提供 1 亿美元的经济援助。有关援助效果的评价，AID（美国国际开发署，Agency for International Development）在停止援助的前一年，将此事委托加州大学教授雅各比（N. H. Jacoby）。在此报告书中，他清楚地说，美援因有非常强的附带条件所以能够成功。

为什么这样说，那是美援完全不经过"国府立法院"（"国会"）的审议而运作。一亿美元美援如何使用，是台湾的接纳机关，现在的"经合会"（"行政院国际经济合作发展委员会"，相当于日本的经济企画厅），以前是叫作"美援会"的美国经济援助接纳组织，由此机关拟妥各种提案去申请华盛顿供给援助。从 1953 年说是第一次四年计划，其实那是虚幻的计划书，只是为了接受美援而拟出的生产目标，至多也只是生产复兴的大纲。从第二次才公开发表正式的计划书，总之，美援的运用是与"国会"隔离的，表示要隔离大陆时代腐败部分之意，很遗憾不能不承认有此事。当然这种附带条件有十足侵害"国家主权"的可能性，因此问题颇多，但仅就经济面来说，可以说发挥一定程度的机能。

那么，美援接纳机构是由什么样的团体在营运呢？在日本并不很知名，一般经济是由 1963 年过世的尹仲容先生（受陈诚的强力支持，是此世代少有的清廉且有能力的人），农业关系则是由当过北京大学校长的自由主义者蒋梦麟先生各自为中心，召集有能力、年轻能干的人组成团队。这些部分年轻能干者，当然包含战后成长的台湾人优秀大学毕业者，但相当部分是曾经在资源委员会所管辖生产部门，例如台湾糖业、台湾铝矿业、中国石油台湾分工厂等在国府中央迁台以前，就被分配的一群，这些人有留学欧美、日本经验的技术者、行政负责人等，本来是与政治无关的人。但是局势的剧变而回不了大陆，不得不留在台湾，受尹先生或蒋先生团队所招聘来工作。尹先生所主宰的"经合会"，或蒋先生所主宰的"中国农村复兴联合委员会"（简称"JCRR"）等，推动战后台湾经济两机关的人事，都相当自外于"国府"传统人情世故弊害，以能力为重又有高薪保证，我认为达成相当大的任务。当然只有上层者的资源，经济是推动不了的。加之发挥机能的是，自战前即普及的一般教育和受农业高中教育的台湾人作为主力军被编入生产活动工作。无须赘言，支撑这些最基础部分的，是具有先进感受性的广泛勤劳农民。

以上所讲的优秀能干的年轻人，在工业化过程被提拔派遣美国等地。其中一部分转任经济官僚参与政策决定。具有可以卖力工作的环境，可以去外国或有高薪的保障，对于日本人似乎有些不能想象，但那是很大的魅力。

所以，一般旧殖民地所没有的，特殊者的资源结构出现在台湾，我想是值得注目的。人才结构没有缺口是很不得了的事情。大学教师虽不免有良莠不齐，但台湾的情况是几乎不短缺。我想这事实是不可忽略的重点。

掌握今后发展关键的政治态度

◎ **杉冈：** 那么这样一来，今后的经济政策会变成怎样？总之，与美援相连结，开明官僚团队展开了非常廉洁合理，除了近代性的政策，我想那还是因为有美援这特别资金，以此为中心有了可以营运经济计划的条件。然而今后是必须一边自立营运自己的经济资金的回转，且进行更进一步的工业化，如此是不是可以看成进行自立的工业化机制已经落实了。

◎ **戴：** 我认为现在台湾落后的并不是经济，经济已开始在加速了。国际上的条件与种种问题可能影响台湾的经济动荡。经济是有生命的东西，很难预测，但我认为台湾经济的实力已被强化了。与此相较，事实上落后的是政治。企业家意识落后的问题，欠缺纳税精神、败德税务官僚的横行、低效率的行政机构等，阻碍经济发展的因素俯拾皆是。当然这些问题都根源性地连接到政治。今后我觉得有趣的是经济的力量能否提升这些落后的部分使之现代化，或相反地这些落后的部分拖垮了经济的积蓄，亦即是否会扯经济的后腿，现在的状况，暂且舍弃国际政治的诸关系与北京和台湾的关系来考虑，我想目前是处于决胜负的时候。以国民党十全大会的人事，提拔经济官僚或企业家等观之，国民党当局好像表示了其相应的立场。

在具体的经济政策之中，也有"国际贸易局"的新创立，和如同日本贸易振兴会（JETRO 的台湾版）的"中华贸易推广中心"（译注：指外贸协会）设立案，以及税制改革案等有即将开始行动的样子。

◎ **杉冈**：我去台湾的时候，在报纸上大大地喧嚷着首先要改善税务官僚的待遇、从合理的税制着手等。

◎ **戴**：令人困扰的是，不管去到哪里，资本主义体制的情形是谁都想逃漏税。但日本的情况是大藏省官僚很守法，监视得很严谨。"国府"的情形，税收传统上是从容易抽的地方先抽，不是均等负担税赋，所以就想设法在如何避税上下工夫，比日本更加厉害地下种种工夫。而糟糕的是公务员的薪水低，因此渎职不断。与其说公共的税收，毋宁是税务官吏自己先捞一些油水（笑）。

因此整顿吸取经济发展所增加税收的自然增收管道，以及把吸取的税以何种形式运用于经济建设是个问题。此外，该如何将孙文提倡的民生主义，运用于国民所得的再分配，这是另一个问题。这又关联到军事费负担的问题。

按理，有如此程度的经济成长的话，以税的自然增收部分应可以整顿公务员的薪水体系等等，但好像并未成功。

台湾常被说成养老院，我也觉得的确如此。大学教师七八十岁还硬撑着，无可奈何。然而，也没有付给那些人足够可以过余生的退职金。那些教师如果能像日本有稿费收入那还可以，但书也没有销路，真是很困难。所以虽有退休制度但不能顺利施行也是当然。把税的自然增收部分妥善活用，使老人有生活保障请他们退休，然后吸收年轻人。此举成功与否，将是国民党决胜负的地方。国民党当局也发觉了。因发觉所以拼命从外国请回教授，或委托其制定方案。如哈佛大学的顾志耐（Simon Kuznets）教授或康乃尔大学的刘大中教授的例子。再加上台湾经济特别容易受国际政治关系或台湾海峡情势影响，与今后如何变化有关，主观意图与客观条件如何互相牵扯着继续发展，如以以往的条件不变为前提来想，台湾经济会照现在加速下去。但条件的变化如有些许出现，相当脆弱的体质就会显现。

◎ **杉冈**：台北车站挂着"光复大陆"或"毋忘在莒"的霓虹灯广告，呼吁"国民反攻大陆"，但今日的台湾其实是受经济逻辑支配的，不是吗?

◎ **戴**：那是在这次的第五次四年计划相当明白地强调了，表明海岛经济。以往应很少做那种表现。日本有海洋国家观点。台湾是海岛经济，没有自然资源，什么都没有，有的只是人，我不喜欢人力资源这语词，但总之巧为活用劳动力，而且思考贸易立台这样的形式。这次的第五次四年计划非常明白地强调此事。

日本投资台湾的经过

◎ **杉冈**：到此为止戴先生所说的话，我想有很多是以往未在日本被介绍的有趣见解，也是我们思考台湾时，随时都要放在心上的基本条件吧。那么，在今天台湾的工业化大致成功的阶段，最近日本的资本进入显著起来。当然从全体比率来说，1952 至 1967 年的 16 年之间，对于台湾华侨以及外国人投资的实际成绩来看，投资金额的百分比华侨为 33.3%，美国资本为 51.8%，日本 11.9%，日本的比率不大。以每件的规模来说，美国占非常大部分，日本的规模比较小。这是因为美国对投资有种种保护措施吧，总之日本现在所占比率不怎么大，但从 1967 年快速地增加，我想是可以从种种方面关注的现象。

我只去十天，因此不清楚详细情形，去视察的印象最应注意的是，日本的经济投资是为了维持日本商品既存的贸易市场，而非常反射性地投入台湾市场的感觉。例如电器制品有以东芝、松下、三洋为首的主要电器制品公司率先进军，自 1961 至 1962 年末几乎全部打入台湾市场了。药品是以武田、田边、盐野义、藤泽、第一、山之内、大日本等，日本七大制药商在 1962 年 4 月至 1963 年 2 月仅 11 个月之间全到齐了。

这是说明，随台湾工业化的进展，各业种产生出民族资本。那么，对此台湾方面如采取保护政策，限制进口的话，既存的日本市场便会失去。为守住市场，无论如何就要采取投资的形式。总之，与在台湾民族资本开始供给商品时期的前后，应该正好也是日本资本一起进入的时期。

从而，投资形式有相当多并不是很正式的管道。与某台湾财界人士见面时，虽是以温和的形式，但也指摘出这一点。亦即药品或化妆品制造商的大部分的情况是把原料从日本带来，在此仅做包装形式的投资。没有真正要培养台湾工业力的姿态，因此受到台湾方面的批评。

而且以这种形式进入的结果，也因日本商品，特别是消费才有殖民地时代以来的商誉，因此相当多的外资企业爱用日本名称。例如松下电器是合资公司，但称为台湾松下电器；三洋电气称谓台湾三洋电气，社名采取保留日本名称的形式。这样一来，台湾民族资本的竞争制造商就算是制造同一制品、同一质量的商品，也因日方的商誉，而可以高出 10% 或 20% 的价格卖出。

因有这种情况，特定业种的合营企业市场占有率相当高。这是 1967 年的指标，电气制品与日本的合办资本的市场占有率约 30%，药品占 15%。因此出现了事实上压迫台湾正要成长的民族资本问题。

我们在这里感到疑惑的是，利用品牌名的力量等事，比如当资本自由化之际，美国资本进入日本的时候，日本的产业资本以此作为反对自由化的根据，若是这样搞的话，日本资本会被美国资本毫不费劲击败，所以应停止自由化，一直以来使用此逻辑。同样的资本，来到台湾，自己却在搞希望美国不要对自己搞的事情。依我们来看，这是无视台湾的民族感情或逼迫民族资本本身的成长停滞，是过于性急的投资。

◎ **戴：**杉冈先生所说那时期的事情，制药的情形是有这样的问题。因为公布了台湾能制造的药品就不能进口的法令，所以急急忙忙以采取合营企业的形式，为了维持既有的市场占有率，日本制药公司一连串投入台湾市场。结果是把日本国内的过当竞争照样带到台湾。这是闲话，台湾与日本人同样，都很爱吃药，实在不太好。

有关日本企业进入台湾市场的做法，国民党当局的经济政策也有其原因。台湾一方面好像以孙文的民生主义的经济计划作为号召，与此同时，美国透过美援机关给了不少压力，令之自由竞争，也就是不要过度保护。这个策略便微妙地反映到政界，常影响经济政策的实施。

所以台湾内部的制造商，具体地说如大同制钢就很困扰。好不容易茁壮起来，各种外资系家电关系企业的进入应是很困扰的。在这地方我想是有不满。民族资本才刚培育起来外国企业便进来。如杉冈先生所说，如对当地没有太大好处的投资，而且加上里应外合，今后会发生种种纠纷是完全可以预想的。

◎ 杉冈：因有人接纳，合办才能成立吧。

◎ 戴：如大同制钢、味全食品等自力创业者没问题，那些不能自力创业的公司，便直截了当搭上政府接纳外资政策的便车，搞了合办。以前我写过，20 世纪 50 年代的外资尚不多见，积极进入大概是自 1963 至 1964 年前后。日本的投资是 1966 至 1967 年前后，当初金额不大。那时，国民党当局若无外资投资就很困窘，因为经常有不知美援什么时候被停止的不安。从国际情势来说，接纳外资，在某种意义上也是对政治性的自我保全加分。

◎ 杉冈：听说某时期出现了因不接纳外资所以台湾工业化没进展，外资政策没做好，所以遭到抨击。

◎ 戴：这是从民族主义的立场，如何看待外资的问题。同时，国民党为了保护自己的统治，以什么形式利用外资，又把它如何连结到经济发展来利用，是最大的课题。在这点上，有逻辑的矛盾，就如同盾的两面吧。

于是，外资政策如果是相当公开的话，不用心经营的企业家们便把握任何人脉要与日本企业扯上关系。最初是利用其品牌为主要目的，形式上采取技术导入而尝试合办。

那阶段与日本企业的关系是大概以台湾人为中心，寻找旧知合作，今后改以大资本，亦即从商品进出口或是技术合作方式而转移到投资的阶段，我对未来的发展拭目以待。

掌控贸易的日本商社

◎ **杉冈**：全面地对日本经济进入台湾市场的评价，留待此对谈的最后来做。就我所见范围的现象，再来讲一些。

台湾当地经济界有力者，希望我对日本经济进入做思考的另一点是最近日本的综合商社开始被高度关切这事。日本的综合商社在台湾的势力，在数字上很难掌握，但其力量很大。依我的观察，台湾的民族资本虽能制造东西，但在贩卖力方面非常差。大陆来的资本家这一点比台湾的资本家优秀，但不像日本综合商社拥有世界规模的贩卖力。

与此相较，日本的综合商社拥有世界性信息网与贩卖网，台湾的工业化所生产的产品，相当部分由日本综合商社贩卖。台湾好不容易工业化了，贸易面却受日本综合商社的支配。或日本的综合商社贱买台湾的工业商品，事实上有控制台湾经济的一面，因此闻说对日本的商社起了警戒心。

恰巧有关于此印象深刻的是日本罐头，特别是芦笋与洋菇在西德市场最近被台湾产的完全打败。因此芦笋罐头制造商、有名的北海道的 Cradle 企业因而倒闭。

日本业界的说法是台湾物美价廉的商品，打垮日本的芦笋，去当地问了才知，实际是日本综合商社让台湾罐头制造商制造，然后贴上日本综合商社的商标出口西德。制造芦笋罐头的的确是台湾的企业，而将此在更高层次组织贩卖的是日本的综合商社。

这么一来，就此一芦笋出口案例，不可以单纯地认为北海道 Cradle 的倒闭是被台湾罐头制造商击败。因为日本综合商社与其让北海道 Cradel 制造，不如让台湾的罐头公司制造后出口更有竞争力。不能忽略了在拓展市场，或者利润丰厚的考虑之下，把台湾的罐头公司当作承包工厂的一面。

由此来看，日本综合商社在台湾出口业务，感觉是拥有相当的力量。

◎ **戴**：即带有国际性。

◎ **杉冈**：商社在某种意义是带有国际性，也是非常短期性的只追求眼前利益、代表性的组织，其在台湾拥有庞大的影响力，亦必须考虑引发当地反弹的问题。可是此问题意外地很少被指出。

◎ **戴**：台湾是有察觉到啊。所以这次的台湾版 JETRO 就是那种构思。还有"外贸协会"要被扩大为"国际贸易局"等有相当的动作。另外一个是，国民党当局有个叫作"中央信托局"的机构，以往是在购买方面承担公共的委托采购任务，销售能力几近零。这正如杉冈先生所指点。

这是个小插曲，也是有关芦笋罐头因质量不良被外国退货时，标示的原出口地为"台湾·日本"，而被指摘："台湾至今还是日本殖民地吗"。

刚才杉冈先生提到，大陆系中国人的国际市场销售货品能力的事情，我想那是与华侨有关。然而这华侨议题又很复杂，令人头痛。想想新加坡，闻说接二连三建立中国大陆商品的百货公司，香港也盖了很多百货公司。那华侨今后如何因应，还有华侨自身今后如何蜕变是问题吧。但我想是无法与日本近代化的综合商社较量。

在这里，我想杉冈先生视察过的可果美（Kagome）的问题应被提出。总之那是委托台湾制糖公司的农场供给部分原料。实际上这成了争论的问题，出现了赞成的人；与认为"岂有此理，那不是日本帝国主义的再现吗"的反对者两方的意见。

且说问题将如何演变。台湾是海岛经济，海岛经济除以贸易立岛以外没有其他方法，就算能制造出类似可果美品牌的番茄酱，也不一定卖得出去，必须利用已占有日本市场的可果美销售管道。不应主张过度的民族主义，但不能买办化的说法，听说目前已逐渐获得共识。

我想终究是，在自己这方如何控制流通过程的利润问题。还有一个是如何引进生产技术的问题。自己这方有资本与劳动者，但技术无法赶上，所以暂且采用合办方式，等琢磨好技术再出手，是眼前台湾一部分企业家的考虑吧。

台湾企业干部的问题点

◎　**戴**：在此，资本家的性格当然是个问题。我想请教杉冈先生，您觉得台湾企业家的性格如何？

◎　**杉冈**：短期间的旅行，不一定能视察到那个程度。台湾人与日本人不同，说话很温和，也感觉不到明显的个别差异。

◎　**戴：**我想约可分为三种类型来谈。此三种之中，抽离他们的一般性的话，台湾的企业家多半讲求短期内回收投资。最近稍微延长，但至今我所见面的人大概订为两年。日本的中小企业是三年吧。

◎　**杉冈：**日本的中小企业也已经不是那种状况，而是产业资本性的。

◎　**戴：**这个还是来自于台湾所处的特殊国际地位，而对资本的不安。所以，有什么可以赚就一窝蜂地扑上去，扑上去然后大家互扯后腿，将之搞垮。另外则是以无论如何趁可以赚的时候抓一把的方式。

　　而最近因"文化大革命"，台湾海峡情势比较平稳，外资的引进比以前进行得顺畅，或因越南特需而增加实力，照这个劲头似乎可行。因此企业家之中也有积极出钱，比如请在东大留学的学生再继续研究两年，回来后高薪聘入自己公司，这种想法的企业家开始出现，这是以往没有过的现象。从模仿日本技术的阶段到亲手实行技术革新的积极性终于开始出现，成为最近显著的倾向。

　　于是我认为今后会成长的是，具有近代性感觉，自己也开拓销路，进行近代性体质改善，并以公司组织经营的近代产业资本家，今后可望伸展。这是一个类型。第二类型是全依靠日本商社，然后巧妙地随波逐流。第三类型是比乡镇小工厂稍微好，为家族式的小规模经营，这样好就跳来做这个，那样好就跳去做那个，大约谈不上是企业家的作为。这样想的话，现在正好是处在分水岭吧，从家族公司到近代的股份公司，或从商业资本蜕变为产业资本，大约接近中间阶段。

在这样的情况下，最近开始有后继者问题被提出来议论。以往的代表性创业者大概是单枪匹马为多。大同制钢、味全食品大概就是这样的。这种创业者开始在考虑接班人的问题。来访问我的企业家之中，二三年前是问我有没有优秀的技术工程师可以介绍；但最近的趋势是不喜欢学经营学的，比方你这种学经济学的就不行。你的种种分析非常有参考价值，但没有办法立刻为老板赚钱（笑）。老板想要的人才是能够做市场调查，建立近代性销售网的。由此可知资本家的想法在改变。

然而市场上还是存留不安的气氛，例如忧心后越南会变成怎样，而不能做长期展望的投资。因此，这四五年因台湾海峡相对安定，拓展市场就一下变得很大。如钢铁一贯工厂那样大规模投资就非常困难。围绕台湾政治、国际情势的诸动向，我想基本上制约了台湾资本家或企业家的性格。

◎ **杉冈**：由于我在这次旅行中，考察的都是具有代表性的优秀企业之故，我的感觉是，台湾的资本家虽是商业资本家，但都与自己白手起家建立公司的日本的经营者不同，以优秀的、品格优异者居多的感觉，工作能力十分出色。听日本某大型制造商的合办公司说，由日本派遣的董事，若是漫不经心的话甚至会被台籍干部取代。我的印象是，经营者个人作风较强势，其部属的中坚干部较为薄弱。大概是同家族经营之故，即便是有优秀的人才，也很难升迁，因此倾向前往美国。好不容易有优秀年轻的大学毕业生，每年约有一千人去美国，回来的听说只有百分之五，这对台湾真是件可惜的事情。

◎　**戴：**就是这点，日本现在出现对年功序列（译注：按照年资、贡献决定职位的制度）的批评。我以为年功序列是伸展日本资本主义扩张的不能忽视的因素之一。没有年功序列，职工会感到很不安。在传统上不想受人指使，至少日本人和中国人都抱有同样的想法。日本的情形是受年功序列的保障，老年生活会受到照顾，所以愿意工作。台湾的情形是，虽然开始有大企业出现，但询问工作人员，多半回答感到很不安，不知什么时候会怎样，因此，劳动者的流动率很高，有些许薪水差距都可成为流动的理由。台湾的资本家因为社会性、国际性的不能长期投资的诸情事，同时也微妙地影响劳动者。特别是高级技术者与熟练工人，因薪资的高低而有激烈的流动。因此不会出现让自己与企业同步成长的情形。所以，细胞分裂现象不断出现在企业，味精（Monosodium Glutamate，MSG）产业是个好例子，结果是更加变成过当竞争而陆续倒闭的情形。培育公司，自己也在里头接受分红这事，未能成为社会性的通则。

◎　**杉冈：**只是，我的印象是，如果不培养中坚干部，充实管理体制，今后台湾工业化已到无法前进的阶段，目前似乎也已进入解决此课题的阶段。

◎　**戴：**正如您所说，但考虑人才外流问题的时候，有必要与社会生产力的增长或颓势的关联来思考。思考日本时，我想也必须思考日本的国力。日本经过了甲午战争、日俄战争、九一八事变，总之，国力呈曲线快速上升现象。那个时期没有人才外流。当然接受人才的美国，其社会与经济诸条件相当不同，不能一概而论。至少当时日本留学生的想法是：与其留在海外，不如归国更有生存意义，又有工作的场所。

◎ **杉冈**：是为了归来而去。

◎ **戴**：台湾的留学生则是一去不复返。

◎ **杉冈**：真可惜。

◎ **戴**：大家都知道很可惜，可是没有拉回的力量。

◎ **杉冈**：不过，工业化已那么进步……

◎ **戴**：就是这个问题。工业化如日本曲线快速上升，也有国力的增长，所以会回来。不只是心灵依归的问题。"人不只为面包而生存"的原理，年轻人应更容易接受，说来还是要寻求有意义的工作、能发挥自己的力量的职场，所以留学生归来与否，不应仅以单纯的待遇问题或经济问题来思考。

评价台湾的劳动力

◎ **杉冈**：话题移到台湾的资本家论或年轻知识分子问题，日本的资本最近急遽挤进台湾的原因是，如常被提及的利用台湾的低工资，我想对此稍作思考。事实上日本资本的进入，有部分是想利用台湾庞大的低工资人力。台湾的工业化刚起步，比起日本工资相当便宜。这和劳动力基本上相当程度地供过于求，劳动力供给源的农村经济水平相对较低的问题有关系。

我视察台北附近与高雄、台南，看了北部与南部工业地带，感觉今日台湾劳动力状况起了很大的变化。例如台北市的情况是已过了可依赖近郊进入台北市的通勤劳动力阶段，现在已进入不从中南部招募劳动者并供应寄宿，否则招集不到人的阶段。高雄也已过了可从市内或近郊供应的阶段，不从屏东县或台南县招揽就不行的状况。

日本企业到了台湾，就有取用不尽的廉价劳动力，曾存在日本的低工资观已与现实相当不符，正处于流动化的状况。其实，工资水平依各地而有很大的不同。我所调查的案例是针织品为台湾新兴产业之一，台北针织品工厂一个月工资最高为3000元新台币，最低为1000元，换算日币最高约为27000到29000元。平均为1800至2000元新台币，日币约为16200到18000元。针织品工资相当高。同样是纤维产业，台北的毛织纺织是平均1000元新台币，约为9000日元的程度。

然而台北附近，开车往南约一小时的地方，莺歌有日本某文具制造商的合办公司，那里是700至750元新台币，约合6300至6750日元。台南的食品加工制造商的话，计时工资为2.5元新台币，以一日8小时，每月工作25天计算，也仅合4500日元。

但是，同样是南部到工业化极度发展的高雄又高起来，年轻女子也只有660元新台币左右，有如此显著的不均衡。在台湾一般来说劳动力是以20岁前后的人为对象，中高年龄层不在此范围，但劳动力相应是非常流动化的状况。

因此，也不是绝对的低工资，而是逐年变动随着上升。但是与日本相比，是具有一定差距的工资。是依业种、熟练度而各有千秋，有很大变动的状况，即使这次短期间的旅行也可明显观察到。

另一个问题是，我们日本的中小企业很惧怕发展中国家的低工资，但一般低工资很多情况是与低生产性相关联，有低工资的地方是低生产性的。最可怕的是低工资，而且是相对的生产性高的情况，始能发挥竞争力。从这一点来说，所谓台湾的劳动力，现在依业种也有生产性很低的，但据闻从日本进入企业的管理者说，经过训练有马上进步达到日本水平的可能性。还有比日本更有好处的是，那些劳工不以劳动为苦且非常顺从。顺从所代表的真正义涵虽然应该探讨，但总之对于管理者来说，不像日本劳动者装副不耐烦的脸，那些劳工很勤劳，考虑今后劳动生产性的时候，日本的进入产业认为非常有希望。而且与日本之间有工资水平的差距，那差距不像是会缩小，对于日本的资本还是很有魅力的。

对此劳动力低廉引人注目的最大动向，可举出日本企业对高雄加工区压倒性的投资。加工区到今年二月，已开工的有 80 家，日本是最多的 34 家，其次是华侨的 27 家，台湾资本 19 家。在此，例如某日本电子零件制造商制造零件，拿来日本作为在日本制品的零件组合进去，如果在日本制造零件成本就要 140 日元，然而在高雄的工厂只需 45 日元，加上高雄工厂的利润以及种种成本，以 CIF（译注：到岸价格，成本＋保险费＋运费，Cost Insurance and Freight）70 日元就可出口日本本公司。总之以一半价格即可出货。

从而，所谓以特惠关税与发展中国家的竞争问题，也不单是台湾与日本的竞争，同样是日本的资本，也有能够组织台湾劳动力的企业，与不能的中小企业之间的竞争型态，把台湾的存在凸显出来。而且那投资的日本企业与台湾的利润，又有相互的复杂关系。

以劳动力不足，对于日本是单纯的经济目的的投资，一旦进入就出现复杂的关系，我有这种感觉。在这点上，不知戴先生如何看？

◎ **戴：**我认为现今工资水平的高低不一是因为工资还只是家计补助性的性质所致。户主的工资还不能完全维持家族生活之故，所以不能以完全离村的形式就业，独立维持生计，从而工厂少的地方工资低。而因为牵引廉价劳动力的力量还很弱，所以工资差距很大，随着工业化的进一步深入，劳动力供需关系呈现更不平衡，但我想状况会改变。听说高雄加工区已逐渐有劳动力不足的情况，已经不得不从自行车通勤圈外去寻找劳动力了。企业已开始新建寄宿舍，以确保劳动力。台湾支撑低工资的女工，并不是为维持自己生计，只是担负补助家计角色的形式而就业者为多。因工作不会弄得灰头土脸，而且做起来又轻松，普通的家族人口多、生活苦，所以有那种型态的出外赚钱。

今后随着工业化进一步深入，当然这部分会改变。如此一来劳动力的流动会更剧烈。如台南食品制造商一般 4500 日元的情形是不会再有了。针织品的情形是，特殊熟练工大概能自立生活，足够支付附近的房租又可以吃饭的程度，或可以稍微有储蓄。然而一般的情况是还做不到那样。即便薪资能达到这种水平，从中南部去到台北近边，付了房租就没了，这就没办法做。宿舍等的设备当然就有必要，情况还未到那里，因此企业也还未做考虑。

◎ **杉冈：**但现状是若不盖宿舍，第二高雄加工区是绝对不能建造的，情况已经演变到这个地步。

◎ **戴：**现在的工资究竟是补助家计性质十分浓厚的阶段，因此工资的高低差距是当然的。我来东京是昭和三十年，与那时候的日本相似吧。

例如台湾糖业公司，这一年来有非常快速开始思考机械化的征兆，就是说以往以临时工应急的，最近已不容易招集工人，工资低些也要做干净而轻松的工作，例如回绝甘蔗收获等田间工作而选择罐头工厂。

以往台湾的农家户数与农家人口都是微增倾向。最近没有确认统计，但看报纸或杂志的报道，或听来日的有识之士说，农村的年轻劳动者开始在出走了。

◎ **杉冈：**是这样。

◎ **戴：**这还是一个新现象。

◎ **杉冈：**与以往相较，劳动力相对短缺，但比起日本还是相当丰富。

◎ **戴：**日本一般的经济学者，过去是以如何减少农村人口、促进近代化为课题。然而，现在是因为外移过多而伤脑筋，为农村处于人口过少状态，巨大城市的问题该如何解决而慌张。台湾的学者如何思考日本目前的状态让人觉得十分有趣，但是否注意到日本的都市化、巨大都市形成等的弊害性。

现在的台湾体制如持续的话，又支撑台湾经济的外部因素没有变更，就会追赶日本的后尘，出现农村人口过少现象，而在台北至中坜间形成巨大都市吧。

日本对外经济政策的贫乏与危险性

◎ **杉冈：** 从我的立场，我想把到此所谈做个总结。印象最深的是日本的经济进入，起先是做出口，因台湾的民族资本出现，为了确保出口市场而进入台湾，姑且做应付一时的投资。

其次是日本的劳动力不足愈趋显著。恰好有高雄加工区在那边，便争先恐后地进入。只是在顺应眼前的事态，没有长远考虑台湾的政治、经济问题，而对于此企业的投资有什么意义，以企业的立场有没有清楚地思考，似乎是随便地只看眼前的状况而投资。那累积不知不觉变成相当大。询问日本投资企业在当地的当事者对于此事的想法，他们的回答是想了也不能怎样，所以就不去想。我想恐怕大家都一样吧。

今后世界的社会主义与以中共为中心的东亚政治情势如何变化还不清楚，但是照现在这样日本继续经济进入台湾、韩国，以一定的经济势力扎根这事，对东亚政治的将来，不止于经济，我想实际已意味着参与其中。这样的事态到底是要怎样，我感到非常疑惑。

当然，变成这样的事态，前提条件是日本的保守政党与台湾之间缔结和平条约，或给日元信用贷款，有那样政治的一定前提条件，因此日本的资本只顺应眼前的利害而进入台湾。但是现在经济的重要性变成非常大，为了保护其利害之故，我感到接着便不能不以政治出马的不安。这个地方，戴先生如何想。这种事一直从来就不被当成问题⋯⋯

◎ **戴：** 我正在写《日本于二战后的台湾研究》的论文，而做事前查考时发现，"中日和约"在日本论坛几乎没有被当成问题。另一个是1亿5000万美元的日元贷款也没有成为问题。保守势力相当早就把台湾问题当作自己的问题在思考，而革新派的人多不当成自己的问题掌握。正统派中国研究者以为，美国的第七舰队从台湾海峡撤退国民党便完了，美国停止援助，蒋介石便会崩溃，这种感觉至少至今好像很一般。这种认识非常随便而肤浅。没有分析台湾内部的政治、经济、社会，对日本与"国府"的关系也没有好好研究就发言，令人不敢领教。从这样的状态而不觉之中如杉冈先生所说，已相当地介入被造成既成的事实。我没有断定其当与否的立场，但中国研究者把台湾丢放在视角之外，这事与杉冈先生在前面所指出，把台湾研究视为禁忌的氛围，真希望能够改正。

◎ **杉冈**：这部分的反省，包含中国研究者在内，日本的确还非常不够。对台湾的工业化，某种程度利用日本的经济力的台湾政策之故也有，有些日本人以为投资台湾是在行善事，有此倾向。但是台湾人对日本的投资没有那么单纯的想法。日本人没有注意到这事，我在这地方感到不安，实际上已介入很严重的问题。不仅限于台湾，日本的经济进入是在"中日和约"，以及对台湾1亿5000美元的日元信用贷款等政治前提之下，但看之后的发展是配合资本的追求短期利润，处理资本眼前进入的事务而已。国家对外经济政策之事，根本未被思考。

但是具体地想，美国对台湾将来采取何种措施的可能性对策，完全不在考虑之中。如果美国要从台湾撤退，或政治上从台湾缩手的变化发生之时做何打算等。届时，日本是否也要承担美国现在所做事情的觉悟，我想也没有。这个地方极为暧昧、模糊，一直保持非政治的方法拖拖拉拉，只不断累积既成事实，我感觉好像如此。

◎ **戴：** 如以稍微不负责任的说法，自民党之中，如松村（谦三）先生等除外，其他人是不想与台湾切断关系。当然也希望与北京以"政经分离"拓展贸易。如果北京肯闭眼睛，今后也想强化日台贸易或经济合作关系，但好像又怕北京大声斥责……（笑）

◎ **杉冈：** 自私、一意孤行，净想只顾自己方便的事。概括地说，日本实现了世界上无比的高度经济成长，因此在国内引起种种混乱，一方在破坏文明才是现状。而且，一切的问题都在增加国民所得的一语之下而被否定，恐怖的经济中心主义正在横行着，关于日本国内，是日本政治的责任，所以选择了这种政治的国民之方也有责任，在某程度上是不得已。但是波及于国外，因经济进入而产生左右他民族命运的要素，客观上在产生的阶段，也没有站在反省日本过去历史之立场而有一定的对外政策，对外政策只有以经济坚持到底，真是令人遗憾且感到可耻。无法做到相称于经济力的世界贡献此事，在对台的日本投资如实地做了证明。

本文原刊于《经济评论》第 18 卷第 9 号，东京：日本评论社，1969 年 8 月，页 110—132。

日本人的台湾研究 ——关于台湾的旧惯调查 *

林彩美　译

前言

有志于学术研究者，不但不能遗漏关于研究对象到目前为止的研究积蓄，也要积极站在今日的观点，搞清楚如何从中学习或不学习，确立如何批判性地继承的方法。在这个基础上，更要有自明（当然）的社会使命，也就是必定要超越过去的研究成果。

---

* 日籍台湾研究者春山明哲对本文的评价很高，认为是战后日本的台湾研究中的一个里程碑，是研究会从"东宁会"转化为"台湾近现代史研究会"研究活动的出发点，也是立足于社会使命感在日本展开台湾研究的一个宣言，对若林正丈、松永正义、宇野利玄及春山本人的鼓舞及引发的共鸣很大。后来春山明哲在台湾旧惯调查及冈松参太郎上有深入的研究。参见春山明哲《战后日本的台湾史研究——回顾"台湾近现代史研究会"》，《跨界的台湾史研究——与东亚史的交错》，台北：播种者文化，2004年4月，页23—61。

近来日本学界依靠传统的研究史常招致诸多批评，连曾被公认为日本人所做、扎实的东亚研究成就，也被评为其所谓的研究史，至今都只不过是片段记述的中国学而已，此为在这里必须指出的实情。

尽管如此，早在 12 年前（1956 年），日本学界就出版《东洋史料集成》[1] 之类出色的研究入门书。至今全然未变的，一直遗漏"台湾"研究是为什么呢？

连日本学界依靠传统的台湾研究史，在殖民统治落幕即将达四分之一世纪的现在，也好像还没有准备要从事这一方面研究的动静。

《东洋史料集成》出版后不久，笔者适于 1955 年底来日留学，因此未几即得见该书。当时笔者慨叹日人东南亚研究之深厚，同时惊觉"台湾"列于该书第二篇考古学中的东南亚之末尾，处理很不适切。迄今已逾十余年，不仅该书如此，中国学界也同样遗漏"台湾"研究，忽视的状况依然不变。日本民族曾在不算短的半世纪间，在台湾实施殖民统治，该民族的中国学界做出这种姿态的理由到底是什么？而在前述《东洋史料集成》里，"南京政府"项下不明显地附上伪满洲国（当然在目录中并没有显示出来），对于这种处理方式（笔者认为根本不适当，近年学界动向中对伪满洲国研究的遗漏有逐渐补上的情形，我乐观其成）确具象征性，相较之下，当今日本为宣传纪念明治百年而有空前的历史书出版热潮。然而因为中

---

1 《东洋史料集成》全 1 卷，平凡社，昭和三十一年一月三十一日初版第 1 刷。（译注：《东洋史料集成》中分朝鲜、中国、东南亚、印度、中亚、西亚等区，解说各区相关之概说著作、研究文献、史料，并刊载部分史料。）

日甲午战争结束而成为日本殖民地，受到半世纪统治的台湾，日本对其完全搁置而不当成一个问题，这究竟是怎么一回事？笔者对于日本的近代史研究者和中国研究者实在有许多疑惑。

我因为看不到台湾研究瓜熟蒂落的迹象，因此免不了也试从依靠传统做法的研究史入手。虽然我明白学力有限，自认僭越，而做此尝试。（本文初稿以日文写成，在日本发表，作为中国人研究者的自己，也感到问题不小；笔者至今内心深处仍萦回，自己是不是多事了？）

问题界定

日本人在台湾所施行的调查、研究，除有浓淡之别外，广泛存在于各领域。就拿旧惯调查来说，包括与土地制度有关的、与所谓"番族"（译注：学界通常将日据时期的少数民族写为草字头之"蕃"族，与此处之用法有些微区别）、汉族（即"本岛人"）相关的法制，以及有关农工商经济之旧惯等，范围广泛。本文限于篇幅，仅提出后者来加以讨论。

关于旧惯调查、研究组织成立的缘起

(一) 唤起（旧惯）调查所必要之舆论与成立民间研究团体

一般在日本谈及台湾的旧惯调查，多数研究者大概都会依序想起后藤新平、《清国行政法》、《台湾私法》、"临时台湾旧惯调查会"。

传统上谈论历史的方法中，英雄是必要的，为此，说历史的人在讲解过程里，自己常刻意地制造超英雄，然后常对有关英雄功绩的评价，采其结果而轻忽过程，对于产生历史结果的实质承担者和使之变成可能的诸种社会条件则常将其忽略，这好像是一贯的手法。

关于台湾旧惯调查的情形也不例外。战前，中国史专家青木富太郎教授对于《清国行政法》所下的评论是："不只是清国研究而已，也是中国历代制度研究中的杰作。"并认为《台湾旧惯调查报告书》（后文会谈及，此书之表现非常含糊不清）"对当时已渐濒临消失的台湾民间旧惯传给后世，具有不朽的价值。"[2] 但他却只是举出后藤新平之名[3]，而不知为何未列冈松参太郎（民法学者、京都帝国大学教授，《台湾私法》之编述者）及织田万（《清国行政法》之编述者）两博士之名。

福岛正夫教授也感叹："冈松博士只是因《无过失损害赔偿责任论》（大正五年之巨著），而被记住，而《法学论丛》《法学志林》中对博士的追悼文里，并未提及《台湾私法》或《番族惯习研究》

---

2 青木富太郎，《東洋学の成立とその発展》（昭和十五年，萤雪书院版），页187。很遗憾的是，该作者对于以《台湾旧惯调查报告书》为名的范围不很明确。
3 同注 2 书，页 152。

之名。"[4]带来这种风潮者不是别的，不正是日本人的中国研究者的姿态吗？

笔者认为，此种现象真正的原因，在于明治末年以降至日本战败，日本的中国研究主流多被日本帝国的大陆政策所摆弄。当《台湾私法》《清国行政法》完成之际，东洋史学者关心的已不是台湾到华南的路线，而是被赶着搭上朝鲜、满洲的路线。这是把前述两大著作仅当壁龛的装饰品，而未当成学术研究的第一手材料加以利用的真正理由。

顺随潮流的研究者诸公，较热心搜集的史实，与其说是同侪学者的名字或其业绩，还不如说是日本帝国内的独立王国"台湾"的实质王者、当时势如旭日东升般的满铁总裁后藤新平，以及关注于日本帝国推展大陆政策的主要路线的各地域才像是史实。

暂且不论这些，首位尊重台湾旧惯而且也必然主张旧惯调查之必要者，并不是以后藤新平为嚆矢。在后藤自己的《台湾经营谈》[5]中，也似乎承认，在他就任台湾民政长官（明治三十一年〔1898〕三月）之前，台湾已施行过旧惯调查。事实上，尊重台湾旧惯且最早提起旧惯调查者是首任学务部长伊泽修二，早在明治二十八年八月二十三日，伊泽就把调查列为"教育相关事项当务之急"之中的一项，向当时的桦山资纪总督提出报告："应视察人情

4　福岛正夫，《岡松参太郎博士の台湾旧慣調査と華北農村慣行調査における末弘厳太郎博士》(《东洋文化》第 25 号，1958 年 3 月 20 日)，页 26。
5　参照《台湾経営談——後藤民政長官の談話》(《东京日日新聞》，明治三十四年一月一日及同报一月六日)。

风俗。教育若是醇化人心之根本者，因涉及各种社会，宜深入考察其人情风俗，设置适应此一方向之教育法。故于当初之时，当局者即非特予注意此一方面之视察不可。"[6]此外，行政当局为实际施政的绝对要求，而于明治二十八年九月，十万火急地刊行了泽村繁太郎编纂的《台湾制度考》，该书因应当局的建议所谓"放任自然改良台湾岛民之风俗习惯，政府对其不加干涉，法律亦随岛民之状况而定"[7]。

日本占领台湾之初，或因客观之情势而不得不尊重台湾之旧惯，因此后藤新平也很确切地提及几点："中国这个国家之司法制度大致为五级审制度……，因此不可视为野蛮未开之民而予以轻蔑。拥有相当发达之人民二百五十万余。"[8]与日本人民生活水平差别不大的异民族，要使之灭绝、可说更是绝望的250万人，因此日本要统治这么庞大的人口，自然有必要思考尊重旧惯并进行旧惯调查。这种思考毋宁是当然的要求。

我等今后若要评价后藤新平的识见，与其思考他想起做旧惯调查，不如考虑下列几点来下评价：

第一，主张有必要进行旧惯调查，是以确立法律制度（日本国

6　梅阴子，《台湾旧惯调查事业沿革资料（一）》（收于《台湾旧惯习记事》第4卷第1号），页53—54。此外，信浓教育会编，《伊沢修二选集》（昭和三十三年七月二十五日出版）中，未明确注明伊泽的报告确实于何时提出，盼他日再行考证。

7　上引《台湾旧惯调查事业沿革资料（一）》，页55。

8　《台湾经营谈——後藤民政长官の谈话》（《东京日日新闻》，明治三十四年一月一日）。

内法与此不同）为目标，而此法律制度之长期展望是以永久统治为目标。（但对被统治者而言，这是非常麻烦的事）[9]

第二，不以后藤就任以前的所做旧惯调查为满足，而将此事提升至学术层次，以台湾经营立基于确实的学术基础之上为抱负，而推动调查研究。

对此，后藤曾说道：

领台已历六年，惯习大体似已甚为明晰，对此若非实际有系统地从学术上分析综合，绝不能仅借集合属吏之观察之一时性惯习以此称谓完成，因此有必要一定专家参与调查研究。经过此一钻研，始能使任何人均易懂，愈深入分析，则必要愈缜密综合、系统分明之故。在此主要把台湾旧惯调查，做得比过去世人所认可之更加慎重，以期完成确立台湾统治之基础。[10]

第三，日本制定国内法典时（曾无视于封建社会以来的法及旧有惯习之型态，而直接进口资本主义西欧法），产生诸多摩擦。后藤汲取这些教训，借鉴在台湾拟避免类似的事端。因此后藤展现其广博之知识而说道：

一部分人以所谓内地（指日本国内）之法律，统治居住于台湾之内地人；经过数年，台湾人亦似稍能适应，是否统一实行内地通行之刑事、

9　请参考上引《台湾経営談——後藤民政長官の談話》。
10　请参考上引《台湾経営談——後藤民政長官の談話》。

商事、民事相关法律……如帝国之经验，此等法典之制定如何使多数人感到困难？……再者，不仅在帝国之内已感困难，却又拟（在台湾）重复其事，即所谓再次犯过……[11]

第四，故矢内原博士认为，日本初领台时，其资本主义之阶段"可说尚未见发达之独占资本主义。甲午战争之结果，日本取得台湾等地，此战不得视为单纯的国民战争，应可视为具有早熟之……帝国主义时代之开展的特质。可说为非帝国主义之帝国主义实践，先踏上实践之路的一步，而后实质随之而至"[12]。其经济行动追随于政治、军事行动之后，因此后藤疾呼："奖励台湾砂糖、食盐之生产，应先砂糖出口至帝国，禁绝外国砂糖，因此有必要讲求悉数由台湾输送之法。此非必然费时长年累月之事，若能竟其全力，数年即可期其成。虽然如今只产出四五百万斤之砂糖，再过一二年，不难增长为三四倍，各位熟悉台湾之人咸信之。"[13]为图顺利开发殖民地经济，也用心进行经济关系的惯行调查。

第五，透过巧妙的舆论操作与宣传，当时尚存在棘手的抗日游击队之武装抵抗，放弃及出卖台湾之说不断。后来更排除日本评论家称为"短见""俗论"等等议论（当年台湾因无法提供日本当局相应于台湾行政费支出之收入，因此视台湾为麻烦之地之议论甚

11　请参考上引《台湾経営談——後藤民政長官の談話》。
12　矢内原忠雄，《帝国主義下の台湾》（昭和十三年第四刷），页13。
13　《台湾経営談——後藤民政長官の談話》，1月6日所刊载之部分。

器尘上）¹⁴，予旧惯调查以预算之支持，并设立特设机关"临时台湾旧惯调查会"等。其经过介绍如下。

后藤就任次年（1899）12 月，委以当时尚为新露头角朝气蓬勃之冈松参太郎临时台湾土地调查局嘱托之职（在临时台湾旧惯调查会成立之前，于临时台湾土地调查费之岁出项目下，进行筹备该调查会之创设事宜）。翌年年底，该调查局在台北县搜集证据公文书，利用参考台湾复审法院及台北县厅调查之公文书、总督府殖产课刊行《台北县下农家经济调查书》以及同府文书课刊行《台湾蕃人事情》，并且透过对住民的访问，而由冈松博士编纂刊行《台湾旧惯制度调查一斑》¹⁵。

本书不只是为了实施旧惯调查之预备调查书而已，后藤本人也自认其有为宣传而发行之意味¹⁶。其后冈松博士又记载其成效而为之证明如次："依明治 33 年 2 月直接采风问俗之成效，于同年 11 月编成《台湾旧惯制度调查一斑》，出版公之于世，因此咸认旧惯调查不应匆促结束，而于明治 34 年 4 月组成旧惯调查会。"¹⁷

14　参考鹤见佑辅，《後藤新平》卷 2（劲草书房出版），页 23—24。

15　参考临时台湾土地调查局，《台湾旧惯制度调查一斑》（虽然本书发行时间仅记明治三十四年而不记月份，但因序文所附日期为明治三十三年十一月，从后藤 1 月 6 日之《台湾经营谈——後藤民政长官の谈话》之文脉看来，可见该书是在明治三十四年初发行）。

16　后藤新平在前引之《台湾经营谈——後藤民政长官の谈話》（1 月 6 日部分）中说："《台湾旧惯制度调查一斑》一书之编纂……附印，须分发几位必要的人……，亦即旧惯调查只是有其必要的说法，没有什么利益，为使其知悉如何必要，而调查其一斑并予附印……，分发。"

17　临时台湾旧惯调查会，《台湾私法》（最终报告书）第 1 卷上卷（明治四十三年三月十一日发行）序文，页 2。

对于上述《台湾旧惯制度调查一斑》之编纂刊行，不愧为"科学政治家"的后藤也不忘利用报刊以做宣传。本文已数度引用的《台湾经营谈——後藤民政长官的谈話》，即在《东京日日新闻》于明治三十四年元旦及同年第一个星期日 6 日版中，用了相当多的篇幅陈述其台湾经营之意见。其经营谈之重点彻底强调旧惯调查之必要。（事实上，后面也会提到，在他的政治指导下的台湾惯习研究会机关报《台湾惯习记事》，改题为《台湾经营上旧惯制度调查之必要之意见》而全文转载[18]，再次致力宣传。）

在此之前，后藤在诉诸国内舆论之前，已在台湾岛内，由下开始，在总督府、法院与地方各官衙长官等相当之范围内进行动员，创立民间研究团体"台湾惯习研究会"（因此该研究会在明治三十三年从夏到秋发起筹备，同年 10 月 3 日后藤本人亲自加入发起委员会，同日该委员会正式成立）。到今天为止，很意外地学者几乎不介绍此一研究会，其实如前述，不难想象该会在形成舆论上扮演恰如其分的角色。该会在实施旧惯调查事业上所具有之决定性重要意义，容后述之。

台湾惯习研究会首任会长推由当时之儿玉源太郎总督担任，副会长则由后藤自任，委员长为石冢英藏（时任总督府参事官），干事长为复审法院院长铃木宗言，干事则选定数年后完成《台湾文化志》等三大册巨著的伊能嘉矩等，同时冈松参太郎（后来之临时

---

18 参考《台湾惯习记事》（以下简称《记事》）第 1 卷第 5 号（明治三十四年五月二十日）、同刊物第 1 卷第 6 号（明治三十四年六月二十二日）。

台湾旧惯调查会第一部部长）、爱久泽直哉（上述该调查会第二部部长）、中村是公（临时台湾土地调查局局长）等也列名委员名簿上。应予注意的是该会不只是官僚自创的研究会而已，相关发起人也捐款创立费用[19]。其后借会员会费之实质营运，在其机关报中，也显示其像是一个具有活力的研究会（根据报告，该会最盛时会员数达二千三百余人）补注。营运费依赖会员之捐款，因此中途产生松懈的情形，也可能才有"吹牛大王"后藤斥责鼓励[20]之一幕的发生。

另一方面，在司法行政实务之必要上，也或许是被旧惯调查热煽起，从明治三十四年六月起在各地方法院内召集通晓台湾旧制度，或熟悉农工商务之汉族住民有识者，与地方法院法官、检察官及通译官等组成"法院有志惯习研究会"（该会名称为有志惯习研究会，后又变成有志惯习咨问会，变化不定，为了易于区别，因此本文一律使用上记之名称）[21]。

所谓民间团体只有上述二种，以下再谈论知名的临时台湾旧惯调查会之成立。

19　参考《记事》创刊号（明治三十四年一月二十五日）会报栏，页65—70。补注　亦请参考《台湾惯习记事》第3卷第3号（明治三十六年（1903）三月二十三日），页77，《铃木干事长の総会における報告》。
20　参考《记事》第4卷第7号（明治三十七年七月二十三日），页76—78。
21　参考《记事》第1卷第6号［明治三十四年六月二十二日，页78、《记事》第1卷第7号（明治三十四年七月二十二日）］，页81。

(二) 临时台湾旧惯调查会之成立

为在日本国内、台湾岛内等地重新推动旧惯调查事业，舆论形成及准备工作在逐步进行的过程中，台湾总督府也于明治三十四年度的预算编列中，要求新设临时部事业费及旧惯调查费项目。当初旧惯调查费包含于南清贸易扩张费中的一部分，但因南清贸易扩张费被全额删除，调查费也因之被削减。其后台湾总督府以追加预算之一项，提出要求追加旧惯调查费 84163 日元，最后获得通过[22]，因此临时台湾旧惯调查会于同年 4 月正式出发。

又已由关系者起草的"临时旧惯调查会规则"，于同年（1901）10 月 25 日获得批准，并以敕令第 196 号公布。以下揭示全文以兹参考：

第一条　临时台湾旧惯调查会隶属于台湾总督之监督，调查法制及农工商经济相关旧惯。

第二条　临时台湾旧惯调查会由会长一人、委员 15 人以内组织之。

第三条　会长由台湾总督府民政长官充任之。

第四条　委员依内务大臣之奏请由内阁任命之。

第五条　临时台湾旧惯调查会调查有关规则由台湾总督定之。

第六条　会长整理调查事务，将其事项向台湾总督报告之。

第七条　临时台湾旧惯调查会置部长二人，由台湾总督就委员中任命之。

---

22 《记事》第 1 卷第 4 号（明治三十四年四月二十二日），页 72。

第八条　委员给予每年 2500 元以内之津贴。部长可特别于 1500 元以内增加给付。

第九条　临时台湾旧惯调查会置补助委员 20 人以内，受指挥辅助调查事务。

第十条　临时台湾旧惯调查会置书记、通译若干人，书记从事庶务、会计，通译从事翻译、口译。

第十一条　补助委员给予每年 1500 元以内之津贴。

第十二条　书记及通译每年给予 1000 元以内之津贴。

第十三条　台湾总督府职员兼任委员、补助委员、书记或通译者不给予津贴。

本会之宗旨如上之会则第一条，仅极为简要地宣示从事包括法制及农工商经济相关旧惯之调查，笔者前述关于后藤新平识见评价之部分中，已略为触及。本会设立之目的，则是服务于台湾殖民统治而做旧惯调查，为顺利进行紧迫之行政、司法、经济诸对策，而搜集资料，并解明旧惯之实际状况，更进一步提供台湾独自（异于日本国内法）殖民地立法之适当资料。

其创设当初会之组织，系规定隶属于台湾总督之监督，基本上由会长及 15 名以内之委员组成，会长由民政长官担任，委员依内务大臣之奏请由内阁任命，台湾总督并从委员中任命二人为部长，委员之下有补助委员（20 名以内）、书记、通译（若干名），以辅助从事种种调查事务、担任庶务会计及通译等事宜。

以明治三十三年之台湾总督府岁入（决算额）约 2230 万元之规模，次年之预算编列旧惯调查费 84000 日元（请参照表 1，以明治三十四年与现在消费者物价指数约一千倍来换算，约为 8400 万日元）。若仅以上述人数拟消化此一预算，对现今日本社会科学系研究者而言，大概仿如梦一般吧。

研究会、调查会之工作与成果

（一）台湾惯习研究会

该会会则第二条规定"本会之目的为调查台湾之风俗习惯、稽查行政司法之实务、举温故知新之实"[23]，其后实际进行施政，以惯习为基础所规定之律令渐增，因此非从惯习上研究律令，无法彻底明白其精神而形成问题，因此对于迄今为止仅以调查研究"风俗习惯"为直接对象，在上开会则第二条增列"本岛律令"而变成"本会之目的为调查台湾之风俗习惯及本岛律令……"，此系于明治三十七年四月十五日干事会中咨询提议改正，于次月正式通过[24]。

本会原为台湾总督府、法院等"居住于台湾之有志者相谋，从

23　《记事》创刊号，页 66。
24　参考《记事》第 4 卷第 4 号（明治三十七年四月二十三日），页 68；《记事》第 4 卷第 5 号（明治三十七年五月二十三日），页 88。

事官方职务之外另行惯习研究，各自于业余从事调查研究"[25] 作为研究会目的之故，因此研究会本身与其说推行研究事业，不如说提供本会机关刊物《台湾惯习记事》作为会员个别调查研究之发表场所，委员并对于会员在实际执行实务过程中发生问题之质疑予以答复，同时，各会员亦从自身之立场，辅助推行台湾旧惯调查会范围所不及之调查研究等，均为本会之主要工作。

事实上，本会从明治三十四年元月（创刊号）至明治四十年八月（终刊号），共发行多达 7 卷 80 册之月刊机关志《台湾惯习记事》，留下实为多彩多姿、丰富厚实之论文及记事，包括：1. 调查事项之法制及经济惯习等相关论说；2. 历史、地理；3. 动、植物；4. 教育、文化；5. 宗教；6. 风俗；7. 高山族相关事宜；8. 关于旧惯之研究会或调查会之动态；9. 人口、户口、国势调查相关事宜；10. 古文书及印谱（如台湾民主国之宝印等）；11. 出版消息及书评；12. 本会会员之动态等类目。

鉴于类似今天的《中国农村惯行调查》（全六卷）以调查之问答纪录为主体之数据集，台湾旧惯调查并无公开出版，前述《台湾惯习记事》有多方面之惯习问答录、旧惯调查随录、临时台湾旧惯调查会之动静及关于该会旧惯调查报告书有关书评等，应是贵重之

25 《记事》创刊号，页 2。当初限定会员为居住于台湾者，但因为考虑原来居住台湾之会员返回日本国内居住，例如穗积陈远博士等法学者入会之便，始于次年 4 月干事会中提案，删除会则第一条中"本会由居住于台湾之有志者组织……"居住于台湾等字（参考《记事》第 1 卷第 7 号，页 82；《记事》第 1 卷第 9 号，页 73）。又虽有台湾人会员应系少数（参考《记事》第 1 卷第 6 号附录"会员名簿"）。

资料。《台湾惯习记事》终刊号中有《本会解散之辞》，可见到连临时台湾旧惯调查会也常利用该志报道。然而这份包含大量贵重文献、资料之刊物，在日本国内几乎未被介绍而束之高阁，除了说是不可思议外无他了 [26]。此外，该会间接之业绩如《台湾年表》《台湾新年表》《殖民地统治策》等出版品，或培育出后来著有《台湾文化志》之伊能嘉矩等之事实，也均未为人所知。

该会的发展并非一帆风顺，因此创会的第四年，明治三十七年六月二十一日举行该会委员总会上，后藤新平做了严厉的演说，提出该会会势日益衰弱的警告。接着该会铃木干事长上台进行会务报告，也隐然提出关于未加入之官吏（约有70%）的批评，或许由此也可见该会不顺之一斑。即使如此，之后三年，该会坚持下来，但干事长铃木宗言趁转任大审院检事之机（明治四十年八月，后藤早其一年已转任满铁总裁），于该会机关刊物最后一期上发表格调极高之解散之辞：

……古言：退于功成名遂之时，天之道也。关于台湾广义之惯习，

---

26 战前的部分，我无余裕详细查证，但战后处理台湾旧惯调查之各种记述（包括：《アジア歴史事典》）、松元善海教授所撰《臨時台湾旧慣調査会》、故仁井田升博士所撰《台湾私法》、同时中山八郎教授所撰《清国行政法》）中均有介绍，各种论文（包括：福岛正夫教授，《岡松參太郎博士の台湾旧慣調査と華北農村慣行調査における末弘厳太郎博士》，《东洋文化》第25号，1958年3月20日；阪野正高教授，《日本人の中国観——織田万博士の〈清国行政法をめぐって〉》上、下，《思想》第452号，1962年2月及第456号，1962年6月；山根幸夫教授，《清国行政法解説》，收于其所编《清国行政法索引》，1967年11月，大安书店版），上述著作均未触及，令人不解。

若欲尝试涉及细目讨究穿凿，就绪之今日，我人当知尚存多大之余地……大纲及要目均大体具列，咸认吾人初期目标之阶段已近终了，特别是法制经济相关之专门系统之调查编修，官设之旧惯调查会报告已陆续公开刊行，有如特地告知本会事业之终了，抄录本会之报道以为参照，每见几多引用。于兹可认识本会调查事业之一斑，亦借他者之概括，而达成几分目的，不禁生起诸多感谢之念。相信本会之责任，大体业已解除……

此后《台湾惯习记事》与《法院月报》合并，长达七年之该会被强制落幕。

(二) 法院志愿者惯习研究会

前述有关铃木干事长在委员总会中会务报告之报道中，明白地提及参加台湾惯习研究会会员之比例较高者为法院方面人员（相关人员 57 人中，未加入者仅 36 人）[27]。司法方面之官吏较其他官吏更热心于研究旧惯，我认为是因为他们在司法职务上不得不回应强烈之旧惯研究需求。反映于此的是，不只表现在参加台湾惯习研究会的人数上，连各地方法院也积极召开志愿者惯习研究会。当初这种研究会以咨问会为主，专门号召各地台湾耆老与学者，由司法方面官吏询问并作成纪录，以"惯习问答录""旧惯研究会问答笔记"以及"旧惯调查咨问笔记"之形式，在《台湾惯习记事》中发表，

27　参考《记事》第 4 卷第 7 号（明治三十七年七月二十三日），页 83。

采取公之于世的形式。其后不仅咨问而已，也举行已发表的咨问纪录或临时台湾旧惯调查会报告书等个人研究之发表及检讨会，其成果也在《台湾惯习记事》中刊载。从上述事情，几乎可在前述《台湾惯习记事》中详见法院志愿者惯习研究会之主要成果。尤其前面已指出，现在该研究会的问答录已成为宝贵的资料。

但因为这些问答录的种类及其制作于抗日游击队频频活动之时期[28]，例如古岛敏雄教授对于《中国农村惯行调查》提出的批判[29]，此二调查虽有部分差异，但在台湾的调查与华北有类似的状况存在，使用该数据时也应了解其存在的局限。同时咨问对象并非一般庶民，多数是来自买办、与日本合作者阶层中的堕落士绅群，其咨问结果无法直接而正确、全面地反映一般台湾汉族系住民之法意识，或许也是我等研究者应予注意之点。

（三）临时台湾旧惯调查会

台湾旧惯调查工作中关于该会的部分介绍比较多，特别是战后与中国农村惯行调查的评价相关联的方式被并提。其中多仰赖福

28　可见福岛正夫教授对当时台湾抗日运动之史实不清楚，因而认为冈松博士等之台湾旧惯调查实施于"领台后岛民之抵抗完全终止之后"，这并非正确。参考福岛正夫教授，《岡松参太郎博士の台湾旧惯调查と華北農村慣行調查における末弘厳太郎博士》，页36。
29　古岛敏雄教授于《中国農村慣行調查第一卷を読んで》（《书评》，《歷史学研究》第166号，并收录于中国农村惯行调查刊行会编，《中国農村慣行調查》第4卷）中，批判关于作为受权力（军力）支持的占领者之一员所做之调查的局限。

岛正夫、坂野正高、山根幸夫三位教授之功劳，因为笔者实未具有深入分析、谈论该会各报告书之充分资格，因篇幅所限，且在上述三位教授的成果下，画蛇添足地略事补充，试介绍如次。

一般视为该会之成果者包括：

1.《台湾私法》本文 3 卷 6 册，附录参考书 3 卷 7 册（最早于明治四十三年二月十一日发行第 1 卷上册，至明治四十四年九月五日出版第 2 卷附录参考书下册而完结）。

2.《清国行政法》（总论 1 卷、上下 2 册、分论 5 卷各 1 册、索引 1 册）本文 6 卷 7 册、索引 1 册，共计 8 册（明治三十八年五月开始发行第 1 卷，大正三年二月刊行第 1 卷之修订增补本上下 2 册，至大正四年刊行索引而完结）。

3.《临时台湾旧惯调查会第二部调查经济资料报告》上下 2 卷各 1 册，共计 2 册（从明治三十八年三月至同年五月完结）。

4.《台湾糖业旧惯一斑》（明治四十三年十一月）1 册。

5. 虽有关于所谓"番族"之调查报告书，但在前面已说过本稿不予论及。

该会事业推展产生以上成果，本文拟先观察其财政面。吾人仅在台湾总督府统计书（第 4—18 号统计书）中，可见到台湾总督府岁出中关于台湾旧惯调查事业者，共在三种岁出项目下编预算支出：（1）"旧惯调查费"（明治三十四年度至明治四十一年度）；（2）"旧惯及法案调查费"（明治四十二年度至大正四年度）；（3）"诸调查费"（大正五年度以降，本项目与本文并无直接关系，因此表中省略）（参见表 1）。

表 1　台湾旧惯调查事业相关预算、决算表

项目	年度	预算额（日元）	决算额（日元）
旧惯调查费	明治三十四年度	84163	45679
	明治三十五年度	84163	73964
	明治三十六年度	84163	78667
	明治三十七年度	84163	79624
	明治三十八年度	84163	80152
	明治三十九年度	84163	73071
	明治四十年度	64163	56162
	明治四十一年度	64163	60747
旧惯及法案调查费	明治四十二年度	64163	61848
	明治四十三年度	64163	62302
	明治四十四年度	64163	60108
	大正一年度	64163	62859
	大正二年度	58616	52872
	大正三年度	56662	54107
	大正四年度	49863	40517
	合计	1055097	942679

数据源：台湾总督府统计书（第4—18号），但其中第7号不知何故岁出科目别遗漏，因此从前后关系补入预算额。备注：明治三十三年度之岁入决算额为2227万日元（见台湾总督府统计书第4号）。

最初该会从第一部法制及第二部农工商经济担任工作出发。

第一部由冈松博士任部长进行指导，第一期之调查于明治三十四年以北部台湾之调查为始，至明治三十六年三月结束，《临时台湾旧惯调查会第一部调查第一回报告书本文》上下卷各一册、同上附录参考书一册共三册于明治三十六年三月十五日一起刊行。其次为第二期调查，自明治三十六年九月实施南台湾之调查，于明治三十九年三月接近结束，也开始刊行第二回报告书，包括本文第一卷一册、第二卷（上、下册）二册，以及附录参考书二册[30]，共计五册，于明治四十年三月完结。第三期调查于上述第二回报告书刊行之际，并行于明治三十九年四月开始在中台湾进行调查，次年全部完成。其后进行编纂最终报告书（第三回报告书），但在此之前，于明治三十八年六月十日，依敕令第141号改组临时台湾旧惯调查会[31]，或有明了此事之必要。

第一部部长冈松博士从大学在学时期，早就在日本本国之法典调查会同会委员，日本法学先驱穗积、梅、富井诸位博士之下担任助理委员，从事法制调查立案，日积月累受了训练。其后更于明治二十九年起约三年间，为研究民法及国际私法而留学德、法、意三国，是个才俊[32]。他不仅是指导者，或许当时学术研究水平法学超越经济吧。与此相较，第二部部长则较不得其人，明治三十五年

30　因编辑之误，第二回报告书之附录参考书之书名为《第二回报告书第一卷附录参考书》及《第二回报告书附录参考书》，后者之书名应为《第二回报告书第二卷附录参考书》，因为易于混淆，故特别指出此项错误。

31　参考《记事》第5卷第7号（明治三十八年七月十三日），页87。

32　参考片山秀太郎，《冈松博士与台湾的立法》（《台湾时报》，大正十一年二月号收录），页19～20。

八月三日首任部长爱久泽直哉因赴厦门从事樟脑事业而辞职，由宫尾舜治继任，并兼任淡水税关关长[33]。宫尾不但不是专任此职，而且到任才半载，即明治三十六年二月时，就赴欧美出差。其后第三任部长持地六三郎（总督府参事官）就任，由于是日本初次尝试此种经济惯行调查，或因经济学之学术水平尚低，而蹉跎难行，终于在明治三十七年四月中止第二部调查事业。持地等与其说是调查，不如说是清理过去的调查资料，整理编纂至明治三十八年二月为止，发行了前述《经济资料报告》上下两卷共二册，第二部调查工作也大致完结。

依循以上的经纬，至明治三十八年六月十日，第二部所管的调查事务已被第一部吸收，第一部新设法政、行政及经济三科，而第二部则重新分掌"与南清有联络之农工商经济有关调查事项"[34]，然而也看不到什么成果。

调查的说明前后颠倒，为了此事，冈松博士带领之第一部，在第二部调查工作已中止，从明治三十七年四月开始，此部分之补救课题已上日程，实际上南台湾调查之末期，因为经济关系旧惯也合并担当。迄今在第一回、第二回报告书中，仅局限于土地及人事调查，又增加了商事及债权之调查，此部分由石坂音四郎博士担任，而第三回报告书《台湾私法》本文第三编上、下卷二册及附录参考书第三编上、下卷二册共四册，自明治四十二年三月二十五日

---

33 参考《记事》第 2 卷第 8 号（明治三十五年八月二十三日），页 84。
34 同注 31。

至同年十一月二十五日编纂发行，而预定作为最终报告。但是因为调查不周，认为关于动产之调查，有进行再调查之必要，而于同年六月开始进行补充调查及动产之再调查。基于以上成果，编纂发行作为调查结果之集大成，包括第一回、第二回及第三回报告书《台湾私法》第三编之本文、附录参考书，共计 14 册；之外重新有第三回报告书《台湾私法》共 13 册。另外，比此更早的是在明治四十二年十一月，被纳入在第一部的第二部调查事项中，关于"糖廊及糖之交易"有关旧惯，由该调查委员会的眇田熊右卫门以《台湾糖业旧惯一斑》[35] 为名整理发行。

于第一部调查中，相当于第一部行政科的事业，在该会改组以前（明治三十八年六月十日进行第一次改组），织田博士因为冈松部长的推荐，他自明治三十六年以来以文献调查为中心，编纂了《清国行政法》。关于《清国行政法》，已有相当广泛的介绍[36]，此处

35　前述松元善海教授在《アジア歴史事典》中执笔之"临时台湾旧惯调查会"一项，写为《台湾糖业一斑》，并不正确。临时台湾糖务局在明治四十一年十月十八日发行该书名之书。松元氏另一错误为，该调查之最终报告书《台湾私法》之发行年写为 1909 年（实为 1910 年）到 1911 年，并称同报告书为"迄今为止全台湾之私法惯习调查结果之集大成"，据笔者之调查，《台湾私法》并无以东台湾为对象之调查及山地住民之旧惯调查，并非集大成，显然是松元教授之誉之词。并非笔者有意挑剔，而是上述事典为权威之作，因此拟提出指正。

36　关于《清国行政法》之论文，有前引之阪野、山根两篇论文，另有介绍性之报导如前引之中山先生之介绍报导。而编者自己较重要的发言则有：（1）织田万、加藤繁的《清国行政法编述に関する講話》（油印本，于昭和十五年六月三日东大法学部长室，福岛正夫后记）；（2）织田万，《清国行政法についての苦心》（《法と人》昭和十八年四月二十日所收）；（3）加藤繁，《中国经济史の開拓》（昭和二十三年二月），加藤繁，《故浅井虎夫君の業績》（《史学雑誌》第 40 编第 5 号，昭和四年五月号所收）等。

就不再重复。

再者，第一部之法制、经济两科之实地调查，大体于明治四十二年结束。因此同年四月之后新设蕃族科，着手"生蕃"之风俗习惯相关调查。另在同年四月，终于利用一直以来之调查资料，尝试殖民地立法，而以敕令第 105 号设立第三部，分掌法案之起草及审议相关事项。从明治四十二年度开始，岁出预算项目更名为"旧惯及法案调查费"，并不是没有理由。可惜的是，本文并无余裕触及殖民地立法的问题。

代结论

以上以台湾旧惯调查事业——尤其是关于汉族系台湾人——的成立缘由、展开及其成果，就迄今尚未被知晓之部分尝试追溯其沿革。在文献调查之过程中，15 个会计年度里，台湾总督府实际上投资了大约 94 万日元（换算成现在的金额，约值 9 亿 4000 万日元）之巨资，推展旧惯调查事业。而与推行者主观意图无关，如今应再次承认该项事业确为我辈留下庞大学术遗产之事实。但是不能因此而说，殖民地统治为我辈留下如此丰厚学术遗产同时，我们当然也不能赞同其对台湾在此部分的贡献的看法。本文拟对此再次指出，对我辈中国人而言，此等成果与日本帝国之政治意图无涉时，我等才能由衷地将此作为学术遗产而予以接受。设若没有台湾人勤劳的结晶形成的"丰富的台湾财政"[37]，却仅强调后藤新平识见的企画力，以及冈松、织田二位博士为首的调查研究者等在学术上的贡献，则调查事业是否可以持续？笔者对此甚感疑问。

历史往往带来讽刺性之结果。殖民地统治已成史实。我认为，我辈中日两民族出身之研究者，必须相互从殖民统治之亡灵中自由，不能忽略留存的遗产，也不能仅将此遗产作为壁龛的装饰品而已，而是要将其放在正确的位置，把它活用在学问上，使其具有生产性。

特别是冈松博士之问题意识为："仅阐明台湾全岛之旧惯制度为不足，不可不期于上溯其根据渊源，示现中国本土法制之一斑，大体辨明南清一带之惯习。"[38] 如果去除政治意图而将之延伸，则可说要理解台湾，实有溯源中国本土之必要；相反地，为对华南有进一步的理解，则台湾之资料亦可视为有效之手段。不管这种解释是否适当，至少笔者相信，善用这些资料，将能借以进一步从事华南（也可包括台湾）一带的社会经济史研究。迄今为止，采用台湾旧惯调查工作有关成果之学者多为法学家或历史家，这也是本文书写过程中所发现的盲点之一。

◎ **按：** 此篇短文为笔者"日本人之台湾研究——研究史之尝试"

---

37 北山富久二郎，《"豊かな"台湾の财政》（台北帝国大学文政学部，《政学科研究年报》第1辑所收）。在缺乏支持事业之丰富财政的情形，而以追求殖民地利润为最终目标之日本当局，到底能否继续支持被非难为浪费国帑之伏魔殿的调查委员会的各位（后藤新平之后继者。关于伏魔殿的等等批评，请一并参见注32片山秀太郎之论文以及注26福岛正夫之论文），因有朝鲜之事例，笔者怀有疑问。
38 《叙言》，《台湾私法》（最终报告书），页1—2。

的最初作品，今后也想俟机再一步步尝试书写，若得方家指教，则为万幸。

本文原刊于《季刊东亚》第 4 集，东京：财团法人霞山会·东亚学院，1968 年 8 月，页 67—80。

日本人对台湾错误的认识

林彩美　译

不自觉中的"（日本）内部"问题

中文里有所谓"暴发户"一词，意指突然得到财富的人。暴发户的一般习性是容易得意洋洋，从旁观察那得意忘乎所以的行止，真有如滑稽剧。

如果带点讽刺地引用华语来表现，高度成长正有"暴发"之意。批评日本是"暴发户"，疑惑历史是否可反复的，很遗憾并不是笔者，而是我的助手、马来西亚出身的 T 君（他是俗称的华侨子弟，自称是华人，因此中文也称之为华语）。笔者认为他关于"暴发户日本"的批评颇中肯。我年纪长他一轮，或许是受到长年殖民统治经验的影响，在台湾，比"暴发户日本"更流行的日本观，却是把日本看成是"老好人"。

老好人也好，暴发户也罢，虽有微妙的差别，但一定是不会定位自己，因不会定位自己，所以被说是老好人吧。

说到有关亚洲（包括中国）的问题，近年来，来自日本强加于人的教导、恩惠、开发，这令人厌恶至极的做法更为严重。未来可想象的是随着日本积极进入亚洲，上述情形将更形强烈。T君的批评似乎是攻击这一点，此情况在台湾应该也可感觉到。

这一两年来一般日本人对台湾的印象大体是："便宜的夜游""北投""勤劳而廉价的劳动力""讨厌的国民党当局"等等。不用说，这些印象是由旅行者或来台发展的企业人员带出去的；无论如何，终究是传达出部分真实的台湾。但是，就如同从艺妓、富士山，看不到日本民族在第二次世界大战时奔放、狂暴的活力，以及 1960 年安保斗争的高潮，如果对台湾仅限于上述的感性认识，也无法产生真实的台湾形象；或许也无法预见台湾的民众潜存的活力究竟会朝什么方向集结。

本来，任何民族要了解其他民族，都不是件容易的事；加上人类是健忘的动物，不容易回到初心。日本是"暴发户"，日本人不是被榨取、被压迫的一方，而是加诸或想加诸他人的一方，因此更难对付。

日本资本主义已复兴，并且有更高度的发展。此次它换上新装，高举"援助、协力"的大旗（过去与现在均如此），想借此走进亚洲捉住其历史脉络。二次大战结束及其后，日本都不曾充分自我反省；作为思想落实在近代日本的定位上，仅只要再一次想回顾自我检讨这样的日本人，可惜却非常少。

此时多数日本人都未知觉"昭和元禄"[1]，是在朝战、越战人民的重大牺牲与冲绳人民对战争莫大的不安所支撑，才可能"暴发"的结果。日本统治者层的主流，比谁都知道元禄的繁荣是不道德的产物；因为知道此时的"太平"极不安定，而拟结合亚洲反动统治层，尝试延迟美国从亚洲全面撤退，玩弄诡辩，图谋阻挠中日两国恢复邦交。甚至为了维持"高度成长"，而以美国帝国主义的代理人自居，以代扛"援助"为名，尝试对国民党、韩国强力撑腰，逐渐使其势力深入才是现状。

　　日本统治层假"协力""援助"或贷款、赔偿、供给之名，将日本民众汗水的结晶、贵重的日元提供给腐败独裁的军事政权，供其不义、不法、不经济地使用，且盘踞于回扣与此缠结的利权，这或许是有识之士所批评的地方。

　　仅限于台湾而言，日本保守层与日本财经界在台湾盘根错节之深化及重层化，如后文将提及的，是显著在进展。

　　这种状况在民众未强烈意识之下进展，非常可怕。更可怕的是，应该掌握主导权、检证"暴发户"的作为、记取历史教训、改写历史，作为民众的一部分的日本知识分子之中，却出现亚洲开发论者，仿佛成为日本资本主义伸向亚洲发展的先锋，而开始在抬头。

1　"昭和元禄"指日本昭和年间像元禄时代（1688—1703 年）一样繁荣。元禄为幕府时期的年号，当时政治安定，经济发达，在幕府、大名、公家的保护及鼓舞之下，京都、大阪、江户的町人（庶民、百姓）的创造力大为显现，创造了"元禄文化"，其特色为现实主义、儒学、实证主义下发展的古典研究及自然科学，文学及美术方面也有许多成果。请参照井上光贞等，《日本史》（东京：山川出版社，1993），页 194—200。

这些知识分子多半不仅不能正视日本近代化等于西欧化的破绽，甚至也似乎不能正确地把握日本的高度成长。如同分赃般的"薪水上扬"和"我家"（译注：购屋之意）一般，全身沐浴在太平乐里，没有自觉到颓废，而径自去教导贫穷、发展中国家的人，强调要协助其开发，这不正是可笑至极吗？

如果真的可替发展中国家进行开发，那么替代日本人进行社会主义革命的说法（亦即革命出口可能论）也可以成立，这样单纯的事，但是我亲爱的邻人却似乎难以了解。他们不了解这简单的道理，也只有让大报纸去喧嚷"经济动物"不好，赶紧确立援助理念的似是而非的人道主义论耍弄吧。然后不久，丑陋的美国人的替代者——丑陋的日本人便出现了，他们也应会在亚洲各地昂首阔步吧。

就因为有如此塑造"老好人"形象知识分子的现代日本状况，所以在冲绳回归时，日本受到来自蒋介石及朴政权所施加的压力，因而太平梦醒；而此次中日贸易交涉，关于安保、台湾问题的难以展开，终究使日本知道事情的严重而陷入困局了吧。事实上，冲绳也好，安保也好，都不单只是日美间的问题。台湾问题也不是如不负责的媒体喜欢报道的联合国开会前后投票票数之类枝节问题。

失焦的台湾形象

中华民族与日本民族的交涉历史源远流长。如果从这一段绵长的历史来看，台湾介入这两个民族间才不过一世纪还差一世代

（30年）的短暂时间。

这段时间可以说极短，但是相牵连的内容却是很重要。日本民族如未丧失知性的创造活力，关于台湾的事实认识，以至价值认识应该是可能的。

但是认识的可能性，却依然仅以可能性存在着。对于切身非知道不可的台湾，日本却仍然停留在"夜游便宜的台湾""工资便宜的台湾"之类程度的见闻。

想想，在日本帝国时代至今，70年之间，日本人之眼中，是否完整地浮现了台湾形象呢？在相继的侵略、膨胀的体制方的步调中，日本人被完全卷入，本来应有的站在民族的、阶级的、国际主义观点所呈现的台湾形象，也终于未确立而烟消云散才是事实。

日本帝国时代初期，台湾是被殖民统治的，也就是榨取的对象；而到了帝国晚期，台湾则只是侵略的基地，作为侵略的爪牙及人力资源，这是日本所设定的认识台湾的坐标轴。

日本对回归中国后的台湾，初期因为受战败的冲击，而有一段虚脱状态的空白期，其后因被美国的远东政策摆弄而焦点模糊。近年台湾则可能被想成日本商品、资本发展的适当市场，或是作为劳务进口与借由劳动榨取再出口的生产点设置地。

本来，一个民族要对其他民族描绘图像，或许一般会因为阶级不同或阶层不同，而有各自固定的看法。遗憾的是，日本人所描绘的台湾图像，截至目前，都是一贯地维持未分化的模糊虚像，变化不定，常只是追求当下现实的浅薄的东西（与历史的前后无连贯关系，当然也不具有先见与判断力的），我不得不这样指出。

从明治时期以来，如果观察日本舆论形成的动向，少数意见反对论比其他地方更难凸显、更难浮出表面，有把体制方的报道视为绝对的倾向。使此一倾向增幅的原因无他，是因为甲午战争以来，日本快速推进的"近代化"，其民族未曾体验到民族规模的被压迫或挫折的历史状况。

战败是日本民族精神重生的契机，也是决定日本未来命运的重大契机。我等亚洲人期待日本民族能充分掌握此一契机，并予以活用。但是现实中，却是那些本来叫嚣着美国与英国是魔鬼与畜生、高唱"大东亚共荣圈"的同一人物或集团，现在却追随起美国帝国主义，向其献媚，换上新装，叫嚣起亚洲协力，都辜负了我们的期待。

过去至少有两次机会，日本人可以正确认识台湾：一次是在大正民主时期，另一次是在战败初期。

第一次机会时，在被压迫各民族反对帝国主义的余势里，日本在日俄战争中获胜，得到高度评价，当时日本实应把握机会，更正舆论。但日本军国主义却佯装不知日俄战争具有侵略性格的一面，全然漠视主战场中被害者第三国民众（中国人）的呻吟，而只夸大宣传战胜白人帝国主义的一面。

日本不仅容许此种宣传而已，还对此胜利的正义性给予市民权，甚至把早于日俄战争的甲午战争也全面正当化。其结果是采用"台湾割让"这个体制方所给的用语（而不是用"侵略台湾"），连站在唯物史观立场的日本史家，至今都不怀疑地这么遣词用语。

日本不但不使用"侵略台湾"，只用"台湾割让"，将占领台湾合法化，同时也对于台湾人的武装抗日运动曲解为是一部分"土匪"的跳梁，并说，日本是为新附入籍的良民除恶。因为这种错误的认识，马克思主义者（Marxist）的《甲午战争之研究》也必然会缺漏台湾的抗日运动；也会持续引用鹤见佑辅的《后藤新平传》中所谓巧妙诱杀"土匪"，以及讨伐"土匪"与"猎首的蕃人"而开发台湾的著述被当为好著作引用，这都是至今为止多数日本人被灌输入脑袋中且深信的事。

其间恐怕大部分日本知识分子都忽视了，财富累积使日本确立产业资本、进行产业革命成为可能，却不只是日本劳动阶级汗水的结晶，而是大部分系以甲午战争和义和团事件为契机，从中国人民强取"赔偿金"而来的。因此，日本的繁荣是向日本劳动阶级压榨而来，加上甲午、日俄战争以及第一次大战后种种不道德的收获，并借台湾等殖民地利润渔利。因为大正时期的太平是借此维持，所以是不安定的东西，或许多数日本知识分子不念及此，而被潮流冲着走。与战争相关联的形式和与高度成长的规模相异，但昭和元禄的太平梦和大正时期是有何等的相似性——忽然令人感到不安。抗拒这股潮流的诸位革新斗士对台湾的片段发言，矢内原的《日本帝国主义下之台湾》等，我辈应不会遗忘；而细川嘉六的《殖民史》（昭和十六年）或平野义太郎的《民族政治学理论》（昭和十八年）对于台湾的殖民地经济发展不能十分掌握的主要原因，善意地解释为是因为法西斯的压制和军国主义的跋扈，我辈也想表明不再持守这种看法。

在法西斯特务不再昂首阔步的战后所编辑的（咸所共认的）权

威之作《亚洲历史事典》（平凡社，1961年）中，虽有二二八事件之词条，但遗漏了雾社事件；而在最近颇得好评的《近代日本综合年表》（岩波书店，1968年）中，虽有雾社事件，但删除今天几乎已成为常识的使用毒瓦斯弹压，而在二二八事件中，提及当时高度要求自治，至于"独立"的要求当时虽连一点迹象都没有，然而该书却写成"发生台湾民众的反国府、独立要求的大暴动"。笔者大约在五年前有感于"台湾独立运动家"王育德的发言，而向事件当时几乎曾全程参加台北集会的某先生确认，我也曾绵密地查证文献，透过二二八事件的全部过程，终于确认事件中并没有要求"独立"的倾向一事。

而日本得以正确认识台湾的第二次机会，是在战败时。当时大致为老好人的在台日本人感叹台湾人"薄情"时说道："50年间共存共荣，50年的教育情谊，如今宛如空中楼阁般，突然土崩瓦解了。离日本而去时，台湾连一滴眼泪也没流。本岛人（台湾人）高唱光复光复，狂喜地放鞭炮、舞狮子。台湾在日本统治下，匪贼不出，小偷绝迹，固守个人权利，文化提高，自由受教，有钱人几乎全是本岛人，虽然如此，（战争结束时台湾的）报纸却写说从50年的奴隶状态解放，海报也是这么贴着。如果至少在临去之时他们的眼里还有一滴泪的话，日本人是这样期待的；过去可以看到那般扮若日本人的样子，大概是在日本人的权力之前做出的欺瞒状吧？"（岩永信子，《白塔》，昭和三十三年，页162）她也认为："内台融合50年，但一到战败翌日，就开始崩解。"（前引书，页160）。本来这次的震撼，正是领悟"异民族统治无论如何只是无意义的一场梦幻而已"的好契机，对于日本民族的觉醒应可以有效活用，但因为前述的错误，看不见的历史认识的局限，经历长时间所养成的优越感，个人方面一直认为：借着个人的善意，不会从事与体制有关系的"恶事"，像这样一厢情愿的看法，在短时间里无法抹净，认为殖民地住民是劣等的，如不依靠殖民地主义国家或其国民之"善意行为"或"经济开发"，则（殖民地）将无法解救之类的深沉迷信。是这种迷信妨碍了这一个不可再有的好契机的有效利用吧。

战后不久的昭和二十三年，《台湾新报》前主笔伊藤金次郎写道："透过 50 年的台湾领有史，期能再次检讨日本人对待异民族的个性。"（《台湾不可欺记》序文），在《台湾不可欺记》这本书中，他本身以批评了日本军阀或官僚对于台湾民众的"无情"而自负（参考该书序文），然而之后包括伊藤先生与自己在内的"无情"的过去的彻底对决，以及对日本统治台湾根本地反省，却是至今为止，无法从任何日本的台湾关系者听到的。

"善意"的殖民地主义者自始至终都不知觉自己的独善，深信殖民地遗产是正面的遗产，以台湾民众的税金进行的各种先行投资，社会的间接资本则看成好像是他们以善意，为了台湾民众而执意留下的。类似这样的错觉，至今仍深植其心。因此一直没有认识到殖民统治的罪恶，不论是物的榨取，或是对于被统治者语言的剥夺、对人的损伤等，都是如此。反而称赞自己在台湾的殖民统治是大成功的。

日本帝国主义侵略台湾、占领台湾，利用台湾海峡，以人为的方式阻断台湾与大陆的关系，剥夺台湾人的文化、语言，促进"皇民化"。这些是塑造今天多数 40 岁以上的台湾人无力反抗的、心已死的氛围，正是产生出"过去日本时代，现在大陆时代，未来可能就是美国时代"（参考大谷律子，《台湾记》，《亚洲社会研究会会报》第 13 号）般奴隶根性思考模式的主要原因。

使得产生台湾民众的文化水平比中国大陆有更高的错觉：看待日本的近代化方式为绝对，殖民主义者强加在被统治者之上的价值体系，不知从什么时候台湾人开始自己积极地接受了，不图恢复被人为切断的自我历史的连续性，而宁可肯定被切断的历史，这成为图谋添加并且扩大再生产新的虚构——为了确保买办化的自我或自己所属的阶层与阶级的存在。

"台湾独立派"或"台湾独立思想"，不用说是日帝殖民地统治之产物，而拟培育此意识的则是美国帝国主义；反之，无意识中在培养此种意识的则是腐败的军事独裁的蒋当局。蒋当局是以蒋家派阀、以浙江江苏为中心的乡阀以及以黄埔军官学校、政工干校（蒋经国持其牛耳的特务养成机关）的军学阀为统治中枢，无视于台湾民众在经济、社会、政治上的不满，不当压抑以本地资产阶级为始的台湾一般民众强烈参政志向，为"台湾独立运动"添了油。

我等之邻人——老好人的日本人不具深远的洞察力，在四十多年前拒斥了他们视为劣等民族"清国奴"的一分支的台湾人，在"同化会运动"或"台湾议会设置运动"中，所要求的改良主义式参政权的平等、行政权参与途径的机会均等；然后又在二十多年前战败时的冲击中，感叹台湾人的薄情。台湾人对于回归祖国的狂喜姿态是血浓于水的好例子，同样实地目睹此景的日本人，已忘记其初心；而不能自觉到"台湾民族论""台湾民族自决论"是从自己胎内产生的罪恶之一，最近传出又在想着旧梦再现、伸手多管闲事的暗流正在蠢蠢欲动。

台湾的现状及日本的保守层

如前所述，日本人的台湾认识从一开始就错了，而且至今仍为此种看法所引导。然而，对于台湾现状的事实认识，加上国民党统治型态是让人产生蒋当局亡命台湾、台湾被蒋当局统治当地住民之类的幻觉。本质上前述闺阀、乡阀、军阀之三位一体曾一度走向衰微，因为美国帝国主义与日本反动派的援助而重生，重编完成将本省人、外省人的下层透过特务、秘密警察组织之网来控制，因此（正确的认识台湾）更加显得困难。

认识对象的复杂化姑且不提，日本人对台湾的接触姿态至今几乎不变，又加上无定见，所以许多时候只是关心泡沫般现象的"表面的现实"。因此极端地说，实际的情形是，其并不想试着去认识事实。

在中日关系里，日本方面关于台湾的选择的最初的错误，不用说是被强制签订"日华和约"。

以朝鲜战争为契机，被美国的远东政策摆弄，被强求合作的日本保守派老人政治家，抱有根深蒂固的反共意识，当时还有一点羞愧感，但是对蒋介石所说的"以德报怨"狡猾地感激涕零（"以德报怨"这一句话有当时中国一般大众采取宽容态度的支持才开始生效，更进一步到一般民众对此发言，普遍地都有容许的气氛。很意外的是，当时日本人对于蒋的此项发言，却都忽略了中国一般大众的感受，对日本人而言，应尽情理的对象是中国的民众，而非蒋个人）。日本保守派老人政治家一方面巧妙地利用中国革命成功（指中华人民共和国的建立）的沸腾气氛的同时，且在受到反对片面签订和约的挫折而松缓的舆论之间隙，打下了楔子，慢慢不明显地恢复与"国府"的关系。

日本因为缺粮而向台湾要求米、砂糖，而代之向台湾出口肥料和机械，在这样单纯的台日关系运作情形尚可下，待岸信介政权登场（1957年），岸信介在是年6月3日访台，发表对于"国府反攻大陆"同感的话之后，日本的保守政界再也没有必要受到美国强制，而是以自己双脚走进了所谓台湾问题的泥淖里。

是幸或不幸，此时期"国府"内部的情势因为美国在军事及经济上的援助奏效（在政治情势上，借着由上而下的土地改革，相当成功地驯服了农民，变相地放逐了亲美政治家吴国桢，在孙立人"政变"计划未然即予发觉等等，以陈诚、蒋经国双头马车确立了暂时的安定。在经济上，则以朝鲜战争为重生的契机，从美国得到一年大约一亿美元的经济援助，因此压抑了通货膨胀问题，培育进口替代产业，恢复、扩大农业生产，开始扩大与日本经济景气相关联的所谓高度成长的经济规模），带来了可与日本经济高度成长相对应程度的相对安定。

此间台日贸易逐渐扩大规模，在日本技术革新的竞争里，以提前折旧的机械类为主要出资，进行所谓企业进入，另一部分也可以见到以专利费为目的的技术协力进入。

日本民族在台湾的选择的第二次错误，怎么说都是 1960 年的安保条约改定，其后传说开始接替美国进行日元援助贷款。之后事态的发展是吉田书简[2]、提供台湾 1 亿 5000 万美元贷款，佐藤内阁的成立与"国府"急速展开促进友好的动向。

以此一被强制的错误，与日本保守派自行选择走向泥沼之途，日本大众却未被全然告知；而且遗憾的是，民众方面似乎也没有积极地、深刻地自我求知（虽有对于岸信介的发言或关于吉田书简表面的反对议论，但或许因为笔者孤陋寡闻，并不记得听过民众强力反对提供 1 亿 5000 万美元贷款）。由于民众对于监督国政的放松，舆论关注于高度成长与所得倍增计划，在此之中，不只不能有效更正第一次的错误，而且更受到新的"枷锁"——吉田书简及 1 亿 5000 万美元贷款的追击。

1 亿 5000 万美元的贷款就在茫茫然之间决定下来，在贷款、提供、经济协力之名下，消费了贵重的日本民众汗水结晶的"日元"，而所回收的利权却只是所谓的"蕉苔蒟"利权（意指关于香蕉、海苔、蒟蒻的利权）（译注：当时日本自台湾取得香蕉利权，并自韩国取得海苔及蒟蒻之利权），并且高度利用其中最高的利权——香蕉利权，政商界关于贷款的暗中活动的黑雾也成为国会议论的

2　吉田书简为 1951 年日本首相吉田茂致书美国国务卿杜勒斯，以"国府为正统中国政府，不与中国贸易及对中国融资等"。

对象。

追随着贷款而至的是，在此之前宛如处女般，只有彬彬有礼地对台湾来进行商品进口、技术协力发展以及小规模的资本投资的日本资本主义，以越战为界，日本内部发生急遽的劳动市场变化，有来自下层的压力，而外部则有关于特惠关税问题的发展中国家的追赶。当越战特需带来景气，而"文化大革命"也致使台湾海峡的情势有相对的安定感等，因此现今可以看到大额资本开始异常显著地发展进入台湾。

这一连串变动的结果，使美国在 1965 年 6 月底切断了对台经济援助（军事援助也有缩小的倾向），日本一部分政商界积极接替负起责任，曾经在全世界恶名昭彰的"国府"在美国的游说团体（现在罗兰德等已逝，其力量几已全丧失），取而代之的是由日本一部分保守派相关者形成的新"国府"游说团体，已到可预想今后暗中活跃的阶段。

"以往的香蕉或砂糖，都是借由相当小的中小零星企业买卖的东西，此外，透过财界的压力团体已获得市民权，一旦切断这些，将陷入引发严重的政治问题的状况。"（《世界》1969 年 5 月号，页106）传说事态已发展到这样严重的程度。

日本的企业进入，迄今集中于当地市场支配型的制药、家电业。相较于美国方面以百万美元为单位，日本的投资规模很小，仅为 5 万美元或至多 10 万美元而已。但日本国内过当竞争的型态也随之被带入台湾，往往威胁当地的既有产业，而开始出现反弹。

在这种程度的进入阶段里，多数以传统知己关系（当然是以本省人为中心者）的日本企业的进入就足以办事。但也有石川岛播磨重工业与台湾造船（公营企业）技术合作的例子，也有像纺织业（包括合成纤维）之类以确保出口据点为目标的大企业向台湾发展，更有在高雄加工出口区以及对岛内的汽车业、电子业、机械产业等的积极发展。因为资本额变大了，也不能再慢慢选择"亲切的台湾人"（本省人），因为需与包括美国系的企业竞争，而不得不积极地寻求大陆系（外省人）或官僚资本系统强力接近。事实上，美国系的企业到目前为止与日本系企业对照，具有经济援助关系或与"国府"的传统关系，多偏向瓦斯、石油化学、肥料、电子工业，与倾向于资本规模较大的成长企业领域。其结果是与当局以及官僚资本有了紧密的关系，"美国大使馆"的后援力量也很强。最近与美国相比，日本相关业界方面在埋怨日本政府或外派机关的支持不够，希望有更强力的协助，因此羡慕美国系企业。

以上提出日本一部分政商界保守派对台湾的过度牵涉，以及日本企业在台湾发展的实际状况，现在本文拟再概观台湾内部的动向。

我认为朝鲜战争以来美国和"国府"的关系可以见到有两次高峰期：第一次是纵火破坏台北"美国大使馆事件"（1957年），这或许是继吴国桢事件（1954年）、孙立人事件（1955年）以来，美国和"国府"的抗争的最高表现吧。第二次则是《自由中国》杂志负责人雷震被捕，象征弹压反蒋亲美外省本省人联合的反体制组织（通称反对党）。第二次高峰期间，发生了金门危机、康隆报告公开提倡"两个中国论"（1959年11月1日），肯尼迪、尼克松关于金门、马祖撤退的论战。在这样激烈的动向中，仅限于台湾内部保守地看则有曹德宣（利用《自立晚报》）或齐世英（《时与潮》的负责人）等脱离乡阀主流的东北出身（该派自张学良事件以来，逐渐和蒋的浙江派阀疏远）的国民党元老级，或是浙江出身的亲美自由主义者陶百川（"监察委员"）等，他们以被除名的决心，对体制提出批判；还有台湾人中的重要人士李万居（《公论报》前社长）、高玉树（现〔指 1969 年〕任无党籍台北市长）、吴三连（无党籍省议员）等，在地方选举中，把民众对国民党的干涉的批判，升华为对体制的批判，并结合以雷震为始的大陆系中国人组织共同批判战线（反对党），从事启蒙运动。以《文星》杂志为据点，尝试与传统对决，且对旧世代提出彻底的批判（以欧洲近代化运动为目标），以李敖为代表的新世代（并无本省人、外省人之别）的动向。受到美国支持，积极尝试组织岛内外年轻学生辈的是彭明敏（当时为台湾大学教授），此外还针对反对"国府"独裁，站在欧洲民主主义观点，持续批判"国府"。

1959 年起，反"国府"知识分子不分外省人、本省人积极结合组织"反对党"，拟透过合法的选举方式，与以蒋家父子为首的国民党体制交战，推动如此激烈的启蒙运动及组织活动。

但此等运动遭到各个击破，或是受监视，或是投狱，或是病故，全然无法运作。其中最有力的杂志《自由中国》随着雷震下狱同时崩溃，《时与潮》遭停刊，《文星》也于发行 98 号后，于 1965 年 12 月 1 日被禁。其间也有听说反当局机关报的高级职员因共产党员之嫌疑遭下狱。

此期间，对"国府"内部的政治动向投入决定性一石的是陈诚的过世（1965年3月）。

陈诚晚年比较开明，接近老自由派学者，善用尹仲容为首的有能力经济官僚，据说因此创造今日台湾经济的成长。至陈诚过世（1963年过世的尹仲容是陈诚派大将，一手掌握经济大权）前，蒋经国握有特务机关，借此紧抓军权，几近独占权力。蒋经国唯一的对手过世，意味着陈诚派所勉强掌控的经济权也一手集中的前提条件齐备了。

彻底弹压党内部的不满、一手掌握大权的蒋经国于1966年的"总统""副总统"选举时，早就无视于元老派的意见，去除孙科，强行将年轻且掌柜的严家淦推"副总统"之职。蒋经国把旧世代束诸高阁，积极晋用年轻世代，稳定巩固自己的体制，然后在国民党十全大会（本年〔1969〕3月29日—4月9日）带入此一体制，企图为蒋经国新体制公开做最后的加工。

因此十全大会具有划时代的意义，蒋介石时代已闭幕了，名实相符进入了蒋经国时代。今后"国府"将面对"文革"和可预想的越战和平后的围绕中国国际情势的新展开，其因应之道如何，值得关注。

这种新时代的征兆，可从以下动向开始观察到：去年冬以来成为话题的比古塔·刘易斯（苏联人）访台、蒋经国亲自出访韩国（其后有冲绳复归日本的问题，蒋与朴政权有做出干涉的发言，请注意）、战后第一次任命军人彭孟缉为"驻日大使"、十全大会会期里派遣"副总统"严家淦参加艾森豪威尔的丧礼、企图亲自接近尼克松，更于 5 月 12 日亲自担任"特使"访问泰国等。

公开发言说道，只有毛泽东一人是敌人（请参照 1969 年 4 月 1 日《世界周报》报道蒋介石受日本电视采访节目中的发言）是期待中共内乱之类老人的戏言。在"反共抗俄"的口号里，删除抗俄与前述接受刘易斯访台，都是利用中苏对立的激烈化，似乎可以看到是对于预期中，华府与北京的接近表示抗议的先期行为吧。

蒋介石时代的闭幕，集中表现在十全大会国民党的中央人事上。蒋介石时代的人物，以陶希圣为最后，几乎全被祭上中央评议员的闲职，副总裁制的废止也是预防蒋介石的万一（死亡）、元老们的干涉于未然，蒋经国亲自设计的对策吧。

蒋经国的实力不只从搁置元老们的做法可看出，把陈诚派的年轻大将陈勉修（陈诚之弟，台湾银行董事长；该行因为发行新台币，而为实质上"国府"的"中央银行"）从中央委员降为候补中央委员，更甚的是以前所未有的例子出现的台蕉疑案（关于香蕉出口的渎职、收贿事件）中，宋美龄派（此派之政治力几乎已消失，仅存承袭浙江财阀之衣钵在财政界尚隐然存在其势力）的大掌柜徐柏园（"中央银行"总裁，"无任所大使"）于 1969 年 4 月底被免职等事可以看出。特别是中央人事中，唯一经由选举方式决定（这或许也是操控吧）的中央委员之首，即由蒋经国个人占有，可见比建立"自由国府"的原则，他更有意向内外展示实力而选择独裁的实质。

与此相对照的是总裁（蒋介石）所推荐的人事居中央常务委员首位，其原则是让给傀儡"副总统"严家淦（前次大会时位居中央委员末席），以前对元老们还有些顾虑，而从此次大会开始，由蒋经国自己坐稳第二位（前次大会蒋位于第七位）。

大会人事另可见到后述两大特色：第一，与经济建设有关的能干官员、学识经验者、中坚企业家出任常务委员；第二，怀柔本省籍资产阶级的人事安排。

前者提拔了不仅是连前大会的中央委员都不是的年轻的李国鼎（"经济部长"）、蒋彦士（"前 JCRR 秘书长"，留美农学博士）、林挺生（台湾人，台湾最大轻型电气制造业者大同制钢之社长）等人一跃而为常务委员。近日"国府"说出为"反攻大陆"须靠七分政治、三分军事，部分人士视为他们气势已衰且缺乏自信，而笔者则宁可认为是蒋经国有充分的余裕重新定位自己，认为美国很有可能是新的敌人（预想越战结束后美国将自亚洲撤退，接近北京，促进"一中一台"政策，积极支持"台湾独立运动"等）。从此一认识出发，至今为止很幸运地，台湾经济持续发展，更以新四年计划（从 1969 年开始）为契机，意图抵消美国影响力，而从日本或其他先进国家，透过引进国际金融机关资金，以确立台湾的海岛经济与贸易立台为目标，借此安定其统治，当然不得不在近期出现为了政治上围绕台湾的讨价还价而蓄积台湾的实力，创造有利的态势，这或许是他们当前的目标吧。

上述的人事与最后的台湾本地资本阶级的怀柔人事和这些动向是相符的。

针对近年来日渐高涨的台湾本地资产阶级对政治的不满，缓和政策首先是将长年在东京从事"独立运动"的廖文毅叫回台湾

（1965 年 5 月），"外交部"也任用年轻的台籍外交官科长，省县级的地方行政或党部的干部的年轻化与起用台湾人，司法行政部之调查局（特务机构）高薪任用年轻的台籍大学毕业者，据说对于揭发"社会不正"等采取相当复杂的处理办法，也被宣传。在"十全大会"的人事中，也同时可见到搁置了老人黄朝琴，相称地有上述林挺生的出线，中央委员名额也从前次大会的 75 名，大幅增加为 99 名，过去只有 3 名台湾籍，此次则倍增为 6 名，这或许是三四年前想象不到的。其中 5 人是新面孔，这些人当中也有日帝时代典型的买办，以汉奸被台湾大众所贬抑的前日本贵族院议员辜显荣的儿子辜振甫（台泥社长）被捧出，虽位居倒数第二名，但也是很具象征性的。

蒋经国"国府"体制连曾是台湾民众怨怼目标的日帝时代买办、台湾籍资产阶级也不得不要去拥抱，其窘况似可想见一斑。

要重蹈覆辙吗？

前文已提及，蒋经国新体制的"国府"很敏感地掌握了美国鸽派的新动向，因此处心积虑规划如何稳固自己的政权。

蒋经国一派今后恐怕为了固守自己的统治，而不惜施展一切手段吧？因此，知道过去只有单线对美是危险且力量薄弱，而积极要将邻近各国保守统治阶层卷入，一面计算一定程度的民族主义的反抗，同时也可能采取接近苏联的政策。

另一方面，不想成为第二个张作霖或李承晚，而采取一切的措施，并且保存自己的实力，累积对美讨价还价的资产吧。保全之策，第一当然是如何在政治方面将日本（请注意派遣军事色彩浓厚的新任"驻日大使"人事）拉进自己的步调当中。

越战有和平的动向，冲绳归还日本，寻求废弃安保条约的日本大众激烈的抗争运动，鸽派要求改正美国过度介入亚洲事务等等动向之间，对"国府"而言，正是头痛的问题。华府为亲近北京所送的礼物里，台湾可能成为廉价的东西，因此如果能把泰国的他侬政权、韩国的朴政权以及日本保守派都卷入，美国就不那么简单可进行事情，这应该是当然之事。

第二，为了从经济方面抵销美国的影响力，而积极接受日本企业来台湾发展。继先前的 1 亿 5000 万美元的贷款之后，此次向日本提出 3 亿美元贷款以应用于第五次四年计划，实不能说是单纯的经济合作要求，在日台协力的名义之下，对"国府"而言，可说是以无出资的共同保险为目标吧。

《朝日新闻》报道："因为围绕中国的国际情势变动不羁，关于此次之请求，政府内部弥漫的强烈气氛是应予检讨并予限制。"在冲绳、安保问题备受瞩目之时，吾等却担心在捉摸不定之中日本又被卷入，我们到底是不是太多管闲事了？

预想 3 亿美元贷款（此一款项很可能会以近日日本对台湾大幅出超应有回馈为由而强行通过，依去年度海关统计，日本对台湾出口上升至 4 亿 7000 万美元，但仅对台湾进口 1 亿 5000 万美元，入超实达 3 亿 2000 万美元，请参考通产省《贸易统计月报》第 12 卷第 3 号）及随后民间资本将大举到台湾发展，究竟将衍生出"福"

或是"祸"，是史有明训的事。切盼日本资本主义不再步上战争之途，此次应不能彻底丧失"中国民族之心"。

以上吾等僭越地向日本友人诸兄提出批评，认为日本人过去未成功地正确定位自己之前，就进入亚洲之愚行，以及对台湾的认识有历史性的错误，就因在现状上连对事实认识都不充分，因此在不知不觉间过度陷入台湾问题的泥沼中。

如今伤痕尚浅，为世界大势计，应记取历史教训，走上日本民族本应步上的大道。如果能正确选择，在时间点上，今天日本民族所站立者尚时犹未晚，这是笔者之见。

因此应以蒋当局干涉冲绳回归问题为反面教师，而以中日备忘录贸易公报为正面教师，十分慎重地斟酌后，选择民族百年之道。我如此期待，就此结束本文。

本文原刊于《世界》第287号，东京：岩波书店，1969年7月，页126—135。以笔名林凡明、何敏发表。

台湾近百年与日本 ——从我的体验来探讨

林彩美 译

◎ **主持人（桧田）[1]：** 今年（1995）我们以"战争与教育——战后50 年"为题举行两次演讲，今天请立教大学文学部史学科戴国辉教授来谈"台湾近百年与日本——从我的体验来探讨"。首先我想先简单介绍戴老师的经历。

戴老师生于台湾，在台湾省立农学院农业经济学系毕业后便留学日本，在东京大学大学院取得农业经济学领域的硕士、博士学位，之后进入亚洲经济研究所，1976 年就任立教大学史学科教授，担任史学科与立教大学多项职务，现在也极为活跃于立教大学史学会会长职务。戴老师的专攻是东洋史的近现代领域。

以下就请戴老师多多指教。

---

1 主持人为桧田光太郎，立教大学理学部教授、校牧室委员会委员。

前言

◎ **戴国辉（以下简称戴）**：诸位晚安，在这么严肃的地方〔礼拜堂〕演讲，是我从没想过的事。速水老师（现任校牧长）和我都是吃台湾米长大的，速水老师回到立教大学任教，命令我："戴啊，有时间的话要出来讲话！"既然前辈说话了，我不好逃避，今天就勉为其难地到这里演讲。

昨晚我搭最后一班飞机从台北回来。在台北时，我厚颜地以"《出埃及记》与台湾民主化之我见"为题，在国际学术研讨会中做了报告，在台湾大概是首次有人提出这个问题。所以我是被媒体——特别是电视——追着逃回日本的，所以现在感觉像是来这教会寻求庇护一般。

这些暂时搁下。今天的主题"台湾近百年与日本——从我的体验来探讨"，是因为速水老师打电话给我，我便想从自身的经验来做演讲。

我的演讲大纲中附了《台湾的百年（上、下）》，这是我写的随笔，今年7月12、13日刊登在《东京新闻》晚报（参见《全集5·第一章》近百年基轴之探索）。

这七八年来，我觉得很空虚，因此几乎谢绝上电视或为杂志、报纸执笔的邀约。不过我发现今年是一个很大的转折点，所以接受主编采访。我想，如果是这样的主题，来写写文章不也挺好？于是接受邀稿。想不到的是这篇小论文引发了种种话题。大致说来，我在这篇文章的构思与目前流行的看法相当不同。

为什么会有不同，我想在今天的报告中提出说明。我已在岩波新书《台湾总体相》中述及台湾的状况，书里描写至 1988 年为止的台湾，本来我想增补修订，但因为直到今天书还是很畅销，而无法出增补版。这本书已经出了 19 刷，卖了超过 10 万本。

由于现在中英两国已正式决定于 1997 年 7 月 1 日把香港归还中国，而在此期间，台湾民主化的内容和走向也会相当明朗化。如果可能的话，我考虑重写新书或出版上述书籍的增补本。

我省思自己在《台湾总体相》中提出的问题，认为只有一个地方和我预期的不一样：台湾现在的"总统"、"最高政治领导人"李登辉先生，或许将会以集体领导方式，进行台湾的民主化。

李登辉先生是我个人也知之甚详的前辈，他本来是我的同行。他曾就读京都大学农林经济学科；而我则就读于东京大学，但令人感兴趣的是李先生在京都大学并不是农业经济学科，而是农林经济学科。无论如何，他是在学问上和我有共通话题的前辈。这位前辈正拼命终结台湾政治过去曾有的悲哀，也为改正过去依赖戒严的政治运作方式奋斗着。

他本来并不是国民党党员，而是从学界被提拔进用，于 1972 年中日建交前后从政。基于这样的经历，他无法在当局核心培养自己的人脉，也没有支持他的势力，因此我预估他除了与既有的山头妥协以进行民主化外，没有其他做法。

再者，在《台湾总体相》中，我也预言：李登辉先生并不一定需要别人，可是以台湾的情形来说，台湾的民众却很需要他。他曾留学日本及美国，又爱读书，人品好、清廉，应该会把台湾经营得好。

此外,《台湾总体相》也大致预见到台湾海峡的情势将平静化,"台湾独立运动"或许会逐渐丧失支持的势力。虽然我所预估的事几乎都不差,不过李先生今天的领导型态,以及他个人的积极发挥,则是我所未能预见的事。

其实从 1972 至 1985 年,我们并没有见面。坦白说,我被列入黑名单,无法返台。这段时间他进入政界,打滚成长为政治家,因此我们没见面。1985 年滨田前总长担任棒球部部长,我以棒球部远征台湾顾问的名义随同滨田部长返台,因为这个契机,我才见到久违了的李先生,当时他已是"副总统"。也因为如此,我对踏入政坛后的他并不了解,所以我的预想会有点误差。

为什么我先向各位提及这些事?总之,现代世界史的状况非常扑朔迷离,在浑沌不明中,对于自己和自己的社会、民族、国家的未来走向不错估,是作为历史家的使命。

可是历史研究者往往很懒,只是罗列史料,就可简单完成著作,也能应付对学生授课,我认为,如果这样即使可称为研究者,也不能被视为史学家。如果不能在过去的历史脉络中把握住现在,在这个基础上预见未来的方向,不能持有这种历史哲学观的话,大概不能说是真正的史学家吧。仅仅罗列文献的话,我认为只是历史匠而已。

从"马关条约 100 年,告别中国大游行"说起

遗憾的是,今年 4 月 16 日台北有一个"马关条约 100 年,告

别中国大游行"。所谓告别，中文里是再见的意思。下关似乎也有一样的游行，但因我几乎不看电视，所以并不知道。《朝日新闻》福冈支局打电话给我，要我谈谈对此的看法并做评论，我才知道这件事。这个游行规模并不大，其真正的问题在于"马关条约100年，告别中国大游行"这个标题。

其实一部分日本人对这些字句感到高兴，我在这个现象中，看到日本今天显现的状况。由于日本的知性和理性都已解体，我和诸位有心的日本人共同产生严重的危机感。但是对日本人而言，这个大游行的诉求却很吸引人。

为何如此？所谓《马关条约》，就是《下关条约》。1895 年 4 月 17 日台湾被编入日本的领土，日本开始殖民台湾。战后台湾再度回到中国，今年是战后 50 年，从《马关条约》至今则有百年，因此有今天的台湾可说是托日本的福，即是托被纳为日本殖民地的福。可以向中国告别之意，其实就是托《马关条约》的福。

当然会参加游行的人，主要是诉求"台湾独立建国"的人。基本上我认为，"台湾独立运动"并不能有效解决台湾问题，或有助于台湾海峡的和平。"台独"并不能解决问题，我一贯都是这么批评。当前台湾的住民有 2100 万人。日本人所知道的台湾，是殖民地时期的台湾，只是台湾本岛、澎湖及其邻近岛屿。但是战后国共内战，也就是中国国民党和中国共产党发生内战，金门、马祖作为中国革命未完成的部分，和台湾本岛、澎湖岛都没有被中共解放，到今天依然都如此。

虽然在历史里"假如"是没有意义的，可是 1950 年 6 月发生朝鲜战争，美国介入亚洲事务，第七舰队巡防台湾海峡；随着朝鲜战争的展开，亚洲——尤其是东亚，冷战结构固定化了。可说，如果没有美国第七舰队的介入，台湾不会有今天的情况。我并非想界定这是好事还是坏事，而是想强调此事可视为历史变化的一项因素。

1954 年的炮击事件（译注：指 1954 年发生于金门的九三炮战）规模较小，但大家大概都记得 1958 年中国共产党对金门的炮击战（译注：指 1958 年发生于金门的八二三炮战），包含金门、马祖，即今日台湾的领域。事实上，位于台北的国民党当局、由李登辉"总统"领导的当局，实际有效管辖的行政区域，是包括台、澎、金、马。

在座的诸位日本人不太会知道这类事，一般民众是没必要想得太深入。普通日本人所关心台湾的事是：到台湾旅游时，高高兴兴去参观台北故宫博物院，吃吃中华料理，或者有机会去打打便宜的高尔夫球，然后回日本。

今年四月台湾的游行中提出"告别中国"、与中国说再见的话，再见和逃离是同义语，这究竟是什么一回事？所谓"台湾独立建国"，是非常具有创意的挑战，应是创造性的政治行动。但所谓"告别"，则是逃避、逃脱的意思。我对这个运动的批判是，这种没有出息的"独立运动"将伊于胡底。

假如 2100 万台湾全体住民，包括金门、马祖在内，65% 以上的人都以"独立建国"为目标，那我一个人是阻挡不了的；在这种情况下，即使中国共产党动用武力，恐怕也压抑不了"独立运动"。然而，以留学生为主——固着于美国式的近代或日本式的近代价值观的人举办了这次的游行。

到底台湾如何从中国逃离？与中国对决、战斗后，台湾始可"独立"，然而逃离后要去哪里？是要到新高山（指玉山）或富士山、落基山？这实在是令人难过、悲哀的事啊，游行主办者的无主体性令人掩目不想正视。

略谈司马辽太郎的《台湾纪行》

司马辽太郎之著作"街道漫步系列"中的《台湾纪行》，似乎很畅销。我和司马先生其实有一面之缘，也曾经一起参加演讲。他是很有名的传记、历史文学作家。但是，想到他这本书对未来日本和台湾的关系，或是日本和中国的关系，如何影响、如何投下一些余波，很令人担心。我会这么说，是因为这本书很易读，毕竟司马先生是名家，文章写得很好。

各位如果读了这本书，会发现我的名字也在其中出现过几次，但是并不是把我当成台湾史的专家来看待。另外，也可以说，他利用的材料，有相当部分是从我的书中发掘出来的。

乃木大将的故事就是个例子。乃木希典起初是以司令官的身份到台湾，之后才成为台湾总督。他和吉田松阴是同乡，相互景仰。用中国话来说，他是了不起的儒将，是有学问的军人。在日本人所写的汉诗中，他作了名为《山川草木》的诗，受到中国一流诗人的赞誉，这很不容易。这与日本的学者研究莎士比亚卓有成就，并获出版其成果一般，他的诗至今也还受中国人敬佩，是汉学素养很丰富的人。

我无意中发现乃木大将在台湾写的信。他怎么说呢？他说日本人是乞丐，这乞丐取走台湾这匹马，却不会骑（有如乞丐获得赠马，既无法饲养，亦不会骑乘）。他在信里写的这些内容，我认为很重要，于是率先在日本引用在论文里。如果没读到我的书，像司马先生这种大忙人，应该不会发现这封信。

我们历史研究者写论文时，如果没有仔细作注，或许会被说成剽窃。但是小说家不这么作就没有关系，不尊重著作的优先权也无妨，尽管全部拿来引用，甚至完全不用中文文献，只引用日文资料，司马由于都不说任何人的坏话，只是对所有的人感谢又感谢，因此没有人有怨言。

我的朋友们读了司马先生的书后，打电话或写信给我，告诉我："戴老师了不起喔，司马辽太郎给了你那么高的评价……"但是我却心有戚戚焉，有心疼的感觉。

这些事都无所谓，问题在于这本书会对日本人产生什么影响。

林房雄写《大东亚战争肯定论》时，他的共犯并不在日本之外。我这么说，意思是：当时中国大陆自信满满，东南亚也自信满满，韩国当然也自信十足，直到今天，韩国人都还依然如此。

今天的状况是，日本发展为经济大国，其实是以台湾为开端，许多亚洲人借着与日本的商社、资本、工厂的关系赚钱，因而提出相关批评的人很少，没有人认真地提出批判。

正如我前面所说，日本的状况很浑沌不明。虽然我们无法赞成斯大林式的社会主义，而见风转舵的大师们、评论者以及伪知识分子，仍挺起胸膛，不知羞耻地说："看到了吧？"我对这种现象实在无话可说。

基于这种状况，司马先生的书可能会产生负面影响，逐渐让日本人对台湾人和台湾有错误的看法，甚至也误解中国人或中国大陆的状况，对日本社会和日本人来说，这岂不是会造成很严重的负面效果？

我想到战时德富苏峰的事。当时是殖民地时期，因为我的哥哥们正在日本留学，我家有许多书，托这个福，我虽然偶尔也有错误的发音，但是现在可以在这里比较合宜地向各位报告：我认为德富苏峰这个人的一生十分值得研究，但在面对战争时的情势非常恐怖，因为法西斯主义在不知不觉间会扑过来。

我认识司马先生，我们又曾一起演讲。虽然如此，仍希望在座各位在读他这本书时，要非常小心。

终战、败战与胜利、光复之间

对日本来说，1945 年可说是"终战"，也可说是"败战"，之后已经过了 50 年。今年 9 月 11 到 13 日，我到香港参加国际会议，会议名称是"纪念抗战胜利 50 周年国际学术研讨会"，在香港是用"胜利"两字的。

在台湾，则是今年 10 月 25 日举行纪念光复 50 周年活动，虽然有纪念活动，但是我不能常常向立教大学请假，因而不准备出席——在台湾是说"光复"的。韩国也使用同样的文字，回到原来的光明；虽然一度陷入逆境，但是又再度回到顺境——也就是从殖民体制的桎梏，回到自由的状态。

我们可以把"终战""败战""胜利""光复"这四个名词放在一起思考是耐人寻味的。在日本，当然也是很混乱的状态，这是因为民主主义的关系，可以有种种仁智之见。但是如果坚持反战、贯彻和平主义的话，我还是期待日本人应以"败战"来为自己定位。

我在香港的学术研讨会中，曾提出严肃的批判。虽然中国说"胜利""战胜"了，但到底是战胜了谁？从中国人的立场来说，我们从来没有登陆过日本哪一处地方，所谓胜利是赢了什么？会场鸦雀无言。所谓中国的胜利，大家都有误解。用英文来说，中国是"bitter victory"，只是"惨胜"而已，仅仅是形式上的胜利。

战争结束后，中国立刻陷入国共内战，蒋介石拥有美国的近代化武器，得到巧克力、军服等等，每天在重庆开派对。重庆附近，也就是中国西南方，几乎都是国民党军重要部队所驻。

另一方面，中国共产党以延安窑洞为基地，人人穿凉鞋、草鞋，一副破落模样。但是这种军队翻山越岭，向华北推进，然后徒步走到满洲地区，展开游击战，终于称霸全中国。

当时蒋介石的军队等待的则是美国的飞机和登陆用的舟艇，靠别人来运谕。军队的将官每天跳舞度日，说着："啊！胜利了、胜利了！"等他们注意到情势改变时已经太迟了，终于失去大陆江山，落荒逃到台湾，又因朝鲜战争发生，再次得仰赖美国协助防守，而延续其生存，才有今天台湾的繁荣。

究竟台湾的繁荣何以致之？今天因为时间所限，无法向各位报告。

我在香港的学术研讨会中也看到来自大陆的学者，当时我严肃地向大家提问，到底是谁赢了谁？并提出批判，最后对未来应如何展望此课题再次发言，抛出严肃内省的问题。

再者，我也针对光复50年，在台北以"《出埃及记》与台湾民主化私论"为题提出报告（参见《全集5·第五章　试论〈出埃及记〉及台湾民主化》）。台湾的各家电视台和报社，要制作10月25日光复的专辑，蜂拥到我下榻旅馆的房间来，这如我所料，因为无法到东京采访我，一旦发现戴某人正在台北，就一直追着我跑。

我在台北提出了应再次确认"光复"的问题。所谓光复是指什么？当然在今天台湾对此问题众说纷纭，对于前述参与游行的台湾人来说，所谓的光复只是一半而已，光复的目的并不等于只是回到中国。

1945年8月15日，日本接受《波茨坦宣言》，我们把1945年当成是战争结束的一年。从孙文发起辛亥革命，建立中华民国的那一年，也就是与大正元年同年的民国元年来算，1945年是民国三十四年。而如果是如"台湾独立运动"者所主张的，从1945年开始存在所谓台湾人政治势力或政治主体，那么这一年不正是"台湾元年或台湾零年"？

但是原本并没有这种想法，现在也没有这等议论，三四年前当我提出来时，谁也不了解这层意义。可是近来开始产生这种议论，当然大家都不会说是由我最早提出，因为我对"独立运动"一直采取批判的立场。

我想说的课题，是应该如何把握台湾人精神史的起跑点。但是"台独运动"却没有"台湾元年、台湾零年"这类的主张，以这样低层次的思考，可说"台独建国"是非常不可行的。

直到战争结束这一年，曾到美国留学的台湾人，都还只限于几个教会的人，或是有钱人的孩子，可能还不到十人吧。他们的名字我几乎都知道，但是坦白说，台湾要怎么思考和美国的关系，光复之初并没有这个想法。

台日关系的虚实

至于台湾和日本的关系又如何？现在有人为《马关条约》已100年高兴着，或者对日本有所期待。不过战争结束那年，日本人本身对日本并没有期待，国家吃了两颗原子弹，东京和大阪、神户都已形同废墟，人人处在一片饥饿中。

最近台湾的老乡开始出版回忆录，大言不惭地在书中说当年自己在日本有多么崇高的地位，有如何优渥的薪水，即使是那样，仍然心向着台湾而返乡。

我想指出，这是谎言。50 年后的日本现况，就算当时的日本人也无法预料。日本人只是有热情，想努力拼命以重建祖国，但当然也有满怀的不安，觉得战后的复兴可能要花上 50 年甚或百年吧，我的前辈们是不可能预见今天日本的状况。此外，甚且出现有些人在战争结束时，说不想回归中国，要图谋"台湾独立"。

在回忆录里混杂了创作，这是很普通的事。人们如果不能忘记不愉快的事，必定会神经衰弱，因此大概都只剩好的回忆部分。

事实上，虽然台湾比朝鲜半岛早了 14 年被日本殖民地化，战争结束时，台湾人却不像朝鲜人般，有位居高位者，虽有台湾人出身一高、东大，但是却没人当到局长，在台湾总督府也不过当到课长而已。

台北帝国大学中，只有一位台湾人教授，也就是之前立教大学理学部所邀请的、我的前辈杜祖健先生之父，这教授是所谓的花瓶，他研究蛇毒和鸦片，在京都大学取得学位，是在后藤新平所创立台北医学校就读的我叔叔的同辈。说起来很难听，可是事实上与其说他是教授，不如说他是装饰品。只有这样一位而已。

如果说是平等待遇，如此就无法实行殖民统治。我今天会在这里，当然是要感谢立教大学的各位老师，但这是另一回事。战前的东大，只有两名台湾人当上助教授、一人担任讲师。到战争中期以至于末期，由于日本人的老师被征召参战，而不得不开始录用台湾人，因此医学部有两名台湾助教，经济学部有一名台湾讲师，三人都是我所认识的。

讲到这里，所谓殖民统治，不只是日本才有而已。在世界近代史上，殖民统治大致被视为是欧洲近代必经之路，也因而被日本效法引入近代殖民统治。我们没必要认为只有日本人作了这种恶事，我是从比较史的角度上理解这点的。不过，我同时希望日本人能确知，他们同胞在殖民统治上曾作了很过分的事。

很遗憾的是，对我来说，和朝鲜半岛的人相比，台湾人是很狡猾的，不说实话，对日本人只讲好话。

或许中国人原本就是这样，很柔软。朝鲜半岛的人就很强悍敢说，因此有趣的是，虽然日本人在朝鲜半岛往往被数落，但是到台湾来时，到处听台湾人说"日本时代很好"，像司马辽太郎先生之类的人，听到心情当然很好。

同一个明治政府，在朝鲜时作恶，在台湾会行善吗？如果这样不是很奇怪吗？所以事实并不是如此。日本人对台湾的特殊情况没有好好研究，台湾人只是给个口惠而已，日本人却当真接受了。

雾社事件（1930 年发生的泰雅人抗日事件）的结果怎样？是到使用毒瓦斯的手段。1915 年西来庵事件中，汉族全村被杀害，是杀掉整个村子的人！

日本人都是从广大的中国大陆开始做中国研究，而不太做台湾研究。开始研究台湾，也只出现一些挺"台湾独立"的研究，这样会使一般的日本人判断错误。

我这次回台湾前，曾请教木田老师。日本殖民时期朝鲜半岛教会的人曾深读《出埃及记》以及摩西，来作为理论武装，以和日本殖民统治相抗争。我听了之后深受感动。然而，我们台湾的教会又如何呢？因为我没有调查，所以没有发言资格；作为历史家，还是想等到仔细调查后再发言。

如各位所知，台湾有 50 万基督徒，仅占全亚洲 5%，因此在台湾讲《出埃及记》以及摩西的故事，大多数人并不知道，只是看了电影《十诫》，以及把旧约《圣经》当成故事来接受。我尚未深入调查，不过台湾似乎并没有像立教大学的教授般，认真研究《圣经》的人，台湾基督教大学的老师们，似乎只把《圣经》单纯当作信仰之书来教学应用。

再问日本的近代与西洋近代

要了解日本的近代，就非了解欧洲的近代不可；而欲了解欧洲的近代，则非进入《圣经》的世界，了解欧洲的文化不可。我因为要读马克斯·韦伯的书，而曾与他的作品恶战苦斗。惭愧的是，我并没有勇气写这一类论文，仅仅是认真拼命研读。我想用马克斯·韦伯宗教社会学的形式，以世界性的比较宗教学为基础，来思考中国社会的近代化问题。

在这个研读过程中，我逐渐有所发现。因为当时我还年轻，我先读马克思，而马克斯·韦伯，再回到黑格尔，也读托洛斯基、列宁和斯大林，突然有一天我有所发现。中国实在太大了，因为非常大，所以18至20世纪欧洲的思想家、哲学家或革命者所写的作品中，无论其意好或坏，一定都有中国论。但事实上，这些人却一个也没到过中国、读过中文。

我们中国人前辈，利用这些大学者的说法充分赚取稿费和演讲费，讲些好听的话。可是他们有探讨黑格尔是基于什么来议论中国吗？马克斯·韦伯又是基于什么来议论儒教与道教？都没有一个人做过评论。

我因此在今年七月出席台湾会议时，提出这个问题。

如今中国大陆和台湾要改善政治关系并不容易。当然，关于经济，由于中国人很擅长运用金钱，而能高度发展贸易，经由香港的贸易额已达 200 亿，而学界也想认真进行文化交流。

战后 50 年里，台湾不知有多少人到美国和日本拿博士。中国大陆虽然一直被共产主义体制压着，但是近年来也开始出国，以前的老留学生，也在读古典哲学了。

在此趋势下，台湾与大陆两方都有懂德语的人，也有相当多人懂英语，懂日语的也不少。所以应不要只会引用、翻译大学教授的作品而追随其说，以混口饭吃而已，应将之作为文化交流的一项，来重新思考根本问题为何？

我在会中提出以上问题。可惜对于我所说的，别人似乎只以"戴老师依然在讲些很不得体的话"看待，庆幸的是，也有几个人有非反省不可的反应。

接着再用前面供各位参考的《东京新闻》报道，来说明我所提出的问题。1895 年，梵乐希就曾经以甲午战争为背景写了名为《鸭绿江》的文章，他也留下 1898 年美西战争相关小论文。

恐怕今天与会的各位会想：戴某人这个学农业经济的，和梵乐希有什么关系？这其实是我在研究的某个阶段注意到的。即使是研究社会科学，直觉也很重要；最好从诗人的作品得到直觉，这是很有效的。筑摩书房刚出了《梵乐希全集》，并且陆续出版他的《札记》，我拿来一读，觉得很了不起。这是百年前写的关于甲午战争的文章，简略地引用其描述，他如此写道：

前者（指甲午战争）是被改造成欧式的、装备的亚洲国民（日本人）首度展现实力的行为；后者（指美西战争）则是从欧洲脱离发展的国民

（美国人）第一次展现实力的行为。（引自筑摩书房，《梵乐希全集》第12卷）

我们经常会说"欧美"一词，把它作为一个整体来表现，但是当年法国人却不是这么认为。美国并不属于欧洲，被看成是野蛮边陲。总而言之，梵乐希是站在欧洲中原的立场来看美国和日本。明治日本打败了大清帝国，欧洲人到美洲大陆，美国重组变成欧洲体系后，打败西班牙这个欧洲大帝国。

美国人不久来到菲律宾。台湾与菲律宾只隔着巴士海峡，如果解读当时的日美关系，我想各位会很清楚，在心照不宣之下，日本与美国隔着巴士海峡，日本占领北方，美国占领南方，两国各自实行殖民统治。美国终于成为太平洋国家，日本与美国二者以新兴资本主义国家，在世界史上同时登上亚洲的舞台。百年前梵乐希就预见了这些。

回顾近代日美关系，到日俄战争为止，两国都以新兴资本主义国家，彼此保有很好的伙伴关系：1874 年（明治七年）日本出兵台湾，美国人扮演顾问的角色，借军舰给日本。日本对华外交中，背后一定有美国的参与。日本也是美国南北战争（1861—1865 年）时剩下武器的最大买主。如果读读日美双方的历史年表，就可以了解双方的"近代化"进展过程是平行的。到日俄战争为止，美国在亚洲与日本采取某种合作政策。后来因为环绕着满铁问题而冲突，最后因为中国问题爆发珍珠港事件，两国关系才走上恶化之途。

经过战后 50 年，今年 11 月将在大阪召开亚太经合会议。我们亚洲太平洋圈国家在 21 世纪要如何延续下去？现在的三大国：美国、日本和中国，周边则是东盟国家、朝鲜半岛和俄罗斯，在这种情势中，如何才能开创共生之道？

日本是要和美国合作压制中国？还是要和中国携手排除美国？我们都知道，美国很害怕日本和中国携手合作。

苏联解体了，斯大林的社会主义、东欧既存的体制也崩解，许多人因此很乐观地认为，21 世纪会成为人类幸福的世纪。虽然不能说这是做梦，或许只是某种幻想，因为大家都知道，世界各地仍有宗教与民族的抗争。我们现在面对的是异常混乱不明的状况，知性与理性都解体了，民族宗教问题已经显露出来。

在此情况中，百年前梵乐希提过日本与美国"近代"的兴起，此后在亚洲将扮演什么角色？他再度提出这个问题。

但这当中有了变数。中国虽然还是有贪污等问题，但是和百年前清末的中国人已经大不相同；韩国虽也留着北方的问题，但是也和百年前的朝鲜大不相同；印度尼西亚人也和百年前不一样。那么，日本人要如何与他们交往呢？

在此，我想以应如何展望真正的胜利，来结束我的话题。

总之，一般百姓说 1945 年时日本人败了、中国人胜了；即使中国人仅是惨胜，今天仍然是用胜利 50 周年的形式来夸大庆祝。可是一部分台湾人却不认为是光复 50 周年的光复是回到中国，他们说应向中国告别。台湾住民对此意见还未一致，不过我们已逐渐走上相互依存的关系。换句话说，也就是不能不共生的状况。不论是核子问题、人口问题、公害问题，任何一个问题，都已不是一国、一民族的问题而已。

中国开始进行改革开放时，我曾匿名撰文提出问题，认为有必要去思考：如果中国沿袭日本式的近代化将会如何？中国有 10 亿人口，国土面积相当于整个欧洲的大半，如果也推行日本式的"近代化"，会变成如何？

前面报告过我在香港会议中的发言。中国说要"和平演变"，也就是和平地改正社会主义，走向国际化，外人对此有所期待。如果中国终能以实行欧洲式的近代或日本式的近代议会民主主义为实践目标，以 12 亿人为分母，每人都有一票参与投票的体制，那么将会如何改变？这在世界政治史上也是第一次的实验，是很大的课题。

对这些事完全未加预想及斟酌，就认为中国的社会主义如果能崩解就好的议论过多。日本人一方面说中国难以近代化，因为中国太穷，所以没办法，本意却是怕中国强大。日本想有效利用中国市场，在延续日本资本主义策略上，想利用中国这个巨大的市场，也是日本人。但是日本也同时担心，一旦中国强大，把台湾并吞，并伸展势力圈到东南亚，日本要怎么办？这些全部是一时权宜、没有全盘愿景的议论。

自立·共生的构图

在全球规模的大战略构想中，21 世纪东亚将会成为什么形式？

我有一本以中文写成的"自立与共生的构图"的书（即《台湾结与中国结》），具体而言，主要在论述围绕台湾海峡的海峡两岸暨香港、澳门四者应如何构筑和平关系。

前提是，绝不能发生战争。各方为了自己的发展都需要自立，所谓自立，并不是独立、分离之意，而是要承认各自自立的单元，给彼此一些创造性的活动空间，也不阻挡各自的发展。中国大陆也应自己做自己的事，如像苏联斯大林主义那样，持续地依赖情报机关或武力的体制维持，是无法延续中国想彻底促进改革开放、向上提升生活水平，及与第三者合作及寻求进步。中国不应采取与日本合力排美的形式，也不能和美国合作排日，不能以此形式作为亚洲太平洋圈的构想。

此外，对于在东南亚的华侨华人，应该促成何种新关系？站在这个问题意识之上，我们不得不重新省思，是要把自己的位置放在欧洲式的近代，或是日本式的近代上？或可就不会变成弗朗西斯·福山（Francis Fukuyama）所写的《历史的终结和最后的人》（*The End of History and the Last Man*）那种形式的理论。想想马克思主义以及之后展开的斯大林主义，都是以犹太基督教文明为母胎的，而欧洲式的近代其实也是从犹太基督教文明所发生的。

日本是以依附"西洋近代"骥尾的形式创造出明治国家，亦即创造了明治式近代和"日本式近代"，直到吃了两颗原子弹。我对广岛、长崎的牺牲者不知道应该说些什么去追悼。这是日本的近代非抵达不可的败战结局。在这个意义上，实在有必要反复探问到战前为止的"日本式近代"本质。在此延长线上，不只是作为亚洲人，也要有世界性的眼光。究竟欧洲式的近代是什么？对人类而言它又是什么？我们只有相信"历史的终结"，就此走在原来的道路上，就可以吗？

我一边想着这些，一边在台湾度过这两三天。最近在华盛顿有百万黑人举行大型示威游行，我认为是黑人寻求新觉醒的大动作。

台湾很小，日本人到台湾旅行，听到许多好话，因为台湾老一辈多半能通日语，但我想请你们不要就此安心。一般而言，日本人是老好人，而导游几乎都是旧世代的台湾人，他们是所谓的迷失的一代，受过半吊子的日本教育，对中文不适应，搭上日本人台湾之旅的热潮而转换工作。他们肤浅地批评国民党和外省人，不断向日本旅客谈自己的怨恨，甚至有人会模仿过去日本人的口吻，用"支那人"或"清国奴"等说法来骂外省人，这是很颠倒反常的事。我并不是说台湾人都不好，但是像我这样提出批评的也有。我认为，只有能提出诤言的才是好邻居。那些一味要日本人的钱，要日本的援助，要日本的学位等等才靠近日本人的家伙，大家最好还是警戒点好。

今天很粗略地谈了一些，实在很失礼。谢谢大家！

问与答

◎　**主持人**：谢谢。我想大家有很多问题要请教，欢迎提问。现在对演讲有问题的人请发言。

◎　**戴：**如果没问题的话，我想顺便谈谈这次返台时，关于《出埃及记》依自己的看法所做的发言，希望能给我时间说明。

◎　**主持人：**那么我想听听戴老师的看法，敬请指教。

◎　**戴：**在基督教学科的大学者们前面班门弄斧，老实说我需要一点勇气；不过因为我明年三月就要退休，先献一下丑也无所谓吧。

其实我认真读过旧约《圣经》。当然没勇气以此为题写论文，不过研究所时代为了了解马克斯·韦伯，必须得进入《圣经》的世界，内心一直挂记此事。

遗憾的是，当我年轻、还在台湾时（1955 年秋来日本前），有很多禁书目录，但是能读到的书却不多，有一些是我哥哥们从日本寄回来的，有一些则是家里的藏书。我本人并不是基督徒，没有人教我把《圣经》当历史书、文学作品来读，这方面在台湾并没有老师教我，也没有前辈。

读马克斯·韦伯时，我发现自己不太懂儒教和道教，后来知道，如果不了解基督教世界或文化，也不能了解欧洲的近代，就要和它对决是不可能的——我有这种问题意识。因而是在这种情况下读了《圣经》。

1958 年电影《十诫》公开放映，起初我对宗教电影有所抵抗，不过我的朋友告诉我："你如果正在读马克斯·韦伯，至少要看看这部电影稍作学习、做做功课如何？"到今天我都还记得，我去了京桥地区的东京戏院。这是一出大场面的电影，在白色大屏幕前我被震慑住，同时逐渐了解：原来摩西就是这样子吗？《出埃及记》是这样子吗等等。

之后保罗·纽曼主演的《出埃及记》，是以1947年移民船艾克瑟德斯（Exodus）为题材的畅销小说，是由尤里斯（Leon Uris，1924）所写的Exodus（日文译本由犬养道子译为"エクソダス"〔"逃向荣光"〕，河出书房出版）改拍成电影。这部片子毁誉参半。我那位先去看过的友人对"台湾独立运动"很拼命，他对我说："戴先生，一起去看看这部电影吧。"

他要我去看这部电影，事实上是要拉我进"独立运动"的阵营。为何如此？因为我很早就开始用日文写文章，他是自然科学家，如果能拉拢我，或许在社会科学方面，对于形成"台湾民族论"会小有帮助。他大概这么想。

我和他在意识形态和政治上的见解不同，但我们是相互敬重的朋友，所以我去看了电影。有一次我们一起喝啤酒，他说："戴先生，是这样啦，这是逃向荣光喔。"那天我们谈到很晚。

仔细注意的话，会发现片名Exodus前面，并没有加上定冠词the，因此这个"出埃及记"和"出埃及"是不同的。我跟朋友提到这一点。

我告诉他："喂，你很奇怪呢，你看这部电影怎么会想到台湾独立建国呢？两者是不一样的。以色列人逃向的是他们的祖先3300年前住过的地方，那里完全是荒野之地。你在想什么？莫非你把台湾海峡当成红海，把中国共产党当成埃及军，如果是这样，那应该是《出埃及记》的问题吧。是台湾海峡分成两半，有了路，我们的祖先才来到台湾的吗？我们的祖先是到台湾侵略台湾少数民族的人啊。讲到所谓逃向荣光，到底是从哪里逃出？逃向哪里？哪里又有荣光？你有想过台湾的少数民族吗？"

我研究过雾社事件，对这一点感到自负，因此我也开玩笑说道："我的东西才是正港的，你的台湾独立运动则是赝品，别干了。"

去年（1994）司马辽太郎先生和台湾的李登辉先生对谈，也谈到《出埃及记》。就我记忆所及向各位报告，李先生先问夫人（指曾文惠女士）和司马先生见面时要讲什么话题，夫人建议谈"生为台湾人的悲哀"。李先生是基督徒，又读过很多书，因此他们就谈到了《出埃及记》。

但是他和司马先生对谈时并不是直接提到《出埃及记》，而是《周刊朝日》的主编在对谈结束前问道："开头曾提到《出埃及记》的话题，是不是意味着台湾已经迈步迎向新时代了呢？"李先生才回答说："对，已经出发了。今后，摩西和人民都会很辛苦。不过不管如何，已经出发就是了。对啊，当我想到许多台湾人在二二八事件牺牲时，《出埃及记》就是个结论。"

司马先生并没有直接触及《出埃及记》，但是主张"台湾独立运动"的人在李先生和司马先生的对谈中，却抽绎出李先生曾说了这些话，并联想到"台湾要脱离中国"。

我很认真地思考。如果就《出埃及记》来解释，李先生的祖先本来是从福建省永定县客家村来到台湾的，因此要去哪里呢？如果沿着《出埃及记》的史实，应该是要回福建省去建国，而不能在"台湾独立"。因此可以说是整理原稿的方法有误，这或是李先生自己没有意识到，或是对哪里没有自信。总之我在返台的会议上报告，李的发言主旨并不是《出埃及记》，而是《出埃及》才对。

我从研究所以来的思考方法，也是这次发言的背景。我曾读了许多从木田先生那里得到的书，但其实我没有直接受教于木田先生。他是专家，如果一开始就受他指教，恐怕会大受影响，而不能成为知识的野蛮人；作为知识的野蛮人，事前若被教导太多，则知识野蛮人的创意会减少，这令人不愉快。最好还是慢一些再受教，之前尽量可能尝试自己做解释。

仔细想想，中国人之中，基督徒非常少，而佛教具体中国化则是从唐朝开始，大约花了一千二三百年进行中国化。我周围有99%的人，包括我父母，都认为佛教是中国的宗教，完全没有意识到佛教和印度的关系。中国人在这种地方都很务实，只要是对自己有利的事物，不知不觉间就当成自己的东西吸收进来，且深信不疑。

现在有许多外资进入中国大陆，中国大陆的干部们也往往把这些外资当成是自己的钱，我觉得这很可怕。完全把外来的东西消化吸收，当成自己的"文化"，或许这是中国人的优点；不过，把外资也当成自己的钱，这其实是不好的做法。

不知为何基督教无法在中国生根。即使考虑1949年中国大陆变成共产主义体制以来的特殊情况，但是在这之前，其实也这样；甚至在台湾，基督教也同样没有生根。

我没必要在这里提出自己的假说作为其理由，不过我想在这种情况中，提出一个问题。中国人的精神世界里并没有神的存在，即使读了孔子的书，也都是停留在人与人之间的关系。由于没有西欧基督教文明那种神的存在，因此这样的信仰对中国人就行不通。基督教是由神选出摩西，神透过摩西传授十诫，人民因为接受十诫而成为神的子民，也就是神与人之间有契约的关系。

李先生曾经说过："此后（台湾的）摩西和人民都会很辛苦。"他自己也探询民意，积极想举行"总统直选"；明年（1996）春天的"总统直接选举"，他也会参选。因为台湾很小，所以要采取直接选举。

这一个多月来，我透过日本人的书和翻译作品学了很多，我一再重读摩西的传记和《出埃及记》，而写出我的试论。

多数中国人都不信神——虽然很遗憾，不过我的亲戚或兄弟们大都等累积了钱，70岁后突然都皈依佛教，甚至开始茹素，成为素食主义者。不吃肉对健康是好的，可是我又想到，这或许也是中国人务实的思考方式。即使不知道地狱和天堂在哪里，未来也不想下地狱，因此存了钱后，拼命捐钱给寺庙——这还是在想死后的事吧。我认为这和基督教对神的信仰，终究是不一样的。李先生把人民从蒋介石父子的戒严令和独裁体制里解放出来。蒋经国晚年于1987年7月15日才宣布解严，之后才开始一连串的民主化运动，因为如此，人们长期以来被压抑的不满和欲望，解严后一下子全部爆发出来。

如前所述，李先生和司马先生对谈时提到，此后摩西和人民都会很辛苦。批评者针对这一点，说李是自我膨胀，把自己当成摩西。我觉得有点可怜，我想李先生可能有摩西的使命感，但是不至于认为自己是摩西吧。

我要在这里展开我的议论。如果神不存在，那么台湾的摩西该由谁选出？要由人民直选选出。因此，摩西是复数的，举凡推动台湾民主改革的领导者都是摩西。然而如果没有道德与伦理保证的信仰，也很难养成内部的规范意识，而变得脆弱。因此要靠什么来支撑？就是靠法律。

如众所知，中国人自己立法却不守法。中国的政治学者有人治、法治二说，即使是法治，其具体内容，也仅是把欧洲的政治思想等拿来填进去说明而已。

我在这里要提出问题。法治是要整体考虑的，必须要包括以下三个部分：首先是立法，"立法院"的立法；其次是执法，执行法律；最后是守法，遵守法律。这三者是一套的，缺一不可。

可是在传统中国政治中，政府认定老百姓会钻法律漏洞，为所欲为，所以要用严刑竣法。但可以说，严法反而是为了犯法而做。

而且传统中国官吏也大多是恶棍，会贪污，因为身份和晚年都没保障，所以一旦有了职位，就不把国家或法律放在眼里，多数人眼中都只有家族的事，以充实自己的口袋为唯一目的。立教大学学则中也有"其他"的项目，但很少用到其他。之所以有"其他"，是本来应有的状态；不过中国却净使用其他来敷衍，且习以为常。

因为立法和执法都没道理，一般人民自然也不守法。

照此逻辑，既然没有神，那要由谁选出摩西？要由人民选出。

这种人民不能收贿、买票，用近代政治学来说，是成熟而有市民意识的市民。由这种市民选出许多摩西，这些摩西中有一人担任"总统"，另外则是民意代表。如果是"内阁制"，像日本，则摩西是"总理大臣"与议员。

以台湾的状况来说，授予十诫的神，其实是由人民选出的民意代表成为"神"，由他们立法，创制法律，也就是新的十诫。至于执法的，则是以"总统"为首的政治家和官吏。人民其实是遵守由自己选出的民意代表所立的法，如果没有这种意识，就无法贯彻法治。

《出埃及记》中，摩西拿出石板（指十诫）进行整肃，在这个过程中，以色列人产生自觉，一边克服自我的弱点，一边遵守和神的契约；在这之后，以约定的土地为目标，人民和摩西并肩努力。

我已提出过，应以《出埃及》的过程，与台湾民主改革的过程重迭思考。要改正法律，透过直选使大家参与政治。同时台湾人也要彻底觉醒，要当不能被买票的市民。所谓台湾住民，不只是所谓台湾人而已，也包括和国民党一起来台的 300 万所谓外省人；所谓台湾人，是指在台湾当局实际有效统治的全部区域（台湾、澎湖、金门、马祖）的全体住民，也就是 2100 万人。其中的成年人而具有市民自觉者，依法治的三大部分为完整的一套体系，推进民主化的实行，我想这也就是实现台湾的民主主义。

在《出埃及记》里，因以色列人借着遵守十诫，产生不愿再当奴隶的决心与机制，必须符合此一过程，《出埃及记》才有可能投射在台湾。但是台湾近来的情况并不是《出埃及记》，而是《出埃及》。我以为重迭在《出埃及》来重思台湾的政治状况，才有台湾应有的未来。

总之，"台湾独立"等只是叫嚣口号，那是行不通的。证据是，关心台湾政局的人都知道，民进党员已当选台北市长。虽然"台湾独立"列入民进党的部分党纲，但是民进党并不全都信奉"台湾独立"为基本教义，只有一部分人接近"基本教义派"，多数人都是要追求更好的生活，以此作为最高命题，务实应对现况而已。

今早《读卖新闻》上，有关于民进党出身的陈水扁市长的报道。他上任时，无法在民进党员里找到可以出任政务官的幕僚，也就是局长级团队，因此他晋用给他许多支持的大学教员们。经过调查，这些人里有三人拥有双重国籍，结果大受批评，因而辞职。想要"台湾独立建国"的"台独"运动者，却拥有双重国籍、三重国籍，市长对这种情况很感震惊。我想这是自比为摩西，说要与徘徊于红海或荒野的以色列人民同在的人，对自己非常严重的亵渎行为。

出席台湾学术研讨会时，我当然没有谈到最后的部分。或许木田老师会批评，我的理论结构很奇怪，不过我仍想请教。以上谢谢各位。

问与答

◎　问：现在海峡两岸关系非常紧张，但是关于台湾的认同、台湾固有的本质、台湾自立的问题，台湾有作为台湾人的自觉吗？其次，中华人民共和国是很大的国家，很难完整了解其体制及开放经济等，这些和毛泽东主义思想相当不同，也不易了解毛泽东和邓小平究竟如何，现在的中华人民共和国的本质到底怎样？我想听听您关于这两个问题的看法，另外，基于双方都是中国相同的民族，他们现在的本质性，以及两者未来的关系，也想听您的看法。

◎　**戴**：现场有女性在，下面要说的将会很失礼，但请包涵。我去年曾以中文出版新书《台湾结与中国结——睾丸理论与自立·共生的构图》。

所谓睾丸理论，怎么想都不是很优雅，但是我找不到更合适的表现方式。我把香港、澳门比拟成一个单位，台湾又是一个单位，而中国大陆则想成是男性的巨大躯体。如同生理学中学到的，睾丸垂悬在外的话，会比较活跃而有创造力；如果被吸入体内，精子会因体温过高而死绝。

中国近代史上，香港、澳门和台湾都不幸同受屈辱的殖民统治。香港和澳门的殖民史已有百数十年，台湾则因日本战败而回到中国，但是因为国共内战，中华人民共和国成立，双方隔着台湾海峡，还是分裂对峙着。现在亚洲的三大火药库中，台湾海峡终于开始出现和平的动向，美、日和中国和解并建交，今天两岸关系也已看到雪融的迹象。

我至今所了解的是：中国大陆的领导阶层，力图治愈鸦片战争以来中国民族尊严的创伤，基于集体精神化的怨念，和对统一的强烈渴望，迄今仍诉求民族主义，持续表示希望与台湾和平统一。

另一方面，香港人或台湾人则困扰于当今中国大陆（内地）的贫穷和混乱的政治、"文化大革命"等事。海峡两岸和香港的确源出同祖且共属一族，但谈到与大陆（内地）政治一体化，现在还是令人担心。我想这是台、港人普遍的心情。

我的书首先是希望能给中国大陆的干部阅读。我认为和平时期的民族主义，往往只具有某种幻想，若缺乏被外国侵略的危机意识，这样的民族主义，不易巩固共识。因此，即使高举民族主义大旗也无法骤然并吞台湾和港、澳，这将不只会遭遇抵抗而已，可能也只会扼杀睾丸的"活力"，最后中国大陆恐怕连本带息都损失，使台湾、香港、澳门的特色消失殆尽。

如果是这样，还是留存着睾丸状态比较好。也就是考虑香港、澳门的自立，中国大陆不要妨碍他们的自立发展。自立绝不是与中国大陆内地分离，也不是分离、独立的意思，而只是自立。我想到，如果时机成熟，也可以在合意的基础上再进行一体化，与中国内地共生（symbiosis），如果其间中国内地因为民主化而变得富裕，不是也可以考虑类似美国的联邦之类的国家型态吗？

如列宁、斯大林式的民族自治论，对于少数民族的问题只触及表面，其实只是把少数民族，从上而下进行压迫。我的提案是以自立和共生的结构，在解决台湾和香港问题的过程中，摸索中国的国家形式。

《台湾结与中国结》一书尚未有日文版。

中国大陆如果像今天这样进行市场经济，当然也能促进言论自由，在此情况中，其实或许台湾、香港对中国大陆（内地），会带来正面的冲击。

以"告别中国"来举行游行，坦白说，只是一些青涩知识分子的空言，我认为是不负责任的。台湾海峡很窄，台湾如果位于夏威夷那样的位置，大概会不一样。除了与中国大陆寻求共存之道外，台湾没有其他路可走。一旦冲突，在台湾拿双重国籍可以逃出去的，可能不到 100 万人，那剩下的 2000 万人要怎么办？

最近夏威夷有意从美国独立出来。它曾有过自己的王国，成为美国殖民地后，有观光胜地的繁荣；加上当地气候也很好。一般人的生活感普遍是跳舞、美食、欢乐就满意了，但是最近变得不一样了，夏威夷人因为以前有王国，而开始谈起为什么要一直当美国的一州。

我认为没必要太刺激中国大陆。我想台湾无论如何就是想"独立"的人，大抵不过 10%，而希望立即与中国统一的人，也大约只有 10%，另外有 80% 的人主张维持现状。本来就是兄弟，和中国大陆好好地做贸易、进行文化交流，也是不错的。

我想警告"台湾独立运动"者的是，他们有所误会，认为美国会为"台湾独立建国"一同并肩作战，这种事其实不可能，这是我一直在批评的事。

嘴巴上说要"台独"，可是却同时拥有双重、三重国籍，我觉得是可耻的。如果主张"独立建国"，现在已经解严，不会被逮捕了，应下定决心堂堂正正地奋战，却还是躲在双重国籍的羽翼下，随时准备逃走。台湾穷人会把他们当成摩西、当成英雄般尊敬地跟在后面吗？那是没有道理的。

因为日本的年轻人不知道这些内情，也说"台湾独立"才好；近来也有日本人拼命帮忙"台独"，我想最好不要这样。日本人很有趣，常去许多地方管闲事。各自认真管好自己国家和社会就好，不要太轻易对别人投以廉价的同情心。

越战后，菲律宾选情混乱时，马科斯流亡夏威夷。我认为应该想想这一个美国与菲律宾的例子。当时阿基诺（Corazon Aquino）不知道自己已经当选总统，仍然留在民答那峨（Mindanao）岛。里根对阿基诺说："你当选了。"接着把马科斯带去夏威夷，把艾奎诺叫到马尼拉就任总统。这里很清楚的就是：美国不会再在菲律宾和菲律宾的新人民军作战，菲律宾不会再有新的"越战"。苏联本身有社会结构的问题，却做了和越战相反的事，就是介入阿富汗内政，因此造成苏联解体。

我们对日本或欧洲近代的重思，是不够充分的，非再加些什么不可。尤其日本吃过两颗原子弹，应可以更积极提出意见。

如果台湾海峡发生战争，对日本会有利吗？我想不会的。美国不会再作战了，毕竟过去在越南赢不了。而对中国共产党，美国如学日本人，顶多也只是获得点与线而已。现在的中国和中国人，和 50 年前大不相同。因此，聪明人大概会料想到，除非中国发生内乱，否则美国绝不会介入，免得点与线最后因此沉没。我想这种事还是相互避免较好。以上敬请指教。

◎　主持人：很谢谢戴老师。

1995 年 10 月 19 日，于立教学院诸圣徒礼拜堂

本文原刊于立教学院チャプレン会编，《CHAPEL NEWS》第 440 号，

东京：立教学院诸圣徒礼拜堂，1996 年 1 月 25 日，页 10—23。

谈日本的近代史与台湾 —— 关于批评精神的缺乏

林彩美　蒋智扬　译

　　搭乘昨天的飞机，我又来到日本。我在日本已经"打扰"了
41 年，去年（1996）5 月我提早从立教大学退休，回去了台湾。这
次是保持了距离，从台湾的角度来观察日本的变化以及日本人对事
物的看法。今天受邀演讲，我想也是期待我从台湾的角度发言吧？

　　日本在明治时代成为"近代国家"以后，第一次向海外发动战
争，是 1874 年的所谓"台湾出兵"，结果日本得到 50 万两的赔偿
金。对日本人的你们而言，指出你们的"侵略"行为，是失礼的；
但从某种意义来说，透过战争来发财的日本习性，正是从那时候开
始的。此后过了 20 年，明治二十七年（1894）爆发了"日清战争"
也就是"甲午战争"，明治二十八年日本获得总数高达二万万两白
银庞大的赔偿，并且把台湾殖民地化。

　　日本作为所谓"近代国家"，现在看起来真是奇怪。日本二战
战败后，殖民地全还完了，可是，日本还不是成为经济大国，可见

过去需要发展殖民地的想法是骗人不可信的。没有殖民地，一样能够透过自助努力，成为经济大国。这当然也有美国关系，以及种种复杂的因素，总之纵使没有殖民地的经营，日本的资本主义还不是很好的发展开来。

如是，日本以"近代国家"发动战争、统治殖民地台湾50年的经验，到底意义是什么？当然，日本也做了并吞韩国、成立"满洲国"的事，但是就台湾而言，完全可以从台湾的角度来探究日本"近代化"的意义，作学理上重新的剖析，这是非常重要的。可是，针对这方面所做的研究，在日本可谓几乎完全没有。

从农业经济到台湾研究

我是读农业经济的，以我的专业来看日本与台湾的关系，也许会与一般人不同。思考这一问题我的逻辑如何呢？就从日本殖民台湾第四任总督儿玉源太郎时代的民政长官后藤新平（任期为1898—1906年）谈起，日本对后藤新平的评价是非常高的，后藤新平先是在台湾经营，后来转去经营满铁，就当时后藤新平的成就来说，是该颁给他勋章的，但是以更长期、更宏观的眼光来看，日本最后吃了两颗原子弹，也是后藤新平所播种的罪孽所造成的后果。而这前提，也要归罪于我的祖先，总之是台湾人民对日本统治的抵抗运动不够强的缘故。

日本人是缺乏恕道的，所以，以后藤新平为首的日本人看台湾是很容易践踏的，台湾的"支那人"是很容易蹂躏的，他们觉得台湾的"支那人"爱面子、对钱不干净、对"鞭子"容易屈服等。然而设身处地想一想,台湾人处于小小海岛,是无处可逃的,再怎么抵抗,最终也是难逃被残杀的命运的;而台湾人被残杀的事实,却随历史的流失不断被冲淡以至于消失。所以日本人一般有在朝鲜半岛做过坏事的意识,但深信日本在台湾做的都是好事的日本人却很多。

我在仁井田升先生(已故东大法学部教授)60岁纪念论文集里写道:"首先敷设台湾铁路的不是日本人,清末在台湾发起敷设铁路的,是中国人自己,此后日本人进来,才将之进一步发展。"关于这点,日本就有人批评我所述不实,所以,我就把日本人编辑的二至三册《台湾铁道史》拿出来,我说不必我拿中国的资料,日本人所留下的纪录就是这样写。可是,就像这样,日本人不知什么时候开始,对日本首先在台湾敷设铁路等事深信不疑。

批判精神的欠缺

我在昭和三十年来到日本,三十一年考进东大研究院。当时碰到异常的气氛,日本弥漫矢内原忠雄热潮。但这热潮已开始走下坡。正是他担任东大总长(校长)的时候,对他的批判是列为禁忌的。矢内原先生写有《日本帝国主义下之台湾》,那无疑是一本名著。但,即使是名著,他的学问还是受时代限制的。把他绝对化固然省事,但社会科学是不能这样的,哪怕他是马克思、斯大林、列宁也一样。

然而在日本,我在东大的学会批判矢内原先生,就有人用奇怪的眼睛看我,连我是从台湾来的国民党特务的风声都无中生有的出现。这就像是司马辽太郎写《台湾纪行》，司马是很有名气的畅销作家，日本对他就形成无批判状况，只有我书写批评他的文章，发表批评他的演讲，我在日本就被看成是坏人一样。本来，社会科学没有批判是没有价值的。可是，日本的社会科学却是很奇怪的，批判非常少。直至最近《现代思想》9 月号才看见一位年轻的田村女士勇敢地从日本内部批判司马先生，使我感到心安，不然的话，司马先生经由他的韩国或中国纪行，产生影响，日本再次陷入曾经走过的那条路而迷路也是十分可能的。

那么，台湾的现况如何呢？作为生于台湾的中国人，我感到相当难过。这么说吧，我很知己的日本友人、一位学者教授经常这样"消遣"我："哎呀，戴先生，我去韩国几乎天天遭到韩国人严厉的批评，去台湾却天天被宴请，台湾人真亲切、真好啊！"听到这样的话，我真无地自容。其实，台湾人是不容易理解的，善于交际且好客，但说台湾人一切照单全收也是有问题的。日本毕竟是发达国家，在此迈向 21 世纪之际，希望日本应具有正确的政治哲学，否则恐怕是很危险的。我也认为台湾应该实实在在地对司马辽太郎的话保持批判，好好检讨日本对台湾的殖民地统治到底是怎么回事才好。

台湾的功利主义

坦白说，台湾人是非常讲究功利主义的。例如，最近读《日本经济新闻》的人就知道，台湾有位了不起的海运之王张荣发，他的长荣航空不久就有飞机飞大阪，这个人，大家都认为他的"台湾意识"很浓厚，是支持"台湾独立"的，然而不久前，他却作了一个爆炸性的宣言："不与中国大陆开始三通问题的谈判，我们会怎样？"谁能了解此宣言背后的玄机？大家都认为他与李登辉是好友，为何现在讲这种话？都很关心，连日本人也拼命打听其理由。

张荣发为什么做此宣言？那是因为他是企业家，据去年（1996）的统计，从台湾去大陆的人是136万人次。现在不能直飞上海，如果直飞，就只需一个半小时。因为不能直飞，而要经过香港转机，便耗费三倍的时间，每年浪费的金钱换算成日圆是500亿元。所以，对于拥有航空公司的他而言，便极力争取让飞机直飞。

我来东京买的衬衫，仔细一看，都是中国制造，三件5000元，很便宜。店家说，我们日本人去指导，所以质量变好了。回台湾，找到廉售店，一问，也说这是大陆制造。现在的情况就是这样，日本早已兴起无国界经济或全球化的话题。但是日本又有人反过来说中国太大，不成国体，应该让它分裂才好。一边说"无国界"，一边又说不成国体，不以同样的逻辑来理解问题是不行的。

现在，日本发生的山一证券公司问题，或是金融、证券制度大改革的问题，还有《日美安保条约》的新基本方针问题，应把这些放在一起考虑。苏联崩溃后，美国掌握世界的领导权，在战略上更积极企图创出单一国际市场，值得密切关注。但这种警戒心在日本的论坛上却不曾出现。

反对美国可以，赞成美国也可以，日本更应该有自己的基本方针，以此来考虑台湾、考虑中国大陆、考虑朝鲜韩国，应该有自己的思考才行。但今天的日本好像美国的跟屁虫，"闻乐起舞，俯仰由（美国）人"的只要美国挥挥旗发号施令，譬如金融机构的合并改革，日本便不敢多加思索的依样画葫芦，遵照奉行，所以，是好是坏另当别论，从某种意义说，日本式资本主义的个性，所谓日本式经营，其实是在被磨灭。日本如今安居于日美同盟里，对于日本国内存在很多美军基地这事，你们全然不管，已经麻痹，认为是理所当然，反正如今能过幸福快乐的富裕生活也不错。如果只是这样也就罢了，殊不知无自觉的状况是最恐怖的，在此状况里边已经潜藏着法西斯复辟的根芽。我谨以此指摘结束我的话。

问与答

◎　**司仪**：对戴先生的演讲，会场的听众有如下的质疑："您刚才讲了司马辽太郎，司马虽已过世，还是不减其国民作家的地位，所以对戴先生对他的批判印象深刻。"另有增加五分钟发言时间给戴先生的要求。请戴先生就司马辽太郎的问题赐教。

◎　**戴国煇**：我并不愿意对过世的人鞭尸。我是以社会科学研究者的立场，把应该说的话说出来而已。例如司马辽太郎说，乃木将军治台时感到棘手，觉得对付不了。乃木将军很有学问，用中国的话讲，他是一位儒将，例如他作的"山川草木……"的汉诗，连中国人都给予极高评价。然而作为武将治台的他又如何？司马辽太郎就以井上久的戏剧为依据去叙述。

井上久的戏剧其实是我首先发掘的史料，被司马辽太郎拿去使用了，我不是对此提出异议。司马辽太郎曾说我对台湾史很有良知，却取巧的利用我台湾史的资料。

司马辽太郎的意思借用邱永汉的话来说："如果当时台湾没有接受日本的殖民地统治，很可能现况与海南岛一样。"(《台湾纪行》)众所周知，邱永汉早已不搞"台独"，现在反而去中国当国务委员顾问。这种情况你们日本人是很难理解的。昭和三十年代在《文艺春秋》与《中央公论》拼命鼓吹"台湾独立运动"的人，一转身又号召对中国的资本主义进军，把台湾商人带去大陆，你们日本人搞得清楚吗？

如是，司马先生的问题是，他只照搬邱永汉昭和三十年代初期的逻辑，亦即如果没有日本的殖民统治，台湾能否有今天的样子？殊不知历史的假定是没有意义的，但是既然台湾人曾经那么说，日本人也便那么说，真是皆大欢喜，日本谁愿意指摘自己的祖先做了坏事呢？以社会科学的逻辑来讲，我们能再一次肯定殖民地统治吗？我想当然不能，日本人也不愿意接受殖民地统治的吧？殖民统治是非常破坏人性的、是侮蔑人性的结构。结果因有台湾人那样说，司马先生便也跟着说非常担心台湾的未来。对于司马辽太郎，我的看法是，少管闲事，如果我们也担心你们日本北海道、担心爱奴问题、担心冲绳问题，你们日本人会怎样？怕会不高兴吧？台湾这样那样就会怎么样那是我们台湾自己要思考的，与你们日本人无关，总之，有台湾人意识，想要做一个能自傲的台湾人，也不是因此就会产生"台湾独立"的主张。那么，现在在大陆做生意赚钱的那些人，他们会欢迎立刻把中共的体制移到台湾，统治台湾吗？也不会。日本对这一些却都无法区别，无从理会。东大某教授，曾经是我的研究伙伴，我们一起做研究 20 年，他就是始终搞不清楚。日本战败后以竹内好先生为首的中国研究者出版了那么多的书，最关键的地方却未搞懂，中国真不是那么好懂的。我住日本40 年，日本的大出版社要我写日本，但是住得越久，越害怕越不敢写，为什么你们日本人（司马辽太郎）只去台湾一下，回来就可以马上大言不惭，得意的大写特写？（以上林彩美译）

批判司马辽太郎的《台湾纪行》

关于司马先生的《台湾纪行》，他以中文采访的人一个也没有。以台湾的语言听取的对象亦无一人。都是会说日文的，像是原日本军人等，几乎都是他们所说的话。而且尽说好话，诸如某一个了不起的日本技术人员留下了如此的事迹，所谓殖民地统治，有动机论，有过程论，有结果论云云。日本吃了两颗原子弹之后，没有日本学者料到今天日本会达成如此的经济复兴。就连我的东京大学恩师东畑精一老师也说，戴君，我实在不行，经济学一点也不懂。这就是如何接受此事实，如何思考的问题。以现今的信息将其自我正当化，韩国也好，台湾也好，乃至香港与新加坡，台湾 50 年，韩国 36 年，香港与新加坡三年六个月，都受了日本的殖民地统治或军事统治。说是因此才能够近代化，亚洲四小龙即如此，这真是强词夺理。如果这样子自得其乐，日本人还是不会受尊敬。对自己过于宽容，这是不对的。

因此，司马先生的这本书，我认为是很糟糕的书。但是，这样的声音只是说给自己听，台湾那边的人不知道我在批判，看到书中出现我的名字二三次，就说戴先生，你与司马先生蛮熟的吧！熟识与批判是两回事。我并不是要说他的坏话。

德富苏峰也是初期的作品很棒。但是后来变得如何？请大家再重读一遍。小岛先生说得好，具有很大的影响力。不错，但其影响力为何？有人说司马先生是国民作家，今日那一股热潮的陷阱，就连日本的学会也无法总结之。无法作出批判是非常危险的。我就是为了说出这点，今天才来打扰。总之，不久我将好好写评论文章。

缺乏批判的意识是最大的问题

不过，司马先生的问题是，大家读了那本书就知道，尽说好话。就个人而论，在殖民地体制中，也有善意的人。请读一读五味川纯平先生的《人的条件》。五味川先生已经透过主人公描述了这一点。他说在那个体制中，个人想要做好事，结果也只是加深罪恶而已。但是没有年轻人会读该作品，那样长的作品、长的电影几乎不会被当作问题来看待。这就是今天日本的状况。因此，我认为是很严重的状况。我是绝对不要日本与中国再次开战，或日本与亚洲开战。就是要绝对避开，我才这样严厉地，或辛辣地批判日本。不这样批判的话，对于41年间日本友人支持我做研究，我会良心不安。这一点我必须说明。

想请各位详读苏峰与司马二位先生的作品。《现代思想》九月号发表了署名"田村"的年轻女性批判司马先生的文章，在日本有这样的年轻人存在，就某种意义而言，这表示与昭和四年，在那严苛的年代矢内原忠雄不顾高压迫害，对伪满洲国问题提出发言，或出版《日本帝国主义下之台湾》，具有重迭的意义。不过，在昭和四年没有人要听他的，竟被赶出东大。然而战后迎接他担任东大校长的，却同样是日本人。对于这样的矢内原先生，我敢加以批判，还是因为希望在有某种制约之中，与大家一起超越之。其实这样作的目的是，借由超越，使台湾成为镜子，让日本去除新的战争之芽。但是，支持矢内原的东大社会科学研究所的诸位先生，却未必作如此想。对他的宽厚，正如我先前所说，其实与对司马辽太郎的宽厚是共通的，是通底的。这样一来，21 世纪日本在亚洲的领导地位还是不容易确立。就此意义，小岛（晋二，前东大教授）先生所说的，留学生变为厌恶日本而回国，其更为根本的部分，是否会与这方面产生关系呢？多谢各位。

（中略）

◎ **戴：**其实，从其经过来看，日本的殖民地统治进行非常快速。因此当时（日本人与总督府）在台湾的调查，对今日我们了解台湾以往的社会状况，提供非常宝贵的资料，这点我心存感激。但并不是说，因为感激就希望再一次被统治，再请后藤新平从坟墓出来调查研究。学者无法区别，只会以自己的方便赞美。临时台湾旧惯调查也是如此。

再举一例。数年前，我初次到大英博物馆，听到同在参观的印度人说着英语。他说，为什么我们的东西非摆在这样的地方不可？当时我的感想是，大英帝国曾称霸七海，收集了这么多东西让我们免费看，保存状态也很好，如果它们还是在中国或印度的话，说不定会遭坏人偷窃或损毁。话虽这样说，难道就可以肯定大英帝国的那种侵略吗？各位可能认为日本在原爆病医学方面是最进步的。那么各位是否希望原子弹再次落下来呢？当然不要，逻辑是不一样的。

所以不管大英博物馆的存在也好，日本的满铁调查部也好，以及后藤新平在台湾的旧惯调查也好，我们如何将其作为结果加以活用，这点与他们所做的意义并不相同。他们的目的始终是为了让殖民地的统治能够顺利进行，但实际上那学问几乎来不及使用。状况进展过头，几乎派不上用场。只是作为资料留下来。然而却被学者利用来写学位论文。如此就说后藤新平很伟大，这令人困扰。我当然研究后藤新平，认为是不得了的日本人，捉住中国人的弱点到这个地步，我们真的被吃定了，算是可敬的对手。

但是我一次也从未无条件地感到后藤新平留给我们了不起的数据。然而，有位日本的某先生（因已过世，不愿提名）因有美国人曾取出那种旧惯调查来访问他，便对我说："哎呀，戴君，后藤新平真的很了不起"。这样就麻烦了，这是全然不同的。这样子日本是得不到亚洲的理解。

这只是作为结果而留下来的。在台湾既做了基础建设，也盖了医院。那么医院是为我们盖的吗？不是的。其目的是使投资对象的台湾改善卫生状态，以便提高殖民地利润来赚钱。不然的话，为什么今天日本人不去非洲大盖医院？所以不是这样的，并非基于人道的事。所谓殖民地经营，是为了以殖民地获得利益的。其基础建设是战后日本打败战而弃置，无法带回去的。就是这么简单。如果说我们活用了这些而造就今日的台湾，我们不应该忘记有这样的机制。还好当初做了建设，那么也就可以说原子弹落下而促进了原爆病研究，所以再次投下原子弹吧！或是名古屋的地下街，当时我们去参观时，觉得很了不起，但那是名古屋遭受大轰炸，在都市重建案中作出那个地下街，以其为模型，大阪也建了梅田的地下街。只是这样子而已，将其自我陶醉，作种种解释，真是伤脑筋。以庶民的情感可以了解，但那不是社会科学。不过问题是，曾经是左派的先生们都是那样的说法，我一直相当困惑。

（前略）

◎　**戴：**请再给我一分钟的时间，不好意思，说太多了。我在读东京大学农经系大学院时期曾当过大前辈尾上先生的助手，刚才尾上先生的谈话最后提到《十八史略》的五帝。这一点最好请日本的各位先生好好注意，以便理解今日的大陆或台湾。要之，说明治维新以后的日本人太过于近代化，我感到抱歉，但要以那种欧洲式思考来理解中国人，我想也无济于事。因为相当多的中国人仍处于《十八史略》所写的"日出而作，日入而息"境地。要之，管他什么权力，什么"独立"、统一或"文化大革命"，无论怎样人民都会活下去、都能生活，权力算什么，类似这样的气氛在中国大陆以及台湾，还是根深蒂固地残留着。因此，日本的学者先生仅读统计资料或报纸，就感到理解中国，这是非常危险的。

台湾现在的报纸与日本的报纸不同，是由报纸来制造新闻，而不是写新闻，报道消息，是由新闻记者来制造新闻。因此读了这些之后，是真是假我们都知道，但日本人不知道，只有相信所写的是无可奈何的。台湾这个星期六要投票。从日本去了很多人。我来之前与其中几个人见了面，我说不能读台湾的报纸，也不要看杂志，要去选举的现场。但是无奈他们听不懂。只要知道那样的气氛，就能预测这次 29 日的投票结果。到现在，都在说台湾人又是反对统一，又是赞成"独立"，这种形式议论是测不出的。要之，很多台湾人看重现在的生活方式。那是根深蒂固的存在于中国社会。就此意义，尾上先生今天所提出《十八史略》的一节，务请各位回忆一下来理解中国。

总之，因为海峡两岸都是日本的邻居。我回去也告诉台湾的朋友，日本是重要的国家，不要只顾赚钱，或一开口就说日本的文化是学中国的，应该认真读日本的历史，必须透过其社会、文化来用功，才能了解日本的明治维新所经历苦难，知道有如何了不起的人物。只可惜，暌违 41 年回去，看不到认真讨论日本的书，也没有日本史的书。这就是台湾可悲的状况，这是不行的。因此想到我们要回去组织起来，从此领导日本研究。我已经 66 岁了，可能来日无多，但仍愿努力以赴。就此意义，为了相互理解不能操之过急，不流于表面，也不斤斤计较于日常财务，避免模棱两可的态度，更加深入了解庶民的生活、想法，这才是重要的。谢谢。（以上蒋智扬译）

本文原刊于《人文研究》第 149 号，横滨市：神奈川大学人文学会，2003 年 6 月，页 49—55，页 69—74，页 75—78，页 88—90。为于"追究中日关系一百年——日本神奈川大学中国语学科创设十周年（1997）纪念讨论会"之演讲。

第三编

从亚洲看日本

时间
1969 年 4 月 2 日

地点
东京赤坂王子饭店

与会
印度人、就读九州大学
研究作物学
巴达加利亚
×
韩国人、东大经济学部
研究所
高秉泽
×
巴基斯坦人、工学博
士、船舶学
默罕捷莫·胡笙
×
日本人、亚洲学生文化协会
小木曽友
×
中国人、亚洲经济研究所调
查研究部研究员
戴国辉

主持
日本人、东洋大学亚非文化
研究所
杉浦正健

亚洲近代化与日本的任务 ——从亚洲看日本座谈会

林彩美　译

◎ **杉浦正健（以下简称杉浦）**：今天的题目是"亚洲近代化与日本的任务"，这是在《政治公论》连续登载的"世界之中的日本"大型企划主题之一。今天邀请亚洲各国的各位来参加，讨论在亚洲之中，日本今后应尽什么样的任务。与其放眼世界，不如着眼近处，而且要倾听亚洲各国学者各自立场的意见。

今天出席的戴国辉先生、胡笙先生、高秉泽先生、巴达加利亚先生皆长期留学日本，都是我与小木曽先生多年的知己。戴国辉先生取得东大的农学博士，现在于亚洲经济研究所继续做研究。默罕捷莫·胡笙先生是东大出身的工学博士。听说归国后要任职于即将于达卡大学[1]创设的造船工学科的主任教授。高秉泽先生就读东大经济学部研究所硕士课程。巴达加利亚先生是第二次来日，前回是

1　建立于 1921 年，系所在地达卡著名的大学。达卡现为孟加拉国首都。

取得东京大学作物学硕士后回国，这次来是要在九州大学同样研究作物学。今天的题目是相当大的总括性的题目，或许不太好谈，但请率直地不拘于专门领域，也不拘于所属国家的立场，希望听听各位意见，今天我和小木曾先生是配角，主角是各位，请多多指教。

看看亚洲各国所处的现况，大致上不能说是充满希望的状态。反倒率直地说，在我看来不乐观的要素还比较多。第二次大战后从"殖民地"被"解放"，但真正的"解放"才刚开始，是前途多难的样子。又从日本的立场来看时，战后已过了20多年，从国际、国内来看，日本的对外态度，特别是日本对亚洲的态度，好像走到很大的转折点之感。或许是很夸大的讲法，在世界之中"亚洲问题"的比重可预见愈来愈大，我感到在日本人之间，未真正当作自己生活方式的问题去质询"亚洲之中的日本"吧。

短期和长期来看，从日本方看的时候，与亚洲诸国的关系往愈来愈深入的方向在走吧，某种意义下，日本人处于不得不去加深的政治、经济体制下，但到底是照现在的做法就可以呢？或者要往哪里去做什么呢？我有着急担心之感。在此意义下，从亚洲诸国的立场来看，或从日本的立场来看，今天的题目我想相当具有今日意义。

首先让互相的想法在某程度加以了解，对题目的前提先做讨论，然后进入日本扮演的角色，不知各位意下如何？亚洲的近代化到底是什么，关于此，戴国辉先生所想的或者与我所想的不一样，或者也与巴达加利亚先生所想的亚洲近代化不一样。如果维持不一致议论下去，议论一直保持并行线，没有交集，就无法讨论出亚洲的近代化到底是什么。又，以"亚洲"为名之下，到底要理解什么课题，就细部来说我想应该有吧。取得相互想法中大概的了解点来讨论，重点是亚洲的近代化对亚洲的将来，日本到底能扮演什么角色。过去日本在历史上对亚洲近代化扮演什么样的角色，与现在扮演什么样的角色有密切关系，请把重点放在日本能扮演什么样的角色为前提来讨论。

从"亚洲"这个语词，能理解什么？冈仓天心在其著作《东洋的理想》一书的开头说"亚洲是一体"，留下这句对于日本人无人不知、非常脍炙人口的话。可说是大亚洲主义，我想是指亚洲是一体这个价值观，但从思想面看，是连接到"大东亚战争"意识形态之一面的思想，而以普通日本人的基准来想，看见亚洲一词之后，所联想到的是亚洲是一体。模糊的想起亚洲一体感，我想是极为普通的心理过程吧。戴先生认为如何呢？

关于亚洲的近代化

◎ **戴国辉（以下简称戴）**：我认为冈仓天心的"亚洲是一体"不能仅当作一个语词来看，首先应考虑这句话出现的当时日本的历史状况。目前依我种种学习的经验来说，亚洲并非一体。我以为与其说亚洲的同一性不如确认亚洲的多样性更好。确认多样性之后，我要思考亚洲的连带在何种条件下才可能，又应有的连带是怎样的东西。对于近代化杉浦先生讲了很多，但依我个人的想法，已不是近代化的阶段，而是现代化的阶段。所以首先请问杉浦先生所讲的近代化是什么。

◎ **杉浦：** 是 modernization 吧。

◎ **戴：** 但是 modernization 这单字所意味的倒不如说是现代化吧。在这个阶段，至少我们已来到了门口，早已不是近代化的问题，而是现代化的问题吧。例如中山伊知郎先生等所写，近代化亦即工业化的这种掌握法，或者近代化就是欧洲化的掌握法，我的看法那是已不合时代且落后了。实际上欧洲已停滞不前。单使工业化、生产力飞跃地发展，那种单线的做法，到底对人类的问题解决是否真的有贡献呢？在此之前我以为日本的都市公害问题，美国的都市化、工业化所带来的种种问题，若不加紧思索探讨，恐怕就来不及了。工业化的结果，造成我们不能安心利用从市场买来的食品的情况（如目前可看到的反对食品公害活动等），又车辆增加、交通战争、交通堵塞、大气污染等都是公害问题。这在某意义是刚才所说"近代化"的结果。所以在某次席上，有研究者说，亚洲工业化应有的型态是以日本、美国为榜样，我说简直是不合情理。工业化自身是手段，并非目标。以那作为模型来考虑是令人困惑的。就我的理解，日本所碰到的问题是欧洲文明已不能维持其生命力，或美国所碰到而无可奈何的诸问题，其中包含相当共通的东西。因此有汲取日本与美国的教训，也不应以之为模型之感。反倒是将那些近代化所带来的诸问题，率先编入自己问题里头的形式去思考亚洲问题。在此意义我认为不是近代化，而完全是 modernization，即应该是现代化。

◎ **杉浦：** 戴先生所说的"现代化"问题等会儿在后面再深入讨

论。亚洲的多样性、复杂性的认识是先决的，这事我也完全同意。首先特别要从日本方来看，非得以此为出发点不可，我也是其中一个。率直地说，这种意见在日本还不能说很被理解。好像被亚洲是一体的情绪所迷住，或被亚洲的同构型所浸溺，而有同一性的感觉。那不单止于情绪的感觉，我觉得是根深蒂固存在日本人的精神结构中。就此层面而言，日本人的对亚洲的"态度"，回顾明治百年也大同小异，没有多大改变。那种精神基础在日本之中还很根深蒂固，所以我提出前述的问题，胡笙先生您以为如何？

◎　**默罕捷莫·胡笙（以下简称胡笙）**：我不像戴国辉先生，我不是专家，太难的我不懂，但我直觉地认为亚洲是一体。去年回国一次，那时我大致停留亚洲各国一两天。在中国大陆也住了两天，我们东洋人之中还是有亲密的共通东西，到哪里都可感到还是亚洲的感觉。心情也是亚洲的感受。

各国有其个别的历史，把那历史除外，我们的想法，所谓思想中有非常东洋的想法，例如与中国人谈谈有"同是亚洲啊"的感受。然而与欧洲人交谈时，则有着说不出的不同感受。以那种直觉而言，我认为亚洲是一体。

◎　**杉浦**：同样的问题，高先生的想法呢？

◎　**高秉泽（以下简称高）**：思考亚洲的时候，亚洲是一体，亚洲是命运共同体，从前的人常这样想，也连结到日本帝国主义的侵略政策，但亚洲是一体，这作为理想当然是非常好的事情。但是实际来看，如刚才戴先生也说过，亚洲现在相当多样化，有愈来愈被扩大再衍生的感觉。谈亚洲时一个很概略的想法，谈亚洲的近代化时，或者说在亚洲的语词连结近代化来思考时，好像有些吹毛求疵，不好意思，我认为亚洲诸国连近代化的课题都还没有解决，在那样的地方，以现代化的语词来思考，我认为有点语词上的跳跃。亚洲近代化与现代化两者之意，如何严密地区分有相当可议论的余地，还有近代化的课题也尚有相当的部分残留着，我这样认为。

◎ **杉浦**：关于这一点戴先生如何看？

◎ **戴**：对于杉浦先生刚才提出的一般日本人感觉亚洲是一体，这点我也承认，这时候我想把世代切割来考虑。战后世代对此事逐渐淡薄了。日本年轻友人，很多已不把问题局限在一国、一民族或暧昧模糊的一个亚洲，毋宁以人类全体的问题的形式来接纳考虑，以及采取相对的行动，这是我二三年来的感觉。亚洲主义如何定义是很难的问题，如勉强将亚洲主义极度单纯化为亚洲是一体这样思考时，在此我要指出，这种形式的构思，我想是现在年过三十岁后半以上的人居多。这些人目前实际是在推动日本的人，这个意义是很重要的。但如高先生所说，很遗憾的是，只有图方便或只是心情上而说亚洲是一体，实际上很多时候是面向欧洲的——像诸位我想是不会。而为求方便时的亚洲是一体的形式问题提法，最近又开始抬头，未经过对过去的严厉对决，我认为是有问题的。

对问题的讨论法，倒不如不以亚洲是一体的形式进入，而是从多样性去着手，把各民族（包含其文化）的独自性与对等的确认作为基础的平等立场合作持续扩大，这种形式是否比较有效，是我的构思。接着是高先生所说，还有近代化课题残留着的说法，那并不是我逻辑的跳跃，而是在世界史的发展阶段，我们正是以摆在眼前的课题去掌握。近代化的课题还残留着也没关系，我想要以现代化的课题包含近代化的课题来思考。所以比如说近代化的时候，欧洲化或从社会经济体制来思考的话，也可以资本主义体制的创出形式来掌握。这样的话，近代化总之就是资本主义化的意思。暂时避开近代化的定义，只考虑资本主义化，那么在现阶段的发展中国家考虑资本主义化也几乎不可能。因此说解决世界史抛出的课题时，不能因为没有可能性就一直停留着，因此我不认为我的理论是跳跃式的逻辑。还是不能不思考那里的问题，所以解剖为更细些，的确近代化问题是提升国民所得、建设统一国家、建立国民普遍的统一意志等这些形式的普遍问题，这些也绝不会与我所说的现代化矛盾。

我要强调的是，日本资本主义目前由于日本民族惊人的能量而达成极高度发展的生产力。去看那高度成长的数字或光明的一面也很重要，但以学习者的立场来说，反倒数字和光明面背后的东西更要加以注目，例如忽视人的主体性问题应在自己的问题之中编入那些黑暗的部分来考虑。具体来说例如东京都的问题。在我看来，冲刺的力量过于被放纵，目前克制方的力量非常薄弱，或者妥为控制，将那能量合理地引向更好的方向，因为不能这样做，政治家们正很伤脑筋吧。事实上我的故乡台湾台北，正步着东京都后尘，再者，中坜至台北间也追赶在东海道巨大城市之后。我强调的日本的教训应汲取，但不能作为模范正是此意。日本的现状虽然很繁荣，我感觉到好像有什么很不安的东西存在。与此相关联我目前正在考虑一些事情。战前岩波书店出版哲学讲座是在什么时候啊？好像有危机状况时，日本就会出版那种书籍，现在岩波书店又在出版哲学讲座，好像有发生相同问题的感觉。就此意义来说，高先生觉得我的用词似乎是跳跃的，我说不是，我想在此再度做一次辩明。

◎ **小木曾友（以下简称小木曾）：** 有关目前讨论的问题，我基本上赞成戴国煇先生的意见。但是，亚洲的多样化诚如其所说，与其说亚洲是否为一体，不如说将之稍扩大，相对欧洲亦即西洋来说有没有东洋的存在。现在人类史所面临的课题，正如戴国煇先生所说的。但是解决课题，承担此角色的是东洋人，我说的东洋是指这个意思，也就是与西洋相对的东洋。在此意义亚洲是否可说是一体。具体地说，的确亚洲有种种国家，由于每个都不一样，如说那是一体是不对的，这不是一体。那么有没有与西洋相对的东洋？不能回答没有。我稍微感觉到此一存在。

◎ **杉浦：** 胡笙先生刚才所说主要是那种感觉啊！

◎ **胡笙：** 我所想的是，以手来比喻亚洲，每根手指形状与长短不一即亚洲各国；为了整只手的发展，需要各国的发展，这之中最大的手指就是今日的日本，担负着重要角色。我认为"亚洲是一体"意味着，对于亚洲的近代化日本负有重大任务。

◎ **巴达加利亚：** 我与小木曾先生一样，认为得要考虑东洋与西洋。说是东洋也有种种国家独立的个性，如果能与同样的性格连结的话，是在亚洲各国之中，在一同样性格的文化之中培育出来，所以那种连结非常容易创造出来。又民族性是宗教一般非常柔性的想法。当然日本的家庭，历史上日本的成长，在亚洲之中呈现出不同的性格。所以西洋与东洋的不同，依我的看法，东洋非常互助合作，西洋则非常竞争；东洋因地理条件较热，于是食物丰饶，产生比较沉着、镇静的想法，所以宗教很发达，文化在历史的初期就培植得很好，互相合作不大给对方麻烦，互相能安定地生活。

与此相比，西洋因地理条件之故冬天寒冷，各种各样的条件不同，被迫竞争激烈。所以发展了完全独立的两个想法。比如稍举例来想，气候较热的地方，火的用处仅是做饭；然而西洋酷寒的国家，同样的火也是暖房所必需的。又东洋造屋时，因太热之故有简单的屋顶便可生活，也不怎么需要衣服，所以自己的需求性很少，欲望也少。西洋的情况是非常竞争的，房子为了防寒要盖得牢固，在里面常使用火，又文化的发展也因其必要性，科学或技术的发展在西洋国家非常进步。从历史上看，印度、中国、埃及，各种各样的技术也在很早就发达了，如不锈钢在第 8 或 9 世纪便在印度被发现；虽然发现了，印度产业却没有发展，因为该国没有此必要性。但在西洋因有必要便发展了。在两种不同情况之中，印度、非洲、亚洲诸国中，人们过着非常安定的生活，精神面也变弱，西洋与东洋之间差距加大。

在各种各样的条件中，西洋的技术为人们生活水平提升的目的发展极大。例如为了生活的干净、利落，必须发展成非常便利，这个特色很显著。现在的情况是除了日本与亚洲优秀的国家以外，其他亚洲国家尚未发展至此。所以那种东西很有魅力是当然的，为了人类的不幸与不便，改善生活是需要的。在此意义上，稍微学习技术，赶快发展是不是比较好？现在想想，各种各样的国家有各种各样的不满在发生。例如德国、英国、美国，对近代物质文明的饱和点之不满已快速升高，为求心理上的支撑，或许会转向东洋寻求解答也未可知。

东洋早就掌握到这股趋势，一直静静地站着，不太活动，沉着地过活。这次的问题是，环视近代的世界，说是近代的或是现代的，的确有差别。走在西洋与东洋的街上，物质条件的不同，物质文明发展的差距一定很明显。所以亚洲人一般对于未拥有的必然希望拥有，所以为了拥有，一定要走西洋诸国走过的路。就是得走上一遭。然而精神和物质要保持平衡，在这一点上的种种问题，亚洲的各国之中，好像可以感到同样的性质，可以这样说。在此中日本是一个极端的例子，地理也与其他国家稍有不同。亦即在历史的成长中，日本养成了在亚洲是罕见的非常竞争性的性质。回顾日本的封建时代，光是要保住自己的项上人头就很辛苦，因此便产生一个很强的力量，因为为了保护自己。在努力保护自己的力量中，极度促进了物质的发展。所以虽同是亚洲的国家，却形成了与别国不同的性格。大家很向往此性格的物质层面，在这方面大家对日本多有期待，比起西洋，东洋的国家易于亲近、交往，想要交好就可达成。抱有"日本同样是亚洲国家所以是容易交好的民族"的想法。所以就这一点来说，对日本而言产生了亚洲是一体，东洋也一体的想法，是否大家在安慰自己，我也不太懂。

◎ **戴：** 现在说的东洋与西洋的区分法，多出来的部分要怎么办？比如非洲、拉丁美洲。

◎ **小木曾：** 是有这种问题。关于此，非洲、拉丁美洲与亚洲是明确地不一样。虽我未经仔细思考，但直觉是不同的。现在，亚洲与这些国家的共同点是长期作为殖民地，二次大战后形成新独立的国家，现在经济开发未进展等有各种面向。在这方面，有把亚洲、非洲、拉丁美洲诸国作为一个集团来掌握的一面，只是依我的想法，亚洲与非洲、拉丁美洲很明确不同。以现在北方先进诸国对南方诸国的看法是有共同点，但完全以别的看法的话，亚洲与拉丁美洲、非洲是不一样。其实我对非洲、拉丁美洲也不了解。

◎　戴：我提出现代化的问题，与这部分有关联。如以经济学来说，非洲的情况是还有正过着部族生活的部分，与相邻部族凶狠打架。所以如高先生所说的型态，在那里的确有必须近代化的部分。其实还处在一般所谓近代化以前的阶段，这样说可能比较妥当。所以如果不跳跃思考是不行的。如单纯地说，那部族再到民族，慢慢地演变，某种意义上是，不建立封建制度也就没有近代化可能性的这种模式。我想不是这样。

◎　杉浦：这种事情恐怕不会发生，而应该是一脚跳过好几个阶段吧。

◎　戴：所以，因为这样有把小木曾先生所说的东洋与西洋也包含在内的型态，或者我们有很多地方要向拉丁美洲、非洲学习也说不定。所以我的问题的提出法正是与这部分有关联，笼统地以近代化的模式去掌握，我感觉是掌握不了的。

关于与"欧美对决"的问题

◎　杉浦：刚才巴达加利亚先生、胡笙先生、小木曾先生所提出与西洋相对的东洋的想法，我以为也可以有这样的看法。

有关历史学者所分类的世界史的近代，一方面可视为亚洲诸国与西洋对决的时代，我想可以这样看。欧洲各国入侵东洋，自16世纪前后到现代一直是在侵略，其实到现在也未终了。所以地理区分的亚洲或东洋都无所谓，但要考虑我们自己的问题时，欧洲以及其分身的美国也可包含进去，所谓欧美的诸事，物质文明之面或精神文明之面，过去未能避开，现在也不能避开走过。这是第二次大战后，世界分成东西两区块，过去是殖民地的亚洲、非洲诸国几乎都达成了政治的独立，无论如何也不能只当作如哥白尼（译注：Nicolaus Copernicus，1473—1543，波兰的天文学家，发表地动说）式的完全颠覆的局势改变，这样就完结了。刚才戴国煇先生所说，的确欧洲已经出现走到尽头的状况。我想应是如此，但别人家的事别管，作为自身的问题而言，应追究的先决问题好像有很多。就说共产主义，对于我们来说是"外来思想"，披着"反体制"的外衣，却是西欧的"分身"没错，可这样说。要之，与欧美的对决不单是政治或经济的对决而已，在所有方面，我们在所有意义上主体地思考事情为了将之落实在生活方式上，是不能避开而闪过的问题。或许是当然的事，但我想在这里指出来。

　　在此意义上，刚才提出拉丁美洲与非洲的问题，若只看那些面，好像是有共通之处。

　　我想请教巴达加利亚先生，您说西洋文明所具有的竞争性质，依您的意见在亚洲近代化的过程中，应如何采纳进来？

◎　**巴达加利亚：** 我想应稍微采纳。

◎　**杉浦：** 有什么意义？

◎ **巴达加利亚**：非常邋遢、萎靡的地方能有所改善，或许会稍微变成个人主义的想法。例如去看日本的历史会发现是非常个人主义的历史，只想着自己的事情。为了守护自己生存的目的沿袭了那种生活方式。所以那是日本人发展的根源。就是现在也对他人非常不关心，只想着自己赚钱的事。比如到哪一国，就想对日本什么最有利，只有那种想法。那是物质文明的一个大原因。作为国家是竞争的，具有个人主义的性格。为了物质文明发展的目的，那种性格是必要的。而宗教是使人温顺，在亚洲宗教占有相当的优势，因此使人有温柔的性质，除去人的欲望。对物质不怎么关心。

◎ **高**：如果是处于热带的亚洲，气候风土使文化停滞，带来决定性的作用，您是这样想吗？气候使人丧失竞争意志。

◎ **巴达加利亚**：寒冷会给人一种必要性的感觉吧。比如寒冷的地方人需要很多劳动。有雪的地方，以北海道的例子，每天即使没有工作，但下雪后要从家里出来就需要铲雪，把门前的雪扫干净。有此必要性所以自己的活力或活动的性质便会产生。人因而被训练，所以有劳动的力量，有做事情的特别力量，马力便会使出来。天气热的地方没有那种训练，就愈来愈不行。

◎ **高**：我的想法是那也是一个条件，但……

◎ **巴达加利亚**：当然不是全部。

◎ **高**：印度与其说是热、寒的气候，不如说是被种姓（译注：印度的一种世袭阶级制度）紧紧绑住的社会制度才是带来停滞的决定性要因。

巴达加利亚：种姓制度是从古时候一直就有的。但是印度的条件极端恶化，在历史中是最近的事。

◎ **杉浦：**种姓制度是从什么时候开始变成现在这个型态的呢？

◎ **巴达加利亚：**几百年前就有，为了要把社会秩序保持得井井有条。比如现在没有种姓制度的社会出现很大的不满，日本就是一个例子，谁也不愿意从事辛苦的劳动。种姓制度就是为了防止这样的事情发生而产生，维持社会秩序在当时有其极大的意义。

还有对人生的哲学，印度的印度教、佛教，因宗教存在而欲望就消失。宗教是为了忍耐、控制欲望而形成。这样的话，人在生存的期间，会接受现存条件，而对生前与死后的世界抱有兴趣，亦即产生今世是暂时居住的想法。

◎ **胡笙：**我与巴达加利亚先生抱有相反的想法。我认为因有竞争心所以我们能进步。巴达加利亚先生的宗教想法，如欲望会消失，那种拒绝进步的宗教信仰，对我们的发展没有帮助。例如自己是伊斯兰教徒的时候，小孩生多少神都会赐给食粮。抱持那种想法的话，不管等到什么时候，我们也不会得到食粮。所以为了我们的生存所必要的东西，为了生存所必须做的，与自己周遭所住各国的人，至少要一起跟在其后走。为了得到所需的东西不能不做努力。然而如要拒绝宗教信仰，我想绝不是好的。

◎ **杉浦：**刚才胡笙先生所说，宗教之中阻碍进步的不好的层面，应该不少吧，例如伊斯兰教之中也有。亚洲诸民族之中，现在应被克服的，不限于宗教的不好面，在各种各样的方面也应有很多吧。刚才高先生说有近代化以前的问题。与高先生的发言是否相同，我以为是相同，好像有相当多。有关宗教，举缅甸的佛教为例。如各位所知，缅甸人不分上下都有非常虔诚的宗教信仰。缅甸人的信仰的象征是"宝塔"各位也应有所知。去缅甸到处可看到宝塔。其中最雄大、受敬仰的是在仰光的瑞光大金塔（Shwedagon Pagoda，又名雪德官宝塔）。巨大的型态高耸于空中，金光闪耀。那"金色"是出自真金，宝塔之内有小卖店，卖着要贴在宝塔的纯金的金箔。好像很贵，但笃信宗教的缅甸人买来贴在宝塔。缅甸的朋友说，贫苦的农民拼命工作赚来的钱全部拿去买金箔而奉献的情形很多。所以瑞德贡大金塔的金箔很多，灿烂辉煌，被贴的金箔金量若换算为货币不知有几亿美元。如我这没有宗教信仰的人，便说把那金箔全剥下来熔成金块拿去投资等不敬的话，而被缅甸人骂。以我们没有宗教信仰的人的眼光看，笃信宗教的缅甸人，反而因其宗教信仰之故，从社会角度来看，在非生产的事情上用尽储蓄，感到一种受不了、难过的心情。缅甸的情况很明确地可说是佛教是极大的"近代化"阻碍要素。我这样想也不仅是金箔的问题。我并没有与缅甸人对其社会佛教所尽的任务做了详细的学习，但我要举另一个现象性的例子，和尚很多，到哪里都可看到，这是东南亚佛教国家共通的倾向，但缅甸特别多。披着土色袈裟的和尚在走路的风情，与缅甸的风土很调和，很好，像摇晃不定的氤氲。但是和尚的存在本身，对社会是非生产的，但我并非指他们的存在没有意义，只是对有那么多和尚的社会，不能不感到异常。

我对缅甸的友人半开玩笑地说："一方面缅甸米的生产下降，出口也愈来愈少，曾经是亚洲最大的米出口国快变成进口国的状态，另一方面要给那么多和尚吃令人不解。让和尚也从事劳动生产稻米，就可增加出口，怎么样？"结果是挨了骂。缅甸人或许会说有其相当的理由也说不定。

◎ **胡笙：**与刚才的和尚的事情同样，印度和巴基斯坦一带有很多以乞丐为职业的人。为什么那种职业可存在？因为伊斯兰教和印度教对那种没有钱的人，有着给钱是遵从教义之故，乞丐职业才能存在。

◎ **巴达加利亚：**会想行善。

◎ **胡笙：**有那很强的宗教信仰存在，我想那样的事不会完全消失。

◎ **高：**所以刚才我说近代化的课题都还没有解决，宗教成为社会发展之癌这事也包含在内，如刚才杉浦先生所说，现在的亚洲还未能摆脱欧洲人与美国人的影响。所以近代化的课题是，在此直截了当地说至少不受白色人种——欧洲人与美国人都行——影响而能自立的课题，这在亚洲、非洲、拉丁美洲也同样，此课题完全未被解决。战后已过二十数年，以旧态依然的型态残存着。所以说近代化时，这样的课题都还未达成，公害等种种现代意味的多种问题待解决的空间，还在遥不可及的地方。

◎ **小木曾：**刚才戴国辉先生断定，亚洲没有资本主义发达的可能性，这个问题如何？

◎ **高：**所以像从前，依古典的理论，纯粹的资本主义社会只有存在于英国。而德国、法国、美国发展的，比如德国的资本主义以及各自的特殊资本主义，纯粹形式的资本主义是英国以外不存在的。但是在亚洲所谓市民革命，这话有些跳跃，但是未解决资产阶级革命的课题，而将那课题马马虎虎处理、敷衍塞责，能更加发展吗？我想不会吧。

◎ **戴：**关于这一点我有不同的看法。我以为市民革命已经没有其可能性。反倒我想请教高先生，关于白人讲法依我的想法是有些问题。与其以白人区分，不如以一般所说的发达国家，也就是采资本主义体制的发达国家，以这种区分观点较为适妥吧。

◎ **杉浦：**您是指工业的发达国家吗？

◎ **戴：**此种说法也行。相对而言，即使不受那种影响，也就是您所说的不培育自立精神是不行的吧。

◎ **高：**我在此所要说的是，不是所谓的古典的市民革命，而是能遂行革命课题的，从刚才就在议论的现代化的先决条件一事。

◎ **戴：**我所要问的是，自立精神以何种形式方有确立可能此事。

◎ **杉浦：**我也很想听听。也想请问胡笙先生与巴达加利亚先生，例如印度的种姓问题，这是很大的问题。依巴达加利亚先生所说之意，这是印度谋求近代化时，不能不碰到的问题。与刚才的缅甸的佛教有某种程度的相似。要从那种姓制度被"解放"，有什么必要的条件？有关这点想听巴达加利亚先生的意见。

◎ **巴达加利亚：**我的想法是，国家要实现什么时，需要有很强的性格，会使国民服从的。开始的时候要有强势的法律或强势的如鞭的东西来驱使人，不然人是不会动的。依人的一般性格，世上的人都是懒惰的，可以坐的话谁也不肯站着。所以日本具有对于强权要服从或守护的心，我想是一个发展的很大原因。这是在社会上绝对的一种力量。

◎ **杉浦：**要把种姓制度在印度社会中解除或打破的力量到底是什么？您怎么想。

◎ **巴达加利亚：**其实现在宪法上已没有种姓。承认种姓制度的人会被处罚。但是在实际社会上与宪法不同，互相遵守着种姓的约束，在结婚或某些时候是稍微存留着，但逐渐崩解中。最大的原因之一是教育。没有受任何教育的地方，哪国的社会都一样，人会盲从社会的旧礼教吧。不管是近代的社会或旧时候的社会，任何人都天生地会遵守。所以印度的民族也受种姓社会所吞没，以为那是正当的而在遵守。受了教育，可与各国人相较，就会发觉矛盾，产生判断的眼光。所以要有教育和绝对的权力，以此来训练人，使之改变是必要的。

◎ **戴：**我想请教巴达加利亚先生，我对印度的事情不很了解，包含您在内的最高知识分子阶层，以最近流行的词句来说是内在种姓，亦即自己内在意识形态的种姓制，是否已到达各自能加以否定的阶段？

◎ **巴达加利亚：**已到达了啊。例如我是属于僧侣的种姓阶级，所以应该遵守宗教的各种各样的规定，因此我不能碰牛肉。但在日本我都很喜欢吃，而对种该遵守的我也不遵守，所以可以非常近代化地与印度保持距离观察印度。如能够把此矛盾与其他相比较的人，也能够以客观的眼光看自己的社会吧。所以被灌输自己社会培育的想法，而相信那是正确的。为什么正确却不得而知。如能做比较就可正确判断，能以客观的眼光看自己的国家。所以有那种眼光去看人的话，对于没意义的东西就逐渐可用自己的自觉去判断吧。

◎ **戴：**在此我想问的是，不只是您，而是像您这样的人，属于最高种姓与否另当别论，现在印度所存在的知识分子的阶层，有像您这样的想法，愿意以意识形态地去打破内部种姓的，是否已经以一定的力量或成为主流出现了呢？

◎ **巴达加利亚：**这是非常孤立化的事例。在印度家庭的想法非常重要。然而，经济发展工业化了，因工作的关系需要出外，于是大家庭制度就慢慢解体。现在大家庭制度还坚固地留存着。即便你努力保持个人的成长方式与个人的想法，但在家庭复杂的环境中，怎么也敌不过。所以没有非常强韧的精神去反抗，则难以守住自己的意志。

◎ **戴：**像您这样想法的人还未成为主流，即作为一个运动的力量还未形成，是这样吧？

◎ **巴达加利亚：**作为运动的力量的确未形成，但如同我这么想并守护着的人不少。

◎ **胡笙：**以百分比说恐怕不到一。

◎ **戴：**我不重视百分比。明确地说，比如我的国家中国的例子是否能成为你们的例子我不知道，例如五四运动的时候。总之要打破内在的儒家意识形态，而成为运动表现出来的我想就是五四运动。那么批判儒家，批判家族制度，那个情况的家族制度并非巴达加利亚先生所说的数代同堂之大家族形式问题，更重要的毋宁是他们的想法，作为意识形态所残留的残渣，与此对决或克服它。那种力量大到能支撑一个运动，而且使之爆发。因此我在想中国的例子。那时与其说是百分之一或百分之几，不如说是领导者层的能力如何，只有百分之一，总之有集结的力量存在，也可摇撼社会的一个好例子。

◎ **杉浦**：恐怕百分之一都不到。

◎ **戴**：因此那些人把学生卷进去，策动他们。其实巴达加利亚先生所说的话，恕我用失礼的说法，在工业化的过程数代同堂的大家族或许会解体，但我们不能等工业化。我们的课题反倒是要先对决将之冲破，之后工业化才是问题。等待着工业化，什么都不能推动，才是我们现在的课题。所以五四运动的阶段，也同样不是因为有工业化才批评家族主义，而是在那之前中国要彻底的以何种形式抵抗帝国主义或与自己国家内部陈旧、腐败的封建执政者对决的问题被摆在眼前，将之接纳冲破。我认为那是中国革命在该阶段的课题。

我喜欢"后进国"这个语词，真不懂为什么现在的人要勉强说是新兴诸国或发展中国家。后进国有什么不好。为了凝视自己，后进国很不错啊。以往不也是用后进国，所以并非不可以使用"后进国"一词。

关于自立精神确立的问题，我们应对决的价值体系在传统之中是一个，另一个是高先生所说的欧洲系白人，或说工业先进国给我们或强加于我们的价值体系。对这些能挑战的精神或思想，印度是泰戈尔（Thakur）、中国是鲁迅为首的文学者或思想家们，不断地撼动民众的灵魂因此而形成，我愿意这样想。这个奏了效而以思想落实，在某阶段化成物理性力量的时间点，社会便动起来，我这样理解。所以高先生说的自立精神我非常赞成。只是到底在什么条件下才有确立的可能？又我们知识分子对此应做什么，或者能不能做的问题吧！

◎ **巴达加利亚：**所以那精神是，民族受多少社会条件的欺负，积累多少不满，是依此而出来。积累过多不满的话，少数人将会以爆发的形式出来吧。

例如现在印度的情况是，技师、医生、技术者等很多大学毕业生没有工作，几十万人。生产那些人的速度与工业化的速度不一致。没有工作的场所，不满蓄积在那些人之中，会有发起革命来改善，或采取别的方式来反击的想法产生。不满积累到一定程度会以行动表现。但实际上是具有很古老的文化传统，这种不满、这种被欺压的精神补偿，以那种想法就获得安慰。哎，有什么办法就此姑息了。就是那种精神！

◎ **戴：**巴达加利亚先生所说宗教的达观原理就是"看破"。

◎ **巴达加利亚：**断念、顿悟、再等一下看看，绝对自己会获胜，这样坚强的性格非常不够。

◎ **戴：**打破这达观的原理是什么？

◎ **巴达加利亚：**应当是潜在力量吧。而宗教信仰就在此时阻挠了这种怀疑的思想。

◎ **戴：**巴达加利亚先生对这种症状所要写的诊断书是什么？

◎ **巴达加利亚：**让更下层的人受教育。这样的话，对自己想吃的东西，想穿什么，想玩的欲望便会出现，有欲望，工业便会发展。现在则是工业化了也没有人买。没有经济力，所以随着工业的发达，人的所有力量或实力会被利用。

日本则是人的力量被充分利用，人的欲望与希望也跟着在走，想要消费的欲望也增强。看邻家买车很羡慕，自己也很想买。印度的欲望被宗教压制。加上缺乏教育，所以整个社会变成有气无力。

◎ **杉浦**：即戴国辉先生刚才所说，自己内在的后进性一事吧。

◎ **戴**：特别是精神的构思或传统等！

◎ **杉浦**：真正意思的自立精神，作为自己内面的问题，今后考虑亚洲课题时是非常重要的问题，我想是如此。这个时候，作为西欧近代文明的成立，近代资本主义社会发达前提的人的解放，以此来进行相关思考我觉得是有帮助的。

如众所知，作为"人的解放"具体的内容有文艺复兴运动、宗教改革。

◎ **戴**：马丁·路德的。

◎ **杉浦**：宗教革命。结果是政教分离而移行到绝对王政。透过这个文艺复兴，宗教改革的过程，人被"解放"一事被说是欧洲的近代资本主义社会成立的基本前提。资本主义制度是生产方式的问题，所以一面是生产力从中世纪、封建社会解放的道理。但是，西欧近代社会的成立，那种物质的或是制度性的从中世纪的"解放"的同时，是人的解放与人内面的变革连结在一起，此事是非常异常的。围绕我们世界史的状况是，与在欧洲资本主义成立的时候完全不同，我们在考虑亚洲的近代化或说现代化，在世界之中我们应有的状态时，特别是在亚洲的情况，关于西欧文化所走的近代化出发点，我们是不是应该更加以重新思考。作为我们自己的问题，所谓作为亚洲近代化的"原点"，我觉得应重新考虑。

在此意义，在亚洲宗教问题，是否是极为重大的问题。

　　要之是追求适合于现代的宗教应有的状态。

◎　**小木曾：**这问题，其实是与刚才出现，忽视人的主体性问题有关联、关键性问题。看西洋文明的发达，使资本主义发达变成可能的是产业革命。产业革命是由技术革新而引起。令技术革新实现的是科学的发达，也就是由于文艺复兴从中世纪基督教神学教义的支配把人的心解放，而可以自由思考。最典型的例子就是哥白尼的地动说，以此为契机而科学达成巨大的进步。我自己早些年也学了些自然科学，基本上有西洋科学对事物的想法，排除人性的东西，要之人性的东西在某种意义上是非常不合理的东西，不能简单下结论。所以尽量把那种东西排除，把人和自然明确分离，把人性的东西完全排除的自然，客观化的自然，对此挥下科学的手术刀。西洋科学方法论的基础是分析方法。因为此科学才发达，以那科学为基础，西洋的物质文明于是发达以致现在美国社会所代表的物质文明在开花，因此在某种意义上当然有忽略人的主体性现象发生之感。我认为有其必然性。本来科学就是这样的东西，所以科学自身没有善与恶。然而科学是人所造出的没错，而且是人在使用也没错。那么这就是人的问题。如此又回到原点。人的问题，再进一步说，人的生命问题科学不能解决，那么以什么来解决？一个可能性是较近于宗教性。因此在这层意义上，我刚才说解决忽视人主体性的人类课题，承担此任务的是否应是东洋人。

　　刚才成为问题的印度种姓制度等，真正意思与其是宗教的弊害，不如说像是宗教的排泄物。宗教制度的确有阻碍亚洲各国进步的一面，但完全否定宗教信仰我则不能赞成。

比如种姓制度是出自印度教，但现在已经以种姓制度而独立地存在，或许现在与印度教几乎无关。我心态上承认宗教，但对于可说是宗教排泄物的不合理的制度必须排除。

◎ **巴达加利亚**：宗教信仰的确是那样，会带给人生存的力量。

◎ **小木曾**：明确地对现在社会有疑问之物，予以丢弃，果断去做这种事情，最后还是有剩下来的东西。这是我的想法。

◎ **杉浦**：戴国辉先生如何呢？

◎ **戴**：这方面我就不知道，只是我以为基本的问题是人的问题。所以刚才我说的现代化问题，正是人的回复。另外一个特别是后进国的情形是要与人的内部旧残渣彻底对决。那残渣若以我们的情况，尤其是具有被统治体验的知识阶层往往只想到殖民地主义所给与的东西，很多时候就在那里停止。我常说只是那样是不行的。不是这样的，而是我们为什么被殖民地化的条件，那时我们所具有的传统，与那残渣同时对决，不然我们的问题不能解决。包含两方面的形式确立我们的自立精神。在此意思中有小木曾先生所任职的亚洲文化会馆问题。这是具体的与日本技术研修接纳的问题重迭，我认为巴达加利亚先生所说，关于援助问题或是机械问题，其实还不如教育人。同时我不是反对接纳自然科学者，但还要与接纳社会科学者应整套做考虑。

首先我感到很奇怪，我们的前辈，曾经留学日本的多数中国留学生，包含鲁迅、郭沫若，当初大家都以为输给欧洲的不是精神，而是物质文明，想由此接近问题。他们以为去发达国家学技术便会有办法而去了，一旦去了才知道问题不是那样。所以便转变成文学家或投身政治。从自然科学到政治，完全转变到不同领域的例子不胜枚举。我也曾有一个时期认为能救国的只有自然科学。当时感到很悲哀的是，国家不能接受非常优秀的自然科学家而觉得很无奈。然而慢慢地知道似乎并非如此。我们的课题其实正是人的问题。增加很多充满自立精神的人的话，之后要多少就产生多少自然科学者。例如传统日本人说中国人是没有自然科学才能的，现在任谁也会承认那是谬论吧。制造氢弹、合成胰岛素，创造出非常高难度的东西。以往引起误解的其实是欠缺条件所致而非民族素质。所以我们首先应作为问题的是，如何启动人，而不是急着增加无法接纳的自然科学家的人数。依此，我以为日本快速地接纳大批留学生，但究其真正目的，好像可看出只是作为眼前强行推销机械的踏板而热心于接纳自然科学相关人员的样子。这样的话，问题是不能解决的。如巴达加利亚先生所说的回国也没用，根本没有工作。制造了也因缺乏购买力而没人买的状况可说非常浪费。当然世界史的进程很快的现在，像巴达加利亚先生、胡笙先生那么优秀的人回国，我想也不会如中国曾经的留学生那样去搞革命或转变成文学家的那种悲剧重演。可是日本方也要接纳多数研究社会科学的人，使之确实地研究日本明治维新以来的诸般经过，以便考虑自己的问题，这样才是自然科学与社会科学成套，始能对问题至少是有接近的条件形成，我有这样的感觉。这是我相当久以来的一贯主张。

◎ **小木曾**：戴先生在一开始就提到。

◎ **杉浦**：进入具体的日本的角色的问题了，不只是一般论，而是包含日本应尽的任务，请各位来谈谈。

日本应扮演的角色是什么

◎ **高：** 我常进出亚洲文化会馆，常常感到的是接纳研究自然科学的人也好，至少在那里工作的人，真正对社会的发展应尽什么样的任务。对此问题，若说能给更深入的教育可能有些失礼，或说希望被灌进那种灵魂，我这样想。

◎ **杉浦：** 与刚才戴国辉先生与高先生所谈的问题，或许稍微偏离，西欧列强进入亚洲之后，英国创立东印度公司是在 1600 年而与先到的葡萄牙与法国展开激烈的争斗。终于完全合并印度是在 1877 年伊丽沙白女王就任印度女皇。其间经过 277 年，将近三世纪。

再举一个例子，英国接触清朝是大概在 1700 年的中期，而贸易是更早就在进行。大概 18 世纪末英国产业革命的影响出现，向清朝要求开港很想销售毛织品等之故。但兰开夏（Lancashire）的毛织品在暖和的东南亚卖不好，因此瞄准中国，而东印度公司被强加定额销售量。当时中国是银本位，做强行推销之前，西班牙等从新大陆带回的白银就拿去中国买丝绸与茶等。

◎ **戴：** 墨西哥银。

◎ **杉浦：** 是。然后白银逐渐不够。一方面因产业革命，生产品不断增加，因此命令东印度公司多少要自立，推销英国的产品，以所赚的白银去做采购。因此与清朝在 18 世纪末开始交涉往来。

然而在开始，清朝是事大主义、中华思想，只与来朝贡的国家贸易，所以以朝贡国待遇，英国也不例外。印度在东印度公司刚进入时的蒙兀儿（Mughal）帝国似乎也是同样的高姿态。英国都无以应付的强势，因此开始时只能低声下气通商。而且阿拉伯商人跋扈，非常蛮横，也会掠夺。话题稍岔开，最初东印度公司的武装是为了防备阿拉伯商人的掠夺，似乎才是最原始的动机。同样的事情是葡萄牙，西班牙进入之际也多多少少有的样子。再回到清朝的话题，1816 年有位阿美士德（W. L. Amherst）的英国大使被派遣到北京去交涉，与天子会见之际被要求行三跪九叩礼。阿美士德生气不肯行礼，结果立刻从北京被赶出来。那时的要求不只广东，而是要开其他三或四个港。推销毛织品是英国的要求，因为南方不穿毛织品，中国北方寒冷，对毛织品有需要的道理。自 18 世纪末至 19 世纪初，这种交涉在清朝与英国之间重复了数次。

而且与此同时，东印度公司也开始了恶名昭彰的鸦片秘密贸易。然后，1840 年发生鸦片战争，清朝一败涂地，沦落为半殖民地。此事冲击日本明治维新的志士是众所周知的。

英国从卑屈的交易阶段开始要求对等交易到鸦片战争，大致经过一世纪的时间。我想要说的是，西欧列强出现亚洲的时期，亚洲的政治、经济、文化阶段，远远凌驾欧洲，且是诸国都敌不过的阶段，而且可说是非常安定。我要提出一个质疑，此般的东洋诸国，为何输给"落后"的西欧诸国？

英国转化为帝国主义有人说是自 19 世纪 70 年代左右，我在此要说的是，要之殖民地化并非今天来了一下被征服而变成殖民地。印度的情况是约费时 3 世纪，真是漫长久远，以人生 50 年的话约有六个世代的时间流逝，以中国来看也有一世纪的时间。在这个过程中导致殖民地化或半殖民地化。为什么会如此？这是我最近非常沉重地想着的事，中国人、印度人或东南亚全部都是在议论殖民地主义的罪恶，说其危害之前，是否有把前后的历史彻底地掘开来看的必要。为什么演变成如此？自刚才被提出种种具体的阻碍近代化，或对现代化的落后的因素、要因，与亚洲被殖民地化、被践踏，在此中的因素是否无关系？我的感觉是似乎有着一定程度共通的要因。

日本的情况，就此来说是非常幸运的，说这样的历史学者很多。要之西欧列强来得最晚。

◎ **戴：** 太远，而在那阶段日本没有什么可掠夺的。

另一个是，中国只沦为半殖民地就没有再继续下去了，应感谢印度。同时，日本未被殖民地化，是印度被殖民地化，中国被半殖民地化，在那里的各种抵抗运动，有一定的阻止白人侵略日本的原因，此事应关联起来思考吧。但是在此成为问题的是，因日本帝国主义的出现而让人受到困扰一事（笑）。

◎ **杉浦：** 此事在后面请大家做完整的检讨。

的确，英国的印度经营已经人手不足，而清朝虽已衰微但还是强大，非常有抵抗力。人民层次的教会放火事件无以计数。全部从上至民众都是中华思想。法国以传教士为中心进行法国式的殖民地经营，中南半岛也是。法国首先派遣传教士到中国。教会受到激烈的火攻。皆是与太平天国同时期，系清朝的抵抗。

◎ **戴：** 太平天国有一些不同。

◎ **高：** 义和团事件吧。

◎ **巴达加利亚：** 我所想的是印度和中国为什么被那样对待？那是温和的性质，柔和的性格吧。现在看历史，发现其中有宗教的因素存在。一位很关心佛教、热心的国王阿育王（Ashoka），出生于耶稣基督之前。此王是非常好的英雄，战争也很有技巧。打了几次胜仗，之后因宗教的精神，认为战争不好。夺去人的生命实际得到的是什么？夺去如此多的生命，到底有需要战争的意义吗？思考之后中途改变想法，不能对人抱有憎与恨的感情。所以开始从事很多宗教行为。历史家评价其为过去的世界诸王中，最为了不起的人。有意大利的马可·奥里略（译注：Marcus Aurelius，121—180，罗马皇帝、哲学家）、韦尔斯（译注：H. G. Wells，1866—1946，英国小说家、历史家及社会学家）等历史家记述过。实际上这种宗教的想法，其实是对下个时代减弱保护自己国家的力量。因被灌输此宗教精神，这民族有段时间处于和平生活状态。后来莫卧儿或种种的人进来——当然因政治的胜利，而融入印度的社会。他们接受了印度的文化，把自己的文化也贡献出来，一起居住、共同努力、合作。

但是英国的情形不同，最后把物质的东西全部夺走。所以印度被殖民地化的过程是因为非常温柔的民族性格。日本的情形是奋战到最后，自己锁国。当然佩里来的时候，由于洋人力量大，日本人怕了，认为怎么抵抗也不能赢而开国。但是曾为彻底保护自己的存在而奋力战斗。以其民族性守护，维持独立。印度则没有此种性格，而因宗教的精神，国民性变得柔软。

◎ **高：** 与此事有关联，印度的情况是宗教把反击殖民地主义者们政策的力量阉割了，但中国与韩国的问题我想并不是那样。韩国开始与日本的势力起冲突时，社会发展阶段与日本没有差距。是否没有抵抗心呢？自古以来韩国人有传统，相当地胜于日本人的抵抗心。为什么被日本吃掉？从文化、社会的生产发展阶段来看，与日本没有多少差距。当然以国的大小、人口的多寡，这种地方或许有相对国力之不同，但实际在其他方面是没有差距，为什么被日本吃掉？我想是很大的问题。我的看法是，领导者欠缺完全代表国民，对外来帝国主义加以反击的统率力之故吧。我以为那是决定性原因。

◎ **戴：**我不认同统率力缺乏这种说法。可说是当时统治者阶层的腐败，我毋宁以这种形式来看待。

◎ **高：**因为那种腐败，结果国民不能跟从。国内有种种农民反抗、叛乱、激烈型态的叛乱发生，终究是不能跟随那封建的统治层之故。

"自己内部解放"的问题

◎ **杉浦：**现代的韩国情况如何？与日本的关系呢？

◎ **戴：**说到此事，其中层次又稍微不一样。我对朝鲜的事情不太懂，但和台湾的情况一起考虑则是：两者同样被日本殖民地化，台湾的情况可说是割掉中国的一部分，出让成殖民地；朝鲜的情况是整个国家变成殖民地。这两种不同的殖民状态，导致不同的生产力发展阶段与经济力。中国在那阶段，局部地区存在相当高水平是事实。但是不能集结为一个统一的国民意志条件，因为另外有一个非常腐败的清朝末期政权问题。

在此请各位回忆洋务运动。此运动可以明确地说是一种欧洲化运动。

◎ **杉浦：** 那是发生在鸦片战争打败之后吧。

◎ **戴：** 总之是资本主义化的动向。但是清朝慈禧太后非常腐败，而李鸿章一派靠拢那腐败。然而有反李鸿章与反清朝的部分。康有为、梁启超等人的力量不能打破此腐败集团。反体制势力没有强大到打破旧体制，也缺乏集结力。结果就是不能对抗外力的情形。我以为朝鲜的情况是要考虑地主制度，土地的所有。依我所知，朝鲜的历史家或韩国的历史家之中，有打破以往的一般想法，主张已有地主制，亦即私人土地所有的成立。主张至少有其萌芽，但在此意思，还是有相当大的问题吧。就是有地主制的确立，也应该把地主制的性格作为问题。

◎ **高：** 对，没错。

◎ **戴：** 所以这至少能确认一个事情。我非常反对的是，诚然帝国主义是恶，将他国殖民地化是很坏，在其中的过程干了很多坏事，这是事实。但是从我们被殖民方来说，被殖民地化阶段的政治制度与社会经济问题，作为我们被统治者方的知识分子，当然应将之视为问题，作为研究的课题，或者将之好好定位，不然无法阐明问题。

◎ **杉浦：** 我完全赞成。与这点有关联，据我甚少的见闻，我有一个提议。

具体来说与日本的角色相关。五年前我赴东南亚诸国一趟，看看从日本研修留学回国的人归国后如何活动。从整体来说，几乎众口一致地说感到书店少。这是我天生的癖好吧，到一个新的地方，第一件事就是要买地图。但为了买地图而找书店却很难找到，教我很为难。报纸也少。偶尔有书店进去看但书也不多。而且是英语、法语书居多，例如有关自己国家的历史也是外国人写的，此现象令人注目。

我的观察是短时日的或有误会，而即使是正确，只由这么一点事去理解各国的全体不可能没有误解，但如戴先生所说的问题，如何亲手在历史中去定位，如何去理解，今后如何去活用的问题的研究或调查，我想是更为必要。比如有关印度就由印度人去研究，或缅甸由缅甸人去研究，这是"自己的内部解放"的基本前提。反观之，日本则有很多书店，有关日本近代史的书就有几百种。与此相比，当然我也不觉得日本的现状即可说全部都好，但真是令人感到寂寞、空虚。例如以经济发展理论来说，发展中国家的开发理论，现在有几十册的出版，但显眼、出色的几乎是欧美学者写的，大概都是所谓被认为是定论的主张。当然日本人、中国人、印度人也不是没有学者，质的不说，以量来说也压倒性的少。要之欧洲或美国的亚洲研究比我们亚洲人更为兴盛，作为实际问题有很强的印象。

这一点作为对于亚洲日本的任务或合作的一个课题，应被更为重视。同时，日本人自己不要只把眼光朝向欧美，对邻邦诸国、诸民族，亚洲的人们，作为筑构真正邻人、友人姿态的前提是不可欠缺的事。对亚洲的同一性、多样性首先要互相正确地认识，不做此确认就谈合作等，我想并不会顺利。

亚洲诸国自力研究自己的努力有什么程度的进展，我不很知道，也许有错误，从我们被给与的课题来说，感觉还是微乎其微，实际上也没差多少吧。

在这一方面，如刚才戴先生所说，不只技术的研修，技术者的教育，在教育合作面，包含社会科学的人才培育，也可以是日本的任务之一这点，我完全赞成。关于地域研究，推进各自独自研究的同时，国际性的共同研究，乃至相互合作，比以往是否要更认真被思考的问题，我深切地感受到，不知各位觉得如何呢？

◎ 胡笙：首先，杉浦先生所说没有书这事，我想有两个理由。一个是殖民地的影响，另一个是经济状态。殖民地的影响是，所谓比自己优秀，所以被统治，因此自然地感到自卑感，认为西欧人所写的书是好的、销路好。第二点是，书出版了就要销售，然而比如在印度，印度人写的书卖不好，因为上大学或上学的人数少，一般人不看书。而西欧人写的书，就不只印度，世界其他的国家都可以卖。所以是教育率低——长达 200 年以上的殖民地背景的影响，应是如此吧。

再者，稍微谈一下日本的角色。我以为一个国家的发展需要有两样东西，一是物质资源，另一个是人的资质与决心。然而我们大部分亚洲国家是两种都没有。日本则当然是没有资源，但具备很优秀的人的资质与坚决的决心之故，远赴他国开发资源以迄今日。然而我们的国家则是当然缺乏资源，而人力资源上，也没有那资质与决心。为什么？背后又有两个理由。一个是长达 200 年以上的殖民地经验。自动的去创造出什么而生活下去的心情，我认为全部被夺去了。

另一个理由是宗教。特别在印度，人人没有意志力、积极性，而消极地想，照现在就好了，不必比现在好。看到邻国进步，也不羡慕，只想到忍耐。我的国家是伊斯兰教国家，这使社会各阶段的进步受到阻碍。今后要让我们的国家发展，首先印度与巴基斯坦的情况不进行宗教改革的话，经过再久的时间也绝对不会改变。人的资质与决心彻底地要由我们自身来改善，必得要自己去想，以自身意志、决心去做。

有关资源，只要有决心，逐渐去开发自己国内的资源，某种程度上是可以的。但是从现在就要出发，只有那些是不够的。如刚才我所说，亚洲是一体，其中特别是先进的日本，希望能尽量伸出援手帮助我们落后的诸国。有各种做法，但刚才戴先生说的技术教育，为了要推销机械类，只大力接纳技术关系的学生，我以为那也没有什么不好。首先要让我们的国家从现在开始起步，工业是很重要的。在日本学习先进技术，回国利用一事，必须早日赶上。与此同时希望基本上不要以推销机械为目的，给我们真正有益的援助。以具体例子来说，为了发展当地教育目的之根本援助是当然，其他文化交流也很重要。为了友好目的，国与国之间的文化交流很重要，从交流中而产生真正的援助。还有，资源关系，特别是技术关系，最近日本也对我国做了很多经济援助，但是对于亚洲之中的日本力量来说，援助还是非常少。援助不是要立刻产生利益，真正要考虑的是未来的事，希望给予更多的援助。

◎ 高：胡笙先生所说很有道理。只是我们谈日本对亚洲合作关系的时候，有个不能忽略的问题。即个人善意当然是另当别论，总体来看，日本政府的做法和日本政府的对外政策，希望至少不要妨碍亚洲国民的进步与发展。怎么说呢？自明治维新以来，日本历代政府的亚洲政策，的确以支持反革命政策贯彻到底。例如在中国发生辛亥革命时，站在反革命方给予援助，归根结底日本是采取忽视人民的政策。我熟识的某老师说，历代的日本政府以亚洲人民敌人之姿态出现，带来很大的灾难，他做下如此极端的论断，今日日本对此种做法已到了应反省的阶段。

◎ 戴：您指的是政府方面吧。

◎ 高：也有个人对辛亥革命感到共鸣而给予相当的援助，但是基于政府立场则是完全反对。相同例子一直到最近都持续不断发生。所以这种事情对该国社会的发展没有帮助，真的是非常负面。这种政策希望就此打住，我有这种想法。

◎ 杉浦：讨论至此出现很严厉的意见，有关日本对亚洲经济进入如何呢？从现在日本的状况来说，已到非得以亚洲诸国为顾客，采取合营事业、技术合作、技术输出或整厂输出等种种方式的状况。不管愿不愿意，都不能不愈来愈积极化。与这些互为表里，经济合作也会比现在更强化，这样看是不会错的。剩下的是以政府为基础，与民间为基础的两个方式可考虑。这种"经济进入"乃至"合作"，与自主自立路线的兼顾会变成怎样？各位对此有没有特别要发言？

◎ 高：可以有种种想法，但没有带正确的数字来，不能具体说明。我最近去了大阪，可以举一个例子。我朋友的友人是日本人，对我朋友说，大概带 1000 万日元的东西去韩国，每次都可赚到 200 万日元。这种事情被重复操作的话，逐渐侵蚀韩国经济，结果对韩国经济的发展没有帮助。现在我国的经济一定程度地被日本资本所控制，为了应一时之急姑且不说，宏观去看的话，对国家的发展是百害而无一利，这是洞若观火的。

◎ **戴**：我个人是这样想的。基本上我认为锁国不好，我说的是自立更生论。可能会引起误会，但恕我做极端的发言，即援助是毫无意义的。怎么说呢，归根结底，援助一事，现在不管苏联、美国或日本，很多协议都有政治的附带条件，或说自己国家的政治目的大概会以某种型态随着潜行而来。这是其一。

第二正如杉浦先生所说，是投资或市场的进入，或为了获得原料为目的的性质很强。援助就是这种性质的东西。所以高先生所指出，援助是一种经商。这种性质很浓厚，而且给与后进国的时候，会引起误会被当作施舍、妨碍刚才所说自立精神的确立。奴隶或者乞丐劣根性，援助说不定成为这不正常思考方式的再生产。讲得太绝也不好，我是说如对日本有所期待的话，就是如高先生所说，首先请多留心不要妨碍亚洲诸国的进步，另一个是，如果是要援助的话，日本人自己要正确掌握日本的高度经济成长再出去，不然就容易变成强加于人。日本人应该认真仔细研究美国提供那么多钱还讨人厌的诸情事吧。花费那么多钱还被讨厌，本来就是问题，因带有刚才所说的性质很浓厚之故，所以他们假装不知道或真的不知道吧。提供大钱还令人讨厌的援助，不能说是真正的援助吧。因此我强调援助的重点要聚焦在人的培育、扶植，亦即多接纳留学生。或者以不干涉对方内政为前提，援助该国的基础经济计划为目的的统计制成与调查形式，或组织基金，一起做农业有关试验的共同研究。依我看日本有很多这种人才，要提出我们亚洲问题的话，日本农学有可适用的部分与不能适用的部分。能适用的部分给予踏实的指导，但是不能像现在派遣三流人才、敷衍了事地送去塞责，我以为这种事应该在未引起误会之前就停止。援助的另一个方法是刚才胡笙先生所说，写了书也卖不好，不合算，那么日本就无偿援助印刷费。或者无偿大量供给教育活动所需的机器、显微镜等。如果真要援助的话，这是第一个应被选择的。

第三是如胡笙先生所说，不考虑速效。不要一下子就要卖机械，而是对基础建设之类的社会资本投资与充实，如援助兴建水坝等。但这是个别的资本家不能做的——恐怕资本运动法则所贯彻的是没法做到。因为有那些矛盾，所以首先要出去的应是个人的善意，要确实抱有作为日本人的自我认识然后才出去，就是这个道理。杉浦先生说书少，我想那是事实。我来东京很久了，这三四年在日本有出版真正好的书吗？逐渐地美国的文摘文化蔓延，复刻好书还好，但不是，找来各种有名的人写些与教养有关的书；或者技巧地节录自某书作重编出版，如沏第二泡茶般平淡无味。此种形式的出版，或许意味着日本即将衰老，让人觉得其逐渐失去创造自己文化的活力。这种地方也要认识然后出去，不然的话会变成强加很奇怪的东西给人。如果是我，我会拒绝美国把平装本或文摘带来，那是美国资本主义侵蚀的一个表现。所以那援助常被说希望是无附加条件的援助，说起来容易，但实际上苏联、美国或日本的情形，多少有细微的不同，很难做。接纳方很苦恼，所以如我刚才所说人的问题，经济学范畴所说的基础建设，这两个实际问题不完备，或广泛地说，接受方的体制未建立好的话，也是枉然。会与越南一样，美国投入多少都没用、没意思。如果是那样不如早停止对彼此都好。从世界观点来说是一个大浪费，而且还引起冲突。供给方的美国反而被当成凯子般被看不起。这种事我想至少日本人不应做。为了避免做此没意义的事，还不如彻底研究美国投下那么多钱还被讨厌的原因。日本的最近动向与其经济所到达的阶段来说，不能不做经济进入而举出冠冕堂皇的理由，但是后进诸国的人以更严苛的眼光在看，不知有没有被注意到？注意到的恐怕只是诸位而已。

◎ **小木曾：**在某种意义上，刚才所说 19 世纪殖民地化的问题，又以别的型态在出现。

◎ **戴：**对小木曾先生所说的问题，高先生已有非常尖锐抨击的一面。希望不要演变成那样，至少不要妨碍进步，让我们自己来发言，那是基本问题。此外我想谈谈孙文的事。孙文在《三民主义》曾述及引入外资云云。然而实际上孙文需要外资时外资却不来，这是现实，最后孙文将之拒绝。1924 年左右，过世之前他改变了这个想法。现在当然情况不同了，但那种不信任发达国家之感，在后进国家一般大众心中很强烈吧。原本援助是在与他们无关的层次进行的事。所以刚才所说援助无用论是极端的说法，而且知道会引起误会却故作发言，是因为我已思虑到此一地步。

◎ **巴达加利亚：**我想请问戴先生，美国人那种无谓的做法，那样浪费金钱或许经济非常发达、国家也兴旺，而日本被灌输文摘而变得受人注目。所以要以自己昔日的文化方法去做就需约百年进步的速度。所以美国的文摘在某种意义上引起其他国家的兴趣。知识依靠传递，因此现在若要从头开始，直到彻底完成的话，非常耗时。

◎ **戴**：我讲的并非此意。文摘文化不是指这样。

◎ **巴达加利亚**：是，我知道真正的意思。

◎ **戴**：我所要讲的不是枝节的问题，而是指我们所要的是真正能解决所提问题的方法论，是从快餐文化和文摘绝对产生不出来的东西。所以彻底的、自己的现代化，用我的话来说，即确立现代化的方法论为目的给我们援助是好的，但往往援助方是瞄准速效而要强加于人。为什么要强加于人？是因为没能对自己做好定位，亦即未能做好自我认识就要援助，没有把自己的问题定位好，所以以恩人自居而强加于对方，那是令人为难的。当然明治维新以降，例如明治 30 年代的翻译文化，或者翻译学问，或者在日本的某部分到现在，没太大意义还引用很多横书文字的欧美诸国文献，以提高论文价值的氛围残留着。日本的确随伴着那必要的恶以推行近代化，这我承认。但是我们将此从根源上深入思考时，那些是否为我们真正应该学习的事物，我想大有疑问。

◎ **巴达加利亚**：但是根源这东西，不论要评价或做决定，都非常具有相对性，依种种不同的历史阶段而有不同的意义。

◎ **戴**：因此，从现在我们要处理问题时，要学日本的历史经验。文化遗产，本来有正面与负面，而人往往误解只关注在正面上。日本的近代化如果有可以作为我们模板的部分，反倒是在负面的部分。我们要确认研究负面的部分，才不会重蹈覆辙，避开失败，利用其可利用之处。我以专攻社会科学者立场来认识此事。

◎ **巴达加利亚**：但是，成为问题的是，某种程度上不走那条路，是因为得不到手的问题，例如技术与精神的问题。技术是简单可以获取，但是精神、文化的东西很难学得。所以在 20 年之间，美国的技术简单地进入日本，但是美国文化没有进来。看日本社会，这是很久以前的社会，日本文化在这里面延续着。美国文化不能彻底钻进那文化之中。所以在某种意义上也必须走那条路，也要采纳那种文化，他们的生活方式某程度上也会进来。彻底逃避这条路而引入技术是非常不可能的。不过我不是专家。

◎ **戴**：您的讲法我赞成。确认日本历史经验的负面部分，把必要之恶控制到最小，有效地将其历史经验活用于我们将要推行的现代化之中。我没有想能完全否定那必要之恶，大概也不可能吧，正如您所说的。但更重要的，毋宁是日本近代化所持有的问题即负面部分，与留学生接触的人士不愿意谈，没有感觉到的留学生也很多，因为很少被提及，所以我特别要在此强调。正面部分经常被提出所以问题少；负面部分作为后进国出身者的我们有仔细查清楚的必要吧。将之确认然后要把必要之恶控制到最小限度的形式去做；另一个是，如果日本诸位对我们的现代化愿意伸出援手的话，希望各位加深自我认识，然后才援助，这样对话才能投机，这蕴含着我小小的期待。所以一部分的日本人认为只有欧洲才有可学习的，只有白人才有可学习的，我要指出这与曾经的中华思想是相同的。或者这讲法不恰当，我以为有特异的日本式的中华思想模样之物，在不知不觉之中很容易被卷进欧洲的思考方式而迷失自己。日本人自己必须确认那种问题然后站出来援助才可能对话。亦即我们所看到的美国援助盲点，确认援助所带来的诸问题，日本正好现在就要出发。在此意义希望能做考虑。

总之单纯以美国的投资效果，简单以计算机算出出入量关系这种性急的做法，我当然不会说完全没意思，然而我也不会认为有积极的意义。

◎ **杉浦**：就是"知己知彼，然后去找出相互发展与协调之路"这个忠告。

◎ **戴**：还有如杉浦先生所说的，文化交流的问题、相互认识的问题，这方面可以说几乎完全不做。是否想这个不值得花钱呢？

◎ **小木曾**：没有赞助者啊（笑）！

◎ **杉浦**：或许是日本人的岛国根性吧。

发展中国家援助与日本的反省

◎ **戴**：我还有一件想对日本人讲的事。此多见于常去海外的日本友人。在巴达加利亚先生面前很不好意思讲，"印度人是很够你受的"这样讲的人很多。曾经你们是这样讲中国人的。但最近你们说"中国做得好"之类的，我想那是错的。各位性急地以欧洲的价值体系，或只以自己的立场来想他人所致，马上想要教人家，要稍微谦虚，其实从后进国的很多问题，可能找出使日本文化再生的强心剂与精华。并不是因我是后进国出身所以这样讲。作为方法是在后进诸国的问题之中，其实可以再一次找出自己的问题，我这样想。所以立即说指导你或教你，总之并不是师弟关系形式层次的问题。日本相关人士常说，去马来西亚一带，教华侨劳动者马上懂，马来人则不行。立刻把那种问题还原为民族问题。如汉民族优秀，什么民族不行。问题不是那样，人本来是等质的，文明也是等质。总之所给予的条件，他们所拥有的历史诸条件，将其能力以一定的框架在特定的时点框住，这是过去的历史，现在也在限制的一面还很强。巴达加利亚先生所说的拥有潜在力非常丰富。这在什么时点出现，或我们后进国出身知识分子在什么时候将之爆发出。在此处请更给予注目。

◎ **巴达加利亚：** 我也正好有同样的想法。日本人发展的一个根源正是如此。在日本这国家，四海之内皆兄弟的想法不通用而是彻底历史性的上下关系。所以在历史中日本人不知道有横向关系，因此对英国人、对美国人也以那种方式接近。自己输了，起初是锁国，然后被强迫开国，从那时候就有一个不学技术便不能赢的想法产生。无视西洋的道德、文化，而只学技术，不学战争的技术就不能赢西洋，所以产生军国主义。以这种做法走下来，又输了第二次大战，但又重新以那种做法在策动。哎，输了，不能不想办法再努力，不这样想日本就没有发展，所以不能看到横向部分。看亚洲诸国，不把他看轻，自己的自信就不会出来。所以充其量只是一直线的看法。与日本人交往时，我们是被吸引，我不是被招待，所以最初我用自己的钱来了，感到对日本技术发展的憧憬所以才来这里。那道路我觉得很艰苦，想向老师学习。日本人只知道自己领域的或自己的线，横向就什么也不知道的人很多。只遵守那个部分，彻底进入就被认可，不彻底进入那就不行。所以对事情的此种决定法之中，精神的东西自己能不能接受，需要意识到上述的部分。对此，文化人是不肯简单学的，不肯采纳。日本人的看法是彻底不充裕、性急的，现在的日本人的心没有余裕。从早到晚充分使用自己的能力，没有时间考虑多余的事情。所以评价事情，理解事物的力量非常受限制。应该要多少带些从容，真正去理解事物才可以。哪里有问题，那路就要稍微松开，使其顺畅，不然交际会变得很艰难。

◎ **杉浦**：巴达加利亚先生的意思是日本人要轻松随和……

◎ **巴达加利亚**：在某种意义上是的。所以稍微以那种做法考虑事情更好吧。不以独断的想法，清楚、客观地看事物。日本人有一番很了不起的发展做法。轻易地快速学会各种事物后便急着冲刺，之后才来考虑这样做好不好。到这时候想，自己已经某程度做好了，某种程度给了国民一个满足，之后再稍微慢慢的，猜测会有好的想法出现。但假如从起步就开始想，慢慢地走就好了，没有做通盘的计划，代表没有进步。

◎ **戴**：我刚才提出现代化的问题也有这种状况。比如日本最近人口过少的问题出现了。以往既存的近代化的问题是，如果人口不从农村出去，农村就不能近代化。到最近日本开始慌张起来，因不知不觉地以很快的速度在东海道线形成了巨大都市，此是现状。如我们要步其后尘是无意义、愚蠢的事。我认为考虑台湾问题时，日本的例子很值得参考，台湾很危险，已在步其后尘。这是恼人之事，但台湾人好像还没有警觉到。绝对不能变成如此。其中还是要有作为现代的都市样貌应是如何的问题。这与农村的关系、人口问题、文化问题都相互关联。

◎ **杉浦：** 就此意义而言，从正面想，日本可作为反面教材。

◎ **戴：** 依您所提，只有刚才讲的必要之恶的想法，而且不能只是单纯的近代化或资本主义化或工业化。负面的部分我们就近可从日本学，在事前能检查。日本人没有意识到，或者应说察觉得太慢，发觉人口过少问题，也是问题进行到相当严重的时候。如此一来就让人困扰。所以正在思考援助亚洲的人，或认真地在思考今后要如何实践的各位，希望能包括这些问题一起予以考虑，否则是没意义的。

战后，日本人拼命地赶上美国，赶上欧洲，精力充沛地恢复生产与其他部分。然而现在突然发现变成这样的状态，才说"唉呀，这可不得了啦"。

◎ **杉浦：** 诸位谈论风生，似乎意犹未尽的样子。

◎ **胡笙：** 最后让我讲一句，从亚洲为一体的想法，归根结底，日本的经济去除亚洲是不能维持下去的；同样的，亚洲经济去除日本经济也不能继续发展，因此日本今后真正想要更加发展的话，请对亚洲诸国真正借予一臂之力。

◎ **杉浦：** 各位似乎还有未尽的意见，但今天的座谈会只能就此打住，能获得各位率真的意见，非常感谢！

本文原刊于《政治公论》，东京：政治公论社，1969 年 9 月。

与会

波多野宏一
《朝日新闻》中国亚洲调查
会主查

主持
戴国辉
亚洲经济研究所

×
加藤祐三
东京大学东洋文化研究所

×
小岛丽逸
亚洲经济研究所

×
幼方直吉
爱知大学教授

×
马克·塞尔丹
Mark Selden，华盛顿大学
副教授

照见亚洲研究真貌
——中国研究者的造反与自我批判讨论会

林彩美　译

报告：我们要忧虑什么（马克·塞尔丹）

CCAS（关心亚洲问题学者委员会，The Committee of Concerned Asian Scholars）是 1968 年末至 1969 年初春，以哈佛研究所学生为中心的亚洲研究者之间发起的运动团体。

有 50 万美国士兵被送往越南，不问敌我而流了很多的血，但研究亚洲问题，向学生讲课的学者们却完全不想触及此事。对此状况的揭发，造成学生之间对亚洲问题关注氛围快速升高，是这个团体组成的契机。

1969 年 4 月，举办亚洲研究会议，聚集了约三千位亚洲研究者，在此以研究所学生为中心的学生团队，向专家们报告如何掌握越南战争的舆论调查，结果有三点应注目的事情。

对于自己的无知

第一，这样的学会，让人感到是个对学生来说有如找职业的博览会，对教师们像是找喝酒朋友方便的场所，但根据我们的调查，居然有高达 620 位来参加讨论。何况越战是讨论的重大关注事件之一。

第二，收集出席者意见的结果，多数人对美国的越南政策是持批判态度的。亦即支持美军的实时撤退，对学生的回避兵役表明支持立场的人占了大部分。

第三，举办这样的集会，出现这样的意见，美国报纸却完全不予登载。

将此三点再追究下去，即为何以往做亚洲研究的人，对越战保持沉默，支持政府者的意见才被报纸采纳，而以代表亚洲研究者的形式被发表，可归结到此两个问题。

而再继续讨论的结果，发现历来已对中国与日本复杂的政治组织与社会状况多所研究，却对美国自身什么也不了解，我们应当好好反省。然后不得不提出"在美国研究亚洲的价值是什么？在美国研究亚洲到底是为什么"的根本疑问。

如此一来，最初是以如何思考越战的问题为开始的讨论，却既深又广地发展，碰触到学术、研究的根本问题。

聚集参加会议的反战派学者们，与那时组成的 CCAS 的结论是，利用亚洲研究者的研究结果应负责任，对于此点有了共识。

诓骗的"近代化"

到底以往的亚洲研究是沿着什么样的历史走下来的?

20 世纪 50 年代初的麦卡锡旋风狂飙的时代,进行了亚洲研究者的肃清。因此肃清,"亚洲研究"事实上被迫沉默。在此歇斯底里波涛持续之中,中国革命获得胜利,但麦卡锡一派不容分说地指摘"失去中国,是因为美国的亚洲研究者们,把中国卖给共产主义之故",并透过议会的公听会等,破坏太平洋研究学会(Institute of Pacific Studies),很多学究们不得不沉默。从麦卡锡方来说,从此美国的中国·亚洲研究告终。但是,我们 CCAS 的看法不是肃清完了,而是以麦卡锡的胜利一直持续到越战的高峰。越战变为剧烈时,亚洲研究者还保持沉默,是因为在麦卡锡时代受了非常大的打击而抱有批评政府绝没有好处的苦涩经验之故。

另一项,我们所注目的是,如 20 世纪 50 年代初期的福特财团,对亚洲研究出资的财团与政府之间产生的"共存共荣"关系。政府不断地把钱投入的同时,也把体制方的利害和价值观灌入亚洲研究者之中。为了继续打越战,为了以帝国主义覆盖全亚洲,用数百万美元的庞大金钱收买学者,几乎全部的学者乐于接受冷战模式。

如此状况到 20 世纪 50 年代初期,美国的"亚洲研究"成形之后的 20 年间都没变。

亚洲研究者们,完全无视亚洲诸国当地的社会制度,开始高声大喊其"近代化"。例如提出"建立民主制度的问题"等。令人惊讶的是,那是与美国的资本主义有着对立形式的"近代化"。

"帝国主义"这个语词，也从美国的亚洲研究者的语汇中消失。以往猛烈责难欧洲的帝国主义，却因接受冷战模式的亚洲研究者们，改为专心致志批判马克思主义，回避帝国主义这语词，而开始使用"文化的接触"这欺骗人的语词。

亚洲研究者的这种态度，持续到以越战为契机，对于美国力量的根本性疑问被抛出之时。

多数的亚洲研究者们，从军事的观点在过去 15 年以上论述了中国。那是基本上从敌视中国的态度而产生的。

CCAS 拒绝一切军事、情报搜集的研究。CCAS 对帝国主义或革命的问题，与以往的学者采取完全不同的态度。这不只是我们的问题。在美国所有学术领域，现在以这种面向在进行着。进行着对既存的"原则"的挑战。美国自身在约三世纪前，犯了正好与现在在越南所做对印地安人的大量杀戮的错，也在菲律宾进行了 60 年的殖民地统治。那到底是什么？ CCAS 要从这个正确的认识出发。

从人道主义的立场，对人的压榨，亦即对帝国主义本身要加以批判。仅限于此，或许有与共产主义共通之处。

又，我们不认为革命之于美国是敌，或有不利。美国自身是经过某种革命过程而诞生的国家。我们宁愿将革命从征服帝国主义力量的方向来观看。

讨论：受批判而动摇的"亚洲研究"

◎ **波多野宏一（以下简称波多野）**：小岛先生刚去参加在伦敦举

行的"世界基督教学生联盟有关中国的集会",也与欧洲的亚洲研究学者们有接触,首先想听听您的感想。

◎ **小岛丽逸(以下简称小岛)**:一月初在伦敦郊外的小镇,世界基督徒学生联盟(World Student Christian Federation,WSCF)以"中国的政治·社会思想与其对现代社会的意义"为题,三四十位中国研究者聚在一起进行议论。

参加会议者以国别分,有英国、法国、德国、印度、新加坡,还有美国、加拿大、澳洲、日本。参加者中,知名的中国研究学者只有法国索尔本大学的谢诺(Jean Chesneaux)教授,和伦敦东亚·非洲研究所附设现代中国研究所所长的施拉姆(S. R. Schram)教授两位,其他主要的参加者是 35 岁以下的年轻人。

这会议结束后,又去访问欧洲的三国,即英国、法国和德国的几个机关,和多方研究者做了议论,印象是可分为三个大的潮流。一个是把中国研究还原到自己的社会或自己的问题之中做研究。为了解决自己的社会所拥有的种种问题而做中国研究,并坚持这种态度的学派。

第二个学派是,对 20 世纪 50 年代在欧洲有支配性的现代中国研究开始抱疑问的学派。中国现在所实行的,与自己一直受的教育所学习学问的方法论,已不能十分契合而开始抱强烈的质疑。其中很多是去过中国旅行的人,包含来自英国、法国、加拿大的出席者。

第三个学派是,不抱那种疑问,而依然以过去的"纯粹客观"方法在做研究。从而第一个学派对第三个学派亦即沿袭被想作是

"纯粹客观"旧有做法的人的报告，经常提出"你们的研究是为了什么，以什么目的在做，为谁所用"。

第三个学派是现在塞尔丹先生想要挑战，很多美国学者所抱的态度。印象中，参加者里面，以数目来讲第三种学派最多。想以"纯粹客观"或是既存的西欧的学问或方法论来处理中国。

第一学派或第二学派，可说是对过去的现代中国研究方法论抱强烈质疑的学派。如果是这样在方法论上做反省的话，那么会出现新型问题的建立法是否成功的问题。例如其一是对由集团主义的经济发展，或集团主义的政治性民主型态等有强烈主张的人。以经济来说，不把公社（commune）当作个人追求利润的型态，而是以集团追求利益的型态看待。在政治上是作为集团的解放才能联系到民主化的想法。以往以公社是压抑个人生产欲望的制度掌握的想法为多，但个人的解放仅限于伴随集团的解放，不然是不可能的。这种想法出现了，从而把中国解放后的动向，以民主化过程描绘的学说开始出现了。

体制派研究者群的蠢动

◎　**波多野**：可看到共通点是亚洲的问题，特别是越南、中国的问题各自应将之作为内部问题研究的反省。这是美国与欧洲的亚洲研究从 20 世纪 60 年代末开始的大变化，或可说对以往亚洲研究的造反。

◎　**加藤祐三（以下简称加藤）**：我想请问塞尔丹先生。曾经去过中国的传教士与学者，现在或许已处于主力阶层，或在这以上的地位，对政府的政策决定有什么程度的影响力呢？

◎ 马克·塞尔丹（以下简称塞尔丹）：战前美国的中国研究，或亚洲研究主要以传教士集团为主体是没错。从而，与在美国的日本研究相同，到现在其人数也非常多，也拥有影响力是事实。只是除了传教士之外还有拥有影响力的集团。曾经是美国军事情报组织的OCS（候补军官学校，Officer Candidate School），现在CIA（美国中央情报局）的组织之中做过中国研究的人也相当多，著名的有哥伦比亚大学的鲍大可（A. Doak Barnett）教授（目前在布鲁金斯研究所），MIT（麻省理工学院，Massachusetts Institute of Technology）的白鲁恂（Lucian W. Pye）教授，麦卡锡时代攻击中国研究家的耶鲁大学饶大卫（David N. Rowe）教授等全是属于那集团的人。这些人是完全接纳冷战体制的价值观，而且已习惯于以自己传教士时代的经验去看中国，结果是变成反共主义热烈的支持者。

◎ 戴国辉（以下简称戴）：我是中国人，而在日本研究中国，处于特殊的立场，我想提一个问题请教：以图书馆馆员的形式，参加美国的中国研究的中国系者，或从台湾战后留学美国，有研究中国大陆或台湾的人们，CCAS如何定位这些人？有没有定位在你们批判的对象中？

◎ 塞尔丹：作为CCAS，并没有特别对土生的中国人在做中国研究的人采取什么立场。只是如果他们接纳美国的冷战体制，而在那体制之中工作的话，与其说是中国人，毋宁是因在那体制中研究中国、亚洲的理由。而作为批判的对象，对于我们来说，不管是中国系或日本系并不是问题。我们的关心是与美国所采取的立场如何关联之点。

◎ **戴：**塞尔丹先生的说明是以麦卡锡以降的研究为主要问题，但我要确认，在麦卡锡时代以前，美国的亚洲研究或中国研究，CCAS 今后要不要作为批判、对决的对象？

从反战运动发生

◎ **塞尔丹：**CCAS 不只是现代的问题，当然初期的阶段也想作为研究对象。但是归根究底，现在发生反对忍受接纳方式的运动，剖析这种反对运动，从而挑战过去研究的做法或政策这事，我们认为是非常重要。但是，在做这个的过程，那种研究态度从何而出的追究，以及探寻那过程的意义，当然也有跳回初期阶段的状况。不过我们的团队才刚成立，对于初期的工作几乎未做调查。我们的工作也几乎在麦卡锡以后的东西。只是有一个可说的是，麦卡锡主义以前的亚洲研究者们与所谓的美国的冷战政策没什么密切接触。我想对中国共产主义，比 1949 年以后的中国研究抱有稍微客观的看法。

◎ **幼方直吉（以下简称幼方）：**CCAS 的产生与美国的大学纷争有什么关系吗？

◎ **塞尔丹：**当然有关系。CCAS 的发生是越战与对越战的反战运动而产生的，创立 CCAS 的人们，本来是对这种和平运动非常热心的活动家。亦即烧毁征兵卡的人、反对征兵制度在做抵抗的人们啊。但是不只是这样而突然出现这些人的。回头看以前，例如麦卡锡以后也有，挨过肃清时代的人，不是有名的人，而是沉默保身的人。

然而，如果我们处于那种状态，与那以沉默挨过麦卡锡主义而生存下来的人一样结果是从社会孤立，或者如 CCAS 这种运动也会被消灭。

也就是说没有社会的支持，这样的运动与研究就做不下去，我们对此有认识。因此，比如现在体制中做中国研究的人，有想脱身的人，我们支持那样的人。加州的 Pacific Study Center[1]（斯坦福大学的反战集团，研究在亚洲的美帝国主义）与法兰兹·夏曼（音译，フランツ·シャーマン）老师的活动我们也给以支持，尽量要有与社会的动向一起发展下去的想法。也就是说要在体制的内外两面做下去的道理。

◎　**波多野**：美国的亚洲研究之中也有相当新的潮流出现，反过来日本的情况如何呢?

◎　**加藤**：甲午战争的赔偿金是当时国家预算额的三到四倍。再者之后所发生的义和团事件镇压的赔偿金，是甲午战争赔偿金约两倍。当然义和团与其他国也有关系。欧美诸国拿了义和团事件的赔偿金，以所谓文化事业的形式在中国建造教育机关或医疗机关，或援助既设的机关。日本模仿此形式，于大正末，考虑建设中国研究机关于日本和中国。首先预定在中国设立北京人文科学研究所与上海自然科学研究所，正在准备的时候。蒋介石国民政府成立（1928 年），

1　应指 Asia / Pacific Research Center，亚太研究中心。

反日的趋势高涨，而改设在日本国内，亦即设立在东京与京都的东方文化学院。东京的在战后变成东大的东洋文化研究所，是我工作的地方。现在最大的问题是，为何、为谁而做中国研究的问题。因此我自己最低限度，要在近期整理出我的研究所根据的基础。

另一个问题是，现在的中国研究是什么样的状况。据我的印象，曾经是相对于国学的汉学是正统的学问，正统的学问也就是维持体制的学问，从而经常触及政治，亦即叫作政谈的一个基本主题。一直到现在我的印象是对中国研究在不知不觉中给予很大的影响。就是说因为我们的政治判断，在中国的政治乃至其他林林总总的事情便可理解的前提从未改变过。对此，掀起大浪的正是"文化大革命"吧。"文革"到底是什么，在这点议论分歧，不只因党派间的问题，而是我们之中未觉醒的，以刚才的话来说是自己的问题，或是对自己的方法论的反省是肤浅的，从而是否被它扳倒？这些是我个人对现在中国研究大致上的批判。

满铁调查部的遗训

◎ **波多野**：我想要设立亚洲经济研究所的时候，政府与财界的想法，"再建那留下辉煌成果的满铁"的图像大大地横现在那里。就此意义上，现在置身其中的小岛先生，对塞尔丹先生的美国动向，或您这次在欧洲所感到的印象相较，对日本的中国研究实际状态如何看呢？

◎ **小岛**：坦白说，我自己还未整理好。只能这样说。

只是，现在我的关心是，例如把满铁调查部的中国研究的历史还是很想再做一次回顾，而可以从中抽绎出很多教训，我深刻地在做这样的思考。

还有一个是，学术性的工作，在那种机构中的研究今后我想会继续做下去。但是中国的农民与劳动者虽几十年受封建主义和外国帝国主义的压迫，并终于将之推翻。如何推翻了压迫，我要自己掌握。进入 20 世纪 70 年代，今年元旦各报社的社论说，日本变成经济大国了，我觉得真是大放烟火（译注：有祝贺之意）。在公众媒体的领域出现那种报道，是对东南亚、韩国、台湾，日本的资本进入比我们的认识更快速在进展吧。满铁调查部的研究，就是要探索此意义。

同时另一问题是，1945 年，日本败战后，很多的中国研究者一时好像有反省的感觉，或者是方法论的确立或新的问题的构筑等常常被议论，但有多少效力，我也想要去探究。不这样做会感到很不安。

对 "败战" 认识的欠缺

◎ **波多野**：中日战争到太平洋战争败战的原因，一般认为是败给美国的庞大物力。中国的民族主义、中国所志向的，日本未能正确地汲取，我以为是否在此存在造成败战的很大原因。但以这种观点的研究，从全体的大局势来看还是很少，毋宁依然是从强权政治观点的中国研究为多的感觉。

塞尔丹先生指出，美国的亚洲研究无视亚洲的社会制度，而以可与美国利益两立的形式，要求当地的近代化的姿态在以前曾有过。同样的动向，是否依然存在日本的中国研究之中，我有这个担忧……

◎ **小岛**：那或许是被叫作"纯粹客观"研究的东西，在不知不觉中被那东西所卷入。我也不能不有所警惕。因此，比如经济建设的研究，农民与劳动者一点一滴积累的身影，不会成为研究的主题，"既存的学问"方法的适用的倾向对于 20 世纪 50 年代后半到 60 年代前半，我感觉那潮流变强。

◎ **加藤**：败战不久，中国研究所或我所属的东洋文化研究所之中，有一定的内部改革，听说那是针对配合战争者的批判。听到美国现在的情况，最切实感到的是，学生运动、越南反战运动是与现实的征兵，会被送去战争的事实连结在一起。然而日本的战后是从战争终结开始的。在此意义上，我想日本的行动是否采取完全不同的方向。

对于研究者，过去的研究成果对现在会给以什么样的影响是问题，过去的成果是，与其说是研究内容，不如说是研究体制之点有问题，研究内容大体来说我持乐观论。就是说一定日日有新世代、新感觉，采取新行动的人产生。那些人大概会以自己的方式批判以往的研究和研究体制，或许不去发表，并或许那绝不会成为运动，但他还是会持续做。我对这类人的期待非常大。围绕研究者的体制是，自 1945 年到正如朝鲜战争之间的美国状况相似的东西或许也会出现在日本。

无力的历史家们

◎ **戴：**我听着各位的话而这么想。首先，历史家是无力的，再是感到学问这东西的无力感。CCAS 是以越战为契机对其内部进行告发。然而，如果学问是世界性的话，其实越战可以不发生。例如举日本一连串、离现在最近的"满洲事变"，再是由此以降、渐渐陷入泥泞的过程，传统的东洋史学者们不以研究对象去对待。

然而，战后的研究者们之中，也有如远山茂树先生的昭和史研究团队等，取得杰出的成果。只是，昭和史研究没有成为世界性的，因此本来应成为世界性教训而活用的东西没被活用。越战可以说正是在这种无力的状况而发生的。

另一个是，这种遗憾也存在中国知识分子之中，就是如何定位中日战争的胜利此事。到底谁赢了谁？我想恐怕在日本，包含学者在内极为广泛的人，并未怀有输给中国的真实感。而中国人在国共内战的初期，那种意识特别在国民党系学者之中存在。与其说输给中国民众，不如说是输给美国的最新武器与美国的物资量的感觉。日本的科学、生产力、GNP（国民生产总值，gross national product）也输美国，所以日本输了，绝对以为不是输给中国人。也就是说输给物资、GNP、最新兵器，而不是输给民众，如此近乎迷信的想法弥漫世界，这点其实才是问题。

◎ **幼方：**战后的研究，我不认为马克思主义变成中心。毋宁是民主主义性的科学从法西斯主义脱出而正在萌芽阶段。只是那种新学问，到底是否是扎根在民众之中的学问，在最近的大学斗争之中，终于第一次从根本地受到质询。

中国·亚洲研究的情况是 1960 年安保发生时，美国福特财团援助东洋文库的问题，这问题扮演很大的角色。因福特财团对东洋文库的援助，这个学术机构中的年轻人，对自己的中国·亚洲研究是由何开始问起，而领悟这不单是当前的美元资金的问题，而对日本亚洲研究的传统开始了批判。对亚洲福特财团的资金援助的反对运动，不必然是从马克思主义的立场而反对。而且当时学生对大学问题的肤浅认识与今日不能做比较，于是运动遭挫折了，但所发生对学问的反省一直到现在，不只学生，对年长的研究者也给了很大的影响。

◎ **波多野：**戴先生出身台湾，战后一直在日本做中国研究，我们有被告发的感觉。日本的台湾研究问题也很多吧。

◎ **戴：**我没有要告发各位的意思，只是担心包含中日战争前世纪以来的中日关系的教训不能正确定位，不能汲取教训，我们被时代潮流冲着走。在此我所想的是，日本的各位，如果对中国认识错误的话，首先是从错误地认识殖民地统治的台湾开始。日本的中国研究是跳过台湾，现在也在跳过，对中国的认识也不回溯到甲午战争。在某种意义上与中国人一方也是共通的。例如中国人有抗日八年的看法。实际上抗日战争自"满洲事变"以降有 15 年。像我这样的台湾出身者来说，我还认为应该从甲午战争开始。许多人缺少这个方面的问题意识。

第二，各位从刚才以来在告发自己，我也在自己内部有一部分应该被告发的。我的祖先也在鸦片战争前后，流亡去台湾。把已经住在那里的高山族人赶上山封堵住，成为后世的我得以活下来的原罪意识。我家是地主，地主受日本总督府权力、殖民地统治权力的保护，受高率佃租保障，从而我们兄弟可游学东京，我也因此在战后能来东京留学。所以我也是作为加害者的一部分，体内抱有应被告发的部分。

另一个是，作为被害者方的问题，发展中国家的左翼人士把所有的责任全归诸帝国主义这一点我有异议。让帝国主义专横跋扈，是自己内部有腐败之故。特别是知识分子要负很大责任。使各位的认知错误，发展中国家的知识分子也有相当的责任吧。那证据是发展中国家到底曾经有没有像样的日本研究或美国研究。我在亚洲经济研究所任职，但不是做日本研究，也不做美国研究。用稍微难听的话来说，我是在零售我的故乡台湾，今后如做华侨研究的话，便是像零售自家人在维持生活似的。

从等质性出发

然而，这姑且不说，在此我们自己不单是帮手，在现在的世界史的阶段，作为一个知识分子在学问的世界做贡献的话，能够做什么。我们必须把自己正确定位后才可进行。其实这也是对我自己的自我批判，发展中国家的知识分子要更好好地研究日本与美国，由此可对等，或即使不对等也可做恰当的发言，我想某种程度上可纠正各位认识的错误部分。然而发展中国家的体制大多数的情形是不看重社会科学。

容我再讲一些。我自己的研究前提是，因为台湾出身者之故，绝不能停止在单纯的受害者，首先有必要认识这个；第二是必须要确认所有文化以及民族是等质，并经常反复审问自己。并不是美国人、中国人、日本人特别优秀。在观念上理解这个大前提的人，很多人却在实际的行动面搞不清楚。似乎是以洋文写的论文，或白人写的东西是好论文，中国人或发展中国家的人们写的研究论文是不行的，这样的迷信至今还根深蒂固地存在"我们"心中，是很遗憾的。不以实质内容去评价的习惯还很强。

我讨厌"地域研究"的用语。这本来是从英语翻译的。我想反问，"地域"到底是指哪国的地域啊？为什么不明确地以"外国研究"定位而去从事呢，作为中国人对汉字的语感或许与诸位稍微不同，我愿意对用语更谨慎重视。因为有此用语的类似惯性，本来要研究外国，应以民族、文化的等质作为前提出发才对，但实际上却不行。大概"地域研究"的构思与"中华思想"的构思成为恶之痕迹的一部分吧。

我不以"地域研究"而要彻底以"外国研究"为定位去着手研究，所以当然以异民族研究、异文化研究，学习外国研究。从而不以刚才所说的等质为前提出发的话，就没有可学习的。在某种意义上，我今天听了塞尔丹先生的话感到非常高兴。我感到因越战美国人或许可抓到恢复的契机。然而一般的情况是很不容易。被近代合理主义为原理的物质文明冲昏头的人们，特别是知识分子深信完全没有可从发展中国家学习的东西。不只是这样，我们帮助他们发展，因此要做研究，明显看得出那骄傲自大的态度。我想不把民族、文化等质的前提放在眼里，所以才会有那种构思。

　　向对方学习的事情很多，为了学习而做研究，为了确认自己的定位而做研究，亦即要解开自己的问题而做研究。塞尔丹先生和小岛先生所说的都全部到达那里。内部问题变成原动力，非做外国研究不可的视角开始出现。如何让此认识扎根？在此问题是美国的研究论文（paper）主义到底是什么？中国研究中的 GNP 多少，到底带来什么意义的反省，并没有同时出现，我认为这可不行。提出很多研究报告于是方便于就业，没有价值的报告只要在研讨会常提出，被认可，即可得到较好的位子，这种型态不知不觉已形成，大家也认为是当然。实际上这是一种腐败。在现今高度发展的资本主义下的分工，身为专职的研究者所抱持的矛盾，要如何定位？同时也为了要生活。很多有心的研究者在这一点同样在苦恼着。

◎　**塞尔丹**：美国的技术生产出破坏力最大的武器。对此文化与技术，美国人的忠诚心实在大得吓人，并抱持远比他文化优秀的立场，渐次把那做法扩展到他国。CCAS 当然否定这种立场，一贯地采取尽量客观、认识个别文化发展过程的态度。我想所有的文化本质上是同等的，从而，我们不会把它单单以物质文化的水平来衡量，我们要注视不同文化的人的内容，亦即榨取或自我认识的程度等。这些东西如果是理想的话，当然只能在该文化之中去理解，如果只从外面以物质的尺度去衡量，是不能知道的。

◎　**波多野**：戴先生与塞尔丹先生都以非常谦虚之词叙述了各自的想法，但从过去的中日关系来想，戴先生的话虽很客气，但对我们来说，有如插进胸膛的短刀。又塞尔丹先生的发言是 CCAS 的立场，但对于日本的中国研究或亚洲研究而言，是提出了尖锐的问题，我自己认为含有挑战之意。

◎ **编者（社会思想社）按：** 戴之发言中意犹未尽之部分，参照杂志出刊后的校正稿经本人加笔补正，顺此声明。

本文原刊于《朝日ジャーナル》第 12 卷第 10 号，东京：朝日新闻社，

1970 年 3 月 8 日，页 17—24。

时间
1972 年 1 月 29 日

与会
作家
堀田善卫
×
横滨国立大学
长洲一二
×
亚洲经济研究所调查研究部
主任调查研究员
戴国煇
×
前《中日新闻》文化部次长
三浦升

自分与"他分"——日本人的亚洲认识座谈会

林彩美　译

各式各样的亚洲相貌

◎　**堀田善卫（以下简称堀田）**：我在 1956 年第一次去了印度。依那时旅行的经验来说，思考亚洲的时候我想应把印度隔开比较好。亦即印度半岛像是与亚洲分属不同的单位，亚洲好像摆脱不掉以缅甸和孟加拉国为界就是尽头的感觉。

说起来，马来西亚、印度尼西亚、孟加拉国与巴基斯坦虽然同样是伊斯兰教，但印度半岛有太多不能包括进亚洲之中的东西。加上我想印度人自己也没有什么亚洲意识。

◎　**戴国煇（以下简称戴）**：我也有印度人朋友，他们对日本有所求的时候，就同是以亚洲人——亚洲这个相同架构讲话。但是他们也做出了以所讲的是标准英语（king's English）——依我所听也不怎么标准——为傲的主张。我避免以自身狭窄的接触范围下断定，而印度人的上层之中有自己是白人这种很强的意识，有令人感到他们所抱持的自尊心，好像可从白人的属性去寻出根源似的。

◎ 堀田：说是高加索人种（白色人种的别称）。或说我们是孟加拉国人、克什米尔人等那样的感觉很强，自觉上不是亚洲人。同时，我想日本人也没有什么亚洲人的意识。因此，若把亚洲放在中间看，我觉得印度半岛与日本两方都是异质的。所以如果泰国人在谈论或思考有关亚洲事情时，除去日本和印度思考的情况较多，也有另做思考的必要吧。

◎ 长洲一二（以下简称长洲）：常说亚洲有中国文化圈与印度文化圈，向西更有伊斯兰教文化圈。那么，崛田先生所说的亚洲就是中国文化圈吧。

◎ 堀田：中国文化，还有一个是佛教文化。马来西亚与印度尼西亚虽是伊斯兰教，但那是亚洲。

◎ 长洲：那里的伊斯兰教好像与发源地的伊斯兰教不一样。

◎ 堀田：是的，伊斯兰教大概是干燥地带的宗教。从北京开始到新疆，通过中亚细亚到摩洛哥或西班牙止，几乎都是干燥地带。

然而马来西亚、印度尼西亚是高温多湿地带。那里的伊斯兰教我不太懂，但与干燥地带的伊斯兰教比起来，觉得就是有点不一样。

◎ 长洲：伊斯兰教进入印度是 10 世纪以后的事，进入马来西亚、印度尼西亚就更晚。

◎ 堀田：在这中间我想应有什么改变。而奇怪的是，伊斯兰教圈的国家，如巴基斯坦（Pakistan）、乌兹别克斯坦（Uzbekistan）、阿富汗斯坦（Afghanistan）都附有意义为土地或国家的"斯坦"，而马来西亚、印度尼西亚则是"西亚"。（笑）为什么？

◎　戴：真有趣。刚刚出现宗教的话题，我当下正对孟加拉国的拉曼们所提出的政策主柱——脱宗教的问题有所关心。稍后想作为话题，堀田先生对此有什么想法？

◎　堀田：到底是什么我也不大清楚，但孟加拉国的障碍太多，宗教的问题是障碍中相对较小问题之故吧。另外是与印度教的孟加拉国人也必须相处得好吧。

◎　戴：要之，孟加拉国是孟加拉国人的国家，所以本来应包含现在是印度领土的西孟加拉国。印度当局如何想另当别论，就是抱持有那样的展望吧。

◎　堀田：我想是，不过这是推测。

◎　长洲：宗教的问题是我们日本人最不能理解的事情。脱宗教即进步的信仰能如此广泛展开的民族，在世界之中是很特殊的。因此变成了很难理解外国情事的体质，这是应该自觉之点。

缅甸以东是"谦让"为美德，
孟加拉国以西是"自我主张"

◎　堀田：是这样的。我们日本人在明治以前就已经是"脱宗教"了。对以宗教为中心的生活方式是不能理解的。

还有，这不是宗教的事情，而可说是感觉吧，和印度人讲话用英语的确可以沟通，却有心情上不能沟通的地方。然而缅甸以东是语言不通，但感觉上却有可以沟通的地方。

◎　戴：我在1969年末去过马来半岛的农村，的确是有那种感觉。只是我已在东京生活了十多年，恐怕连中国人的感觉都有些淡化和失去的部分，所以有些讲不清。但是，皮肤的颜色、体格、举止态度很像，所以语言虽不通，感觉却可互通。

◎　堀田：例如都市的贫民区，即使是那种地方在缅甸以东令人几乎没有恐惧感。然而进去阿拉伯圈或印度的大贫民区就有无法忍受的恐怖。我想那是与语言通但感觉不通有关系。事实上是什么事也没有，但这按捺不住的不安，会感到自己在哪里都不对劲，像水与油的不相融，同样是贫民区，缅甸以东就没有这种事。

◎　戴：这是否可用"习惯"或"熟习"来解释。比如看到很高大的白人或黑人，即使未抱有偏见的小孩也会怕。

◎　长洲：印度人的面貌与我们不同，每个人五官都过于端正，就连乞丐的眼神都像实存哲学家一般。有那么地不易熟习也未可知。说实在，我从印度进到泰国时都会松一口气。这种说法或许会被泰国人骂，但是不像在印度那样，对赤裸"人性"的骇人压迫感而胆怯、受震撼的感觉顿时消失，在松了一口气的同时，有轻松而舒适的感受。（笑）

这只是微不足道的感想，但在印度，完全感受不到女性。（笑）在街上是当然，塔及马哈尔饭店的女性也有许多装饰奢华的美人，奈何看起来都很了不起的样子，令人难以亲近的印象很强，好像是另外一个世界的人。然而到了泰国，就可看到胖胖嫩嫩可爱的女性，还静静地微笑着，啊啊，有女性哦。（笑）

◎ **戴：** 那在某种意义是当然的。因为日本一直到东南亚是属于季风（monsoon）地带，共有稻作文化的一面。依我在马来半岛走动的经验来说，除了房屋的结构之外，几乎与台湾没有什么不一样，所以没有不协调的感觉。

可是，与印度人交往后领略到的是，印度人对他人提出要求的方式与其他国家的人不一样。那是向人家讨东西的要求。我们的感觉是若以向人家要东西作为要求，是很难以明白清楚的形式启口吧。

◎ **堀田：** 可能与严酷的自然环境有关系，我想孟加拉国以西是"自我主张"为美德的基础，缅甸以东则是以"谦让"为美德的基础。"自我主张"与"谦让"不调和是当然的。

还有，对事物的想法、逻辑不一样。我以为孟加拉国以西，对事情的说明方式，比如用英语的话，就是频繁地使用 because，是"由于……什么什么，因此……"的想法；对缅甸以东，同是英语的话，就是使用 and，是"……是什么，而且……"的想法。

因为我们日本人是"and"，所以对"由于这样因此这样"的"because"，是无论如何都不习惯。印度以西，阿富汗、伊朗都是这个"because"。包含阿拉伯地域的人，话是相通了但感觉不能通，归根究底彼此不易交往的根本原因，就是有上述的理由。

日本人所感受的印度是有难以使之加入到同一个亚洲的殊异感。然而，不是日本，而是从中国看印度的话，就完全可以放入亚洲。怎么说呢？我主要是以文学家为对象，与中国人交往的经验来说，他们对事物的想法是"because"与"and"的双方共存。亦即，中国人具有与印度人说话和感觉皆可通的秉赋。

把异质之物同化的中国

◎　**戴：**对此我也有同感。因为从作为《西游记》蓝本的玄奘三藏所著《大唐西域记》也可看到，6 至 10 世纪，特别是唐代，印度曾是中国的老师。三藏法师实际去过印度。所以，作为史实，印度是中国的老师。中国人和日本人不一样，不会区别自与他，不是不区别，而是普通所说的"洁癖"感淡薄。日本人则容易封闭在自己的小框框里，中国人是把进入到中国的东西全部融合成中国式。

那在某种意义上是当然的。因为中国的历史，比如唐朝首都长安是超级国际都市。不只朝鲜、日本或中国周边的国家，以至现在的所谓欧洲、中东等地域都有很多人来到中国。而且那异质的人们拥有相当的势力并存着。中国人之中汉民族原则上不喜欢与他民族混血，亦即是杂种——这在中国也是骂人的话，而实际上叫作中国"世界"的文化，却可说毕竟是托进入中国的混种文化之福才保持了活力。杂种亦即容纳，在容纳异质或异端的结果，汉文化才存活下来，是否可以这样看。

不像日本同质文化普及全国，中国本身就是一种浑沌。所以堀田先生所说的"because"与"and"，在中国可以同时存在，也同时存在着。加上中国的情形是本来就没有亚洲或欧洲的观念，那种广域的概念全部以东西来表现。有一个叫作中国的大的"世界"，其他则是东或西。

◎ **堀田：** "中华"就是意味"全部"吧。包含东、西、南、北全部的全世界。因此，中国是仅一个中国就是全世界。游戏中也只有麻将使用东、西、南、北全部。（笑）

◎ **长洲：** 亚洲（Orient）听说是意味太阳上升的地方。要之，西洋人追逐太阳上升的地方而来到东方。（笑）

起先以为亚洲的地方，又发觉再前面有更大的亚洲，所以以来到的顺序而取名为"小亚洲"、"中亚细亚"，最远的地方叫远东（Far East）。（笑）因此，中国人是亚洲人，或印度人是亚洲人等，本来是与生活或文化的内容无关，而是以欧洲人的意识造出来的亚洲概念。

再者，中国也有意识的不去考虑，从这个地方开始是东洋，而那边是西洋，只说西边角落、东边角落而已。

◎ **戴：** 欧洲称作"泰西"，是中国的造语，而日本又将之输入的语词吧。

传统上中国把玉门（在敦煌附近）以西叫作西域，南海（南中国海）以西叫西洋。大概印度洋一带是西洋。然而到了明朝，利玛窦来布教（1582—1610 年），对印度洋以西的诸国始有意识，也就是对极（极字通泰）西开始知道。事实上利玛窦把自己和以往在中国的西洋人做区别而自称大西洋人，"大"又通泰。如刚才所讲西洋与泰西都以模糊的"东西"之感被称呼。

那么，现在中国说东洋就是指日本。战争中的"东洋鬼"便是日本军。

◎ **长洲：** 简单来叙述亚洲，其地理界线其实很暧昧不明，大略地整理一下，就是日本与印度在亚洲之中稍微异质，以中国世界为中心，宗教是佛教与伊斯兰教的世界。

◎　戴：为亚洲做界定的时候，亚洲季风地带以稻作农业为中心地域之风土与农业型态也纳入考虑比较好。只提宗教的话，天主教国家的菲律宾就不能包含在亚洲中。

◎　堀田：说到菲律宾，让我想起日本如果没有锁国或许也变成天主教国家。

　　因为，禁止天主教的时候，日本国内天主教信徒人数有几十万人，与当时的人口相较那是莫大的数字。现在日本国内包含新教在内的基督教徒也不到百万人吧。况且当时的信徒位处权力中枢的人物很多。日本人的好奇心很强，如果随其发展或许变成如菲律宾那样吧。

◎　长洲：若举办有关亚洲意识调查那样的事就好啦。"说到亚洲会联想什么"，我想结果会因人而异、各式各样。如"饥饿""人多""广大""有资源""血缘""永远""精神文明""殖民地""发展中国家""民族主义"等。然而日本人出乎意外地在凌乱的亚洲形象之下各自谈论亚洲。在这点上对"西洋"是有共同的印象。

"后进性"的基准是西洋

◎　戴：的确是如此。又，亚洲的思考方式或说感情的世界，作为欧洲合理的理性世界所对应的世界，这种理解亚洲的态度，在亚洲人与非亚洲人里都有。

在落后地域的亚洲人们，安住于不一定是合理的感情世界的倾向也有。所以，后进国、落后的国家——在当地观察也的确如此——的人们说"这样不行"，在心情上或伦理感上很拼命，然而那根源是感情与心情之故，被发达国家以"发展中国家"这一美丽外交辞令表现称呼便陶醉了。我以为后进国就是后进国，后进国哪里不好？我的意思是应真正去认识此一事实，然后专心致志努力去解决自己国家或民族内部的问题才行。

◎ 长洲：所谓后进国（复数）叫作发展中国家。但是以经济学者的立场来说，其实发达国家才是现在也在 developing——正在发展中的国家，也就是所谓"developing countries"并不是 –ing 的进行式。

◎ 堀田：此语词的变化很有趣。最初是叫作"backward countries"（后进国），接着是"underdeveloped countries"（不发达国家），而现在是"developing countries"（发展中国家）。最近是"emergent countries"——正在崛起的国家，也就是新兴国。好像有那样的说法。这就是说，可理解为需要改变语词来对应工业发达国家受不发达国家意识形态的抵制。或相反地，如戴先生所说不发达国家被工业发达国家巧妙的语词所骗了。

◎ 戴：是受骗了。上那花言巧语的当，从后进国的实际状态移开视线。后进国没关系。毋宁是后进国作为后进国，不要以语词来矫饰，而是要直视实际状态，自己思考，把内部问题解决，这才是重要。虽然如此，却陶醉于语词，向先进国伸出手说"因为是发展中国家所以援助我吧"而直接连结到援助。那援助也从"请给我吧"而至"不给援助是奇怪的"，最后是"曾经剥夺了，所以退还一些吧"。

在那样的语言往返之间把问题扩散。好像在后进国出身的精英意识中可以看到，因发展中国家或新兴国家等这些别人给套上的美丽面纱而感到飘飘然的好心情。真是没办法。

◎ **长洲：**本来"backward"是以西洋的尺码来衡量的说法。西洋是先进国，对它靠近了多少，依距离决定诸民族的序列。位置于序列后方的国家是后进国，那样的国家社会结构就是后进的社会结构。

还有"underdeveloped"或"developing"是战后以美国为中心的联合国开发理论为背景的说法，投下多少资本可得到多少效果，投资 GNP 的百分之多少是先进国的条件，工业化的比例等等，是基于数量的理论。"development"在日本译为"开发"但也可以译为"发展"。简易地说，其发展是那些民族大致上都应循的各种阶段和阶梯，照着以前西洋所做的模式由投下资本等逐渐爬上阶梯的观念，即"不发达国家""发展中国家"也在这种说法之中。

对此，近来也有"第三世界"的说法。这是超越西洋为基准的前后、上下之外的中立性讲法，在这一点上我认为是不错的称呼方法。

◎ **戴：**对于美辞丽句有提防的必要。我认为不合实际的语词，还有"green revolution"——绿色革命。语词很美，但那是最大的虚辞，哪里是革命啊。

◎ **堀田：**所谓 green revolution 是说技术革新，或有关能够大量收获的稻米品种一事吗？

◎ **长洲：**米之外有小麦、玉蜀黍等多收获品种改良事情，被国际性地评价为解决粮食问题划时代的戏剧性事情，的确是产生大幅度的增收。只是，这种新品种需要投下大量的肥料、水和机械，简言之要有巨额投资与大规模经营的必要。对于贫农是不可能的，能够做的是富农与大地主经营者而已。如此一来绿色革命促使贫农没落与富农的上升发生阶层分极化，扩大社会的不安定。也有绿色革命会变成赤色革命的说法，亦即回避了土地改革等根本的问题，仅以技术革新，是不能成为真正农业革命的批评。

寻找近代化迟滞的内部要因

◎ **戴：**这种"绿色革命"实际地推给菲律宾农民在做。像我们这些坐在书房写稿子的"口舌之徒"（笑），不管写什么，即使错了也对大众的生活无大碍。但是农民种稻种麦，是凭此在吃饭、生活，如果冒险失败了就无以为继。而且东南亚的农民，不太具备所谓近代科学的农业技术知识。像肥料与农药的配合很复杂，危险性也很高。然而却塞给这样的农民们"绿色革命"。先进国把"后进国"以"发展中国家"的美丽语词来对换，"绿色革命"亦是一个在后进国民上移换语词的典型案例。

后进国不仅限于"绿色革命"，总是把自己的问题转移到外部，不喜欢去碰触内部的基本问题，纵使是知识分子除了少数之外也都如此。

为什么后进国变成后进国，动辄说是帝国主义诸国的掠夺，被华侨掌握流通过程。我有一群印度人的友人，我和他们个别吃过饭。然而，有一天我招待多位印度人友人吃饭，但只来了一个，其他的人没来。详细问了理由说是种姓制度（caste，印度独特的极度封闭的身份制度）不同，不可同席。这是十余年前的事，阶级遗制之强令我吃惊。在同一所大学内是不得已同席，但一起吃饭却是毫无道理的。

不能克服这种内在的问题，但会说帝国主义的掠夺云云等进步的话。东南亚也一样，在很多的情况中把近代化迟滞的原因挪移到外面的习性很强。

其中一个例子是华侨的问题。东南亚诸国在政治独立之前，显然外部敌人一直是所谓的帝国主义。然而一旦独立，帝国主义在形体上不易出现在表面。这么一来，容易吸引一般庶民感性的外部敌人就变成华侨。那么华侨为什么这么多（约一千五百万人）定居于东南亚，为什么掌握了村落阶级的流通过程等的问题，不去查历史的前后关系以寻求问题的解答，就马上说华侨是坏家伙，应该将之排除而限制职业的选择，并从零售商将之排除，采取诉诸法律的措施。

可是，支撑华侨存在型态的各国农村经济、社会经济结构，再者是包含土地所有的村落结构依然是旧有型态，所以几乎没有实效，而政府自己或华侨就将法律阉割了。

外在的问题当然很重要，但是不检点内部，不考虑内部与外部问题的关联，全把问题挪到外面，明白地说这是不对的吧。

所以思考东南亚的问题时，应追溯到帝国主义侵入以前自身的状态，什么事妨碍了自身的近代化，允许帝国主义的侵略的是什么，首先把内部的问题清理出来才重要。内部"敌人"的发现，往往比外部"敌人"的发现不容易，人的习性是常把责任尝试转移到外面。我作为后进国出身者，特别要在此强调这一点。

◎ 堀田：柬埔寨与日本的赔偿协议是在西哈努克（Norodom Sihanouk）的时候（1959 年）签订的，听说协议中有非常期待日本移民的内容。

　　那是与刚才戴先生所说与后进国的近代化有关联，在掌握流通过程的华侨与生产性非常低的农民中间想放进很多日本人。日本人勤劳，又经营生产性高的农业。让这些日本移民与柬埔寨的女性结婚，从血统来改变作为理由。再者，在华侨与农民中间放进日本人，可促成社会结构的近代化，西哈努克好像抱持宏大的建国构想。总之完全变成空文。

◎ 戴：好像是从构想的阶段开始，自己内部的问题与外部的问题就没有关联。把柬埔寨内部的后进性问题，直接挪到外部的解决方策——以刚才的话来说就是"放进日本人……"

◎ 堀田：相反地，把问题全部向内部去求解决，就像缅甸把产业全部国有化，去除华侨行动的余地，让国内的资本哪里也去不了地锁了国。我想这也是过渡期后进国的一个典型。

◎ 长洲：在亚洲诸国，不管农民问题、劳动问题，可说是以阶级斗争的形式发生问题，但也不以阶级斗争进行，突然变成 caste 的问题或宗教的问题，以及人种、语言或地域的问题。然后在捉摸不定之间，问题的本质随之错综、扩散，常在奇怪的枝微末节的问题上吵个不停，不久便变成含糊不清，无法进入本题。

从别的侧面来说，亚洲社会装有无数的所谓缓冲装置，始终在发生问题，但是在未深化扩大之时，被种种社会要因所吸收，中途变成含含糊糊，最后便消失，然后又回到原来的状态。

◎ 戴："后进国"被"发展中国家"这美丽语词移换，因此而陶醉的精神状态，或者不向自己内部探寻原因，而扑向"援助"或"绿色革命"这些外面来的解决方策，把落后的原因，全部求之于"帝国主义"或"华侨"等，还是只求诸外部的话，是脱离不出旧的亚洲——"脱旧亚"，这是我的看法。

在自己内部摸索问题的意义上，我所关注的是刚才触及孟加拉国的口号之一的"脱宗教"。这个政策如果出自共产党就无话可说。但是，现在孟加拉国的"脱宗教"政策，是思考从上而下的近代化的拉曼们——要之，是出自孟加拉国的资产阶级与比中产阶级稍微上层的知识分子。实际状态如何并不知道。但如果此政策是货真价实的话，现有孟加拉国的国家体制，而且是从不可能脱宗教的这个地带的资产阶级中出来的，作为内部革新的思想萌芽，我愿意给予评价。

我以为亚洲的后进诸国要谋求"脱旧亚"，就必要把窝藏在自国内部阻碍近代化要因清理出来。不是只是宗教、经济，而是连教育、农业等从全领域清洗出阻碍近代化因素。那么本质性的课题是什么当然就可清楚，然后在各个因素的关系上也一边整体地掌握，一边决定先打破哪里，以及接着是哪里的顺位。

除非其内部的革新由该国自律去做，不然就不能"脱旧亚"，也没意义。日本要站在他们的立场是不可能。因为自律是基本。不是教日本人变成自闭症，但是，我来帮你近代化，我来帮你代办，这是不合理而勉强的，如果是那样想就自视过高了。不怕冒昧地说，我认为日本人多少有那种倾向。日本人是老好人又有精力，加之是海洋国家之故，非常想往外发展。

◎ **长洲：**不要什么都怪罪外面，应该做内部的革新吧。诚如您说，同时因为是戴先生所以能够这样说，如果是日本人或欧美人，那样讲就会被误会吧。例如经济合作，我也觉得依存援助去从事自立经济本来就自相矛盾。没有自主的国民经济，就不能从事经济开发，那是本质上从自力更生的自助努力而产生的。援助如果有意义的话，总之仅限于对内发的自力更生的合作而已。只是实际上，援助、贸易都不是如此。在这一点上日本自身若不改变，从长远来看对日本也不利。把那搁着不管，真不想说你们只思考自己内部的事情吧。当然这是在承认戴先生的主张之后。

亚洲诸国的日本观 —— 只透过商品的亲日感

◎ **三浦升（编辑部）：**在日本谈论亚洲时，我想亚洲诸国所抱持的日本观可以作为话题。日本商品大量涌进的东南亚，听说已萌生反日感情，被中国批评为军国主义的复活。然而，这是听来的话，去年秋天在印度举办"喜欢的国家"相关的民调，结果第一名是日本、第二名是苏联、第三名是英国，是至少在数字上也表现出亲日感情很强的国家。在此，想把话题转向亚洲诸国的日本观。

◎　**堀田：** 关于印度民调的结果，我想是印度内部的印度人对生活无可奈何的反映，并不是知道日本而票选日本为第一。总之，在印度的生活是怎么也没办法、找不到出口且让人受不了的。那种无可奈何感偶然地以第一名日本、第二名苏联、第三名英国出现。若是在印度的意识中所占的顺位或经济支配程度的顺位，就相反了。

这是题外话，这样的民调如果是在苏联举行，我想日本也是第一位，法国是第二位。

◎　**戴：** 我也觉得民调不能盲目相信比较妥当。看看日本的民调也知道，去年的岁末吧，中国加入联合国之后的调查，日本人对中国的观感比以往有很大的改变，对中国的亲近感升高。连日本这样在各种意义上皆高水平、高教育普及的国家，民调结果都受大众媒体的动向所左右。

不限于印度，被称为庶民的人们与外国的接触实际上并非直接人与人的接触。与外国人的接触而了解其国家的情形压根儿就没有，依大众媒体的情报是有的，但最具体的是接触外国的商品。以商品去了解这点来说，日本商品确实好。以印度的立场来说，英国是旧统治国，共产主义国家的苏联是"权益"相连的国度，相较之下日本是"优良商品的国家"或者"地理上相近的国家"等，以好的印象在接触。

我想这"优良的日本商品"在制造亚洲诸国亲日感的力量很大。

听说东南亚诸国之间，对于使大量商品涌入的日本批判变得严峻，长洲先生也提出这个问题。但是，我认为这是非常尖锐的当地知识分子的批判，他们是预见、预设议题，不然就是以曾经受侵略的印象在发言。

依我所见，一般而言菲律宾也不到那个地步，马来西亚的马来系人们透过日本商品对日本抱有好感，在庶民的层次还未到会与日本起摩擦的程度吧。然而今后因企业的进入等将会变得更严峻。

只是，以商品为媒介的亲日感情是根深蒂固的亲日感情吗？这又有疑问。台湾人常被说是亲日，但对于台湾庶民而言，日本是曾经黏着的膏药已被撕了下来——而即对旧统治国的过去已没有多少痛切之感的样子。与其对旧统治者，现在更对那新贴上的膏药直接感到不协调。在这个时期上好的日本商品进口，影片也随着进来，日本高薪的消息传来等所造成的印象就是现在的亲日感。因此说台湾人亲日，日本人是否就可以马上高兴，是否对日本有根深蒂固的好感是有疑问的，如果日本人简单地照单全收更是意外地危险。

◎ **长洲：** 的确在马来西亚有人对我这样说："日本人把电视或车带进来，但是电视与车任何一个国家都可以制造，我不知道什么是真正能说 this is Japan 的东西。"这是知识分子说的。

◎ **堀田：** 华侨如何？东南亚华侨的人数很庞大，华侨在东南亚的舆论形成力是非常大的。而且，日本在战争时，怀疑华侨是间谍，在新加坡就屠杀十几万人，哪有十几万间谍的道理？

◎ **戴：** 谈了有关东南亚一般的对日感，如堀田先生所说，华侨是有别于一般的存在，把这分开来比较好。

东南亚的华侨在战争中大都支持重庆（国民党）、延安（中国共产党）。因此当时在日本的"大东亚共荣圈"构想中是日本人的敌人，在日本占领地是日本军政的敌方。而且统治方面大致是采取分割统治，以拉拢当地马来人、印度尼西亚人打华侨的模式。菲律宾的情况稍微不同，在战争中日本对华侨毒辣的残酷打击，如堀田先生所说，也做了大量屠杀的事。

华侨有此历史体验，所以现在他们是否视中国为祖国将另当别论，对日本的看法是很严厉的。

华侨的上层大多与现住国的政权黏连勾结，本质上是商人，所以与日本有交易关系，绝对不讲日本的坏话。对日本有批判的是华侨之中的教员、新闻记者、大学生等知识分子。而且，这些人的舆论形成力相当大。

◎ **长洲：**可以说是战争的旧伤口吧，日本人面对中国人、韩国人或东南亚人，不管怎样都会有曾经做过坏事的意识。特别是这不只是知识分子的好习性或坏毛病，被那些国家的人触及战争中日本的罪恶，便只有垂头丧气别无他法。如果我被中国人说"你们对中国干过什么"，我想也只有默默垂下头。实际上做出这样发言的是住在日本的中国人。

然而别的阶层的日本人或许会说"此一时、彼一时，也没办法啊"，战后出生的年轻人或许会说"我与此无关，是父亲那一辈人不好"。特别是最近的年轻人对国家、民族不怎么有意识，有如世界主义者的感觉，因此我想日本国民对于罪的意识已稀薄了。

老实说，我对这两种主张有时也觉得说得有道理。但是，话虽如此，我被指责就垂头丧气的意识是不会消失的。背负着像日本人原罪的东西，日中恢复邦交愈早愈好，对东南亚日本不要再做坏事。为此目标应该做什么，我想这可能是知识分子的观念论。就如战前的左翼从纯粹理论而喊出"反对帝国主义""反对天皇制"，但是现实的民众意识更浑浊，与左翼的叫喊相反而被右翼给掳走，我觉得似乎如此。

这里不知如何整理是好，也就是说战前、战时日本人给予加害国家人们对日本人的想法这件事，想请教听听中国人戴先生的意见。

对旧恶被谢罪也无济于事

◎ **戴：**我住在日本前后已 18 年了，因此作为中国人的感觉说不定已有些模糊。加上我没有从事政治活动的意思，也一直回避政治性发言。

但是，我以自己的方式一直观察着日本与中国，或日本与亚洲诸国的关系与问题。对刚才长洲先生所提问题来思考，我想应该触及住在亚洲季风地带人们的思考样式。其思考样式或可像堀田先生所说，与其说自我主张，不如说是很强的谦让美德。无论如何，对事物的想法上，就中国人而言，往昔的事，例如日本的旧恶，一般情况大概不会提，长洲先生问，如果被中国人说"你们在中国干了什么"，长洲先生所引用的在日中国人的那位（不披露其名）是特别的例外，中国人一般是不会提的。中国人不愿谈日本的旧恶，从事日本人战争犯罪采访的本田胜一先生很难从中国人口中问出真相的事例就可得知。

对于那样的中国人，长洲先生刚才说，日本人呈示三种态度。一种是整理罪恶感，抱持赎罪的意识；一种是无罪恶感，认为没有办法；一种是以为与罪恶感本来就没关系，以年轻世代为多。

推行中日友好运动的人们多是第一层。我以为"日本应该对中国、韩国、东南亚谢罪"的问题提法是很不高明的。我自己在台湾受日本的殖民地统治，叔父被征用为军医，所乘的输送船因被击沉而牺牲，侄子以军夫的身份被送去新几内亚，至今遗骨都未寻回。为这些事我们没拿半文赔偿金。然而，接受谢罪又能怎样？所以，日本人说，日本人应向中国人谢罪、应向东南亚人谢罪时，我这样想，到底这个谢罪是在对中国人谢罪、对东南亚人谢罪吗？不是这样的，应是对自己自身谢罪，这是因为自己能心安所以要谢罪是吗？

其实日本某位著名的知识分子围绕这赎罪论而受年轻世代攻击时，我碰巧在席上。叫作 S 先生的那位知识分子说，做了坏事所以应该谢罪而展开伦理论。年轻一辈不能领情，理由是我们没有做错事为什么要抱持赎罪意识。

身为中国人的我想化解局面而自求发言，然后这么说。

谢罪了，死去的人的生命会回来吗？不会的。又能改变什么？又谢罪以物质表现的话，有人谈到赔偿，以中国来说只是赔偿多少的问题，要不要接受也还不知道。至少我是不知道。对此，应是无法改变什么，且连是什么状态都不知道的事情。更重要的是，如果日本存着要与东南亚搞好关系的用意，为了此目的日本人能做什么？对亚洲人的蔑视不只脑子里，在行动面也绝对要停止，自动地谢罪，筑构从内部能制约再侵略的机制，以此来思考日本民族的再生。亦即把日本在历史上、文化上所拥有的创造力，日本民族的创造能量，如何才能更确实不侵犯他人而能再构筑作为日本的问题之一去思考才好——比之把赎罪意识推来推去、没有结果的议论，这是否更有意义？那么一说，年轻人也似乎领会了。

战争当然伴随残虐行为，所以更重要的是如何才能消除战争。那不是如老一辈的世代，为自己内部受罪的意识所苦恼，浸淫在没有出口的沮丧烦恼中，也不是去拨弄旧伤口。确认自己国家的历史，将自己或国家之中联系到战争的要素整理出来，并且将之消除，以和平的逻辑去建构历史。而且亚洲人如有谦让的美德，包含日本在内，每一国都自己把问题整理好，在被他国指出之前把自国和他国的关系定位好，绝不要以遮掩发臭事物的形式去整理，由此造出新的关系即可。

没有摩擦发生就不思考，事情未发生之前就拖拖拉拉搁着，将不能创造出新的关系，我想这是亚洲季风地域共同思考样式的缺陷。

亚洲各地有受日本军屠杀的纪录。屠杀这件事，对于日本不是只用钱即可解决的，同时对该国也不是用钱即可以解决的问题。对于该国为何发生这种事，我以为应该将此体验，活用作为将来的前车之鉴。由此处可缔结与日本的新关系。

把严肃的、有关己国将来的问题，任由一部分的政客或与其勾结的败德商人，把称作赔偿的生意调换成钱的问题，或者准备调换。更甚者是战争中自己做了什么并未好好自我批判，全把赎罪意识推给别人者。所以诚如长洲先生所说，又有把民众转送给右派的可能性一直残存着。

◎ **堀田**：西蒙娜·波伏娃（译注：Simone de Beauvoir，法国人，作家、女权主义者，与萨特新创并履行契约结婚）写了如下的见闻。她于十七八年前，在中国旅行时去了南京。在那里看到日本旅行团，因此问了担任翻译的女孩"你知道南京事件吗？"（注：南京事件，1937 年 12 月 13 日，中日战争时，因入城南京的日本军的掠夺暴行，屠杀 30 万市民的事件）。

于是回答"当然知道"。波伏娃接着问："那么你看了刚才的日本旅行者有何感想？"，那翻译答说："我们必须学习忘却。"

波伏娃对此非常佩服。因为，中国人的翻译员在南京迎接日本人的立场，与法国人自己在战争刚终了时在巴黎迎接德国人的立场类似。她那时有非常复杂的感受。而法国人也都抱持非常复杂的感受。大家都只把视线移开，绝不可能如担任翻译员的年轻女性般，马上答"必须学习忘却"。要之，这是很了不起的。

刚才长洲先生所提出，及戴先生所讲民族间、国家间旧恶处理的问题，是异民族交涉中最困难的问题。一言以蔽之，只能说是由历史去解决的问题。作为日本人来说，不是种下旧恶的年轻人说"不关我的事，是你们干的"，而对上面施压，老一辈的世代对年轻世代要将之带进民族性赎罪意识而挣扎着，及被指责自我批判不彻底而烦恼。我认为这没有即刻、短时间就可收拾好的解决方法。向上施压、挣扎、说服，反复几次将之送进历史之中，除此以外别无他法。这也许是粗鲁残酷的讲法。

送进历史之中，绝不是指丢弃在历史之中，而是指将身处历史之中的年轻世代、父母亲世代都无法处理的痛苦脓肿加以定位。就此更具体地说，戴先生发言中提到的 S 先生，身为植下旧恶世代之一人，受年轻世代施压攻击也没办法，S 先生不苦恼也不行，也不能不对着年轻人说"必须持有民族的赎罪意识"。

由于有这样的循环，日本与中国、日本与亚洲诸国，发生过此事的历史性认识被刻入日本人心中或日本人对事物的想法之中，因此才会占据正确的位置吧。此外，我想是没有解决的方法与可行之道。

横井与刘连仁两位先生

◎ **戴：**在东南亚旅行的时候，与华侨青年谈话时，我曾经以"你们如何看日本人、今后与日本人如何交往"作为话题。

结果他们也如堀田先生所说的，与中国大陆的中国人同样，期待着和日本人建立与战争中不同的新的关系。但是没有说"必须学习忘却"。期待着新的关系，"但是我们不忘记（日本的旧恶）"。

他们说，日本人是老好人但有善忘的坏习惯，因此很担心。

我身为生活在东京的中国人，不知道是否能透彻地观察日本。日本的情形，说起来还是善忘，或者说过去的事情已过去，就是那样、是不得已的，好像有这样就打发过去的精神结构。"知道了、知道了，再也不会做那种事了（如战争中的旧恶），跟你说已经知道了"，说得很轻松，令人感到好像只失去一个既得权益的感受似地。然后有什么问题发生随时处理的图式、方式自战前就存在于日本。所以处理某问题的方法，对下一个问题变成不合理时，前面的约定干脆废弃。在中国、东南亚也一直处于被废弃的情况吧。

所以日本人说"知道了、知道了"，在于另一方是"说是知道了，但是否真的知道了"而感到不放心。日本有对外发展的能量，所以不安是很大的。我也对此"知道了、知道了"的讲法之中，是否真的包含堀田先生所说的民族交涉的原理、相互的同格、对等的原理，真是让人很不安。

刚才其实我发言时，是一边思考着横井庄一先生的事件[1]。若与三岛由纪夫先生的事件连在一起，应会给东南亚诸国非常复杂的感受。因为日本的媒体强调对横井先生的怜恤，我想这是当然。他据以支撑生存的原理另当别论，作为人，在极限状况中活着撑过来的生活方式令人尊敬并起共鸣，也可说是令人惊讶。

如果有以对待横井先生的怜恤同样地去对待曾经被日本政府强制带来的韩国人、中国人，那么我就认为真正对等的异民族交涉原理已在日本产生。但结果是没有，落空了。

例如 1958 年在北海道山中被发现的刘连仁（1944 年从中国大陆被强制带来日本的多数中国人之一。他从被强制劳动的北海道的矿坑逃脱，挨过 14 年的洞穴生活。《刘连仁》〔译注：日译版为《穴にかくれて十四年》，欧阳文彬著，三好一译，三省堂版〕的事件。

---

1 横井庄一（？—1997），第二次世界大战时受召赴南洋的日本陆军下士，1972年1月24日在关岛热带丛林被发现，回到日本引起轰动。

他遭受日本残酷狠毒的对待，而且是在比横井先生的关岛更难以生存的寒冷北海道山中，度过悲惨的生活。对刘连仁、横井两位先生对待的歧异之处希望给予比较。刘连仁先生被"发现"后受了相当冷淡的对待（虽然有一部分革新团体或民间人士基于善意的支持）。不去做横井先生与刘先生两事件的回顾比较，日本不会产生与亚洲诸民族的对等异民族交涉原理。我在等待着，从日本人之中出现此论调。

◎ 堀田：所谓历史，就是异民族交涉。无论哪一国，与异民族交涉就是历史。然而我国的情况是历史并不是异民族交涉，只有国内交涉才是我国的历史，没有异民族交涉的经验。在某种意义上日本可说没有历史。

此是因为岛国的条件起了作用，总之日本人是非常不善于异民族交涉的人种。例如在新加坡，有马来人、中国人、泰国人、越南人与菲律宾人，五人聚在一起谈话，我想完全可以对话。但是如果在此加入一个日本人，对话就不成了，场面会变冷清。日本驻在外国的商社社员们，现在作为日本人可说是具代表性的国际人吧，他们的饭局有"纵饭"与"横饭"。"横饭"是横文字，亦即与外国人相对坐正式的饭局之意。（笑）

而"纵饭"就是日本人同事，边喝着酒边吵吵嚷嚷不拘束的饭局。连应该是已习惯于外国人的商社社员们都感到"横饭"是负担，在那种场合只有天气的话题，只会讲天气。所以日本人要成为国际人我觉得不可能。为什么如此，因为日本还是孤立文明国家之故。即从中国输入汉字来使用，但日语的本质是完全的孤立语。以一亿数量的庞大人口在使用的语言却是孤立语的语言，除了日语，世界其他地方已找不到了。与日语相比，阿拉伯语是更国际的语言。

孤立文明，而且是孤立语是不能创造出对等的异民族交涉历史。能够的话就只有像战争暴力式的异民族交涉而已。若把暴力也当作交涉之一的话。

现在日本的对外贸易——商业也是，有如找上对方去打架般。把电气制品大量搬到曼谷，把机车强行卖给西贡。输出本来就包含着找上对方打架的性格，日本是特别地猛烈，真是像战争。如此可见日本的异民族交涉是暴力性的，不会对等、平等的交涉。所以，日本国或是日本民族真正的历史，亦即真正的异民族交涉是在此以后，那真是很困难的事。

有"自分"而没有"他分"的日语

◎ **戴：**堀田先生，老实说，我对日语中的"自分"这语词很有兴趣，我想有"自分"也应有"他分"，于是在《广辞苑》等搜寻，但结果却没有啊。（笑）

◎ **堀田：**肯定是没有。

◎ **长洲：**有"自分"与"我我"（译注：我们之意），没有第三人称的感觉。"自分"真的有吗？好像只有"我我"吧。法语是"我"与"你"为基本，听说没有"我我"。

◎ **戴：**但是有"自他共认"的"他"，所以应不能没有"他分"吧。以前是否有，我很感兴趣。

◎ **堀田：**没有，从古时候就没有。

◎ **戴：**中国是从古时候就有"他分"的想法。所以继承也是均分继承，彻底地分掉。兄弟也有"自分"与"他分"。我不知道那是否是民主主义。但是总之是承认"他分"的。

然而，日本的家督继承或末子继承的形式，是集中在家督或末子的"自分"而没有"他分"。

◎ **堀田：**日本的孤立文明是不产生"他分"语词的不合规则的奇特文明。不只"他分"，在日语也没有"个人"这语词，中国语是有的。日本的的确确没有"个人"的语词，而只有"家"这样被总括汇集的字。"家"讲明白就是"纵饭"的世界。所以能以"个人"享受对话的中国人、马来人、菲律宾人、泰国人、越南人之中若加入日本人就冷场扫兴。

◎ **长洲：**所讲的都能理解，可是这样说来，日本今后对异民族交涉的展望是相当悲剧性的呀！

作为经济学者来考虑这个问题，以日本的经济去与异民族的交涉，结论是失败的可能性很大。

在外国旅行的感觉是，在亚洲、欧洲、苏联或东欧，总之多民族、多语言、多宗教才是一般的情况。单一民族、单一语言、单一宗教或说单一无宗教，总而言之完全单一色彩的也只有日本这个国家例外。自己没自觉到例外，所以对于日本人而言与外国人交往这很难。

只是，与他民族没有对等、平等交往经验的日本，今后不管愿不愿意，也只有全球的，即地球规模地交往之外无他。

◎　堀田：当然是这样。

◎　长洲：所以不得不与异民族交往，但日本人不具备能交往的体质，敷衍一番大致就可应付的国内交涉，这种锁国状态最适合日本人。只有"纵饭"的时候最幸福的话，将来的展望是很悲剧性的。

◎　堀田：正如您说的，今后将困难重重。现在是以经济力作为弥补摆架式，等经济力、财力的支撑消失了就会行不通。

只是长洲先生刚才所讲，年轻人开始具备的超越民族感觉或说世界主义，说不定能把日本人改变成善于异民族交涉的民族。

◎　戴：把"自"与"他"的关系，移换为"日本"与"亚洲"的关系，有一些我想请教长洲先生。先生最近的论文《作为日本陷阱的亚洲》中说"日本人向来的用语有'亚洲与日本'而不存在'亚洲之日本'。我们经常把亚洲作为政策的对象，只作为客体思考。换句话说，经常只考虑'为日本之目的的亚洲'，没认真考虑过'为亚洲之目的的日本'"。恕我冒昧，为什么亚洲与日本的"与"不行呢？

◎　长洲：因为"与"这个语词是以先进国日本与落后的亚洲是处于不同的世界为前提，从那种认识是不能改变战前以来的亚洲观——日本政策的对象，作为日本之目的的亚洲——的意思。

◎　戴：我是反对的。不好意思变成对长洲先生的反驳。但我觉得正因为日本是这样所以不妙。

我以为使用"与"接起来也没问题。亚洲与日本，双方都是主体，不是只有一方是客体，亦即这边是"自"，那边是"他"——自与他是平等、对等、等价、同格，将此确认包括在"与"里头才是重要。

◎ **长洲：**我所要讲的也是这个意思。"与"这个语词给人的感觉是自分是与亚洲不同。亦即日本与后进亚洲是不同的，是有前近代亚洲大海中，唯一近代化成功的例外民族的自我意识。

那是明治以来百年不变的意识。昔日"亚洲的盟主"、现在"亚洲的先进工业国"，如此自我称呼的心情显示无遗。然而不管是盟主意识或先进国意识，缄默中作为前提的是世界有一把叫作"近代化"的尺，测量出先进、后进的一定的序列，各民族或国家在此上下序列被定位而形成国际秩序。而我国日本是拼命爬上此国际秩序社会的阶梯，爬到相当上方，眺望下方前近代亚洲，投以领导者乃至保护者的视线。

我想这国际序列意识与指导意识，是自明治迄今日贯穿我们亚洲观的一个特征。

我们从古老的亚洲脱离出来，而且不像亚洲的其他民族，不必当西洋的殖民地，是可以夸耀的。而自己"脱亚入欧"之后却以"蔑亚""怜亚"的感情，以身为前辈的意识"再入亚"。然后仿效自己所恐惧、所责备的西洋做法，想把亚洲看成自己应领导的客体。夸耀自己的明治维新与条约改正，但是却恐惧与压制亚洲做同样的事。这与美国夸耀自己的独立战争但恐惧越南的独立战争相似。我在"与"和"之"的比较中想讲的就是这件事。

以亚洲为垫脚石的"脱亚"

◎ **戴：**不以平等、对等、同格的"他"来把握亚洲，所以日本人以"自分"的感情把亚洲总括起来，以支那浪人为代表的右翼就是如此。他们径自以自己的感情造出亚洲形象，对亚洲多管闲事，与右翼应是相反的左翼也好像以"自分"的感情在总括亚洲。因此作为右翼的反面，今后是否会连结到左翼的好管闲事？况且左翼的好管闲事如果失败，就不只是好管闲事那么简单，而是变成真正的侵入。像战前的头山满或犬养木堂之所以对中国的多管闲事进而连接到中日战争。所以不管右与左，由亚洲人看起来，日本的好管闲事是两方都麻烦。

因为感到有此危险之故，所以我认为亚洲和日本的关系是各站在"自"与"他"而以"与"连结的关系好。分为"自"与"他"之后，再考虑什么地方可以连带、可合作。

◎　堀田：长洲先生说，日本的近代是"脱亚"与"入亚"的反复。然而想想这个"脱亚""入亚"，日本其实没有真正地"脱亚"与"入亚"。如果有"入亚"的话，刚才所说马来人、菲律宾人、泰国人、越南人的对话中，日本人加入场面就变得冷清的事情便不会发生，应能一起享受对话才对。"入亚"真正讲的是这样的情况吧。

◎　长洲："入亚"是日本人主观意图的"入亚"，客观来看，日本的"入亚"是"侵亚"。

◎　堀田：对，就是这样。大东亚战争也是日本单方的进入亚洲而已，日中战争也只是日本径自进去的。所以如果说要"入亚"那是今后的事。

◎　戴："脱亚"是出自福泽谕吉，但福泽的"脱亚"，是否是单纯的脱出亚洲……

然而，依我的感觉来说，日本"脱亚"的内容，其实是"入亚"（侵亚）。换句话说，中日战争、太平洋战争可明显看出日本的"入亚"——即刚才长洲先生所说的"侵亚"——是以亚洲为垫脚石的"脱亚"。所谓脱亚与入亚可看成是同根的东西吧。

◎　堀田：如"入亚"是欺骗，"脱亚"也是欺骗。"脱亚入欧"——进入欧洲，其实完全没有进去。

　　假如把一个日本人放在欧洲会怎样？例如进去巴黎的咖啡店，日本人一定不例外地坐在角落的位置。那种状态的"入欧"——得以进到欧洲之说真是荒唐。

◎　长洲：我以为不管是欧洲或亚洲，日本人是不可能变得一样，也不须变得一样。不限于日本人，任何民族或文化也是如此。

　　尽管如刚才说的好像有西洋基准序列的阶梯，日本随着那尺码"敬欧""崇美"与"蔑亚""怜亚"。

　　西洋也相当野蛮。就本质来说，各式各样的民族或文化是没有上下之分而是等价的。好像最近欧美自身终于也出现这种看法。

　　总之，今后不管愿不愿意将进入全球性的"诸文明时代"，如用任何一个文明的尺码来测量先进、落后以决定上下序列，将会引起紧张与冲突而导致不知所措。

◎　戴：我想是与日本人的行动方式有关，日本没有与中国华侨相当的"日侨"存在。为何没有产生"日侨"，堀田先生是不是以为日本人没有"个人""个"？

◎　堀田：是，还是因为没有"个"的原因吧。

◎　戴：因没有"他分"所以不能确立真正的"自分"。在此意义之下，我觉得是没有"个"，但此外我也这么想。

日本这个国家，从明治维新以后来看，曾经是日本帝国，现在是所谓的"大日本股份公司"，若从日本国内看以为好像是在哪里有变化，关于日本的近代化有种种批判。然而那是从日本国内看日本的情形是如此，但从东南亚来看，或从更广的、非日本的亚洲来看的时候，日本在战前与战后都是一贯的。要之，日本的国力在伸长，描绘着上升曲线。像这样的日本国，国人是不会定居于外国的，亦即不会成为"日侨"。因为去了又回来。

◎　堀田：那是"出差"呀，是不定居在外国的。

◎　戴：变成华侨的中国人，其归巢性——想回家的人的心理我想是与日本人相同的。然而，他们因祖国的混乱而回不去，所以不得不定居在外国。

但是他们想精神上的定居，在当地却没有被承认有融入那片土地、那个国家的权利。因为未被承认之故，所以华侨虽身在当地，但精神上抱有希望回归祖国的矛盾，与依自身需要可以随意往返的日本人有所不同。

切断华侨想回去而归不得、想精神上定居而定居不得的矛盾者，我想是中国的革命及中华人民共和国的成立与存在。对于在矛盾与苦闷之中，恰如其分地生活下来的华侨而言，这会强迫他们改变生活的方式吧。然而，虽建立了可回去、不混乱的国家，但情况仍然迷惘。

此处的逻辑请让我稍微说明，华侨的资产阶级认为中国是父祖的故乡，虽然有去旅行的意愿，但从他们所属阶级来说，在中国生活而求资产阶级的发展已不可能。再者，属于劳动阶级的下层华侨或激进的知识分子与学生等思考社会主义革命时，回去中国也不能搞革命，到底还是与居住地大众一体进入运动才是逻辑的归属。剩下中间层的中产阶级的小商人们，他们目前是当地国政权的主要排除对象，在苦闷与矛盾中惊慌失措。总之，中国是他们的父祖之地，但不能成为祖国。我想大致就是这样的图式。

所以"日侨"不存在的事实所表现出来的，是从产生华侨的我们来看日本，在国内虽有各种说法，但也是一直推行幸福的近代化国家的证据。

◎　长洲：日本是岛国单一文化，在某种意义上说是幸，也是不幸。但有可以回去的地方，就算是世界主义者，也不会有像华侨或犹太人般的处境。希望不是归化外国的国际化，而是有根据地与个性，而且可以平等地交往吧。

从外面所见日本外交的"巧妙"

◎　堀田：从与日本的关联而谈亚洲时，还未谈的大问题，有与中国的邦交问题。我认为，今年到年末为止恢复邦交是做不到了。苏联外交部长葛罗米柯（Andrei Gromyko）一来，日中接近完全受苏联牵制。

◎　戴：不，虽然堀田先生那样说，但从外面看日本，日本外交是相当非常有技巧的。我查了实施废藩置县，开始尝试明确化琉球归属的明治四到六年左右，日本对中国的外交情况，那时清朝与朝鲜半岛、台湾、琉球的关系有着复杂的问题，西洋列强在鸦片战争之后继续对中国施压并造成冲击。其中展开的日本对中国的外交，以及与北京交涉等经过，在此不触及具体做法，但可知是非比寻常的外交手腕，看起来在冲绳返还的处理或北方领土问题的接近方法上也是一贯的。

"也只不过是小技巧，戴那家伙，竟做了怪评价"（笑）或许我会被这样想，但看看日本的外交，真是巧妙的原理——好像使用柔道中"柔"的原理一样。

例如周恩来总理的发言，堀田先生说是被牵制，但与苏联外交部长葛罗米柯的折冲，以及冲绳、安保等，从力学上来说，各式各样的政治力作用于日本。但是日本反而应用那种种的政治力一溜逃脱出来——"柔"的原理就是指这样吧。以日本保守政党为中心的外交，给我那样的印象。

◎　**堀田：** 我也觉得日本以往非常奸诈，巧妙地施展过来。（笑）

◎　**戴：** 我不能用那种表现来说呀。（笑）但是客观地看的话，的确非常巧妙。

◎　**长洲：** "巧妙"与"奸诈"是互为表里。所以一般外国的日本观在称赞的同时也是警戒与不相信参半吧。嘴巴说"巧妙"，但肚子里想"不得轻心疏忽的家伙"吧。就假设曾经是"柔"，今后日本的外交是否到最后还能应用"柔"是有疑问的。

战后日本的外交担当者，总而言之是"吉田学校"的学生吧。以人的资质来说，是帮助占领行政的优秀事务官僚。因为是事务官僚，在战争失去的东西以经济手段取回，在某种意义是忠实于既现实又平凡无味的吉田茂先生路线，而我想这也是有能力的。那路线至今表现出正面效果，但是背后重迭着很多负面的东西。

与中国的关系来看，不是大陆而是选择台湾的吉田路线在当时的时机点上，或短期、现实的选择也许是明智的。但是，在此加上"目前的明智"的有限制选择的条件下，后继者们却勉强地重复以说谎来正当化、固定化，扩大下去。时间愈长谎言愈大，自己受此捆绑不能动身。看看佐藤先生就很清楚。

◎ **戴：** 但是，核子的保护伞、美元的保护伞等——例如连"日本搭便车论"都跑出来的日本外交做法，不知是在哪里决定的路线，我想真是非常巧。那在长期的展望时，或对日本的将来、过去的巧妙做法是否能正面加分却不知道。如长洲先生所说，一方的加分是另一方的减分，至今是浑然一体走过来。今后可能是负面聚积变成很大的力量并产生反作用力也说不定。但至少现今的阶段是从外面看日本，日本给出的印象是"哎呀，非常有手腕"，（笑）我想今后测试那"柔"的原理的力量会加在日本之上。

◎ **长洲：** 在战前，所谓明治以来的正面与负面的聚积扩大到极限，相互碰撞，结果是"柔"的原理未起作用，犯了很大的方向错误。总之，因小而失大。现在也在逐渐靠近那时机点。周遭都在变，只有日本在努力补强既存的架构，自己在缩减酌情处理的范围。

◎ **堀田：** 就美国来说，已到了可以清醒的眼光看待日美关系的时期。以往是被日本技巧地要了，以日本来说，其实不是在长期展望下要弄，而是以小技巧让自己一边浮在流水里，一边依着每次的方针撑过。现在的日中恢复邦交的问题，也没有提出恢复后要做什么的展望。

◎ **长洲：**是啊。只一味地"日中、日中"到令人生厌的程度。（笑）社会党人从去年就在嚷着"明年的日中与福祉是我们所要争取的"。可是，这是保守党的招牌。而且恢复邦交的作业是有权力的人在进行，掌握主动权是当然。所以我说"不要只喊出日中、日中，而是为什么、以什么样的方式恢复邦交，以什么原则的恢复邦交。一直以来只是按照周恩来先生所说的原则形式推行邦交恢复运动，有没有试着让周先生可以接受我们这方的原则。如果有，那是什么？已逐渐到不明确提出，就没有在野党存在理由的时候。"

◎ **堀田：**我在 15 年前去过大陆，当时提出，恢复日中邦交是很困难的，但恢复后更是艰难。日本没有恢复后的概念，所以当时我那样说，但现在也还是完全没有。保守党没有，社会党、共产党也都没有。共产党没有（因与中国交恶）是当然。（笑）

◎ **长洲：**关于赎罪论，福田外相公开说要谢罪吧。那样就结束了，就成为赎罪了，是这样吗？

◎ **戴：**日本的氛围是那样就算赎罪了。总之谢罪问题就结束了而心安，是"自分"为中心，而且是极为形式，只是口惠的低层次谢罪。

◎ **堀田：**就是财界也没有对邦交恢复后的具体概念，例如赔偿是与财界有关系概念的线索吧。

曾经瞥过某则新闻报道，财界所思考的赔偿大约是 800 亿美元。中国方计算的损害额大概是 5000 亿美元，好像想要讨价还价到 800 亿美元。然后趁着赔偿又想获利。话虽如此，5000 亿美元或 800 亿美元都还是未确认情报，如属事实也不过是只出现一个国交恢复后日本要做什么的概念而已。

◎ **戴：**战后，日本要签订《旧金山和约》的前后，中国发起反对条约运动。反对日本再强化军备。其时试算了日本对中国的战争损害，应还没有明确的 5000 亿美元数字。这个试算也只是中国内部的试算而已，据我所知，中国政府未正式定夺。

另外，在日本一直回避赔偿的问题，被触及此问题是很困扰的。而依堀田先生所谈，现在却想赔偿。

◎ **堀田：**变得很想赔偿。

◎ **戴：**对，因为大概可做生意之故。以财界这同一主体从"不愿赔偿"到"愿意赔偿"这一改变的逻辑转向，为何日本的媒体或评论家不把它当成问题呢？

◎ **堀田：**光是赔偿问题，概念就这样暧昧模糊，更何况文化交流的问题，例如让留学生互相留学，使之对日本的理解如此去深化等，那种事完全不曾进入概念里头。

◎ **戴：**在中国，我想是认真拼命地在讨论与日本的邦交恢复后的经济关系。

◎ **堀田：**中国那边是在拼命啊，日本这边什么也没做。（笑）

◎ **戴：**日本的情况是有拼命在做的样子，但对将来的事不怎么深入思考，这一点即我所说，反映日本搞了非常幸运、得天独厚的近代化。

日本从后发资本主义国有利的形势，钻先进资本主义国与后进国的间隙，扩大其经济力。战败后虽被占领，也比殖民地统治宽松。曾经受过殖民地统治者来看，搬入那么多的脱脂奶粉、小麦等物资，殖民地统治是不曾有的。殖民地统治是更残酷的。日本是彻底的好运气。因为运气好，对外钻间隙，对内只要做当下的对症疗法就应付过来了。所以认为中日恢复邦交后，也能用对症疗法敷衍，所以并没去拼命思考。

因以对症疗法就应付过去的幸运近代化之故。日本的 GNP 增大，增大的 GNP 对外求发展。长洲先生在先前的论文说，日本若以一直以来的势头发展下去，那么"20 世纪 80 年代日本与东南亚的关系，就会与今日美国和中南美的关系非常相似吧。今日在中南美美国人滚回去的声音逐渐升高，今后日本不会在东南亚听到的想法是可笑的"出现这样有趣的事情。但我认为以日本的贸易、劳动力、资源等结构之脆弱来说，状况意外地会比美国与中南美的关系出现来得早，且比其以更严峻的形式出现。今后所呈现的反弹力量之中，是否仅限于从东亚来看。

亦即把向外的日本弹回去的墙，我认为是中国、解决南北悬案的韩国，或和平统一后的越南。这面墙是以日本的"自己"来说，是使之承认同格、等价之"他分"的坚固墙面，但说不定对于日本民族来说结果是很好的墙，把遵照"柔"原理的日本，将之在亚洲之中定位于好的方向的墙。而日本这个"柔术结构"（这彻底指真正的"柔术结构"）的社会，能把从这面墙弹回来的力量利用于好的方面吧。如果是这样，对于日本以及东亚全体都是很好的。

◎ 堀田：现在日本的企业很多都进入东南亚，若说发生了什么样的现象，那就是在婆罗洲的内地，在当地生产日本的膏药——也就是在疲劳、脊背酸痛时贴的东西，听说当地就算不疲劳、不酸痛也贴膏药，蔚为流行。

◎ 戴：在中国，"仁丹"也曾经那样地流行，被当万灵丹。

◎ 堀田：也就是说婆罗洲的内地，菲律宾、马来西亚的密林或山中，日本的经济扩张还只天真地被接纳。亦即在现在这一时机点来说，把日本的经济扩张连接到经济侵略的问题而思考的东南亚，只在于华侨的层次，还不是一般人的问题。

◎ 戴：的确如此。但就是刚才堀田先生所说的婆罗洲，把虾、木材提供给日本，我们也要有足够购买近代商品的利益分配，如此一来当地国民众与日本进入企业间的矛盾不久也将激化。那个时期，我看是三至五年之间吧，被投"石一发"的日子。

◎ 堀田：是啊。现在还未到那地步，但是"经济进入即是侵略"这样被一般人所认知的时期已不远了。在当地企业的人、商社的人，现在也沉默地 24 小时想着这件事，不知何时工厂会被投入"石一发"。

"石一发"就是暴动，只要有此"石一发"的可能性，日本的军国主义化，或马六甲海峡防卫论不管到何时都会潜在，这是消解不了的问题。被当地国人投"石一发"之前的预防，或者被投之后，作为保障的军国主义或马六甲海峡防卫论就会出现。

◎ 长洲：我以为日本的军国主义化，周恩来先生常说，但非全日本变成卡其色、军刀哗啦哗啦作响等，我想不是在讲这件事。美国鹰派的高华德（B. M. Goldwater）先生批判日本的军国主义。周先生与高华德先生立场相反，但在某种意义逻辑是共同的。

总之日本的 GNP 逐渐变大，不管什么时候若出口以他国一倍以上的比率延伸下去的话，不久的将来，日本出口的市场占有率在日本出口的诸国会变成非常大。

事实上现今的东南亚，日本的市场占有率平均是 25%，有的国家已超过 40%。而且是大幅度日本方的出超。日本为了维持、扩大巨大的市场占有率，以"援助"为名出资。所支付的资金变成在外资产的利权而留下。为了确保利权又想出别的名堂来做。依政府方面的推测，仅对外投资的结余额，20 世纪 80 年度末就有 260 亿美元。假如其中三成是投向东南亚，就大约有 80 亿美元。此外还有借款、延期付款信用等的累积结余也考虑进去，恐怕是有 200 亿美元吧。也就是说 20 世纪 80 年代日本与亚洲的关系，会与今日美国与中南美的关系相似。

这种经济进入的循环，结果造成日本与当地国的摩擦，并将走到堀田先生所讲的"石一发"的地步。

只是，日本实际上，如从国外来看，只照那逻辑正在展开也罢，今后要展开也罢，日本国内与战前不同，休闲与色情充斥，被说是"日本是军国主义"，日本人自己也搞不清楚。我想是那种新型的军国主义吧。

◎　**堀田：**军国主义这语词是 19 世纪就有，20 世纪核子战争的时代不能直接适用。因为没有其他更适当的说法所以沿用它。因此简单地说，在日本所进入的亚洲当地被投入"石一发"的话，我想那就是日本军国主义的信号。

◎　**长洲：**如堀田先生所说，现代的军国主义连征兵都不必。对北越或解放战线来说，美国是不折不扣的军国主义，但国内有停止征兵的动向。然而去美国一看，国外在打越战，但国内休闲活动与色情场所充斥，而且言论自由重镇《纽约时报》等却在努力的情况。

附有休闲与色情的军国主义

◎　**堀田：**今后是附有休闲与色情的军国主义。（笑）

◎　**长洲：**从武器体系来说，核子、导弹、轰炸机队等的中心武器，现代是被极少数的管理机构所掌控的社会。极端地说，掌控那种武器按钮的人约十人是军国主义者，如此国家全体就可以变成军国主义。

所以，日本要是军国主义化，就是像那样，在国内非军国主义氛围中变成军国主义国家。

◎　**堀田：**当然是如此。所以在国内显眼的不是军人而是休闲与色情。

◎　**戴：**1969 年时我去了新加坡，登陆访问了当时围绕自卫舰的新加坡，一部分日本人所谈的马六甲海峡生命线论或日本的军国主义化等，那边的人喜欢以此作为话题。

如果是在这次横井先生事件，或是三岛先生事件之后去新加坡的话，对我的质询应会更彻底深入。所幸我是在三岛事件的稍前去的，所以比起现在更容易为日本辩护。（笑）

我说日本并不如他们所说的那样军国主义化，我为日本辩护的地方是，现在日本青年的行动或心理与军国主义相去甚远。我观察很多学生，也与他们对话。仅以那做判断，如果赤纸（译注：日本军国时代的入伍通知单）来了，他们会逃到山中去。我当时说了这些事，拼命辩解。

可是，在新加坡所见到的人们却说："戴先生实在太天真了。"日本人到当地的，作为个人毋宁是懦弱的印象。然而三人、五人结群的话，就有条不紊地以非凡的精力活动。这令人感到恐惧，毛骨悚然。

话题一旦变成那样，我就无法回答。我在东京所感到的是日本的年轻男子之中，替女友提手提包而得意洋洋的人增加了。（笑）如果是战前，那种风俗应是不能想象的。所以赤纸来了怎么想也是会逃掉的。

◎ **长洲**：这个地方很难评价。让新加坡的人来发言的话，应会讲不到 30 年日本人的民族性格不可能改变。而实际上现在大日本帝国变成大日本股份公司，国权变成国益，只是和服的花样改变而已，依然有条不紊、举国一致来行动的同样模式啊。总之从外面看，像日本这样的单一人种、单一语言集结成团，不顾一切拼命工作的国民令人生惧。"一亿成火球"（译注：二次大战时的口号）的感觉好像不会改变。

我也和戴先生一样不认为战后的年轻人会如战前般，命令一下就行动，但这种看法可能太天真。也许有什么大的动机，会令他们勃然向某个方向冲去。

◎ **戴**：只是日本人要认识亚洲的时候，与亚洲各国要认识日本或认识亚洲时相较，决定性的不同点是日本人的观点中缺漏了被殖民统治的经验之故，不容易理解殖民地体制是如何破坏人性，而且对曾经被殖民者来说，是如何地艰难克服殖民地遗制。对于日本那是幸运的，但相反地对被殖民地统治过的亚洲国民是如何恐惧被殖民地化，对其警戒心情最核心之处无法理解。

◎ 堀田：所谓近代化，以世界全体的常识来说就是殖民地化。印度、东南亚、非洲、南美全都是如此。近代化与殖民地化是同义词。然而日本是稀有的例外，也就是说其近代化也在孤立文明之下近代化，所以日本在亚洲是异质的。

先消解内部的歧视吧

◎ 戴：我在此座谈会提出，东南亚诸国把近代化落后的原因只求诸"帝国主义的掠夺""华侨掌控了流通过程"等自国或自己社会的外部是不能"脱旧亚"的，要把自己的内部清洗出来才是重要。我想这个逻辑也适用于日本。

长洲先生在先前的论文里说，对日本最重要的问题是"内部的都市与外面的亚洲"，对此我持不同的看法。长洲先生要把问题汇集为一之故而说"内部的都市"，我以为日本的内部问题是，爱奴、冲绳与未解放部落的三个问题，如要再加一个就是朝鲜人的问题吧。

这些问题每一个都包含"歧视"。爱奴、冲绳、未解放部落——未好好掌握此三问题之前，社会科学者要研究亚洲我想是过早，忽略漠视日本内部的三个，加上朝鲜人问题的四个歧视，却说"我们要为亚洲做事"是冒昧可笑的。

◎ 堀田：亚洲诸国最大、主要的问题，如戴先生所说，就日本来说是爱奴、冲绳与未解放部落的问题。

例如马来西亚是马来人和中国人，泰国与越南就是泰人、越南人与山地民族之间的问题。那里对这些问题都很头痛。在日本，爱奴、冲绳、未解放部落的问题，真是未解决的问题。然而，日本人对此歧视问题挪开视线，仿如对待非常小的、小规模问题在处理。所以，把日本人的观点转换能认识到这是重大的问题时，日本与亚洲诸国就会烦恼同样的问题，日本或许始能"入亚"。

◎ 戴：旧日本军人之中，在战后也不归国，留在印度尼西亚、泰国或越南，与当地女性结婚。

进入东南亚的日本企业，在 20 世纪 50 年代，或到 60 年代初期，因为那些人能讲当地语言而受到优遇和积极利用。然而，最近因依赖他们的必要减少而开始切断与他们的关系。

企业或是依需要利用、做切断，但我想那些人会很苦恼。而且，在这种状态中，日本进入亚洲，说了多少"为了亚洲"，当地的人是不会当真的。因"对曾经是同胞的人也不能亲切对待"。

不能亲切对待同胞，堀田先生所谓的"石一发"是经常被预备在那里的。

◎ 堀田：如戴先生所说，对留在当地居住下来的军人一时利用，而现在不需要就切断与他们的关系——这是日本对亚洲接触类型的典型。

假如利用定居的日本人是"入亚"，那么切断就是"脱亚"。除去历经短短的时间外，"入亚即脱亚"加减等于零。结果是没有"入亚"也没有"脱亚"。日本的历史是根据某历史事实而进到更高层次的辩证法所成立不了的历史。经常是加减等于零。

◎ **戴：**请让我再质询长洲先生。

两三年前吧，进入东南亚的日本企业人士在酒吧被杀，发生不幸事件等，各界流行起贬低日本人是"经济动物""黄皮肤的美国佬"的骂名，政府、财界都认为会发生那样事件的接触很不妥当，所以考虑除了经济进入之外，要使所谓文化交流兴盛起来。在当地国有人赞成，相反地有人非常警戒也是众所周知之事。

长洲先生之前的论文提及，认为那样的宣抚方策没有多少意义，还不如调整、改善日本内部的政治结构、经济结构、贸易结构，或文化应有的状态，只有人性的改造作业，即日本要走的做亚洲伙伴的路，是日本在亚洲不陷入陷阱的方法。如果东南亚的人们获知这个发言，一定会这样说："知道了。长洲教授比到我们这里来的人，或讨论有关我们的日本人更进步。但是问题仅限于改善或调整的话，长洲教授也是日本对外发展的马前卒吧。"

把国内经济改造成有人性

◎ **长洲：**那种质询当然会出现，但对此只用言语来回答是不容易的。

我想说的是，曾经站在加害者的立场的人，要与被害者的邻人和好，首先要改变自己自身内部的加害者体质，亦即不改变自己而要与外面相处得好是办不到的。亚洲问题不单是外面的问题，也是日本自身的内面问题吧。外交与内政是表里一体的关系吧。

把那改变自己的作业内容以经济学者立场加以思考的时候，我想还是与日本的经济、产业应有的状态有关。不能如以往那样，对亚洲只收购其资源，而卖给其成品，经常是出口为进口一倍的片面贸易，为了维持这个以援助之名借给资金或做投资，要能与亚洲组成互惠共存的国际分工，这边的产业结构还是有改变的必要。

刚才说的"内部的都市，外面的亚洲"，也是同样的想法。一直坚持重化学工业第一，出口优先的高度成长，则会引起内有公害、在外孤立的情况。事实上那危险最近愈来愈清楚，而且 20 世纪 70 年代的日本更趋于 GNP 大国。"都市"的意思我将之总括为公害、过度密集、通货膨胀、忽视人的主体性、住宅、交通等，包括这一切假定之为都市问题。

国内经济如不改善成更以人为中心的体质，那么在国内激化都市问题的生产力，将就照样向外溢出激化亚洲问题。与过去同样，因近代化与高度成长成功之故，我担心 GNP 大国日本，在此如不修正轨道，是否会掉进都市与亚洲的两个陷阱。这两个可说是内外联动的装置。

这么一思考，这问题是从经济、产业到政治，或我们国民的生活或价值观到文化的问题都连贯在一起。

◎ **戴：** 长洲先生最后说是"人性的改造"。此"人性的"对我来说很含糊，对于东南亚人应也很含糊。

◎　**堀田：** 所谓"人"，本来就含糊。比如有人道主义这语词，但这是在白人之间，为了白人之间而产生，是白人之间的交际方法，那才不是白人对第三世界——亚洲、非洲接触时的主义。说是人性的，并不是缅甸人与缅甸人、越南人与越南人要如何交际，做具体表示的指标。人这东西，还未进步到那程度。

不同的人种，不同的民族、国民之间，对"人性的"一语能拥有共同的理解，不知人类的历史过去究竟已有多久，但这应是今后的事情。真正的国际化的时代——所谓的真正人性的没有差别对待，一视同仁的国际化时代。

除了"人性的"之外没有适当可使用的语词。如刚才的军国主义本来是 19 世纪的语词，已不适用于现代，但无可奈何在使用一样。而且，连经济学者也得使用"人性的"这不确定的语词，不然就描绘不出展望蓝图，时代已变成这样吧，一定是。

本文原刊于《中日新闻》，1972 年 3 月 27 日，页 5；4 月 3 日，页 5；4 月 17 日，页 7；4 月 24 日，页 5；5 月 1 日，页 7。为 "討論七○年代の英知" 专题座谈记录。

对谈

中国研究者
新岛淳良 ×

亚洲经济研究所调查
研究部主任调查研究员
戴国辉

作为思想方法的台湾

陈仁端　译

作为出发点的台湾

◎　**编辑部：**目前要谈论"中国"或者是"亚洲"已经成了一种热潮的地步了。思考和议论有关中国和亚洲的事是相当重要而且也是必须的，可是一方面媒体等也在放出非常大量而且混乱的信息，反而使得思考这方面的问题成为一件困难的事。因此，今天想把这种"流行"所具有的意义放在念头中，来重新思考我们对"亚洲"的"思维方法"或者是"思想方法"。本月特辑的本来意图是从聚焦于"台湾"着手来制止这种情况下形成空疏的"亚洲"概念。悖论的情况是在说"一个中国"的时候，作为语词的概念或者是印象而言，广泛惯行的说法是它不包括台湾。政治上如此，学术上名为中国研究的范畴也常习惯于不包括台湾。我想这有很深的历史根据，现在就请以作为"盲点"的台湾为中心进行谈话吧。

◎ **新岛淳良（以下简称新岛）**：比如 NHK 有"中国语讲座问题"吧。据说要换讲师或者修正课本，其实问题的焦点在于"一个中国"或是"两个中国"上面。在那里似乎以"不触及台湾"的思维方法被意识为是进步的，是"一个中国论"。而且，把"中国是一体"翻译为"中国语是一体"。至于那"一种中国语"是什么呢？就是现在大陆上相当于日本的标准语、被称为普通话的中国语。这样教学生就算是站在"一个中国"的立场了。我现在是非常象征性地使用"中国语"这个语词，如以社会科学对象上的领域来说，即使谈到大陆的政治、经济、文化，也有意识地不谈台湾。可是这实际结果却与"两个中国论"是一样的。这可以说从"台湾领有"以来一直是如此。就是把作为中国非常有机一部分的台湾割开来，进而又把东北（旧"满洲"）也割开——这不只是物理上如此，在意识上也割开——剩下来的部分就是中国。

很多日本人是这么想的，不是吗？我自己就是其典型。一谈到"中国"，大体上就想到大陆，被教育成习惯于这样思考。由此产生怎么样的结果呢？例如说，有各种各样所谓的"中国人论"，在其中所说的"中国人"，若在北京就不过是指北京的中国人。可是日本人日常所见到的中国人应该是不同于那些人的。在日本现在也有大约五万人的中国人，那些中国人与"中国人论"框架里的中国人是不是相同呢？在日本人中存在着浑沌状态的"中国人"，是没有经过分析的非常强烈的观念，如有不适合这个观念的情况出现时，比如说就会认为"这是'台湾人'"。也就是说在自己观念中创造出有别于"中国人"的"台湾人"。总之，如果看到实际的台湾人，应该会立刻知道这和自己创造出来的"台湾人"不同。我想，我们的"思考"不是往解构所谓"中国人"观念的方向发展，而是一个接一个、添加上模糊不清的观念来加强它。拿有关外交的议论作为例子来看，"周恩来外交""现实主义外交""中国人的大人风格"等日本国语不被反省地出现在评论或者学术论文里。总而言之，自从明治二十八年（1895）以来就有"台湾"不是"中国"的想法，怎么会有把中国作为一个整体去思考的出发点呢？说"满蒙"是日本生命线的时候也是一样，不但学者这么想，极其普通的意识也是如此。就是说"满蒙"不是中国。但是那是不行的。那就和思考日本人的时候，若是漏掉了"冲绳"或"部落"就会出现非常奇怪的观念一样。外国人写的"日本人论"很多是属于这一类，很容易发现它的毛病并予以批判。至于"中国人论"呢？以为既然专家或者"中国人"那样写，所以就相信"中国人就是如此"。

◎ **戴国煇（以下简称戴）**：最近四五年来我一直在思考日本人的台湾认识和台湾研究问题，并将其当作自己的研究课题。我之所以会这么想，是因为我觉得本来应该由我们这边来整理"日本的台湾统治"，但是前辈没有做这个工作，而日本人也不大有人做。我想若双方都互相把它放在应有的位置上，然后互相对证，就有可能得到建设性的成果。日本的亚洲研究相关学界总好像缺少总括或整理，评价过去的研究遗产（应该有负面和正面双方）的共通执着。好像我在说大话觉得很对不起，经验过曾经被魏特夫搞得团团转的历史，而战后却不想谈魏特夫，是不是因为他转变（译注：指思想与主义的变节）了，或者由于是"已经过去的事"，心情上不愿意去谈。与此相反，似乎对学界的展望或动向之类很感兴趣，而不擅于遗产的整理。就算是有，充其量是把过去一年的研究做评价罢了。然而将内面的自我批判和负面的研究业绩都收纳进去，以这样的形式来评价过去的研究业绩，像这样的研究几乎没有。全体的潮流是如此，所以不把台湾当作问题反倒是很自然的事。新岛先生所说的中国认识里缺乏台湾的情况与之相乘，造成了现在"台湾论"的迷茫状态。对待整个中国的态度也是一样，受到什么冲击就以没有做过什么了不起的研究为理由而把问题模糊掉。对这种意见，中西功先生最近投书给《朝日新闻》说："哪有此事，败战前也有中国研究。"我也部分赞成他的话。我想也可以含括整个学界举行学术研讨会等，总结一下日本人学术上的前辈是怎么样看待大陆或台湾，或者以怎么样的想法从事何种研究并且如何行动。

我曾经在私人的场合上多次说过这个意见。不好好地整理而光凭潮流、气氛说话，只是说他是变节者而不把魏特夫放在应有的位置上给予评价，或者不加负面的评价而仅仅罗列研究史是没多大用处的。包括目前的亚洲论、中国论、台湾论等，谁说过什么，你们新日本文学会的各位年轻人都富有精力，应该好好追究下去。"你在那个时候关于中国问题与台湾问题说过如此的话"把这个话这样摆出来，要养成习惯，那么马虎的发言，或者虽然是个研究者而简直像个"情报家"般发言的情形就会减少。关于台湾的我看得比较多，有不少相当奇怪、不负责的发言。我想，几年后新日本文学可以编个"你这样说过"的特辑摆在面前，那就不敢信口开河了（笑）。这样说也许不礼貌，最近新左翼那些人所说的怨恨——也许就是因为没有才说（笑）——若抱着如此的怨恨继续发言，追究社会责任的话，就一定会有所获吧。还有，刚才谈到关于普通话的事，那不是中国大陆的专用语。在台湾内部现在 50 岁以上的，从中国大陆来的一群人里——有逃出来的，也有偶然来了回不去的——跟不上北京话的普及运动，乡音很重（由于中国很大，方言很多），说话很难沟通。所以正努力要接近北京官话，像这样的近似于北京话的也称作普通话。

◎ **新岛：**总之，"普通话是中国语，而台湾话完全是别种语言"是在"中国语检定问题"上自称亲中国派的、左翼反对派的议论。而我们没能批判它。"的确，语汇不同、敬语形式的措辞也没有了"，非常看重这一点，往往就以为这是变成别的语言了。

◎ **戴：**语汇这个东西是会随着社会的生活条件而丰富起来，也相对会减少。我想任何语言都一样。比如说，在一位从台湾来的留学生的结婚典礼上，媒人致辞时——这位媒人是来自台湾的华侨——使用爱人这个语词。在现在的中国大陆，爱人的意思是夫人，可是在台湾的说法，爱人是指情人，所以还是会感到有些不协调。还有，在台湾的国民党员之间互称同志。可是在社会上用这句话，就会被怀疑是不是共产党。另外关于中国语的简体字问题，简体字也不是开始于现在的中国大陆，也有宋朝的简体字。五四运动以来的白话文运动里，包括国民党系的人在内就有人提倡使用简体字。后来共产党开始更积极地推动，国民党才反对它，这就是历史的事实。所以有所谓共同的简体字。中国共产党积极推动简体字，国民党就作罢。实际上，国民党当局也在大约两年前吧，以那位有名的何应钦先生为中心，提倡整理繁杂的旧汉字和普及简体字以减轻孩子学习的负担。正如新岛先生所说，我们过去缺漏了这种问题而走了过来。就说我自己吧，是不是能正确发音台湾所谓的"北京话"就是个疑问。这也难怪，因为到了初中三年的时候才开始学作为"国语"的北京话，事实上是在勉强说北京话。所以我的中国语与其说是"国语"，不如说是普通话，这样表现才适恰。现在台湾的年轻一代能按照"注音符号"很正确地发音，好像没有普通话这个想法。最近，从围绕 NHK 中国语讲座的议论看来，很清楚中国语学者的台湾认识，或者对标准语普及运动在中国现代史上的定位是多么贫乏。我因为是局外者又是旁观者，不懂这个议论的政治背景，可是对大修馆发行《中国语》（1971 年 5 月及 6 月号）中望月先生关于台湾的发言，一点也不知道他想说的是什么。最近新承担讲师的藤堂先生也说"要忽视台湾"，望月先生也发言："在这一点也要否定应该与台湾人民友好的主张。"（《中国语》1971 年 5 月号，页 45）。真伤脑筋，我们台湾出身者不管政治主张如何，都有可能任意地被忽视，被否定作为中国人的身份。

在这里我想提起一个问题，不论是台湾或者是中国大陆，都把居住在海外的中国人称为"华侨"，并以华侨身份对待。就是说，保持着友好关系，不否定是他们的母国。华侨因其居住之不同，不懂北京话或普通话的人很多，这些人既不会被忽视也不会被否定友好关系。居住在台湾的中国人不算华侨，他们被日本的先生们忽视或否定，这真是糟糕的事（笑）。为了先生们谋生的手段而忽视或否定 1300 万平民（译注：当时的台湾人口），该怎么说，作为台湾出身者之一，我请先生们稍微宽恕一点吧（笑）。因为好像还不理解这样的忽视与否定，会和先生们倡导的口号"一个中国论"完全不同的"两个中国论"连接在一起。

过去我和各方面的日本朋友和研究者谈过话，总觉得日本人对台湾是中国的一部分这个意识有点淡薄。我一直说这终有一天会成问题，于是我没有预测到以"周四原则"为契机爆发了台湾问题——对日本而言的台湾问题。像这样的事不从学问上，或者说从日本人的内面来自觉，就是自我发现，这是我感到不满的地方。当然，竹内好先生很早就说日本人对待台湾的态度，以情绪化的态度是不对的。我觉得那是卓见，这是意识形态以前的问题，是翻开围绕台湾的中日关系史就会知道的简单事情。很多人不自己去确认，而以街谈巷议或美国的远东政策不变为前提，原封不动地接受"台湾独立运动者"的言论活动。于是继"周四原则"之后有了尼克松访问中国的声明，这才惊慌起来。相较之下我想保守系的人很早就把"台湾的问题"当作是"自己的问题"看待。《文艺春秋》今年八月号刊登了《救了蒋介石的日本军官团》一文，是当事者之一写的所谓旧日本军人对国府的救援活动实录。从该篇文章就可以知道，日本的保守派在相当早的20世纪50年代初期就把台湾问题看作是自己的问题。左（派）的或一般的中国研究者没有这样想过，即没有当作是自己的问题来思考。

作为观念的"中国人论"

台湾缺漏论就到此为止，下面就转到时髦的"中国人论"吧。中国拥有比得上欧洲的广大国土，有各种民族，地方的性格虽然说不上千差万别，但有相当不同特色的人们。不根据这些事实，善意的人们就轻易地说中国人的性格是"大人的风格"等，那是暧昧模糊的，很不好。说起我自己的事觉得很不好意思，有人读了我最近出版的书（《与日本人的对话》，社会思想社）——包括认识的和不认识的人——来信说"真是令人震惊的书""真是广博""大人风格的探讨"等（笑），正因为大家是善意的，所以觉得很为难。真是非常感谢，说的人并没有不好的意思，我自己也并不觉得有什么不舒服，但总觉得有点虚假的地方。

◎ **新岛**：那是有的。比如有人做"毛泽东·刘少奇论"的时候说："自己在文化大革命以前喜欢毛泽东，觉得他具有大人风格。但是看了文化大革命的那种作风就觉得完全不像大人了。"看了刘彩品的态度就说："假如是真正的中国人的话，就不会采取那种态度。"（笑）。

◎ **戴**：真是拿如此情绪化的研究态度毫无办法。一般平民的话倒还可以说得过去。作为社会科学家，以"喜欢·讨厌"来下判断是不行的。可是，社会科学家里面到现在还不能脱离抱持"支那浪人"式思维方式的却大有人在。于是很轻易地就说"为了中国人民""为了台湾人民"什么的。虽然那并不是出于恶意，也对其善意切身感谢，可很多时候会觉得这样作为邻人有点不可靠。也就是说，那样任性地一下喜欢、一下又不喜欢的话实在很令人为难。如果被认为是"大人"的话就马上靠近，而如果这个印象变了，就很有可能被骂作"你是个奇怪的人，是清国奴"，所以才会说很为难。你们日本人是老好人，会跳出来说"愿做中美的桥梁"等，最近在"尼克松访问中国"后的《朝日新闻》投书栏上，清水安三先生写了要旨如下的一文："日本应该居中斡旋蒋介石和毛泽东之间的和平会谈吧。"我想这也是出于善意。因为清水先生是个被称为"北京的基督"的人，他有这种感触。坦率地讲，我以为那样的老好人还是免了为好，你们日本人是不是该把自己放在应有的位置上，把事情看作是自己的问题好好想一想才是。马上就跳出来说"我来斡旋"，说不好听的就是"多管闲事"。把不被接受的善意强加于人，还是收起来吧。何况现在还不知道今后会如何开展，美国也因为过于多管闲事，以致现在不得不考虑从太平洋撤退呢。也许这也是我的情绪论，我以为"别人"的事，最好还是少管吧。

◎ **新岛**：刚才戴先生谈到以"喜欢·讨厌"来看问题。这事关联到我们一般的行动，所以我想可以引申一下。这不过是一种假设，人总是先设想某件事是"坏"（"恶"）的吧。那个"坏"事包括从"不好意思""丢人"以致"丑陋"等，而"对不起"这一句话在日语是说"不好"（"恶い、恶い"）吧。所以现在日中问题的议论中也出现"谈及台湾是不好（恶い）"。或者称呼"支那"是"恶い"，称呼"清国奴"更是"恶い"。那个"恶い"的里面一定含有对"中国人"有"对不起"的意思。于是，虽然这些地方被想得非常暧昧，就是说不做那个"坏"（"恶い"）事，那就是"好"（"いい")事了。任何国家都有善恶的判断，可是我们不大知道"积极的善"。所以例如从制定近代法以来就会知道"违反法律是坏事"，或者在那之前的"不守约定是坏事"。对"坏事"理应可以设定很多标准，可是不管什么都被混在一起看作"那是坏事"，反过来变为"不做坏事就是好事"了。所以不只说"喜欢·讨厌"，那里面也包含"美·丑""善·恶"，以这种眼光来处理事情。

为什么会从那种观念里产生残酷的非人道行为呢？这是由于认为"坏"就是"坏"，把事情都绝对化的缘故。别人做了自己认为是"坏"事的时候，就认为这是真的做了坏事。这个"坏"不再是暧昧的，就是参照天上的道德律也认为是"坏"的。例如"日本人论"里常见到这样的说法："平均化的日本人不可能杀人"，理由是"不是肉食民族""日本人心地慈祥"等。所以反过来说，如果有谁杀了人就被认为真正做了坏事。就会认为像大久保清（译注：为一名杀人犯）那种人一样非杀不可。究其根源，我想就是"喜欢·讨厌"和"善·恶"成为浑然一体的观念。但是这种观念对对方是否行得通，就好像没有加以反省。例如歧视的问题，认为不使用歧视言词是好事的人很多。而无意中说漏了嘴的时候就马上道歉，于是"坏"事就消除了。如有还没谢罪的人，就说"那个家伙才是坏人，是个种族歧视主义者"。可是实际上，这里并没有什么变化。

话说得有一点抽象了，应该怎么想才好呢？我以为这就是戴先生说的学者·知识分子的任务了——那一点有必要分清楚。比如如果要说"未守约定了，对不起（恶い）"的时候，就不要使用"恶い"这样暧昧的观念好了。然后，既然未守约定，理应会造成什么障碍，就要一直追查下去究竟发生了什么障碍。这就是学问，至少是调查的步骤。我想，把日本对中国的侵略，或对朝鲜·东北的殖民地占有，用以上讲的"善·恶"的观念——把刚才戴先生说的"喜欢·讨厌"这样扩大解释也许有问题——来思考似乎不妥当。关于对台湾的占有尽是说"恶い、恶い"——当然相反的说法也有——而无法改变自己的观念，应会永远束缚着自己。如一种凭感觉的说法吧。当你缺乏某一种知识的时候，比如说遇到外国人不会说英语的时候——我想戴先生不至于这样——我就会觉得那是"坏事"（"恶いこと"）。这真奇怪，没有经过一定的学习所以才不会说，这是当然的事。为什么非要把这个事实感觉为"坏"事不可呢？

日本人的台湾理解

◎ **戴：** 我还在大学的时候，有一位老师拼命地想用蹩脚的英语与来自亚洲的留学生谈话。我想，留学生是来日本学习的，没有必要服务到那种程度吧，也许那位老师觉得不说英语是一件"坏"事。可是想要研究中国的时候，不会觉得不懂中国语是"坏"事。这种相反的情况，真伤脑筋。有留学生在场的各种集会里，总觉得日本人有意避开日语说得好的留学生。留学生若是白人的话还算好，感觉特别有意避开来自亚洲且日语说得好的留学生。不论学生或是记者，好像喜欢接近日语蹩脚的人，拼命想打听什么的样子。最近日本人自己写的《日本人论》里有如下的反省："日本人不善于'对话'"，我觉得这是很重要的一点。我自负日语说得好，所以一直以来不受欢迎（笑）。

◎ **新岛：** 我想今后台湾的问题会受到关注。公明党和中日友好协会的《共同声明》里的五原则都牵涉到台湾问题，考虑对中国外交的时候，台湾问题必定会成为中心课题。到时候会出现"我们不知道台湾"的现象，我们是真的不知道啊。到时以刚才说的"悪い"那种感觉来敷衍是不行的，我想不努力去搞清楚是不行的。

◎ **戴：** 我这个人就是这样，一旦变成热门的课题我就撤出，总之想赶上流行的人总会出现的。谈到"台湾问题"，对台湾的历史和现实什么都没有做研究就发言，不研究台湾的经济就谈论大陆贸易和台湾贸易哪一个比较赚钱，贸易量有多少等等，说些像小孩子的算术计算之类的事。不是比较大陆和台湾的潜在力量，而马上搬出来的是 GNP，做出"台湾的 GNP 现在是 300 美金，到了 20 世纪 70 年代末就会增加到 500 美金，是大陆的三倍"之类的比较。不是说不可以做有关台湾的发言，毕竟台湾研究者也不太用功研究。不说了，说得太多会讨人厌（笑），老实说连事实都没有好好地确认。这一点，不论"国府"反对论者或者是"国府"拥护论者都一样，根本上没有人做研究工作。最后，还是那些厚脸皮的人出来，应惊慌失措的媒体之邀而写各种各样的东西。厚脸皮的人又是很胆大地发言（笑）。

在日本，编辑者和读者不大要求执笔者对其发言负责，社会上也是这样，是不是说"过去的事就算了"？特别是对于写书的人来说，变成印刷字确实是可怕的。在日本也把"可怕"当作一回事，但是也和刚才的无视台湾同一个逻辑，还是把它漠视了。那个家伙说了奇怪的事，以后不再理睬他，这样一切就过去了，不再多做追究。在战前，说中国人是"清国奴"、是不行的一群，到了战后就变成"中国人不会背叛人，可以信任"。我想那是为了把日本人曾经有过对中国的蔑视观纠正过来的一种强调说法，其善意是能够认可，但是这样对待事情是无济于事的。虽说是出于善意，但同样是片面而缺乏说服力。任何地方的人都一样，会背叛的人就是会背叛，被逼得陷入困境时背叛是理所当然之事吧。被逼得陷入困境而不会背叛，那是神佛的世界才有。日本就有这种呆板的想法。

日本人是单一民族，互相之间容易理解，彼此的容貌也大致一样。中国的情况是北方人和南方人不同，相邻的福建和广东语言不通。福建之中的北方和南方也完全不通。于是就会努力互相沟通、互相理解。虽然也有难于应付的情况，但总会带来能够互相信任的结果。日本的情形是从明治维新以来就一直相当顺利进行，也就是说已形成了近代国家的国民意识，因此对地方的特殊性、人的特殊性之关心也就淡薄了。像我自己总觉得日本人似乎有一种不愿容忍古怪的人以及异端者存在的那种心情。由于这个原因，才会马上做出"这就是"或者"那就是中国人"这样非常平板的结论来。所以会马上断定来自台湾的留学生是国民党。如果有从大陆经由香港出来的人，也不确认那个人物到底如何，只因为来自大陆，左翼的人们就爱护他们。从中国大陆出来的人也会变，从台湾出来的人也有像刘彩品女士一样的人。这才是一般的情形，这样的事怎么也不能得到理解。严重的是，也有人把所有出身台湾的人都看作是

"台湾独立运动者"，真是没办法。

在日本由于近代教育，对文字的信仰是相当普遍的现象，比如说只要是大学的老师写作的、出版的东西都会相信。关于台湾也是如此，战前就居住在台湾的汉族系住民，和战后或1949年以后从大陆渡台的人们之间感情上存在的隔阂被过分地强调。对从事"独立运动"的人来说，那是他们的"台湾民族论"根据，是他们的政治口号，还算有其理由，而一般日本人却被那样的言论搞得晕头转向。事实是如此吗？一直到战争结束，日本人写的书本都把台湾人当作"支那人"对待，可是不到十年就当作不同民族对待了。这与其说是奇怪的逻辑，不如说已经不是逻辑了。

我从小学到初中二年级受的是日本教育，被教什么"鬼畜美英"等，这本来就是无所谓的。可是战败了就不再是"鬼畜美英"了。这种逻辑完全没有弄清楚而延续到今天。尼克松访问中国的话，就说是台湾岛民有可能被屠杀等，非常焦虑不安的样子。尼克松能不能到达北京都还不知道呢（笑）。就算到达了，还会有各种各样的问题出现。这似乎和战时说的，如果让敌人登陆日本本土的话会被"鬼畜美英"屠杀的逻辑在什么地方交错在一起。在《自由》（今年〔1971〕10月号）上面，《每日新闻》的三好修先生详述了据说是尼克松的基本立场，摘录部分如下：

> 美国不能容忍放弃过去的同盟国民政府，而结果1400万人台湾岛民被中共屠杀，或被迫陷入经济恐慌状态，或随从国府移居台湾的中国人受中共的报复行为等事态发生。（页69）

可是冒昧得很，我想这是玉碎的逻辑，即使是日本的，亦即三好先生自己的逻辑归结，也不是尼克松的逻辑归结。这是因为从一个容许向敌人投降的美国社会的逻辑来看，是不会有相当于台湾人口数的 1400 万人全部被屠杀的想法的。这是意识形态，是政治立场以前的逻辑的问题。尼克松不会看到三好先生的这个报告，如果看到的话一定会大吃一惊。日本人的各位先生里面——特别是老一辈的人们——对曾经统治过的台湾抱着一定的亲近感，这不是不能理解，但是老实说，过于情绪化的发言就请免了吧。

无法解决的难题——日本思维方式之提示

◎ **编辑部：** 从中国或者台湾所看的日本的形象，或者说日本的思维方式、日本的语言观，这些都已经相当凸显出来了。目前，围绕新岛先生所谓"亲子一同自杀"说有各种各样的议论，恐怕这些议论作为对象的本身，或者议论的方法本身也关连到日本的语言观吧。这一点也许不好说，请新岛先生谈一谈。

◎ **新岛：** 这很不好说。我想，做出攻击的人们必须有一致的意见。或者说必须有一致的观念，决定性的是必须有一致的主观性，这像是一种非常强烈、藏在内心深处的冲动。下面我要说的或许可以把它当作一个比喻或者一个新见解来听吧。朝鲜人与日本人一样，是非常相似的单一民族，而且以单一民族的形式经过非常长的历史，朝鲜曾经多次被征服而仍然守住朝鲜文化的自我统一。作为这个民族的自我统一基础到底是什么？我注意到一个有趣的事实。

日语和朝鲜语有一个共同的性格，就是指示词有三种，不过不定指示词则除外。就是说，在日本语把指示词称为"こそあど语"〔译注：指"これ、それ、あれ、どれ"，"この、その、あの、どの"，"こんな、そんな、あんな、どんな"，"こう、そう、ああ、どう"等指示词的总称〕。一般以为近称和远称大体上与英语的"this"和"that"相对应，与中国语的"这"和"那"相对应，但事实上是不相对应的。为什么这么说呢？因为还有一个在中间的中称"それ、その、そんな"，这个在英语是不属于指示词而属于代名词，在中国语也是如此。所以要把日语的文学作品翻译成中国语的时候，应该如何翻译"それ、その、そんな"就成问题了。

有一位日本的中国语学者曾经做了一个统计，不过这是限于鲁迅的翻译情形。结果是，把"それ"翻译为和日本人普通的语言感觉不同意思的，就是说翻译为近称的占85%，翻译为远称的占15%。这也是一件有趣的事，至于翻译为远称或近称的结果意思是不是通了，那完全是另外一个问题。对于英语如有人做同样研究的话，将是很有趣的吧。那么什么是"中称"呢？那是出于和近称、远称完全不同的想法的。就是说，在第一人称的时候，近称和远称是完全正相反的。第一人称的时候，一根棍子的"这边"在第二人称看来是"那边"。可是"それ"、"そこ"如果问题在于距离的话，应该位于双方等距离的地位才对。这就是所谓的必须观念一致、主观一致的想法——并不是说想把这个作为语言上的根据，我并无此意思——就是说会有那样思考。相信一定有这样的东西，而想去追求它。"それ"、"その"就变得非常多。可是，事实上——这样说似乎不恰当——中国人或者西欧人认为没有那种东西。语言上没有，所以意识上也就没有。对方看见的，不会是和自己看见的完全一样。同时也认为你的想法、他的想法不会照样为自己所理解。

所以关于台湾或殖民地，用当时的说法是外地，就会以为进入外地的人（日本人）会和住在那里的人所看到相同的东西。凡事用"就是那样"的方式思考事情，没有意识到这是一种强制。当你说"就是这样"的时候，自己会意识到"我强制你这样"。虽然我在南京大屠杀的戏剧（收录于《情况》8月号）里提出"亲子一同自杀"说，那是从"日本人犯下 40 或 80 万人的南京大屠杀。假如是我的话，在什么情况下能够杀人？"这样一个想象中产生的。不过，大体上我的结论是杀不了人。

有一种统计说明战争的时候哪一种人会强奸或屠杀人，结果表示知识分子最不会做，而当时日本农村出身的人最会做这样的事。所以说同样是日本人，同样受军国主义教育，同样参加侵略战争，有会做和不会做这种事的人。想到如果是自己的话，在什么样的情况下能够杀人，就是怀着自己已经死了的心情时才能够杀人，我就说这是"亲子一同自杀"罢了。所以我从来就不记得教别人以"亲子一同自杀说"来理解屠杀，别人会有另外的看法是当然的。不过，过去有关南京大屠杀的原因的说法，不是在自己看来是如何，而是从"这样说就不坏"，也就是"可以吧"的角度而写的。于是就以为"那种坏事"在任何人看起来也同样是"坏事"。于是我也不过是正襟危坐说"我看的是这样"罢了。

产生屠杀的原因

◎ **戴**：那样说明就很容易理解了，关联到这一点，在我最近出的书里也稍微提到，就是有关南京事件、宋米[1]、新加坡血债、奥斯威辛等事件，类似这样的事旧中国人果真不会做吗？中国人也曾经做过这样的事吧，在某种情况下也做过吧。虽然是非常暧昧的说法，人在某种情况下或被逼得走投无路时会兽性发作，平时被压抑的欲求会以那种形式爆发。朝鲜人、黑人被说成"犯罪率"高，但不应该仅仅从犯罪率来考虑问题，而要考虑逼着那些人去犯罪的是什么。似乎是反论，我们中国人莫如要向日本人道歉，我有这种想法。我想假如我们更振作的话，日本人也不必做那样的事情吧。或者说日本人的亚洲认识之所以错误大体上是始于甲午战争。台湾是作为其结果以"割让"的形式被殖民地化了。那时候我的曾祖父们也做了相当的抵抗，我的故乡也死了非常多人，台湾的一伙人跑到大陆去参加中国革命——那个时候并无所谓共产主义革命或者什么的——以为只要中国振作起来就能拿回台湾。话有一点离题了，我在想该怎么样我们才不至于做那种屠杀，或者若有可能"连带"的话，一起制定不让屠杀发生的制止机制那样的安全装置。这样想来，对新岛先生提出的"亲子一同自杀说"，我们有一种不协调的感觉。

总之，从新岛先生刚才的说明，大致理解了那是作为日本人

1　指 Son My Massacre，系越战时美军于宋米村美莱（My Lai）聚落的屠杀事件。

的新岛先生"自己内心的意思"。但是以自己的生活体验为题材的小说式的想法，在被论说的这一边是无法理解的。不过，新岛先生也没有想强要别人理解吧。就是到最近为止发生在印度尼西亚的九三〇事件，五一三的华侨屠杀事件，在宋米、柬埔寨一连的屠杀事件等，已经是 20 世纪后半了，希望停止这样的事吧。

◎ **新岛**：这一点完全感同身受。就是说关于强奸或屠杀，不要以刚才谈到的"善·恶"论来对待，而是从各种的条件重迭时，人就会这样行动这一角度来彻底地、科学地思考才好。就因为没有这样做，大家就很快地靠向"善·恶"论，而马上就说成"那个民族就是这种民族"或"那个家伙本质上是坏人，所以会做出那样的事"。这是戴先生也说过的，对人的压迫会引起如何强大的反作用，这一点要好好思考。

◎ **戴**：是的。

◎ **新岛**：这不限于物理上的压迫，比如也有剥夺语言，剥夺表现的自由的情形。还有性的压抑，这也关系到强奸，它与言论的压抑相辅相成，表现为其成分较少的人就不会去做，其成分较强的人就会去做。这种问题也非应用性科学来追求是不行的。光说"强奸是坏事"，一定还会发生这样的事。正如戴先生所说，对于这种问题，把以私人的生活体验为题材的小说式的想法搬进来是没有用的。

◎ **戴**：就台湾的问题来说，"雾社事件"也是一个例子。受强大压迫的人们发起了那样的事件。可是，当时的日本人一方却以"那是斩首的陋习遗留下来的结果而引发的。所以蕃人是野蛮的"，以这种态度去处理。还有，以 1949 年为界，国民党的军队开进台湾，其中特别是非军官的来自大陆的军人，他们自从中日战争以来没有回故乡，也不能结婚，薪水偏低，性的方面也受到压抑，于是发生了问题，就是有一位军人爱上了台湾女性，拼命追求，可是却让台湾女性觉得很为难。假如是军官，或者有正经的职业的话也许愿意结婚。军人最后用手榴弹强迫女方和自己双双自杀。于是本省人（战前就居住在台湾的汉族系住民）就认为"所以说外省人（战后从大陆移居到台湾来的人们）是坏人"。这个时候不是就某一个民族而言，而是对某一个集团说"这个集团很坏"，却很少想到将这个集团逼到如此地步的到底是什么。于是我就会对他们（本省人）说："假定换个立场，我们当兵去海南岛，在那里打中日战争，因此战后不能回台湾，薪水也很低，那个时候我们是否不会做同样的事？"那么一说，大家就会恍然醒悟过来。被压迫的人们会做出这样的事情，原因到底在哪里，应该科学的思考其社会机制才对，可是实际上连知识分子都停止思考，失去冷静而流于感情论。

◎　**新岛**：不过那种情况，也不是说制度或客观条件包含一切吧。

◎　**戴**：而且，就算用科学能够解释明白，而不据此以创造出某种安定机制也是无济于事，我总觉得科学——人类的睿智是无用的（笑）。但是，话又说回来，"马来西亚人说柬埔寨人很温顺"这种说法也是无济于事。

◎　**新岛**：正是如此。看了北越的电影也可以知道，同样是越南人，残酷的人照样会做残酷的事。

◎　**戴**：那是提着斩来的脑袋出现在日本的电视上因此受到批判。

当然是可悲的事实，我也希望尽量避免以流血的手段把事情处理好。也许有人会说戴的议论缺乏阶级理论，可是我是这么想的。

◎ 新岛：我想作为日本人首先要彻底分析，把事物看作矛盾来理解，总也要穿越只有不是"此"就是"彼"的思维。当然不是说矛盾终究不会得到解决。

◎ 戴：真的，是不是可以用人类的睿智来制止侵略和屠杀，并且制止多管闲事、干涉别人事情的行为呢？问到什么是人类的睿智，的确难以答复，可是世界性的沟通方法——比如卫星转播等——在科学的世界已经出现了，总能制止吧，或者，也许这毕竟还是白面书生的想法而已？

◎ 新岛：我不那么想。这和鲁迅说的"文学来自于爱"是相通的。"多管闲事"是不好，应该要做持续的调查和研究才好。"人类的睿智"的问题，终究还是不半途而废的意思吧。照鲁迅式的说法就是"爱"。可是，这样的事用语言来表达就有一点别扭。

◎ 戴：不是社会科学（笑）。反正我是文学青年，想说的人就让他去说吧，我是不管的。像新岛先生的"亲子一同自杀说"那样，我就以"人类的睿智"将错就错吧（笑）。

本文原刊于《新日本文学》第 26 卷第 11 号，东京：新日本文学会，1971 年 11 月，页 6—18。为 "アジアにとってのわれわれ" 特辑内文章。

《与日本人的对话》编者后记

加藤祐三* 著　　林彩美　译

　　很早以前，就有要把戴先生所写所说汇集一册的想法。但轻松接下担任编者，顺便得附上几行文章，则着实感到不轻松。戴先生发表文章的期刊有些是平常不太能看到的，期刊属性也是各式各样，从而可预想读者也是多样的。要把这些发言编辑成册的心意，对于读过戴先生文章一次的人，稍微知道他为人的人，恐怕是个共同的诱惑。

解读戴国煇的文字内面

　　自己写东西，能够将之付诸印刷的人，如称之为作家、评论家的话，日本人的作家或评论家，大概不怎么认真，不用真心写，轻松地敷衍，这该不只是我会这样吧。起先接手时想得很轻松，然后豁出命干，认真地写，一旦进入书海中就如沧海一粟般微不足道。而还想贯彻初衷的人，也

---

* 时任职东京大学东洋文化研究所。

只是为了证明自己的存在才拼命写。对这种外在情况，我觉得蛮好。对这相当好的状况，我绝不认为是天赐的，是应当有的东西。这一点我想不能不清醒，像我这种战后派的后辈更是。

在这地方，戴先生所写所说的东西有"魄力"，从字面再深入思考其所写的意思，与自己的距离，或落差所产生的动力，令人有被重击之感。"学为道也"，学绝不单是"知"。"道"是古老的表现，但学是客观的而绝不是"中性""无害"的东西。此构思是从中国的传统继承，但不一定是所有中国人学者、知识分子共通的，毋宁说是例外比较好。但是有这样一个榜样，以初衷贯彻到底，无论如何总会表态，可说是一个基本的想法。戴先生似乎是在追求这个想法，我不能不这样觉得。

轻易答应担任编者的任务与写"解说"一文的任务，到此关头令人觉得困难——重读几回，更感到对两个挑战必须好好加以回答。

一个是戴先生发言时的态度、决心；另一个是戴先生精湛的日语。不管是他的发言内容、发言时的态度与思想准备都有其相当的根据。不是以别人所想象不到的奇特观念，或尖锐的洞察力之类的语词。而其他人谈相似的事，相较之下则欠缺魄力，亦即他在谈论只有他才能谈的某种话题。我在此要说明清楚，不是说他的发言自以为是或自命不凡，所以他人不能模仿。

他把自己塑造成不能是其他人，换句话说，他变成其他人的话，便使自己变成不存在。与其他人可以交换部分零件的存在，看起来宛如在消费文明之中以使用价值的基准，任何东西都可能交换、可替代。有心者只能在自己内心维持不容妥协，但是把那坚决的内心试着扩展到外面，可能的话，要把自己的存在全部变成那样的人。

或许在一个文化之中，这样的人是会变成伟大的人，或是会发疯。当然那是相对的东西，富于变化与动力的乱世，这种个性与世间互相共鸣，有时力量会被放大。

戴先生的情况是他不能选择自己以外的生活方式，包含肉体的、精神层面的自我存在将变成不可能的，在某一面是到达极限，但从另一面看是过着悠然生活的样子。当然，这是我所看到的戴先生，他恐怕会对此反驳。由我来看，把戴先生想成这样，一个还是来自于他的体验，另一个是他的思想准备，更进一步说是来自有如他的使命感的东西吧。这个体验与使命感以日日新的现实认识为媒介，把他更加筑高，好像可看到那影子浓浓地落在我们上面。

看到他精彩的日语而想要知道他的经历是当然的。从那里再踏进一步，要来想想甲午战争以来长达50年的日本殖民统治，想想战后日本企业进入台湾的人也有吧。那人数现在慢慢在增加。特别在年轻人之间，由于这是过于明确的历史，想要思考过于不为所知的历史的趋势正在逐渐升高。

我与戴先生相识已逾十年，直到最近才开始逐渐能理解他所说的。他为什么那样执着于殖民地统治或被压制民族的问题，对这事开始能够理解。并不是天真答应写了、说了就可忘记掉的东西。

但是，我也坚持要依我自己做法。与戴先生一直没有很认真地谈过话，也没有很认真地读他写的，因此不能领会。开始认真读是最近的事。这种交往的过程不能粉饰，正因至今已有十年以上不曾改变的如是交往，所以开始觉察到他十多年以来不断反复提问的事情之重，我要仔细审视于此间的过程。

要写几行像解说的文章，若排除了这极为私人的过程，就几乎没有什么可说的。所以，或许过于涉及私事而不好读，但请多多包涵。

初相识与相知

与戴先生相识是始于他尚是东京大学农业经济研究所学生，而我是东洋史的学生的时候。我对中世纪波斯史有兴趣，所以在学由右写到左的文字，但戴先生已毫不费力在读全是汉字密密麻麻的古文。他不是找来宋朝的文献，就是读以现代土地改革为主题的赵树理的小说《李家庄的变迁》或《三里湾》，以及以台湾农地改革为主题的书。

他举出我从未听过的文献目录的名称，要求阅读，这个时候使我感到惶惑。或许是爱议论的他，想找共通的话题吧，举出几个历史上的人物、事件之名，而试探我的反应。但我没有一个知道的，所以现在我想不出他所问过的人名。

在此以单数的"我"，不如以复数的"我们"更恰当。在东京大学研究中国或广泛地涉足亚洲研究的学生，是文学部的中国文学科与东洋史学科，加上教养学科，也仅有十数名吧。从戴先生来看，农业经济学的理论上研究和科学有关之外，对中国或广泛对亚洲有关心的学生们，不问其方法上的差距，都是他感兴趣的对象吧。其所关心的角度，比我前后期东洋史的学生们，亦即我们所关心的角度，一定有相当大的差距。更老实地说，戴先生射程的距离或角度是更长更广，即便与我们的研究有重迭的部分，对于他也只不过是关心的一小部分而已。

那时候，戴先生已正在完成其"台湾甘蔗栽培的研究"的长篇论文。知道此事是后来的事。他给我一部《中国甘蔗糖业之发展》时，我没有思考他的关心与射程，而想以"是啊，我们不是年龄有差距，投入研究的岁月长短也不同"来考虑。然后找出强辩的理由，说是花在研究对象的时间差异转变成对研究对象的投入情感的差异，又变成掌握对象的才能之差异。

这个理由的不合理是一开始就察觉的，但在日常的交往是不出现的。所以，想尽量把所有的事情从日常交往的过程呈现。戴先生的日语是完璧无瑕的，我不把他当作外国人的时间比较多。就连食物，由于我非常喜欢中国料理，因此马上陷入他介绍的中国料理之美味中。当时正逢我的收入稍微增加的时候，我的中国料理品味能力也更加伸展，味觉之差距，或者身上有无一点小钱，是唯一隔开戴先生与我之间的墙壁。甚至是对女性的品味，个性之差距是激烈论战的基轴，但背后的历史体验之差别不会出现于表面。

大部分收在本书的文章是这样，但其实我在读座谈会戴先生的发言之中，开始发觉种种事情。我长久以来搁置的日本旧殖民地的研究，以及想要整理日本的亚洲研究的历史，都是从读了戴先生发言之后才开始着手，不是在日常的对谈之中，而是透过文字，全是戴先生以日语所写所说的东西给我的启发动力。

因此，我想要思考戴先生时，日常交往所知的戴先生，与透过文字所知的戴先生之间的差距过大，令我感到不知所措。这距离好像不单是我个人感受到的特殊现象。因此必须啰里啰嗦写些私事。那是什么，不能明确地掌握，但我想好像是因为戴先生是外国人，而且是中国人之故。在此与我的个人体验重迭。那是约八年前的事，访问北京时为我做翻译、大我两岁的中国青年，因会讲很棒的日语而让我惊讶。以年龄看应没有住过日本的样子。"为什么？在哪里学的日语？"我问。在交谈之间，据他说，他父母在上海近郊被日本军杀死，起先是因憎恨而学起日语。（我在报纸的报道相片得知，他随行这次乒乓球队来日本。）

那时，我不能再问下去。同样的战后，我刚从（战时的）集体疏散回来，只有吃甘薯藤，心里其实没有虚脱、憎恨与愤怒，只记得三月的东京被空袭燃烧的颜色很美而已。在北京遇到的翻译，如我不问，他一定不会讲学日语的动机，就是问了或许也只说"为了中日友好"。

即使他那样回答，恐怕我也没有任何感觉吧。中日友好一词，光是这样说是没有特殊感受的，或说是理所当然也可以。要感到不是理所当然，我们日本人战后的世代，需要一个内部契机，对中国人的日常行动与语言中，仅感到亲近与抗拒，这个语词是不会带有意义的。在个人的层次，触及那温和的举止之内侧燃烧着的自尊心，对个人而言，不管是否愿意面对，至少对我来说，中日友好是过于空虚的语词。

关于这点，个人的层次问题，我想可以引申到中日两民族间的问题，即民族的尊严。这语词对我们日本人是不悦耳的。戴先生说："所有文化是等质的，所有民族是等质的"之时，与前面的情况同样，作为公理是理所当然而接纳，但就此来说，同样的表现方式也因体验的不同，而导致不同的本质显现。在把朝鲜人、中国人以廉价劳动力或不法之徒、或狗犬畜生看待的一般氛围未被拂拭的环境中成长的我们日本人，作为公理可理解各民族的等质性，但个别具体的问题还是不行。

作为公理能理解，换言之，就是原则是那样。所以不可以轻易地说当然。轻松说的话，易变成引子（开场白）。如"五族共合""皇民化""大东亚共荣圈"，原则的平等性、等质性是当引子（开场白）附着的。

拉到社会科学这学问的范畴来想的话，就是这样。不管马克思或韦伯，在不同血缘、不同皮肤颜色、不同宗教等黏稠的偏见与歧视的日常拼命地生活之中，创造出社会科学的理论。把不合理的日常放在一旁，只把整合性高的理论作为对手，顶多也只能再生产脑筋好的官僚。这时候也还以各文化、各民族是等质为前提。把阶级或生产关系这用语，想作是普遍的概念还可以，把自己有限的、方便于自己的意思的适用于此，误以为那就会成为一般概念，就大错特错。怀有这种想法的先进、坏前辈在我周遭不胜枚举。

说是过去的事，也只是最近的过去的事，是极为具体的事，所以这些先进们为何栽跟斗？这需要我们来思考。那几乎全部是在殖民地统治、异民族统治这体制之中滑跤的。对于异民族，统治者推销平等与等质，就好像打了人又若无其事地说"你是我的朋友"一样，这怎么也不能说是人之常道。若不是直视此极为当然的事所筑构起来的社会科学，无论如何是奇怪的。

对于我们，所谓的公理，是殖民地统治者不能对被统治者说平等与等质的。"任何文化、民族都等质"这不是当然的吗？可不能这样轻易的想。更认真地思考，不要直接使用对方使用的语言，而思考要如何夺回并使用自己的语言此事，并非容易的方法。至少有些许时间的余裕的话，要在找到自己语言之前，努力不轻易使用对方的语言吧。同样的表现，但其包含的内容之不同应追求到底，我想是这样才对。

最近常被使用的政府用语有援助这语词。借款一词是贷给别人的钱财是要收回的，带有极为当然的意思（但实际是采取贷给的方式而攫取，这是经济学的常识，在此就不去过问），而较之借款用语，援助用语更带强加于人的意味。反正绝不是对自己不利，这也是经济学的常识。但照用政府用语的人，以为援助是救助，救人是符合大义，好像拂拭不去此种感觉。这援助是由 aid 翻译而来，是美式英语吧。美国对战败国的援助，变成后进国援助，接着由在朝鲜战争赚到战争财的日本资本主义自己继承了此美式用语。将之限定在金钱与物量的移动（此构思才是经济动物的真面目），那么如"水往低处流"便可想作是当然的吧。然而在没有多久之前，以战火损伤糟蹋为所欲为，接着便说要援助，这对稍具人性的人是行不通的。因行不通，所以变本加厉以金钱与物量来制伏，自己已是失去人性与大义的动物，所以把对方也看成是同样的动物，如此一来会发生什么样的事态，就很清楚了。

这事与刚才讲的以"等质性"为当然的心态不同，看起来相反，但其实是同根的。两个都是对基于过去的自己，大致来说是对历史太过无知之故。因无知而致的善意，与戴了假面具的无耻，常常扮演同样的角色。结果是相同，但不能断言用意也相同。无知的善意与用意是不一样的东西。

讲些过于抽象的话，但我估计本书的读者大多比我年轻，与我同样，对戴先生的发言有不易理解的地方。成长于战后民主主义之中的日本人，因具有民主主义的价值观，而民主主义是以平等为最大的价值，有把平等或等质想作是普遍永远的真理的倾向。剥除那虚构的契机很多，现在已经充分发掘那是虚构。但是，剥除虚构的契机，差不多的情况是国内的统治与被统治的认识，或改称为阶级的观点也好。民族的观点，至少是规定战后民主主义的出发点的殖民地统治正当的嫡子，并非他人而是我们日本人，关于这一点，我们的认识是很浅薄的。在民族的观点上，对于被美军占领的抗拒，亦即把自己优先地放在被害者立场。对于我们来说，最大弱点的民族观点浅薄，反而被利用，战后民主主义遂健全地生存下来。这是侵略性的民族观点的再生，以世代论来说是战后诞生的人输给了战前派。在政界、财界都依然是明治时代诞生的人在当指导者，这或许是当然。毋宁明治时代诞生的优秀者，比较维持着民族的观点，将过去的那个与现在的那个严格地使之对抗着思考过来，所以或许可以说略胜一筹。

要反省此弱点的机会，对我来说是与外国人的对话。与差不多同世代的外国人的交往中，从世代来看与我们没有直接关系的日本人的历史，沉重地压在我们头上。子女如不能偿还父亲的负债，至少不能在父亲的负债之上加债使债台高筑，让我认识到此事的是戴先生。

射向日本的一枝"谏言"之箭

本书主要收录戴先生这数年来所写所说。所汇集的都不是拘束于一定论文形式的东西，我想是要知道戴先生的所想所感最方便的方式吧。对象是广泛地有关日本与亚洲，以属于中国的一部分而曾经是日本旧殖民地的台湾为着力点而论述中国，接着是文明论的考察，权宜地可分为此三类。章节的结构也按此而定。依章节的结构大致可看出编者的想法，无论如何那是过于权宜。全体是如书名的《与日本人的对话》，对已射出的箭，需要给予适当的反应。那是超过个人交往范围的课题。透过读他文章的范围，我想谈几点。

首先是关于可想作大大影响他思考的几个体验。我们大部分日本人，恐怕 99% 都以日语为母语成长，以日语受教育，所以容易误会语言是天赋的。戴先生如何呢？好不容易使他开口的结果是，1931 年诞生以来，在家庭内讲客家话，上街讲福建话（闽南话），上小学在学校讲日本话，初中二年级时日本败战，之后在学校学"国语"（北京话）。

另一个是，对于我们大部分的日本人战后大多时期，可说言论活动本身直接连结到生命危险的事情没有了。言语表现的环境不同于战时已大大开放，相反地语言所具力量有被削减的一面。想要享受言语表现的自由，毋庸置疑应是如此。但因此不考虑由语言表现而产生的种种紧张或影响的风潮，在获得这种特权的人们（包括现在的我）之间扩展，那是可怕的。不一定直截了当、明确的表现，才最能表现思想，也有在被抑制的表现最能表现的情况。换句话说，因拼命说明不是那样、不是这样，反而不能击中要点的情形也有。

再说清楚一些，对不懂的人，基本思考方式不同的人，是否可以言语使之理解呢？我相信语言，但也不相信语言。虽然自我矛盾，但的确如此。相信，是在他人的用语上恰好可适用自己用语的时候；不相信，是语言不只立足于使用者的个性，而是以对谁都能理解的共通性为前提。

我不是在讲无关的二者间的一般沟通。而是在讲戴先生与我、戴先生与日本人读者、戴先生与留学生之间的沟通方式。其他二者的设定方法有很多，但目前戴先生与编者之一的我之间，到底是否有理解到那种境界的可能领域。要追究这一点，必须某程度提出我的见解吧。

本来不是为了要主张我见解的"后记"，所以我想限定问题，就本书只提出几点来说。

参议院选举之前所做有关中日问题的选民调查登载在《读卖新闻》（1971年6月14日，都民版）。小小的报道，但使我看了感到愕然。《选民如是想》连载三次的花边新闻，首先是日本当前的外交课题，"中日问题"是最多的36.1%。那么具体是如何？

问题一，有关中国大陆与台湾的关系（百分比）

（一）北京政府代表中国　19.1

（二）台湾政府代表中国　3.7

（三）各自为独立的政府　40.5

（四）其他　1.3

（五）无回答　35.5

问题二，中国恢复联合国席位，日本应采取何种立场

（一）积极赞成　41.1

（二）消极赞成　19.4

（三）消极反对　2.6

（四）积极反对　1.1

（五）其他　1.6

（六）无回答　34.2

我最惊讶的是，"各自为独立的政府"这个"两个中国论"乃至"一中一台论"（一个中国，一个台湾论）是压倒性的多这一点。为什么此意见多？这些人是考虑到什么才这样想？从这个调查是不得而知。

较之选民的意识，七名参议院选举东京地方区候选人的意识如何？同是《读卖新闻》的《候选人如是想（下）》（1971年6月7日，都民版）的报道如下。

中国大陆与台湾的关系

（一）"北京政府代表中国"（黑柳、野坂、木岛、市川、木村）

（二）"北京、台湾各自为独立政府"（原江藤）

（三）"台湾政府代表中国"（"台湾派"）（无）

此次调查方法，不触及称谓或提问方式。看了调查结果，受访者的想法，引出令人惊讶的结论。亦即四成的选民，以"两个中国"或者"一个中国·一个台湾"的模式考虑台湾问题，忘记或无视台湾是中国一部分

的事实。

从最近政治的剧烈变化来看，自民党的候选人（当选者）支持"两个中国论"或"一中一台论"之点令人关注。这与以往政府（外相）的正式见解显然不同。政府与自民党的见解不同是有可能，但自民党候选人将此见解明白地提出这事，会使今后自民党内的两派见解更加鲜明吧。《选民如是想》中有关"中日恢复国交在佐藤政权之下是不可能"的提问，同意的是最多的42.9%，以支持党派别来看，自民党支持者之中35.3%回答赞成。选民的此见解，将来如何变化，如何影响政策，不容易预测。

在此我没必要预测，但我想把我最担心之点在此叙述。这是日本应采取立场的问题，也许放在戴先生书的后记里不适当。但在对日本人谈话的书，提出一个日本人的想法这事，因问题的重要性，我认为无论如何是必要的。

探究台湾的地位问题

许多日本人不认为台湾是中国的一部分，认为是别的国土，应有别的政府。其理由与认识不足、误解、偏见有关。首先，举出极为生活化的理由是，因最近的爆发性旅游热潮，台湾观光旅游急速增加。另一方面，在中国大陆旅游还不容易。去台湾观光回来的人，从新闻报道所听中国大陆的形象，与自己体验之间的落差之大而惊讶是不无道理的，或者以落差之大视为当然，也许毫不感到惊讶。加上，在台湾意外地发现可通日语，只要说日语就可在台湾旅行，而抱持"遥远的中国"与"亲近的台湾"之印象吧。这种观光旅行者所带进的道听途说小道消息之传播力极大。听说去年（1970）去台湾的外国人以日本人为最多，共有14万人。这些人是否想到为何台湾能以日语沟通无碍，或许只觉不可思议而未去探究。从朝鲜人夺去朝鲜语，强制改成日本名，同样地，虽说那苛烈的程度有些许之差，在台湾的中国人，还有占人口百分之几（约十六万人）的高山族被夺去他们的母语，强制使用日语，命令在家庭内也要使用日语，令之将姓名改为日本名。从昭和十五年（1940）左右，此强制措施被强化。

讲日语的人多，这是日本殖民地统治的伤痕。与我们自发性的（对就业有利，以及理解他国不可缺等几个理由）学习外国语，学习、精通外国语的读、写、说、性质完全不同。被夺去母语而被强制使用外语，与在母语的基础上自由地学习外语，此两者之间是有天壤之别。

不用说，1895年（明治二十八年），甲午战争的结果日本把台湾殖民地化。以后长达50年的台湾统治，带给很多日本人的感觉是：台湾对日本感觉很亲近。亲切是很好，但不能不考虑产生何种亲切。占领对方，却说我和你很亲近、友好，还摇晃武器说，你的米桶我也控制了，马上会知道这亲近不是真的，以任何理由都无法隐藏这是谎话吧。

50年的台湾统治就是这个例子。不能夺取对方的武器，赶走占领的对方时，想分到米粮，向对方装笑脸也不足为怪。

然而，因此就把那笑脸认为亲近的表现，如果不是相当的无耻之徒，就是愚蠢的家伙。不被告知实情，而被教育成认为日本的台湾统治是世界殖民地统治史辉煌事例的世代的人们，如果回头睁开眼睛看，也就不至于再想悠游于迷妄的世界里。

在战后成长，懂事后就在没有战争、殖民地的异民族统治的地方成长过来的人们，年轻人也不能一直说我不知道。不知道这事，由此产生对对方的善意与诚实和带来的伤害有多大。不只是这一般状况，透过身边所发生的几个经验，已经对此点相当有察觉才对。

从选民的民意调查的话题岔开，但其实这调查的做法、名称或提问的方法，不知是故意或无知，有相当蛊惑人的地方。为了万一，我质询几位熟人同样的问题，也得到同样结果。有好几个缺陷，但只提出一个来叙述，问题一"有关中国大陆与台湾的关系"的回答，是期待有关过去和现在的认识，或者是期待日本人和政府所应取的态度，没有做区别之点。承认北京与台北没有成为一个政府的事实，但作为外国人的日本人，只要把此现状想作中国的内部问题的话，与两个国家的将来相处方式的主张，完全是另一回事。

政府与国家有关的理论，在此没有充裕的讨论时间，举一简单的例子，《三国志》的三国，并不是中国有三个，"五胡十六国"也不意味有这么多的中国。这是常识。同样地，文化的、民族的一体性包含台湾在内的中国从明朝就存续着。从面积上看，台湾约是六十分之一，虽在日本统治下的严厉时代，台湾人为了确保强化与中国的一体性而如何抗争过来，作为历史的问题有思考的必要吧。这一点是日本人不易理解的问题。因为我们日本人的前辈是，与此相反，努力于如何使台湾从中国分离，而改变成"好殖民地"；第二，对于这一点，战后终于没有认真反省的国民性机会；第三，由于日本人只以有限的视野看外国的根深蒂固习性。

问题不能是一个或两个，或一个与一个，玩数字游戏就可让它完了的事。个人游戏的话，可以是要这个或那个左右踌躇不定，莫衷一是最后随便选一个，但这问题是攸关几亿人生命的事。一个或两个，或者一个与一个，如果流于这种数字游戏，不能触及比此更重要核心的话，我们日本人的将来，不问体制如何，是会变成极为悲惨的吧。说是将来，也不是悠闲的将来的事，已经就在伸手可及的眼前。

到这时候才慌张失措，实在有失颜面。那是觉悟之下的。日本人一般，一直对台湾重复地偏见、误解与无礼，此无需赘言。回顾一看，夸耀如此大出版量的日本，由日本人所写的优良书未见出版，更是令人震惊，对于我这是自省的材料。并不是由于中国议题高涨之后才扑上去的课题，但是太过于未被视为问题，未被认真思考，此沉重使我快负荷不了。这是已做中国研究数年的我的感受。

如在开头所说，轻松接下写后记的任务，至此感到困惑的，是由于不只是对暴露自己的才疏学浅感到恐惧，要谈如此无能的日本人研究者的状况，感到心情的沉重，而且也得谈有关中国人的日本人内部缺陷的心里沉闷。但若是真实的状况的话，那也无可奈何。中国人戴先生向日本人的谈话，到底我能理解到什么层次？他所谈的，我们能够接受到哪里？我们自己怎么想？在此意义，现正站在十字路口。不用说，这是相互的问题，绝不是把他的意见、见解全部盲信，毋宁相反地应当将之作为筑构我们的见解、态度的台阶。

我以为这样做是友情，更扩大到一般状况来说，因这样做能使中日间相互理解、正常交流。

他所提出问题之中，文明论或说历史发展有关的问题，我也有依我想法在思考的。日本近代百年一直追求欧美模式，与一度以为日本会成为开发中亚洲发展模式的愚蠢的预测相互共鸣，过去曾有过，将来也会引起种种议论吧。关于此问题，在我所知范围内，像日本这样自卖自夸、自我吹嘘的见解世界上也极少，毋宁可说是例外。普通做生意或在政治层次所接触的外国人，都是"有礼貌"的人多，不会提出这种让日本人感到尴尬的问题。所以说，将之信以为真，这又变成奇怪的东西。

公害的告发在国内变成很大的声浪，因此全面地赞美日本近代百年的人应该变少了。此功绩不小，但是政治与经济的结构是表示被打的人没有死，而是逃窜出去变得更好巧，这种例子不胜枚举，公害企业从日本国内逃出，到东南亚找活路。已开始被禁的有害食品与药品类，不把存货烧掉，却更廉价卖出海外。

这样的话，日本被认为经济发展模式的余地全没了。相反地比在国内，公害企业更加地被攻击，要觉悟的日本人全部变成被攻击的对象。那时候由我们这方说日本政府与日本人民是不一样，这是绝对不可能。不限于国内，真正意义是，若不建立国际观点去行事，无论是发言、对话、友情都没有成立的余地。

文明论或历史发展有关的理论，对谁、对哪一国的人，都是切实、迫切的课题。只是，社会问题经常是那样的，从哪个侧面、哪个立场看，才是切实而迫切的问题，仅是有不同而已。我以为，不管读者要肯定或否定戴先生所说的，但希望能以这样的层次接受，我以为应有这样的对话。

编辑排列是编者的责任。我要对允许转载的对谈者诸兄，登载诸杂志，以及社会思想社编辑部表示衷心的感谢。又因作者戴先生的希望，在旧稿上加上若干删改，有关部分在各项末尾都已附上作者注记。

1971 年 7 月 5 日

本文虽名为"后记"，内容实深人评析了《与日本人的对话》一书，特译成中文，收录于此，以飨读者。

挣脱封闭：从亚洲的观点来说服

——评《与日本人的对话》

鹤见良行* 著　　蒋智扬　译

由于本身结构使然，日本社会无法平等对待他国人。我们日本人在头脑里，大体会想到彼亦人子，但在日常的具体行动上，对于外国人并无如此作为。这个社会仅属日本人，对外国人并未开放。

因国籍而产生歧视，再加上因肤色而产生差别待遇。总之，白种人就是比有色人种了不起。

如果我们有一天决心改变心意的话，能够改变这样的结构吗？自己不改变的话当然不用说什么，但只是自己改变并不构成产生变化的充分条件。虽然是甚为悲观的预测，我感到为了改造日本使其成为对外国人较公平而开放的社会，需要外国人，尤其是亚洲人民的帮助。

本书对我们日本人而言，即为具有如此作用的书。作者戴先生是台湾出生的中国人，为农业经济学者，服务于东京的亚洲经济研究所。

---

* 评论家。

如标题所示，此为作者对日本人所谈的论文集。有《我的"华侨"小试论》《日本统治与台湾知识人》《台湾经济与日本投资》《从亚洲看日本》等篇章。

住在这个国家的亚洲人谁都可能尝过歧视或封闭结构，虽然戴先生本身可能也有过这种经验，但他并不直接指出并加以谴责。他似乎觉得单方面谴责日本社会并无法解决事情。

关于这点，即有如下之发言呈现出来："不得不被殖民地化之条件、当时我们所持传统、其残渣，如果我们不同时与这些对决的话，我们的问题即无法解决。"

尤其让我受益的是，他所指出："由于中国全体并未在同一时期被同一他国所殖民地化，因此无法以八一五终战纪念日为转机重新出发那样，以同一步调与同一感觉来起步。"这件事所指的是，东北地方（旧满洲）的知识分子与台湾的知识分子，对于各别侵犯他们的殖民地主义，要清算其价值体系时需要个别的程序。这件事只要走错一步，就难免跳到承认如"一中一台"之政治分离的议论，但就过去经历殖民地的地区而言，其知识分子的主体性反省当然会有这样的发言。

仅以中国而论，事情就如此复杂而多样。要说是发达国家日本（新帝国主义）对发展中国家亚洲（新殖民地），这样的模式未免太粗糙。我们应该更踏实地，并谦虚地向亚洲学习。

本文原刊于《北海道新闻》，1971 年 10 月 9 日，第 12 页。

关于帝国主义的责任论

——评《与日本人的对话》

须田祯一 * 著　　林彩美　译

　　我先前在月刊《经济学人》六月号撰写《围绕中国的日美幻想》一文。我说："日本统治朝鲜人民长达 35 年之久，侵略中国人民 14 年之久，并侵略作为美军后方基地的中南半岛三国人民，使之受涂炭之苦。在寻求与这些人的连带之中才有日本人民的活路。"但是这样的写法我觉得不正确，也不充分。我读了戴国辉的《与日本人的对话》特别心有所感。

　　对中南半岛三国人民，我们的内疚并不是始于美国的军事干涉。此前（在大战中）日本军已侵入此地区。1945 年 9 月胡志明在越南独立宣言中已明确地强调主张"从日本的帝国主义解放"。又对中国的情形是至少应回溯到二十一条的要求（1915 年），更应回溯到甲午战争（1894—1895）的时候。关于朝鲜是应回溯到明治初年的"征韩论"的必要吧。

　　戴先生并没有在本书内直接做此要求。但是应该让读此书的日本人不能不反躬自问："到底日本真的是亚洲的先知先觉者吗？明治日本到底对于

---

* 国际思想研究家。

我们是什么?"

戴先生是在 1931 年(此年爆发九一八事变)出生于台湾，1955 年(此年产生保守共创自民党"永久"政权)以留学生身份来日在东京大学专攻农业经济，现在是任职于亚洲经济研究所的一位学者。

首先与田中宏(亚洲学生文化协会)的对谈。上映《通往十三阶梯之路》的电影时，已故高见顺(译注：日本小说家)写道："这太不人道，日本人绝对做不出来。"对此戴先生予以责问，难道南京大屠杀、新加坡华侨大虐杀不是日本人干的吗?而田中宏则责难家永三郎(译注：曾任东京教育大学，后为筑波大学教授，以长年批判日本文部省教科书而颇负盛名)在其《太平洋战争》一书中的"以物力庞大且有可夸耀的民主主义美国为对手，驱赶动员国民去打那绝无胜算的战争的日本军国主义者"的写法。

若是读了这些，越南人会有什么感受，是田中先生责难的理由。如以"B29 与竹矛"来对比的话，日本与越南是处于同一层次。而家永先生也写"日本在败北于美国的物力之前，就已败北于中国的民族主义"，因此我不一定与田中先生的批判同调，但对戴先生的高见顺批判是有同感的。

从近代化到现代化

戴先生与巴达加利亚(印度)、高秉泽(韩国)、胡笙(巴基斯坦)、小木曾友(亚洲学生文化协会)、杉浦正健(东洋大学 AA 文化研究所)的座谈会也为我们提出很多课题。在此戴先生说："与其说是亚洲的同一性，不如更要确认其多样性，在此基础上来考虑在何种条件之下连带才有可能"，并主张现在已非"近代化"而是"现代化"的阶段。揭发不面对惨痛历史却再次呼吁"亚洲是一体"的危险性。相对而言,主张"亚洲是一体"的巴达加利亚先生在理论上站不住脚。巴达加利亚说:"西洋的冬天非常冷,就以火的功能为例,与东洋就不同。"可是被认为是西洋文化发祥地的希腊是温暖的,而干燥的亚洲冬天反而是寒冷的。

此座谈会也谈到种姓,但不把它看成是印度独特的东西,并揭发存在我们之中的"内在种姓",主张不要把工业化以客观的历史法则去"等待",而是要去突破现在的情势,之后把工业化当作问题的戴先生见解越发敏锐。我对其"帝国主义是恶,然而被帝国主义侵略的我方也有责任"的问题意识表示敬意。

戴先生坚持"台湾是中国一部分"立场的同时,也不忘记指出日本人的"中国论"之中缺漏了"台湾"。我奉劝无视台湾 1200 万人民的动向,在议论"国共合作"的主张者,应好好将本书当作自我省思之资。

本文原刊于《エコノミスト》第 1891 号,1971 年 10 月 12 日,
页 111—112。

探讨真正的对话，坚忍而温和地质问日本人

——评《与日本人的对话》

佐藤胜巳[*] 著　　李毓昭　译

一般说到近代的日本与中国的关系，就是十五年的侵略战争，以及日军在此战争中对中国人的杀戮行为。就此事的性质而言，我想这是最需要追究的问题，但是在另一方面，我也一直在怀疑，难道中国问题里面没有殖民地问题？

其中一个原因是，研究中国的日本人几乎都没有人在研究台湾问题，亦即殖民地问题。虽说是十五年战争，但是在这15年的侵略战争中，不也在同时进行以伪满洲国为名的殖民地统治吗？而且在更早之前就已经有台湾的殖民地统治。尽管如此，不知道什么原因，日本人研究中国的近现代史时，总是如此不当地忽略殖民地问题。殖民地统治是战争的恒常化。

以研究朝鲜问题者的观点来看，中国研究者这种处理中国问题的方式，令人很难不怀疑，他们果真能够理解帝国主义的恐怖、战争的残忍

---

*　时任日本朝鲜研究所事务局长，专研朝鲜现代史。

吗? 更重要的是, 如此程度的理解能够检讨日本统治阶级的现况吗?

本书作者 1931 年生于中国台湾省, 在该地成长, 然后在 1955 年来日本留学, 1965 年起任职于亚洲经济研究所, 直至今日。本书内容是由"日本与亚洲":《东南亚的虚像与实像》《真实的亚洲和日本》《我的"华侨"小试论》;"日本／中国及其台湾":《日本统治与台湾知识分子——某副教授之死与再出发的苦恼》《我的发言——台湾研究的态度》《台湾经济与日本投资》;"从亚洲看日本"等篇章所组成。

我身为日本人, 既然如开头所述, 对日本人研究中国的态度抱有疑问, 因此会觉得, 作者身为当事者, 对日本人关心中国问题的方式提出非常坚忍而温和的质疑是天经地义的。可是, 在朝鲜问题的领域上, 类似的指责并不罕见。不论当事者再怎么说明, 日本人也无法理解, 使得他们最近因为绝望而不太想说出口了。

可是, 作者说:"我站在受害者的立场上, 无法苟同发展中国家的左翼人士将所有战争责任归结于帝国主义这一点, 因为使帝国主义肆虐横行的是自己内部的腐败。"这是几乎无法从在日的"受害者"方听到的话。

日本有许多被视为先驱者认为, 殖民地统治或侵略是统治阶级的行径, 不是他们的责任。换言之, 这些人做梦也没有想到"自己内部腐败", 因此始终无法理解上面这段话。他们顶多只会觉得"不是阶级性的"。要在这样的日本说出这段话是需要勇气的。作者又说:"我在亚洲经济研究所工作……由于研究的是我的故乡台湾, 是在分售台湾, 以后如果也从事华侨研究, 就好像是在分售自己的亲人维生。"对于这句发言, 列席的日本人什么话也没说。如果作者是以"分售台湾"维生, 那么日本人是在吸谁的血过活呢? 对于自己的"腐败", 总该有点表示吧, 还是觉得那和自己无关?

无论如何，既然有无法好好响应这种事的体质（并非知识），即使讲了百万遍必须"自我批判"的话，也无法确实阻止日本军国主义，与中国人展开真正的对话吧？这就是作者的质疑。

本文原刊于《读卖新闻》，1971 年 11 月 15 日。

穿透日本人的心

——《与日本人的对话》读后感

中村ふじゑ[*] 著　　李毓昭　译

去年底，我乘船前往冲绳。那艘船是客满的，因为在本地工作的冲绳青年要返乡。

经过整整两天的乘船之旅，我被带到与东京全然不同的世界。海色不同，天空的颜色也不一样。整片平原都是甘蔗田，以及山坡地开垦出的菠萝田，还有相思树防风林、榕树、木瓜树。我不禁想起台湾。

令我联想到台湾的不只是自然景物。冲绳的制糖工厂被日本本土（对冲绳、北海道而言的）资本家牢牢把持。糖在冲绳只做到黑糖阶段，接着就被送到本地精制，然后再卖给冲绳人。我不禁喃喃自语："与日本帝国主义下的台湾一模一样……"

上街购买牙膏时，我对店员拿出来的 Colgate 和 White Lion 牌感到不解。没有冲绳制的。不只是牙膏，其他商品也很少是冲绳生产的。以前的

---

* 台湾史研究者。

日本帝国主义把旧殖民地台湾当成日本商品的市场，连一根针都不容许台湾人制造。

而且，想到冲绳在第二次世界大战末期成为战场，有许多冲绳人与"皇军"一同持枪作战，因而阵亡，我又忍不住想到"皇民化"政策在旧殖民地台湾造就的牺牲者，尤其是"高砂义勇队"。

在冲绳遇到的诸多情况都让我想起台湾，或许是因为看过台湾省出生的中国人戴国辉写的文章。戴是在1955年从台湾省来到日本，于东大主修农业经济，后来以《中国甘蔗糖业之发展》一书崭露头角。

去年8月15日，戴出版了一本书，内容是之前在杂志等媒体上发表的论文、对谈与讨论。书名是《与日本人的对话》。

虽然书名是《与日本人的对话》，其中却有一篇令我难以承受。那就是《日本统治与台湾知识人——某副教授之死与再出发的苦恼》。

东大的中国同学会是中国人留学生组成的，这篇文章本来是刊登在该会的刊物《暖流》上，并不是写给日本人看的。

戴另有其他谈及台湾日常情况的文章，但如果是写给日本人读者看的，内容再怎么描述我们的祖先如何残酷无道地蹂躏台湾人，我还是能够完全看完，并努力在阅读之后接受。

可是，一旦是以与作者同国且同乡的台湾人为书写对象，尽管内容同样是日帝时代下的台湾，我却无法轻易进入。字里行间仿佛有痛苦的呻吟传出，令我不时掩卷。这道呻吟或许就是日本人被压扁的呻吟，纠缠着我，令我无法自己。

原因很清楚。殖民地统治是牵涉到统治国人民和被统治国人民（或土地）的问题，必须双方互相质疑，而且统治的一方和被侵略的一方也非深入反省不可。问题就在于没有这么做。

书中描述存在于台湾平凡生活中，与对抗扯不上关系的投机文学作家，还有经济学家留下台湾被开发、被高唱近代化的献媚杰作，而当今的人民已经从日帝的侵略中解放，却不把使用日语当成遗毒……面对着戴所道出的残酷，我迟迟无法续读。这与战时日本知识分子的问题本质相通，应该是可以对话的。

戴先生建议同乡说："我们的命运要由我们自己来扛，为了行使这个理所当然的义务和权利，我们不是应该要负起责任，去探究台湾成为日本殖民地的历史意义？"

现在日本政府对于冲绳或亚洲采取的政策依然与战前无异。我们身为日本人，必须把戴先生的提议当成自身的问题，因此我想将《与日本人对话》一书推荐给大家。

本文原刊于《中国研究月报》第 287 号，东京：财团法人中国研究所，

1972 年 1 月 25 日，页 31—32。

戴国辉是"与日本人的对话者"

——试接近戴国辉的学问与思想

春山明哲*

我与戴先生密切来往的时期是从 1973 到 1988 年，1996 年戴国辉贤伉俪回台湾。戴先生回台后，我只在他回日本时见过他三次，然后就在 2001 年突然接到戴国辉先生的讣告。

因此之故，我并不知道戴先生回台后活跃的情况，也几乎没有读过他以中文发表的著作。所以要我阐述"戴国辉的学问与思想"的全貌是不可能的。但是关于 1955 到 1996 年戴先生长达 41 年的旅日期间，"戴国辉在日本的学问与思想"，在台湾的诸位或许了解得不多。

戴国辉"与日本人的对话"的学问与思想态度

戴先生头一次在日本出书是为一般读者写的，书名是《与日本人的

---

* 日本台湾学会理事长、早稻田大学亚洲研究机构台湾研究所客座高级研究员。

对话》。我这次重新阅读戴先生的著作，尤其是回顾他在日本时期的活动，感觉"与日本人的对话"这句话可以说就是戴先生的学问或思想"基调"，或是其表现出的前后一贯的"姿态"。细看此次《戴国煇全集》中未结集与未发表的著作目录，戴先生的著作不分篇幅大小，总共有三百多篇。其中有相当大一部分是报章杂志刊载的文章，亦即不只针对专门研究者，也供一般日本人阅读，写作时考虑到的读者遍及一般市民、民众或青少年。

没有一个台湾人像戴先生这样，长期对日本和日本人发送如此多的讯息。我想这么说是毋庸置疑的。而这些讯息与其说是单方面的发送，不如说是以对谈或座谈会的方式构成的"对话"，即使不是，戴先生的著作中也始终带有对日本人时而倾诉、时而严厉质问的"与日本人对话"的气氛或语调。

此"与日本人对话"的基调和姿态，也在他的台湾历史研究上贯通。换言之，他既是研究会的主持人，也是参加者。我是在 1973 年参加戴先生的台湾史研究小组"东宁会"。后来此研究会变成"后藤新平研究会"，接着又变成"台湾近现代史研究会"。这次看了年谱我才知道，原来戴先生除了"东宁会"之外，也参加了许多研究会。以前我会受邀在某处演讲，题目是"台湾近现代史研究会的回忆"，现在觉得要了解戴先生在日本从事研究活动的全貌，至少也要去追踪各种研究会活动的情况。

台湾史的研究方法论

为什么戴先生非与日本人对话不可呢？要知道原因，就必须追溯到 1955 年戴先生来日本留学的时期。戴先生本来不是要来日本留学的，只是去美国之前先过来逗留。

根据他的回忆，他是"本来计划在日本先读两三年的农业问题，再去美国大陆，住进农场体验大农场经营之后，转到北欧学做奶酪然后回故乡。"戴先生是在 1931 年生于日本殖民地统治下的台湾，1945 年以敏感的 14 岁年纪迎向"光复"，对他来说，曾是统治者的日本人是面目可憎的，向日本人学习只有屈辱无他，戴先生的二哥曾在战争时期以学生身份入伍，退役后留在日本生活，看到他这样，就劝导他说："即使我们憎恨日本人，我们的伤痕就能够痊愈吗？""我们一边要痊愈殖民地的伤痕，一边要超越它，必须将殖民地遗制的所有东西加以手段化、相对化，经过克服以变成我们自己能掌握的工具及东西。"[1]

戴先生于是"渐渐地，我发现自己历史上的真正敌人不是某个人，而在于'殖民地体制'，而且知道了应该学习对付憎恨有效的方法。这正是我在日本留学中除专业外，在思想方面所应该加深学习的最大课题"。

我认为"戴国辉的学问与思想"的原点就在这里。

又根据戴先生的回忆，为此学问与思想的原点指引方向的，是他在东京大学碰到的东畑精一（农业经济学）、神谷庆治（同前）等"良师"，以及竹内好（中国文学研究者）、尾崎秀树（文艺评论家）等"有心的日本人团体"。

我特别注意到，戴先生在文章中说，"有良心的日本人和能够真正自立的台湾人必须互相联系，进行持续不断的努力，来向殖民地遗制进行对

---

1 戴国辉，《戰後日台関係を生きる》，《世界》，东京：岩波书店，1985 年 10 月号、页 166（参见戴国辉全集 4·第三章 战后台日关系与我），台北：文讯杂志社，2011 年，页 118—119）

决，并将其手段化，同时冀求更进一步地来克服殖民地的伤痕。"这份认知是他从竹内好身上学到的。

对于戴国辉的学问与思想来说，与"有良心的日本人"和"能够真正自立的台湾人"联系可以说是最根本的研究方法。从这一点来看，"东宁会"作为"日本人与台湾人的共同研究小组"，就是实践此研究方法的场所。

研究会中的戴国辉

这么说或许会让人觉得，台湾史的研究会艰涩难懂，但实际上我所体验到的研究会乐趣横生，而且充满知性的刺激。我会针对这方面为日本与台湾的年轻历史研究者演讲，题目是"台湾近现代史研究会的回忆"[2]，有日文记录和中文翻译可以参阅。

实际上，共同研究会最早的记录是 1975 年 8 月 1 日用感光纸拷贝手写的第一期《同人通讯》，在那之前的研究会都没有记录，有了《同人通讯》的基础，才又在 1975 年 12 月 22 日出了《后藤新平研究会会报》第一期。这一期的标题是《后藤新平研究会成立 1975.12.11 于：亚研》，底下记载着当天研究会的概要。顺便一提，这一期是由我担任记录，因此有"文责春山"这行字。

文章开头写着："开会时首先由戴国辉简单介绍研究会的所有成员（注：出席者 11 名，缺席者 7 名，因此当时的会员有 18 名），然后以关于后藤

2　春山明哲，《台湾近现代史研究会の思い出》，《近代日本と台湾》（东京：藤原书店,2008 年）收录。中文版为若林正丈、吴宗密主编的《跨界的台湾史研究》（台北：播种者文化公司，2004 年）收录。

新平的几份文献为线索，一边介绍一边针对后藤研究的切入角度说明先学者的辛劳，提出他的'个人看法'。"

次页（就只有这两页）写着："以回忆录风格列出一些与后藤新平有关的研究角度"，接着是"作为殖民地政策起草人的后藤与莱佛士的比较研究""关于后藤的策士""后藤的人际关系、用人的方式——官僚""北进论、南进论——厦门事件、与孙文的关系""作为'殖民地经营者'的后藤——台湾、满州、挑战，尤其以'铁道'为主""应该只把焦点放在后藤身上吗——统治台湾时乃木、桦山的角色，以及与后藤的关系""林本源、竹越三叉、林维源、台湾制糖""旧惯调查与立法、政策过程"等项目。

这样逐条介绍正显示出戴国辉主持研究会时的部分"作风"。戴先生提出的观点不仅范围广泛，也很深奥，但是他这个人不会强迫推销，而是以之为线索，提供研究会成员思考的材料。

现在看着戴先生以前列出的研究角度，距离那时已经有 36 年，后藤新平的研究不知道有了多大的进展。后来此份清单上的研究角度"旧惯调查与立法、政策过程"成了我自己关心的题目，并且扩充为对台湾旧惯调查与后藤的策士冈松参太郎的研究。"戴国辉在研究会中"的角色，或许可以说就是研究活动的知性触媒吧。看到台湾近现代史研究会的成员和来客日后的活动，我觉得，"戴国辉与日本人对话"在研究场合酝酿出的成果委实丰盛。

戴国煇的位置

松永正义[*] 撰　　黄耀进　译

对日本学界、言论界而言，戴国煇具有重大的意义。首先最重要的，是戴氏提醒了思考台湾的重要性。使大众能够察知此重要性，可以说是戴国煇最大的功绩。

日本自战后到 20 世纪 60 年代为止，可以说几乎没有台湾研究。其理由可以从几个面向来思考：第一，战后日本社会对于殖民地问题并没有进行反省或总括检讨，而采取回避的态度，具殖民地经验者皆避而不谈，也几乎没有进行任何研究。在战争时期撰写《美丽岛文学志》的岛田谨二，战后专心致力于比较文学研究，针对台湾则没有发表任何言论。于殖民地研究中留有莫大功绩的矢内原忠雄，战后亦改攻国际经济学研究。第二，日本近代史研究立足于独善其身之本国主义。战后，对战前历史观进行批判、再建构之际，虽然迅速确立了以民众观点为主体之史观，但也摒除了冲绳、朝鲜、台湾等地域之观点。第三，在冷战结构的规制下，关于台湾的研究，实际上并非真的意味着针对台湾的研究，而不过是指涉"中华

----

* 一桥大学大学院言语社会研究科教授。

民国"或国民党研究而已。能克服这样的问题点而展开真正的台湾研究，可以说要从20世纪70年代方才开始。而开创先河者，可枚举20世纪50年代以降留学日本，以日本作为研究场域的研究者们，亦即王育德、许世楷、黄昭堂、涂昭彦、张良泽、刘进庆等人。（但并非20世纪60年代的台湾人们都没有发声；例如1964年王育德出版《台湾》〔弘文堂〕，邱永汉亦以小说或评论形式论及台湾问题。）但戴国辉则是在这些人之中，以自身独特之视点发言，并于日本言论界占有独自的一席之地。本文将概观作为研究者的戴国辉之历程，针对其研究特征进行考察。

1931年，戴国辉生于新竹州中坜郡平镇庄北势村（现桃园县平镇乡北势村）。1944年自公学校毕业进入新竹中学就读，1947年2月发生二二八事件，转学至建国中学初中部，同年9月进入建国中学高中部。1950年自建国中学毕业，进入台中农学院农业经济学科就读，1954年毕业，1955年于服兵役时通过留学考试，之后前往日本。当初戴国辉希望前往美国留学，但受到在日本的二哥劝说，于1956年参加东京大学研究所考试，之后就读于东大的研究所，专攻农业经济。

自1956年进入东大，至1966年以《中国甘蔗糖业之发展》论文取得农学博士这段时间，可以说是戴国辉的修业学习时期。据其本人屡次提起的说法，最初戴国辉自己想研究的是社会科学，目标着眼于中国研究，在这样的志向为背景下，可以理解为何戴氏对中国革命会有所共鸣，此点容后再述。戴氏自身经常提及，在与李登辉及其他学长们的对谈中，对台湾研究的概念逐渐聚焦。戴国辉于《中国"社会史论战"与〈读书杂志〉之周边》（《亚洲经济》13卷12号，1972年12月）（参见《全集》8）中，对社会史论战的当事者们持续表明了强烈的共鸣，他陈述道"当时的中国社会科学还相当稚嫩"，其中"即便他们不过像是临时拼凑的镶嵌拼贴式积木作，但他们的议论始终脚踏中国土地，经常不断地对自我内部进行挖掘省思，只要他们不失去这样的态度，最终能挖掘到的绝不仅是石头，而将会是宝玉"，在这样的思考下对戴氏而言，他的心中的自我内部，可以说就是台湾。

在日本的生活中，每天面对日本人对台湾的漠不关心与误解，为了辩驳与强调台湾的立场，使日本能理论性地重新审思台湾到底是怎样的一块土地，戴氏于《研究台湾史的经验谈》(《台湾史研究——回顾与探索》，远流出版公司，1985年3月) 中提及，当他听到日本人几乎都以为台湾的近代化是托日本殖民统治之福，在这层意义上可以说统治台湾是成功的，这样的说法时，他便于《清末台湾的一个考察》(前记《台湾史研究》)(参见《全集》6，《晚清期台湾的社会经济——并试论如何科学地认识日人治台史》) 一文中主张，于日本统治以前，台湾即已萌生独自之近代化进程，日本不过是承接这样的成果而已。亦即戴氏已经主张了台湾的主体性。对于此类问题之关注，可视为与戴氏博士论文之糖业研究有所相通。虽然戴氏专攻农业经济，但由他的硕士论文篇名《中国农村社会之家与家族主义》来看，与其说他关心纯粹经济学，不如说对社会经济史有着更浓厚的兴趣。

戴国辉自己表示，当初比起日本，其实更想到美国留学，而最终决定选择日本作为研究之地，一部分理由如前所述，乃受其二哥之影响，另一部分则受于就学过程中认识的日本友人影响。在《穗积精神与影响我的老师们》(参见《全集》15) 一文中，戴氏列举了三位对他有影响的恩师们，包括穗积五一、松本重治、东畑精一等三人。穗积五一乃亚洲学生文化协会、海外技术者研修协会、亚洲文化会馆之创立者，以东南亚为中心替发展中国家的留学生们尽力，也被称为留学生之父。松本重治为记者，著有《上海时代》上、中、下（中公新书，1974—1975 年，日后的中公文库），战后致力于国际文化交流。东畑精一为殖民政策学、农业经济学学者，对战后日本农业政策有很大的影响，此外他也致力于亚洲、非洲区域研究之形成，亦是戴国辉就职之亚洲经济研究所的初代所长。根据这篇文章，戴氏从东畑广泛的学问体系中习得了思考的方法，从穗积处理解身为亚洲的一员应保有之主体性姿态。除了这三人，作为中国文学研究者、建立日本战后中国研究整体框架的思想家竹内好，也可视为戴氏之恩师，戴氏与竹内氏的关系，于《战后台日关系与我》（参见《全集》14）一文中有稍微提及，"作为主体的亚洲"及"作为方法的亚洲"等竹内好的思考方式，也可看出对戴氏有着深远的影响。

戴国辉于此一时期不可忽略的活动之一，便是担任 1960 年成立之东大中国同学会第一届总干事，并创刊了该会的会志《暖流》。当时因尚未与中国政府建立外交关系，该会的成员都是台湾留学生。现在回顾各期《暖流》杂志，可以看到几乎在日本重要之台湾研究者都会替该刊执笔为文。戴氏自身亦屡次于《暖流》杂志中发表文章，特别是第五号（1964 年）刊载《某副教授之死与再出发的苦恼》（参见《全集》11），可说是戴国辉之处女作，而作为产量不少的作家，本文系包涵戴国辉所有思想精华的一篇好论文（之后为了收录于戴氏书中，曾进行大幅度的增写，本书亦收录该增写的版本）。该论文将殖民地诸问题，以戴氏鲜明的视点，思考生存于历史中的人们如何艰苦奋斗，此外也列举生存于历史中各种台湾人的类型与样态，拓广台湾历史的复杂性并刻划出深切的轮廓，这些特色都可当作为了思考台湾而量身打造的入门篇读物。

戴国辉取得博士学位翌年，便就职于亚洲经济研究所，一直到 1976 年移至立教大学文学部史学科，都服务于此。自 1967 年成为亚洲经济研究所正式所员，至 20 世纪 80 年代左右，可视为戴国辉研究的第二时期。实际上戴氏的许多重要论文都撰写于此一时期。从他的日语著述来看，1979 年开始的《台湾与台湾人》（研文出版）至 1980 年的《华侨》（研文出版）为止书写一系列的论文集，若与之后的著述相较，之后的文章显然展现了与此时期不同之性格。

　　博士论文完成之后，戴国辉便转变了一直以来的农业经济方向，改朝台湾史研究拓展新的领域。1968 年的《日本人的台湾研究——关于台湾旧惯调查》（《季刊东亚》第 4 号，1968 年 8 月）（参见《全集》7）、1969 年的《日本的台湾研究》（原题《台湾》，《亚洲经济》100 号，1969 年 9 月）（参见《全集》7）、1970 年的《清末台湾的一个考察——关于日本对台湾统治的历史性理解》等为此期代表。《日本人的台湾研究——关于台湾旧惯调查》一文想要对日本人的台湾研究进行历史性的总括，并从可以视为研究原点的旧惯调查开始检讨起。《日本的台湾研究》是截至当时为止，针对日本的台湾研究进行详细检讨。前者论文的母题，一方面赞叹“日本人对东亚研究的厚度与深度”，一方面也批判有如此成就的学术界，却有“遗落台湾或轻视台湾的状况”，“对于作为殖民地统治了半个世纪的台湾全然没有提起任何问题便做收”，戴氏对这样的状况尝试发出震聩之声。后者论文亦不局限于经济，也跨足文学、教育等领域，读遍为数不多的台湾研究，并做批判性的总括。时至今日此处所列举的研究，大部分都不足再论，而且业已失去文章本身的意义。即便如此，现在阅读仍可感受到 20 世纪 70 年代前后戴国辉的愤慨，与意欲克服当初困境的热情。确实当下对殖民地统治的问题已经有长足的认识，台湾研究亦有飞跃性的进展，但推到极端来看，目前对台湾的关心，已经不若戴氏当年率先以批判性的角度摄取所有先行研究，再展开自己的论述的样态，当今整体研究体质可说无甚改善，端详现在台湾的状况，仅是追随前人脚步，或者遵从美国传来的后殖民主义的刺激而已。戴国辉的研究业绩鲜少被提及的理由，或许可以说正在于此。

最终戴国辉自述此时期自己的研究方向，以台湾经济研究与华侨·华人研究为两个重心，而关于台湾经济则多以讨论时事标题为多，至于华侨·华人的研究则容后再述。此时期戴氏的主要领域还是在历史研究上，此外对日本论坛持续主张台湾问题之重要性，并唤醒对此一问题的重视与关心。

接下来自 20 世纪 80 年代开始至辞去立教大学教职返回台湾为止，大致可视为戴国辉研究生活的第三个时期。此时期他已在日本学术界与论坛获得确实而稳固的地位，因之他的事业也逐渐多样化，变得更加繁忙，而研究论文的数量也因此减少。综观此时期戴氏的繁忙业务，还是不得不说，这是除了戴国辉以外没有其他人能够胜任的工作。

此时期的工作有五点需要提起。第一是组织者、协调者的工作。这个业务自戴氏第二研究时期开始便持续着，或许应在论及戴氏研究第二时期便先提起。而于此处非提起不可的原因之一，系与笔者自身有关，因之叙述上恐怕难以完全客观的，台湾近代史研究会之成立。戴氏就任于亚洲经济研究所后，确定迈向台湾史研究方向时，便针对此一课题组织了研究会。（顺带一题，以研究会、对谈、鼎谈、座谈等方式，让人们在互相激荡之下来推进研究，可以说是戴国辉的特征或研究风格）。以台湾为主题开始举办研究会，根据年表此会约于 1969 年之前后时点开始。因为笔者尚未参与无法详细说明，不过当时参加者有已经在进行台湾文学研究的尾崎秀树、战后最早访问雾社的中村ふじゑ、亚洲经济研究所的同僚小岛丽逸、矢吹晋、东洋研究所的加藤祐三、《民俗台湾》编辑者的池田敏雄等。年轻世代有自1971年以降加入的若林正丈、春山明哲、河原功、宇野利玄、金子文夫、森久男、林正子及笔者自身等，其他尚有近藤正巳、桧山幸夫、栗原纯、陈正醒、张士阳等为数众多的研究者们参与。作为研究会成果的，系研究志《台湾近现代史研究》，共刊行六册（自1978年到1988年），此外尚有共同研究成果《台湾雾社蜂起事件——研究与资料》（社会思想社，1981年）。从台湾也屡有前来参加此会的访问学人们，例如吴浊流、叶荣钟、杨逵、陈映真、陈若曦等。此会对关心台湾的人们具有保持相互网络畅通的机能，而居其核心要位者，便是戴国辉。

身为组织者的工作，除了上述的《台湾雾社蜂起事件——研究与资料》外，尚出版有《更想知道的台湾》（弘文堂，1986年）、《更想知道的华侨》（弘文堂，1991年）等编著书籍。

第二点要提出的，也是自戴氏研究第二时期以来便开始的，对于资料的发掘与介绍。除了于著作目录中也提及的《台湾社会运动史》（龙溪书舍，1973年）之外，尚有《台湾问题重要文献资料集》（龙溪书舍，1974年）、谢南光《台湾人如是观·台湾人的要求·日本主义的没落》（龙溪书舍，1974年）等的复刻；受比嘉春潮之托公开刊印连温卿手稿（于立教大学研究志《史苑》中分数次刊载）、《台湾近现代史研究》第五号中公开刊载台湾籍民关系资料、于《台湾与世界》杂志中介绍二二八事件关系资料等，其工作可谓多面向发展。极度重视史料，而且绝不秘藏，设法公开广为流传，这样的态势，是其他研究者难望其项背的，戴氏曾说："资料并非没有，而是问题意识不足。只要有问题意识，就会有资料。"这句话语，至今笔者仍清楚记得。

第三是将其研究集大成的工作，亦属于此一时期。岩波新书的《台湾》（1988年）、与叶芸芸共著之《爱憎二二八》（远流出版公司，1992年）皆属之。前者虽然招来许多批判，但有着戴国辉独特的观点，仍然是一本好著作。后者系戴氏于长期休假时，旅居加州大学伯克利分校，于当时叶芸芸在美国出版之杂志《台湾与世界》中连载"二二八史料举隅"开始写起的，作为二二八事件之研究，可说是最早开始的论述。

第四，于此时期的台湾，针对中国时事问题进行发言的需求增加，因此相关文章发表也多了起来。这些发言的统整，有1990年的《台湾往何处去》（研文出版）、1996年的《台湾近百年史的曲折路》（三省堂）等。

第五，大概自20世纪80年代后半起，以中文发言，亦即在台湾发声，其后亦于中国发表的状况多了起来。从时代背景来说直到20世纪70年代为止，仍是一个选择从事台湾研究便意味着无法返台的时代。这样的情形随着民主化的进展，状况逐渐有所改变，戴氏于1985年刊行了在台湾最初的著作《台湾史研究》后，以中文发表之著述便逐渐增加。

1996年，戴氏受当选最初直接民选"总统"李登辉之邀，辞退立教大学职务，返回台湾担任"总统府国家安全会议咨询委员"。至2001年，于尚能有所作为的年纪却早逝为止，可视为戴氏研究的第四时期。返台后的戴氏，直观来说并未获得应有之重视。本应于"总统府"任职处理对日关系之工作，却因与李登辉不睦，而终至无法发挥其擅长。

本文最初提及的《穗积精神与影响我的老师们》一文中，戴氏曾说明返台之际"书本以18吨的货惯装收，花了250万运费送回台湾。……这是在思索能否身处台湾，并以日台为中心，认真地展开国际交流工作，这种想法下所做出的'冲动行为'"。这种对资料与人际关系的重视，仿佛正是戴国辉研究姿态的再现。此一志业未竟即已逝去，实令人感到不胜唏嘘与遗憾。

接下来想要提及戴国辉研究的四个特征。

第一个特征，是他的研究乃是立于左派立场展开的。笔者以为戴国辉开始以左派系统来思考研究，应可追溯到相当早期。前文已提及戴国辉于1947年转学至建国中学，并一路升学至该校高等部，戴氏便于此结识了张光直。

张光直在美国以中国考古学者闻名，日本亦有翻译数册他的著述。张光直之父，即台湾文学史上著名之张我军。张我军曾于20世纪20年代大陆就学，将五四新文学运动的风潮传至台湾，对旧文学展开激烈的攻击，因而与旧文学者间展开了新旧文学论争，成为台湾近代文学形成的契机。张我军与鲁迅、周作人亦有交情，鲁迅日记中曾两次提及其名。之后张我军一直于北京大学担任日语教员，并于占领期中不得不和日本协力，参加诸如大东亚文学者大会，而步上被视为汉奸之道。当时的大东亚文学者大会例行仪式中，需要前往参拜靖国神社，岩谷大四确实在某处曾写过，参拜当场只有张我军敢把头撇开，说他实在是不容小觑的了不起人物。

张我军一家于战后即返回台湾，只有长男张光正一人离开家族，投入共产党军旗下，其后长期任职军务，滞留于大陆。

谈及台湾战后史时，1947年二二八事件后的镇压让台湾进入言论冬季，是大部分的通说，这样的说法基本上并无误，但共产主义运动隆盛乃是翌年（1948）左右之事，对这波共产风潮的镇压即是1950年前后的白色恐怖。当时占共产主义运动绝大部分的，乃是学生运动。该年发生之对美军施暴北京女学生的抗议运动，成为引发全国性学生运动之契机，包含台湾在内，各地都举行了游行抗议（顺带一提，戴国辉也参加了台北的抗议游行）。这些学生运动，伴随着内战的推进，成为打着"反内战、反饥饿"口号的政治性运动，而台湾也随着这些运动，至1948年达到学生运动的鼎盛时期。此后，国民党为了整备台湾作为撤退逃脱之所，着手处理学潮，至 1949 年 4 月爆发镇压台湾大学、师范大学学生之四六事件，此次镇压即成为国民党白色恐怖的先驱。

受此四六事件之累，张光直被捕并遭受拘留，此事于张光直回想录《蕃署人的故事》（联经出版公司，1998 年）中有详细记载。是时张光直系学生自治会长，戴国辉为运动、康乐股长，虽然没有充分的证据可兹佐证，但戴国辉也参加在"反内战、反饥饿"的运动圈内，几乎是可以确定的事实。

在思考东亚架构时，日本、韩国、中国等，基本上处于对立的构造上，这个对立是左派／右派的对立，但台湾却另外处于统一／"独立"的结构中，因此当议论此一架构时，于基础上即出现了沟通的断差。这也是讨论东亚问题整体结构上最大的难题。想要解决这个难题，双方必须在自己内心中试图去理解对方的思考模式，才稍有可能。在这层意义上，从战后台湾左派立场来思考戴国辉的地位，可说他确实是独特而且重要的。像戴氏这样的人并非单一个案，而应视为一种类型来思考，唯此类型于台湾仍是少数派，况因遭遇意识形态上的严格对立，而妨碍了对此类型人们的内在性理解。

第二个特征，系以殖民地到底为何，这个疑问作为研究的基础。从本书收录的几篇文章中可以窥见，戴氏的家庭具有强烈的抗日倾向，戴氏年少时期自身亦对日本统治者的横暴充满旺盛愤怒及反骨精神。但是戴氏来到日本与二哥谈论后，开始反省这种未经深思，属于立即反应式的举措，之后他便改以更具普遍性、客观性的观点，来思考整个统治／被统治的结构性问题。

此处非常重要的是，当从更具普遍性、客观性之观点来思考时，作为殖民地统治被害者的台湾人，从另一个角度来看同时也是某种加害者。戴氏以更深入的观点，着手理解统治／被统治之结构性复杂样态。这样的概念与例如台湾籍民问题（《全集》4所收《日本统治与台湾籍民》）有所相关，也与唤起汉民族对台湾少数民族之观点相连。

戴氏不仅只对统治者进行批判反省，且努力超越克服统治／被统治、加害／被害之关系性，将此一结构客观化；在某种意义上，这与孙文思想中，一方面学习欧洲现代化作为国家建设之目标，一方面排除欧洲霸权主义的概念相通。此外，此概念也与力图从殖民地统治中独立起来的亚、非洲诸民族理念互通。若姑称此概念为良性之亚洲主义的话，那或许这也是从竹内好的思想中学习而来的。换言之，提到台湾历史时，将台湾放置到包含中国在内的亚洲各区域，一同朝向近代化的艰苦奋斗过程中来思考，此种观点，可以说是戴国辉研究的重要特征之一。

第三个特征，是对弱势的观点，戴国辉曾言及，其自身从中国对台湾的位置、台湾汉民族中的客家族群位置、日本社会中的华侨位置等多层次弱势族群概念中出发，如何在这样弱势中的弱势里确认自我，是戴国辉研究的重大母题。

自20世纪60年代跨至70年代，是戴国辉正式进行台湾研究的时期，同时代亦是弱势族群问题在世界中普遍唤起自觉的年代。此际已放弃将弱势群体视为需被解决的问题对象（客体），而将其当作解决问题的主体，有意思的是，这类对于主体的摸索过程，在台湾，以及在东南亚华侨社会都可以见到。

至20世纪60年代为止，台湾仍处于冷战与国共对立的结构中，台湾本身作为一个主体，尚缺乏明确的集结焦点。在日本的台湾研究，其实不过是国民党研究，说日本这些研究不能称为真正的台湾研究，其理由亦在此。随着民主化运动的进展，台湾的主体性亦开始逐渐清晰，20 世纪 70 年代便属于这样一个时期。如前所述，于此时期戴国辉所写《清末台湾的一个考察》，便是尝试以台湾为主体来进行思考之文章。

谈到东南亚华侨社会，随着 20 世纪 50 年代起亚洲各区域逐渐迈向独立之际，华侨社会也被迫进行变迁。于此之前，华侨的意义如其字面，系侨居海外的中国人，仍希望于某时点能回到中国为目标与理想。但东南亚各国纷纷独立后，华侨们被迫选择，是依然以中国籍居住于该地，或者归化后取得现地国籍。在这样的状况下，许多人都选择取得现地国籍，以新国家国民的身份生存下去，亦即从华侨转变为华人。从《从"落叶归根"走向"落地生根"的苦闷与矛盾》（《华侨》，研文出版，1980 年 11 月）一文中开始提出的华侨·华人论，便涵盖了华侨社会之变迁，并提倡新时代结构下的华侨论。

以这样的思想模式来看，不论台湾研究或华侨·华人研究，可以说在摸索自我成为新的主体此点上，都贯穿着相同的思考母题。

作为特征四，笔者欲提出的，系戴氏的观点乃以历史中艰苦奋斗之个人作为处理历史的方法。前文提及戴国辉的处女作《某副教授之死与再出发的苦恼》，正是此种戴氏方法论的明确表现。此外，本书中收录有关中国社会史论战之论文，可以读出戴氏对被从国民革命后历史主流中驱逐之反主流派，以及托洛斯基主义者对变革的思考，有着相当的共鸣感受。

文末再次提及，从个人的观点与人类普世性观点来审视历史，乃贯穿戴国辉思想的研究方法。"殖民地统治的问题，非单只是政治性的压迫，亦非经济性的榨取，而是对人性的全面破坏"，这句戴国辉的话语，至今仍然清晰而深深地烙印在笔者的脑海之中。

戴国煇给日本人的诤言
——《与日本人的对话》简体版编后记

雷玉虹

以"境界人"自称的戴国煇

"九一八事变"发生的 1931 年，戴国煇出生于日本殖民统治下的台湾，在现桃园县中坜一个保留着浓郁中华传统文化的客家村庄度过童年时代。"七七卢沟桥事变"发生后的 1938 年，客家少年戴国煇进入日本人为台湾人设立的公学校接受狂暴的"皇民化"教育，并亲身经历了日本的老师、同学对作为被殖民者的台湾人的打骂、歧视，留下了深深的殖民地伤痕。

1945 年日本战败投降，少年戴国煇和母亲一起加入了台湾民众自发欢迎祖国军队接收台湾的行列，并受到当时蔓延全国的左派思潮的影响。作为 1947 年"二二八事件"的亲历者与见证人，戴国煇等经历过殖民地统治的台湾青年与许多同时代的祖国大陆青年一样，加入了"反饥饿""反内战"的左翼学生运动行列，对社会主义的新中国充满期待。但在国共内战中战败的国民党政权于 1949 年败退台湾苟延残喘，并依据 1948 年颁布的"动员戡乱时期临时条款"，在台湾开启了长达 38 年的戒严统治。国民党当局于 20 世纪 50 年代前期在岛内实行的"白色恐怖"中，大量思想左翼人士、优秀知识分子被捕、被杀，其中包括戴国辉的师友。满怀以农业救中国的情怀，拒绝父亲要求其走学医行医之道的青年戴国辉选择了学农之路。从台湾省立农学院（今台湾中兴大学）毕业后，戴国辉留学日本，以"逃离"的心态离开白色恐怖下的故乡台湾。

1955年大学毕业服过兵役后，戴国辉通过台"教育部"的留学考试后离开台湾抵达东京。他自述原本是计划在东京作短暂的停留，替父亲探视战前赴日留学一直未曾回台的二哥，之后赴美留学。后因受到二哥的影响而考入东京大学农学院，自此开启了41年的旅日生涯。戴国辉在东京大学度过10年时光，获得了农业经济博士学位。之后经其导师东畑精一教授推荐进入新成立的亚洲经济研究所调查研究部任职，之后的10年间一直从事与华侨、台湾等相关的亚洲经济研究，是该所首任外国人研究员。1976年戴国辉辞去亚洲经济研究所主任调查研究员一职，转任东京立教大学文学部史学科史学研究专任教授20年。戴国辉同时还曾担任东京驹达女子营养大学、东京大学、学习院大学、明治学院大学、鹿儿岛大学、一桥大学、信州大学、山形大学、四国学院大学等大学兼职讲师，并曾于1975年作为第一位亚洲人获聘为日本文部大臣的专门委员。

戴国辉留学东京大学之时，正值日本社会轰轰烈烈的反安保斗争展开之际。东京大学也是戴国辉学术生涯的起点。他除了跨学科听课，也积极参与学术活动，组织成立东京大学中国同学会（不同于国民党当局组织成立的"东京大学中华民国同学会"），并发行会刊《暖流》。他的研究领域宽广，几乎涉及社会科学的所有学科，读书、著述甚丰，并且积极参与各种演讲、对谈等学术交流活动，生前参加过的有记录的各种对谈、演讲活动就达300多场。所涉研究领域从农业经济研究而至台湾近现代史、华侨史、近现代中日关系史、日本现代化问题及战后史。戴国辉的演讲、会谈、著述中，举凡国家社会、政治经济、历史文化、族群问题、饮食休闲、艺术人文无不涉及。1996 年 3 月 31 日戴国辉辞去立教大学教授职位，正式结束在日本的求学及职业生涯，回到故乡台湾，2001 年病逝于台北。

从戴国辉的生涯经历来看，他 70 年的人生中，在日本殖民统治下的台湾生活了约 14 年，在光复后的台湾生活了约 15 年，在日本本土生活了 41 年。即戴国辉生涯中的 55 年都是在与日本人的交往中，在日本的政治、文化占据主导地位的环境下生活。

为此，戴国辉称自己无论在时间上或空间上均为"十足的境界人"，并曾于 1976 年在日本出版过评论集《境界人的独白》，表达他身为一个台湾出生的在日中国人的"亚洲人"对亚洲及日本的看法。戴国辉一直旗帜鲜明地表明自己是站在中国台湾省出生的中国人立场发言，主张历史"可恕不可忘"，批判日本的殖民统治及其对亚洲的侵略历史，对日本人的某些偏狭的亚洲观，对台湾、对殖民统治的错误观念、看法提出严厉的批判与建言。即以自己是生活在中日两个社会、两种文化中的中国人之立场，通过比较自身的体验来发出自己对中日历史文化、台湾问题、华侨问题、殖民地问题等看法，纠正日本社会在这些问题上的偏颇与认知错误。

在日本出版的所有著作的简历中，戴国辉都写到"1931 年出生于中国台湾省中坜，祖籍广东省梅县"。细心的日本学者发现，1931 年的台湾是日本的殖民地，在建制上属于日本殖民地台湾新竹州中坜郡，1931 年的"中国台湾省中坜"其实是一个虚构的地理概念。这恰恰表明了作为一个活跃在日本的中国人历史学家的戴国辉，立场清晰地否认《马关条约》合法性的态度。

戴国辉与《与日本人的对话》

　　日文版《与日本人的对话》是戴国辉于 50 年前的 1971 年 8 月 15 日由日本东京社会思想社出版的第一本面向日本普通读者的评论文集。全书分三个部分，第一部分"日本与亚洲"收录了《东南亚的虚像与实像》《我的"华侨"小试论》两篇论文及对谈《真实的亚洲和日本》。第二部分"日本与中国台湾"收录了《日本统治与台湾知识人——某副教授之死与再出发的苦恼》《我的发言——台湾研究的态度》两篇论文及戴国辉参与的对谈、讨论会记录《台湾经济与日本投资》《照见亚洲研究真貌——中国研究者的造反与自我批判讨论会》。第三部分"从亚洲看日本"收录了戴国辉参与的座谈会记录《亚洲近代化与日本的任务——从亚洲看日本座谈会》。该书编者、戴国辉东京大学研究生时代的同学、中国问题研究学者加藤佑三写了《编后记》。

　　日文版《与日本人的对话》是继戴国辉于 1967 年出版了在其博士论文基础上修改的著作《中国甘蔗糖业发展史》，在日本学术界获取一席之地后，出版的第一部面向普通日本读者的著作。该书出版后好评如潮，为在日本学术界崭露头角的戴国辉赢得了声誉，也奠定了戴国辉此后在日本学术活动的基调——与日本人的对话。正如其学生春山明哲所言，"回顾他在日本时期的活动，感觉'与日本人的对话'这句话可以说就是戴先生的学问或思想的'基调'"。

　　本次编辑九州出版社与中信出版集团联袂出版的《戴国辉讲台湾》系列著作过程中，笔者想起 2011 年 4 月在"戴国辉学术研讨会"中春山明哲先生的发言，所以借用《与日本人的对话》这部戴国辉在日本出版的文集的书名，对书的内容进行了重新编排。第一编"日本与亚洲"增选了《忧虑新亚洲主义的抬头》《日本殖民地政策与台湾》《从原点台湾看近代日本与亚洲》《思索亚洲与日本——现在该谈什么》等六篇戴国辉的论文及对谈。第二编"日本与中国台湾",增录了《注意陷阱"台湾"——吴浊流所告发的》《思考日本与亚洲》《台湾问题的本质是什么——关于"台湾现状"座谈会之我见》《日本人的台湾研究——关于台湾的旧惯调查》《日本人对台湾错误的认识》《台湾近百年与日本——从我的体验来探讨》《谈日本的近代史与台湾——关于批评精神的缺乏》等七篇论文与演讲稿。第三编除对谈《亚洲近代化与日本的任务——从亚洲看日本座谈会》外,将原书中第一部分的《照见亚洲研究真貌——中国研究者的造反与自我批判讨论会》一文放到这一部分,并增加了座谈会记录《自分与"他分"——日本人的亚洲认识座谈会》《作为思想方法的台湾》。《与日本人的对话》其实也是戴国辉这位出生于殖民地台湾,生涯的大部分时光在日本度过,以"境界人"自称的中国人历史学家、思想家给日本人的诤言。

了解世界的一扇窗

　　戴国辉作为 20 世纪活跃在日本的学术、舆论、出版界,并获得话语权的中国人学者,他并不是因为媚日而得到日本社会的肯定,而是以对日本历史的严厉批判立场而获得有良知的日本人的肯定。他凭借个人深厚的学术功底与尖锐的问题意识,深入浅出地分析问题、解释问题能力,虽然带口音但却充满魅力的演讲在 20 世纪的日本圈粉无数。松永正义教授曾经跟笔者言:"历史上从来没有一个台湾人像戴国辉一样给我们日本人发出过这么多的信息,告诉我们台湾人是怎么想的。所以戴国辉是一个空前绝后的存在,以后再也不会有这样的人了,之前也不曾有过这样的人。"

像戴国辉这么接近、这么深入地了解日本并旗帜鲜明、立场坚定地以铮铮铁骨站在台湾出生的中国人立场与日本人进行交流、沟通，直指日本人的错误认知在中日关系史上应该是前所未有的。

作为大陆的读者，初读戴国辉著作，感到难懂，难以理解，这是必然的一个过程，因为对我们而言，戴国辉所处的时代及其语境无论在时间上和空间上都似乎离我们很遥远。戴国辉虽然是 20 世纪享誉海外的中国问题研究学者，著作等身，但因冷战及国共对峙等政治因素，其著作 1985 年后才开始与台湾读者见面，在大陆则一直没有出版。因此，大陆读者对其陌生是非常自然的。又因为自鸦片战争以来近代中国一直处于战乱，改革开放以前中国的社会科学研究也一直受到种种限制，影响了我们对外部世界的了解与认知。因此，无论是对戴国辉其人及其所言、所述，我们都缺乏了解，也不易理解。因此，阅读、理解戴国辉的著作的过程，也是填补我们固有的认知上的许多空白的过程。马来西亚学者安焕然曾评论：阅读戴国辉教授的著作时，对其理解的程度，取决于读者的知识结构。

为了使读者更好地理解戴国辉的著作及其人，在本书的附录一部分，除收录了日文版《与日本人的对话》编者加藤祐三的《编后记》外，还收录了日文版《与日本人的对话》一书发表后，日本媒体上刊登的鹤见良行的书评《挣脱封闭：从亚洲的观点来说服》、须田祯一的书评《关于帝国主义的责任论》、佐藤胜巳的书评《探讨真正的对话，坚忍而温和地质问日本人》、中村ふじゑ的读后感《穿透日本人的心》以供各位读者参考。本书的附录二收录了春山明哲先生 2011 年在台北召开的"戴国辉国际学术研讨会"上发表的论文《戴国辉是"与日本人的对话者"——试接近戴国辉的学问与思想》、松永正义教授在同大会上发表的论文《戴国辉的位置》。

本书虽然借用了戴国辉 50 年前的 1971 年 8 月 15 日出版的著作《与日

本人的对话》的书名，但内容已经进行了重新编排，收录文章的发表时间从
1964 年到 1997 年，时间跨度上看涵盖了戴国辉从学生时代到退休之后的论
文、演讲。通过这些横越时空的文章、对谈，我们不仅能了解到戴国辉本人
对日本、亚洲、台湾的看法，更为我们打开了了解我们未知世界的一扇窗口。

　　中日是不可搬家的邻居，与日本对中国的研究相比，中国研究日本的
著作相对不足。曾任清朝驻日参赞的黄遵宪所写的《日本国志》开启了中
国人研究日本的先河。曾留学日本并写了《日本论》的戴季陶曾言："在学
术上、思想上、种族上，日本这一个民族，在远东地区，除了中国而外，
要算是一个顶大的民族。他的历史，关系着中国、印度、波斯、马来，以
及朝鲜、满洲、蒙古。近代三百多年来，在世界文化史上的地位，更是重
要。我们单就学问本身上说，也有从各种方面作专门研究的价值和必要，
决不可淡然处之的。"

　　戴国辉与日本人的对话，也是戴国辉及其对话者在那个时代为我们
留下的历史证言。戴国辉一直强调，历史是过去与未来的对话。当为历史
的过去决定当为历史的现在，并影响着当为历史的未来。在 21 世纪世界
正面临百年未有之大变局的当下，这些戴国辉及其对话者留下的历史证言，
具有跨越时代与世代的意义，对我们当下思考中日关系往何处去，亚洲与
世界如何发展，依然具有重要的参考价值。

　　感谢戴国辉教授女儿戴兴夏、台北"中央研究院"人文社会科学联合
图书馆的崔燕慧馆长等在本书编辑过程中提供的帮助。感谢春山明哲、松
永正义两位教授同意将其文章授权本书出版，感谢九州出版社王宇团队、
中信出版集团王强团队等为该书与大陆读者见面所做出的努力。

2021 年 8 月 13 日